| 개정2판 |

독점규제·공정거래법

개정2판

독점규제·공정거래법

권기훈 지음

경상대학교출판부

개정2판 저자의 말

이 책의 개정판이 나온 후에도 「독점규제 및 공정거래에 관한 법률」은 몇 차례 개정되었다. 강의시간에 개정 내용을 해설하였으나 이 책을 손보는 일은 미루어졌다.

그동안 개정된 법률 중 주목할 내용은 경제력집중 억제에 관한 부분에서 자산총액 5조원 이상의 기업집단을 공시대상기업집단으로 지정하는 규정을 신설한 것이다. 공시대상기업집단 중 자산총액 등을 고려하여 추가적인 규제가 필요한 기업집단을 상호출자제한기업집단으로 지정하고 순환출자를 규제하는 규정을 정비하였다. 또 28가지 일반불공정거래행위의 유형에 '부당한 거래단계'가 추가되어 29가지로 늘었다. 특수불공정거래행위의 경품류가 폐지되었고, 특수관계인에 대한 이익제공 금지가 추가되었다. 이를 개정2판에 모두 반영하다 보니 책의 분량이 적지 않게 늘어났다.

시장경제질서를 유지하기 위해서는 공정경쟁의 토대가 단단해야 한다. 특정 기업집단에 경제력이 집중되고 그 경제력을 무기로 시장을 지배하게 되면 시장은 제 기능을 발휘할 수 없게 된다. 공정거래법은 이런 결과가 발생하지 않도록 하기 위한 보루인 것이다.

개정2판이 나오는 데 민상홍 박사의 노고가 컸다. 자신의 연구와 강의 준비로 바쁜 와중에 귀찮은 작업을 도와주었다. 진심으로 감사를 전한다.

2018년 2월

저자 씀

개정판 저자의 말

이번에 초판 작업을 하면서 시간에 쫓겨 누락된 부분을 수정하여 추가하였다. 아울러 초판에서의 오탈자를 바로 잡았다. 그러다 보니 제법 양이 많아져서 아예 개정판이라 하여 출간한다.

공정거래법은 우리의 경제상황에 따라 언제든지 달라질 수 있고 달라져야 한다. 지금도 국회에 개정안이 상정되어 있다. 법이 개정되면 즉시 이 책도 개정될 것이다.

초판에 비해 책의 짜임새가 달라져서 읽기가 훨씬 수월해졌다. 모두 경상대학교 출판부 김종길 선생님 덕분이다. 이 자리를 빌려 감사드린다.

2011년 2월

저자 씀

초판 저자의 말

자본주의 경제체제를 현실에서 원형대로 구현하는 것은 불가능한 일이기도 하지만 온전히 바람직한 것도 아니다. 자유와 경쟁을 추구하는 자본주의는 결과적으로 경제력의 집중과 독점기업의 등장으로 시장의 자율기능을 마비시킬 수 있기 때문이다. 그럼에도 불구하고 자본주의 시장의 근본가치인 자유롭고도 공정한 경쟁을 유지하지 않으면 경제는 발전할 수 없다. 따라서 국가는 시장질서를 지키면서도 시장원리에서 비롯된 경제 불평등을 막는 역할을 해야만 한다. 우리나라가 규범적으로 사회적 시장경제 질서를 표방하는 것은 시장기구의 보전과 보완을 이루기 위한 당연한 발상이다.

시장에서의 자유롭고도 공정한 경쟁이 실현되지 않으면 경제의 흐름은 제 길을 찾을 수 없다. 경제헌법이라고 불리는 「독점규제 및 공정거래에 관한 법률」이 그 역할을 맡고 있는 핵심적인 법이다. 자본주의 체제하에 있는 모든 나라가 사업자의 독점을 막고 카르텔이 형성되지 않도록 함으로써 시장의 가격 안정과 소비자 보호를 실현하려고 한다. 불공정거래행위로 다른 사업자의 경쟁을 제한하는 것도 용인할 수 없는 문제이다. 특히 우리나라에서는 기업집단에 경제력이 집중되는 것을 억제하는 제도를 「독점규제 및 공정거래에 관한 법률」에서 제도화하고 있는데, 이는 다른 나라에서 찾아보기 힘든 독특한 규제 방법이다.

넓은 의미의 경제법은 국가가 경제주체의 경제활동에 관하여 규제하는 내용을 담고 있는 모든 법을 포함한다. 그러나 가장 중요한 법은 역시 「독점규제 및 공정거래에 관한 법률」이라는 점에 이론(異論)이 없다. 학자에 따라 이 법을 「독점규제법」이라고도 하고 「공정거래법」이라고도 부른다. 모두 「독점규제 및 공정거래에 관한 법률」의 어느 한 면만을 나타내는 명칭이다. 이 책도 「독점규제 및 공정거래에 관한 법률」의 해석서이기 때문에 책이름을 「독점규제 · 공정거래법」이라고 붙였다.

이 책은 법과대학에서 경제법을 수강하는 학생들의 강의에 사용하기 위한 목적으로 집필하였다. 국내외의 주요 서적을 참고하면서 각급 법원의 Leading Cases, 헌법재판소의 결정 그리고 공정거래위원회의 중요 심결례를 빠짐없이 소개하였다. 이 과목의 수강에 부족함이 없으리라고 생각한다. 법이 개정되거나 새로운 판례들이 나오면 신속하게 그 내용을 추가하여 시대에 뒤떨어지는 일이 없도록 할 것임을 약속한다.

이 책을 내는 데에 여러 대학에서 경제법을 강의하는 박철호 박사가 애를 썼다. 책의 체제 정리, 색인 작성과 원고의 수정 등의 귀찮은 일에 자기 책처럼 참여하였다. 진심으로 고마움을 전한다. 그리고 여러 가지 어려움 속에서도 이 책의 출판을 맡아 주신 경상대학교 출판부 관계자분들께도 감사드린다.

2009년 11월

저자 씀

목차

제6장 부당한 공동행위의 제한 • 177

제7장 불공정거래행위의 금지 • 211

제1편

경제법 총론

제1장 경제법의 의의

제1절 경제법의 성립배경

I. 서

경제법은 독과점으로 인한 시장질서의 교란, 경제력 집중으로 인한 부의 불평등심화, 불공정한 거래로 인한 경제적 약자의 피해 등 시장경제를 위협하는 문제들을 국가가 직시하면서 그 해결책으로 제시된 법이다. 경제적인 측면에서의 실질적인 자유와 평등을 이루기 위하여 국가가 사인의 경제활동에 적극적으로 관여할 필요가 있는데, 경제법은 이러한 목적을 이루기 위한 수단이 된 법체계를 총칭하는 개념이다.

독일의 경우 제1차 세계대전 당시 경제활동이 국가의 통제로 들어가면서 그 규제수단인 경제법은 자유로운 경제질서를 저해하는 개념으로 이해되었다. 그러나 제2차 세계대전 이후 공공복리라는 개념이 자본주의 법원칙의 상위이념으로 인식되면서, 자유로운 경제질서와 사회조화의 요구를 동시에 실현하는 수단으로 경제법을 이해하게 되었다.

II. 자본주의의 고도화와 경제법의 발생

자본주의가 고도로 발전하면서 발생한 노사갈등·독과점형성·빈부의 격차 등이 나타났고 시장의 자동조절기능은 위협을 받게 되었다. 새로운 경제·사회문제를 해결하기 위하여 등장한 것이 경제법이다. 자본주의 병폐를 해결하기 위해 자본주의는 수정자본주의로 변화하였고, 재산권보장과 계약자유를 기본으로 하는 근대사법의 지도원리도 국가에 의한 제한을 허용하는 방향으로 수정되었다. 이러한 토대 위에 시장경제질서를 보전·보완하기 위해 경제법이 만들어지게 된 것이다.

1. 자본주의의 특징

자본주의는 ① 자본과 생산수단의 사적소유를 인정하고, ② 생산의 주역인 사기업 활동을 최대한 보장하며, ③ 시장에서 기업 간의 공정하고도 자유로운 경쟁을 보장하면서, ④ 국가는 경제활동에 대하여 최소한으로만 개입하는 경제 이데올로기이다(고전적 자본주의). 고전적 자본주의에 다르면 국가의 역할은 국방·사법(司法)의 운영·공공시설의 건설·교육 등에 국한되고, 이러한 국가적 사업을 수행할 재원조달을 위한 조세징수권이 인정된다. 경제활동은 사인들에 의해 이루어지도록 국가는 간섭하지 않고 내버려 두는(Laissez-faire) 이른바 자유방임주의가 기본이다. 다만 고전적 자본주의가 현실적으로 이루어진 것은 아니다.

자본주의하에서 가장 중요한 가치는 자유이다. 그리하여 헌법상 자유권적 기본권이 중시되었다. 이러한 배경에서 개인은 국권으로부터 경제적 자유를 획득한 것이다. 또 근대사법의 대원칙으로 사유재산권 보장·계약자유의 원칙·과실책임주의가 확립되었다. 이에 따라 자유로운 경제활동이 보장되고, 과실이 없으면 책임도 없으므로 경제활동을 통해 얻어진 사유재산을 유지하게 된 것이다. 이러한 자본주의적 법제하에 과학기술의 발전이 더해져 놀라운 경제성장을 이루게 된 것이다.

2. 자본주의의 문제점

자본주의 경제하에서 가장 중요한 것은 수요와 공급의 법칙에 따라 생산과 소비가 이루어지고 가격이 결정되어야 한다는 것이다. 이러한 기능은 시장에서 이루어지고, 국가가 인위적인 간섭을 하지 않더라도 시장의 자동조절기능에 의하여 유지되어야 한다. 그러나 시장의 순기능에 반하여 ① 능력 있는 자본가에게로 경제력이 집중되었으며, ② 이에 따라 독점·과점이 나타나서 시장을 왜곡하고, ③ 생산력과 소비력의 괴리현상으로 시장의 자율적 조정기능이 상실되기에 이르렀다. 이제 국가의 개입 없이는 시장의 순기능을 해결할 수 없는 상태에 이르게 된 것이다.

3. 시민법과 경제법

사기업의 활동이 경제사회전체의 이익과 충돌될 수 있는 것이므로 사기업의 활동을 보장하는 것이 보편적 진리는 아니다. 이러한 경우 정부가 경제운영에 개입하면서도 사기업의 창조성을 유지하는 사회체제가 필요하다. 그리하여 근대사법의 지도원리는 경제법에 의해 수정되었다. ① 개인주의는 공공복리주의로, ② 사적자치의 원칙은 제한이 가능한 원칙으로, ③ 사기업의 사유재산보장과 사기업활동의 자유(영업의 자유, 계약의 자유)는 국가의 규제 대상이 가능해진 것이다. 그렇지만 경제법에 의한 시민법의 수정은 시민법의 근본을 부정하는 것은 아니며, 국가의 경제규제도 사기업체제를 근본적으로 유지하는 범위 내에서 가능하다.

Ⅲ. 미국과 독일의 경제법의 태동과 각국의 입법례

자본주의의 고도화에 따른 새로운 법 현상의 발생으로 경제법이 등장하게 된 점은 나라마다 공통적이다. 그러나 나라마다 경제법 태동의 연혁과 법체계가 조금씩 다르다.

1. 미국

영미법계에서는 19C 후반부터 자본주의의 고도화에 따른 새로운 사회적 문제, 특히 독과점기업의 폐해를 해결하기 위하여 독점규제법들이 생성·발전하였다. 대륙법계와 달리 '경제법'이라는 용어를 전통적으로 사용하지 아니하였다. 이는 국가가 경제에 간섭하는 경제법 현상이 존재하지 않았기 때문이 아니라 법학분야를 사법·공법 등으로 구분하는 법체계론이 발전하지 않았기 때문이다. 영·미에서는 경제법이라는 용어는 사용하지 않고 Antitrust Law(독점금지법)나 Regulation of Economy(경제규제)라는 용어를 사용한다. 미국은 독점기업에 대한 폐해규제에서 비롯된다. 1890년 셔먼법을 시작으로 1914년의 클레이튼법과 연방거래위원회(FTC)법 등이 제정되어 독점과 부당거래행위 등을 규제하게 되었다. 시장기능을 정상화시키기 위한 국가의 역할에 국한하지 않고, 국가가 경제활동의 주체적인 기능을 담당하기 위한 법도 만들어졌다. 1929년 뉴욕주식시장의 주가 대폭락을 신호탄으로 발생한 대공황을 극복하기 위하여 만든 전국산업부흥법(NIRA: National Industrial Recovery Act)이 그 대표적인 예이다. 이법은 New Deal정책의 법적 근거가 되었다. 아이로니컬하게도 이 법은 대공황을 극복한 이후에 법원으로부터 위헌판결을 받았다.[1] 정부의 경제정책적 개입을 가능하도록 한 법을 제정함으로써 불황을 극복하고 경제균형을 유지할 수 있었다. 자유방임주의로부터 수정된 자본주의로의 이행을 상징하는 중요한 계기가 된 법이다.

2. 독일

전시통제경제 내지 전후의 경제부흥을 위한 경제에 대한 국가적 관여에서 비롯한다. 제1차 세계대전 중에 많은 경제통제법 제정, 그 후 계속 존속되었다. 전통적인 법원칙들을 수정·보완한 새로운 입법 예컨대 상표보호법, 독점규제법 등이 등장하면서 경제법에 대한 논의가 시작되었다. 1868년 독일의 로렌쯔 폰슈타인(Lorenz v. Stein)이 경제법에 관해 최초로 논의하였다. 특히 20C 초 바이마르헌법의 제정을 계기로 경제법에 대한 본격적인 연구가 시작되었다. 1918년 독일의 카안(Richard Kahn)이 '경제법'이라는 용어를 최초로 사용하였다. 1921년 헤데만(Hedemann)은 예나대학교에 경제법연구소를 설립하였고, 제2차 세계대전 이후 경제법은 독립된 법학 분야를 형성하게 되었다.

1 ALA Schechter Corp. v. United States, 295. U. S. 495(1935)

제2절 경제법 개념에 대한 각국의 태도

Ⅰ. 서설

경제법(Wirtschaftsrecht)이란 말이 사용된 지 근 1세기가 지났지만, 아직도 경제법의 개념에 관해 확립된 견해가 있는 것은 아니다. 대체로 경제활동에 관해 국가가 개입·규제할 수 있는 법규 전체를 「경제법」으로 이해한다. 경제법은 국가의 경제정책을 수행하기 위한 법률적 수단인 셈이다.

경제법은 개별경제주체 간의 이익조정을 목적으로 하는 민법·상법 등과 다르다. 또한 경제법은 기술적 사실과 윤리법 가치의 복합체이며, 당위적 규범이 아니라 인위적 규범이라 할 수 있으며, 가치중립적 성격을 갖지 않고 있다.

Ⅱ. 독일에서의 경제법 학설

1. 서

1921년 헤데만이 제1차 세계대전 후 1921년경부터 예나대학교에 경제법 연구소를 설치하고 대학에 강좌를 개설하였다. 이후 경제법의 개념에 관한 이론들이 여러 학자에 의해 주장되었지만 경제법의 개념에 대하여 일반적으로 승인된 견해는 찾아볼 수 없다. 독일에서 전개되고 있는 경제법의 개념에 관한 학설을 살펴보면 아래와 같다.[2]

2. 집성설

누스바움(Arthur Nussbaum)은 국가가 경제형성에 대하여 직접적인 영향을 미치는 것을 경제법의 특성이라 한다. 도호프(Franz Dochow)는 단순히 경제적인 문제를 대상으로 하는 모든 법령을 경제법이라고 함으로써 상법의 전부와 민법의 상당부분을 경제법에 편입시키려고 하였다. 베스트호프(Emil Westhoff)는 경제생활에 관한 규범의 총체를 경제법으로 보았다.

이러한 입장에 따르면 경제법은 국민경제에 직접 간섭하여 영향을 주는 것을 목적으

2 이하 金澤良雄, 『經濟法』, 有斐閣, 1980, 4-9面; 松下滿雄, 『經濟法概說』, 東京大學出版會, 1987, 10-13面 참조.

로 하는 경제법규의 집합이며, 시민법 원리(개인주의·자유주의)로 해결할 수 없는 법규칙을 규율하는 법이라는 것이다. 재정관계법이나 공무원연금법과 같이 국민경제에 간접적으로 영향을 주는 것이나, 민법과 상법과 같이 단지 개인생활을 대상으로 개인 상호 간의 생활관계를 규율하는 것은 경제법에서 제외된다.

집성설에 대해서는 집성의 이론적 근거는 무엇인가 하는 의문이 생긴다. 경제생활의 실제에 착안한 법률사실의 탐구를 시도하였다는 점에서 주목되지만, 경제법을 독립한 법영역으로 인정하기 위한 이론적 근거를 제시하지 못한다. 잡다한 경제법규 중 경제법에로의 편입기준 불명확하여 넓게 해석하면 경제법은 모든 법이 된다는 단점이 있다.

경제법규에 대한 기존 법분야에서 무관심하던 것을 경제법규 연구에 실제적 필요성을 강조했다는 점에서 이 학설의 의미가 있다.

3. 세계관설

1922년 헤데만(J. W. Hedemann)은 세계관설을 주장하였다. 그에 의하면 18세기에는 '자연(Natur)'이 시대의 기조였기 때문에 자연종교, 자연철학과 더불어 자연법이 주장되었던 것처럼, 현대에는 경제정신(Wirtschaftsgeist)이 시대의 기조이므로 현대법은 경제법으로 특징지어진다고 주장하였다.

현대는 시대정신인 '경제성'이 법에 반영된 것이며, 경제정신이 시대의 기조이고 경제정신이 지배하는 법영역이 경제법이다. 즉, 경제법은 법학의 특정분야가 아니라 현대법 전체를 관통하는 기조라는 것이다.

세계관설에 대해서는 경제성이 시대의 유일한 관조가 아니라는 점과 경제정신이라는 막연한 개념을 사용하여 현대법의 특징을 설명하고 있을 뿐 경제법의 개념을 정확하게 설명하지 못한다는 지적이 있다. 또 세계관설은 엄밀한 의미에서 경제법의 개념에 대한 학설이 아니라고 할 수 있다.

4. 방법론설

가일러(Karl Geiler)는 경제생활에 관한 법에 사회학적 방법론을 적용하는 것을 경제법으로 보았다.

경제법이란 법역이 있는 것은 아니고, 경제에 적용되는 법적 고찰방법일 뿐이라는 것이다. 경제법을 연구함에 있어서 새로운 법사회학적인 방법론의 도입을 강조하면서, 법규범의 개념적 해석에만 그칠 것이 아니라 경제생활에 대한 법적 사실과 경제구조의 변화를 지향하고 있는 가치관의 변화도 함께 고려해야 한다고 한다.

방법론설에 대해서는 법사회학적 방법이 경제생활과 관련된 법역에만 적용되는 것은 아니라는 점과, 경제법이라는 분야의 특성과 연결되지 않는다. 따라서 엄밀한 의미에서 경제법의 개념에 대한 학설이 아니다.

5. 대상설

경제법학의 대상이 될 만한 특정의 법현상이 있다. 그러한 법현상이 경제법이고, 그 법현상이 무엇인가에 따라 다시 아래와 같이 여러 견해로 나누어진다. 대상설은 경제법을 다른 법률분야에서 독립된 법영역으로 인정하기 위한 이론적 근거를 마련하기 위하여 1930년대에 주장되었다.

(1) 조직경제법설

골드슈미트(H. Goldschmidt)는 경제법을 조직된 경제에 고유한 법으로 본다. 이 이론은 독일의 나치정권에 의하여 국가사회주의적인 경향을 띠기 시작함에 따라 경제에 대한 국가의 간섭이 급격하게 증가하면서 등장하였다. 경제법은 조직경제 즉, 생산개선을 위해 규제된 거래경제(사경제) 및 공동경제(공경제)를 대상으로 한다. 이 이론은 통제경제와 전시경제에서 타당한 이론이다. 왜냐하면 시장경제체제에서는 국민경제적 기능인 질서의 형성은 오로지 국가의 규제에만 맡겨져 있는 것이 아니라, 시장의 경쟁기능을 통하여 개인의 사적자치에 맡겨져 있는 경우도 있기 때문이다. 또한 조직경제의 개념이 명백하지 않아 경제법 대상을 한정하기 곤란하다. 제2차 세계대전 이후에 경제법의 핵심이 통제경제법에서 공정거래법으로 옮겨 감에 따라 기능설에 그 자리를 넘겨주게 된다.

(2) 기업자법설

카스켈(Walter Kaskel)은 기업에 있어서 피용자(노동자)에 관한 법이 노동법임에 대하여 경제활동의 주체인 기업자에 관한 법이라고 하여, 상인에 관한 특별법인 상법을 경제법에 포함시키고 있다. 경제법은 경제적 기업자의 기업경영에 관한 특별법이라는 것이다. 이에 대해서는 경제적 기업자는 이미 오래전부터 존재하고 있었을 뿐만 아니라 경제법의 대상은 비단 기업의 활동에만 국한되는 것은 아니라는 비판이 따른다.

이밖에 헤멀러(Haemmerle)는 경제법을 국가에 의해 계획적으로 조직하고 규제된 경제에 관한 법으로 보았고 슈미트-림플러(Walter Schmidt-Rimpler)는 모든 법영역은 각각 특수한 법적 가치관을 기초로 하고 있다는 것을 전제로 하여 경제의 형성을 사적 자치에 맡기는 법을 민법 또는 상법이라고 하고, 반대로 국가적 규제에 맡기는 법을 경제법이라 하였다.

6. 기능설

제2차 세계대전 이후 자유로운 시장경제의 실현과 아울러 시장경제가 해결할 수 없는 소득분배의 공정화 등 사회조직화적 요구를 실현하기 위하여 규제의 적절한 조화가 강조되는 방향으로 경제법의 관심이 전환되면서 주창되었다.

경제통제나 경제에 대한 국가의 간섭 또는 경제질서를 유지하도록 하는 것을 경제법의 중심요소로 보고 있다.

기능설로 분류할 수 있는 학설은 다시 경제규제(수단)를 강조하는 입장과 경제질서(목적)을 강조하는 입장이 있다.

(1) 경제규제를 강조하는 입장

뵘(Böhm), 아이클러(Eichler), 발레르슈테트(Ballerstedt) 등은 경제법의 중심개념은 경제통제 내지 경제에 대한 국가의 간섭이며, 경제통제·국가간섭의 법적수단이 경제법이라고 한다. 게르트 링크(Gerd Rinck)는 경제법을 독립된 기업활동을 제한하고 통제하기 위한 국가적 수단체계라고 한다. 즉 경제를 규제하는 법을 경제법으로 파악하고, 국가의 허가나 금지·생산과 투자의 규제·가격통제·경쟁제한행위규제에 관한 법을 경제법으로 규정한다.

(2) 경제질서를 강조하는 입장

이젤레(G. Isele)는 경제법을 전체경제의 질서에 관한 법이라고 하고, 아이힐러(Hermann Eichler)는 경제와 관련된 법을 경제질서라고 하는 관점에서 보면 경제법이 되고 전통적인 관점에서 보면 상법, 헌법, 행정법이 된다고 한다. 니퍼다이(Hans Carl Nipperdey)는 경제활동을 보장하고 경제가 제대로 기능할 수 있도록 할 뿐만 아니라 정당하게 형성되도록 하기 위하여 마련된 총체를 경제법이라 한다. 리트너(F. Rittner)는 국민경제 전체를 정당하게 질서지우기 위한 법규범과 법제도의 총체를 경제법이라 한다.

Ⅲ. 미국과 일본의 입장

미국에서는 경제통제에 관한 제법을 체계적으로 평가하려는 시도는 없다. 그러나 독점금지법에 관한 한 중요한 국가이다. 앤티트러스트법, 공익사업법, 국제경제법, 은행법, 경제규제, 규제산업, 증권거래법, 국제통상법이 경제법의 범주에 들어간다.

일본은 독일의 학설에서 주로 영향을 받았다. 대체로 기능설이 주류를 이루고 있다. 이 가운데 경제법은 시장구조의 보전과 보완을 위한 법으로 보는 견해[3]가 눈에 띈다. 이 입장은 경제법을 시장기구의 기능을 유지 내지 회복하기 위한 법(공정거래법)과 시장기구의 한계(시장의 실패)를 극복하기 위한 법(산업정책법)으로 구분하고 있다.

제3절 경제법의 개념과 분류

Ⅰ. 개념

국내에서는 기능설에 입각하여 경제법의 개념을 국민경제전체를 정당하게 질서지우기 위한 법규범과 법제도를 경제법으로 파악한다. 구성을 보면 경제법은 시장구조의 보전과 보완을 위한 법으로 이해할 수 있다. 종래에는 자유시장경제와 반대되는 의미를 갖는 경제에 대한 국가 규제법으로 보았으나 최근에는 자유로운 경제질서와 사회조화적 요구를 동시에 실현하기 위한 법으로 본다.

Ⅱ. 경제법의 개념분석

1. 경제법은 국가가 경제를 규제하기 위한 법이다.

경제법은 재화(상품과 용역)의 생산, 교환, 분배 및 소비 등 경제순환의 전 과정에 관하여 일정한 제한을 가하는 법이다.

---

3 松下滿雄, 前揭書, 21-24面.

2. 경제법은 국민경제전체를 정당하게 질서지우기 위한 규제를 대상으로 한다.

경제법은 경제적 목적을 위한 규제만을 대상으로 한다. 특히 국민경제전체를 정당하게 질서지우기 위한 경제적 목적의 규제를 경제법의 주요 대상으로 한다. 그 경제질서는 당위적인 질서가 아니라 인위적인 질서를 의미한다. 따라서 경제법은 가치판단을 토대로 하는 가치법이다. 물론 경제법 규정 가운데에도 과징금이나 제재 규정은 가치를 배제한 기술적인 부분도 있다. 경제규제 중 경제 외적 목적은 경제법에서 제외된다. 예컨대 보건위생, 환경보전, 치안유지 등 비경제적 목적의 규제는 경제법에 포함되지 않는다.

경제법은 그 시대와 장소의 경제 사정이 가져오는 문제에 따라서 구체적인 입법정책의 방향과 그 내용이 정하여지게 된다. 최근에는 자본주의 경제의 공통적인 문제로 경제력 집중·시장지배력의 남용·카르텔 등이 제기되고 있으며, 이에 따라 경쟁을 중시하는 경쟁법이 경제법의 핵심을 차지한다.

3. 경제법은 경제를 규제하기 위한 법규범과 법제도의 총체이다.

헌법상의 경제질서에 관한 규정과 공정거래법, 소비자보호법, 중소기업관련법 등이 경제를 규제하는 법규범이다. 경제를 규제하는 법제도의 예로는 일정한 거래분야에서 경쟁을 실질적으로 제한하는 기업결합의 금지·부당한 공동행위 금지·법률이 금지하는 행위를 한 사업자에 대한 당해 행위 중지명령·과징금 부과 등을 들 수 있다.

Ⅲ. 경제법의 분류

경제법은 시장구조의 보전과 보완을 위한 법으로 분류할 수 있다. 경제법은 기능을 상실하였거나 할 우려가 있는 시장기구를 회복·예방시켜 순기능을 발휘할 수 있도록 보전하기 위한 법(공정거래법)과 시장기구에 의해 달성할 수 없는 경제 문제, 즉 시장기구의 한계(시장의 실패)를 극복하기 위한 문제들에 관하여 국가가 규제함으로써 시장기구를 보완하는 법(산업정책법)으로 구성되어 있다.

제2장 경제법의 지위

제1절 공·사법과 경제법

경제법 규제의 대상은 주로 사법적인 것이고, 규제의 방법은 주로 공법적인 것이라 할 수 있다. 종래에는 공·사법을 엄격히 구분하고 국가와 시민사회의 이질성이 강조되어, 종전까지 경제법은 공법도 아니고 사법도 아닌 제3의 법영역(사회법의 일종)으로 보았다. 최근의 다수설은 공·사법의 구분이 약화되고 국가와 시민사회의 동질성이 강조되면서 경제법은 공법의 자기확장인 동시에 사법의 자기발전으로 보고 경제법에는 공법적인 요소와 사법적인 요소가 동시에 존재하는 것으로 보고 있다.[4]

경제법 가운데 공법적인 규정은 공동행위의 인가·시정조치·운용기관·시정명령위반자에 대한 형벌규정·과징금 등을 들 수 있다. 사법적인 요소로는 부당공동행위의 사인 간의 무효·사업자의 손해배상책임·지주회사 설립·경쟁제한적인 기업결합금지·재판매가격유지행위금지에 관한 규정 등을 들 수 있다. 약관 또는 거래조건의 공정화에 관한 법규범은 개별적·직접적으로는 개인 상호 간의 관계를 규율하는 것이지만, 전체적·궁극적으로 사법적인 방법으로 사회조화적 요구를 실현하려는 한도에서는 민사특별법(예컨대 약관규제법·소비자보호법·방문판매법 등)도 경제법의 내용을 구성한다.

4 권오승, 『경제법』, 법문사, 2005, 16-17面.

제2절 경제법과 다른 법과의 관계

Ⅰ. 헌법과 경제법

헌법상의 경제질서를 기초하여 그것을 구체화한 것이 경제법이다. 우리 헌법상의 경제질서는 시장경제질서를 원칙으로 하되 필요한 경우 국가가 경제에 관한 규제와 조정을 할 수 있다고 규정하고 있다(헌법 제119조).

Ⅱ. 행정법과 경제법

경제에 대한 규제가 행정권에 의한 간섭으로 나타나는 경우에는 모두 행정법 현상에 해당되는 것은 사실이지만 모두 경제법 현상에 해당되는 것은 아니다. 경제법의 대부분은 행정법에 속하나 경제법에 속하는 민법·상법 등의 일부내용 및 민법·상법의 특별법은 행정법에 포함되지 아니한다.

경제에 대한 행정법 규제 중에서 경제적 목적을 위한 규제(예컨대 전기사업의 허가, 무역업의 허가 등)는 경제법에 해당한다. 그러나 경제외적 목적에 의한 규제는 경제법에 해당되지 아니한다(예컨대 식품의 제조, 판매허가, 건축허가 등).

경제에 대한 행정적 규제 중에서 비경제적 목적을 위한 규제(예컨대 심야영업금지, 그린벨트개발금지 등)는 경제법에 해당하지 않는다.

Ⅲ. 민법과 경제법

경제법은 국민경제 전체를 정당하게 질서지우기 위한 법인 반면에, 민법은 개인상호 간의 법률관계를 정당하게 질서지우기 위한 법이라는 점이 다르다.

민법의 기본제도들은 경제법의 성립기초·경제법의 규제대상 및 경제법의 규제수단(예컨대 투자·계약 등 비권력적 수단에 의한 규제)으로서의 의미를 가진다. 민법상 기본제도인 계약과 소유권도 경제법적인 관점에서 그 의미와 기능이 달라지게 된다. 즉 계약이나 소유권 변동이 단순히 당사자 간의 법률관계를 정당하게 규율하는지 여부만을 문제 삼는 것이 아니라 국민경제 전체적인 관점에서도 정당하다고 평가될 수 있는지 또는 시장관계에 부정적인 영향을 미치는 것은 아닌지에 대하여도 검토하게 된다.

Ⅳ. 상법과 경제법

오늘날 다수설은 상법과 경제법은 이념과 대상이 다르다는 점에 착안하여 경제법의 독자성을 인정한다.

상법은 개별경제주체 상호 간의 이익조정을 목적으로 하는 데 반하여, 경제법은 국민경제 전체의 이익의 조정·조화 및 극대화을 추구한다는 점에서 이념상 서로 다르다. 또한 법의 적용대상에 있어서도 상법은 기업에 한하지만, 경제법은 기업에 국한하지 않고 국가·지방자치단체·개별적인 소비자도 포함한다는 점에서 서로 다르다. 다만 양자의 관계는 서로 밀접하며 상법은 경제법의 출현으로 가장 많은 영향을 받은 법분야이다.

Ⅴ. 노동법과 경제법

자본주의 경제가 고도로 발달하면서 가지는 내재적인 모순을 해결하기 위하여 나타난 법이라는 점에서 양자는 공통점을 갖는다. 그러나 노동법이 경제적 약자인 노동자들의 경제적·사회적 지위향상을 도모하기 위한 법인 반면에, 경제법은 국민경제전체를 정당하게 질서지우기 위한 법이라는 점에서 서로 다르다. 다만 두 법은 기능적으로 서로 밀접한 연관성을 가지는 경우가 있다. 노동법의 문제가 경제정책 실현을 위한 수단으로 활용되는 경우 그 한도 내에서 법역이 교차한다. 예컨대 임금문제는 노사가 자율적으로 해결하여야 하는 전형적인 노동법의 문제이나 물가정책적 차원에서 국가가 임금을 통제하는 경우 임금문제는 경제법의 영역이 될 수 있다. 정리해고 문제도 산업구조조정과 관련하여 마찬가지이다.

Ⅵ. 재정법·세법과 경제법

재정법·세법과의 경제법과의 관계를 보면 조세가 경제정책실현을 위한 수단으로 활용될 경우 그 한도 내에서 경제법 현상으로 볼 수 있다. 세법은 국가의 재정적 수요의 충족만을 목적으로 하는 것이 아니라 국민경제의 건전한 발전을 도모하기 위한 경제정책적인 목적도 함께 고려되고 있으므로 양법은 목적에 있어 공통점이 많다.

제3장 우리나라의 경제질서

제1절 개념

사회적인 경제운용의 이념적인 모델을 경제체제라고 하고, 사회에 실제로 나타나고 있는 경제방식을 경제질서라고 한다. 경제체제는 생산수단의 소유방식에 따라 생산수단의 개인소유가 인정되는 자본주의와 생산수단의 국유 또는 사회소유만을 인정하는 사회주의로 구분한다. 또 경제주체의 활동이 시장에 의해 조정되는 시장경제와 국가의 계획에 의해 소정계획경제로 나눌 수 있다. 경제체제의 기본유형은 양자를 조합하여 다음과 같이 구분할 수 있다.

<경제체제의 기본유형>

조정기구 / 생산수단소유	시장	계획
사유	자본주의적 시장경제	자본주의적 통제경제
국·공유	사회주의적 시장경제	사회주의적 계획경제

이처럼 시장경제체제가 어떠한지를 이념적으로 개념 정의할 수는 있으나, 실제로 사회에 나타나는 모습은 다양한 양상을 띤다. 이렇게 현실적으로 나타나는 경제방식이 '경제질서'이다. 실제로 존재하는 자본주의적 경제질서는 순수하게 사유재산제와 시장경제체제의 모습을 띠고 있는 것은 아니다. 상당한 정도의 생산수단을 국가가 소유하고 있으며, 단순히 시장에 의해서만 경제활동이 자율조정되는 것이 아니라 상당한 정도의 국가적 규제가 존

재한다. 자유시장 경제질서에 대한 제한에 있어 국가의 경제개입의 정도는 나라에 따라 다양한 모습으로 나타난다.

제2절 대한민국의 경제질서

Ⅰ. 서

우리나라는 기본적으로 자본주의적 시장경제체제를 지향하고 있다. 그러나 시장을 시정 경제인가 아니면 정부가 주도하는 통제경제인가 하는 점을 한마디로 단정하는 것이 쉽지는 않다. 경제활동을 규율하는 여러 법규를 분석하고, 실제로 기능하는 경제양상을 살펴봄으로써 경제질서의 모습을 추출하여야 한다.

Ⅱ. 현행 헌법상의 경제질서

1. 성격

헌법 제119조 제1항은 "대한민국의 경제질서는 개인과 기업의 경제상의 자유와 창의를 존중함을 목적으로 한다"고 규정하고, 동조 제2항에서는 "국가는 균형있는 국민경제의 성장 및 안정과 적정한 소득의 분배를 유지하고, 시장의 지배와 경제력의 남용을 방지하며, 경제주체 간의 조화를 통한 경제의 민주화를 위하여 경제에 관한 규제와 조정을 할 수 있다"고 규정하였다.

규범적으로는 자본주의적 시장경제를 기본으로 하면서 사회조화적 요구를 실현하기 위해 국가가 경제를 규제하고 조정할 수 있다고 이해하는 것이 일반적이다. 문제는 규범적 질서가 무엇인지를 밝히고 사실상 질서와의 괴리를 좁혀야 한다.

2. 경제질서의 기본원칙

(1) 사유재산제의 보장과 제한

헌법 제23조에서는 "모든 국민의 재산권은 보장된다. 그 내용과 한계는 법률로 정한다. 재산권의 행사는 공공복리에 적합하도록 하여야 한다. 공공필요에 의한 재산권의 수용·사용 또는 제한 및 그에 대한 보상은 법률로써 하되, 정당한 보상을 지급하여야 한다"고 하여 사유재산제를 보장하면서도 공공복리를 위해 제한할 수 있도록 하여 사회조화적인 경제질서를 규범적으로 천명하고 있다.

(2) 시장질서의 원칙

헌법 제119조는 시장질서의 원칙하에 국가의 경제에 관한 규제와 조정이 가능하도록 규정하고 있다. 이를 근거로 제정된 법률이 「독점규제 및 공정거래에 관한 법률」이다. 이 법은 시장기구의 정상화를 위한 법이지, 시장기구를 제한하기 위한 법이 아니다. 시장기구가 공정하고도 자유로운 경쟁을 통해 본래의 순기능을 유지할 수 있도록 하기 위한 시장기구보전에 관한 법이다.

(3) 사회조화의 실현

헌법 제119조 제2항부터 제127조의 규정은 자본주의적 시장경제의 원칙하에서 사회조화의 요구를 실현하기 위한 규정으로 이해할 수 있다.

Ⅲ. 헌법재판소의 입장

헌법재판소도 우리나라의 경제질서를 사회조화적인 경제질서라고 하고 있다. 헌법재판소의 결정문에 나타난 우리나라의 규범적 경제질서는 다음과 같다. 「우리 헌법은 전문 및 제119조 이하의 경제에 관한 장에서 "균형있는 국민경제의 성장과 안정, 적정한 소득의 분배, 시장의 지배와 경제력남용의 방지, 경제주체 간의 조화를 통한 경제의 민주화, 균형있는 지역경제의 육성, 중소기업의 보호육성, 소비자보호" 등 경제영역에서의 국가목표를 명시적으로 규정함으로써 국가가 경제정책을 통하여 달성하여야 할 공익을 구체화하고 있다. 이와 같이 우리 헌법의 경제질서는 사유재산제를 바탕으로 하고 자유경쟁을 존중하는 자유시장 경제질서를 기본으로 하면서도 이에 수반되는 갖가지 모순을 제거하고 사회복지·사회정의를 실현하기 위하여 국가적 규제와 조정을 용인하는 사회적 시장경제질서로서의 성격을 띠고 있다.」[5]

---

5 헌법재판소 2001. 6. 28. 선고 2001헌마132 결정.

제3절 경제법의 이념

1. 경제적 자유주의원리

전통적인 자본주의하에서의 가치인 자유를 기본으로 하여 사유재산권을 보장하고 사경제활동의 자유권적 기본권을 존중하는 것이 우리나라 시장경제질서의 원칙이다. 따라서 국가의 경제질서에 대한 개입이 자유시장경제의 기초를 본질적으로 침해해서는 안 된다. 예컨대 약관규제법에서 소비자보호라는 명분으로 계약자유와 영업자유를 본질적으로 침해하는 규정을 신설할 수는 없다.

2. 사회국가원리

자유시장 경제질서를 기본으로 하면서도 이에 수반되는 갖가지 모순을 제거하고 사회복지·사회정의를 실현하기 위하여 국가적 규제와 조정을 용인하는 사회적 개념을 인정한다. 이것이 경제활동에 국가가 개입하는 정당성을 인정받는 근거이다. 사회적 약자에 대한 배려를 위해 국가의 규제를 허용하지만, 근본적으로 시장합치적 수단을 통해 시장경제질서를 보전하고 보완하기 위한 범위 내에서 허용된다는 점에서 사회국가원리의 이념은 한계가 있는 것이다.

3. 법치주의 원리

국가가 경제활동에 개입하는 경우에도 반드시 법률에 근거하여야 한다. 이를 상술하면 ① 규제의 근거법은 법률이어야 한다는 합법률성의 원칙, ② 규제의 시기는 시장경제질서가 제 기능을 발휘하지 못하는 경우이어야 한다는 보충성의 원칙, ③ 규제의 방법은 동일한 경제주체에 대하여 동일한 기준을 적용해야 한다는 평등의 원칙, ④ 규제의 수단은 규제목적을 달성하기 위한 최소한에 그쳐야 한다는 비례성의 원칙이 지켜져야 한다는 점이다. 이런 원칙들이 지켜지지 않을 경우 그것은 자유시장 경제질서의 기본을 침해할 수 있기 때문이다.

제4장 경제법상의 규제

Ⅰ. 규제의 개념

경제법을 사인 간의 경제활동을 규제하는 법으로 이해 할 경우 규제의 의미는 경제에 대한 국가의 간섭이라고 할 수 있다. 다만 규제는 경제주체의 권리를 제한하는 소극적 규제 이외에 경제주체의 활동을 보호·육성하는 적극적 규제를 포함한다.

Ⅱ. 규제의 대상

경제법은 국민들의 경제생활 가운데 주로 기업생활관계와 사업자를 규제대상으로 한다. 그러나 재화의 생산자나 유통자뿐만 아니라, 소비자의 활동까지도 규제 대상이 된다. 경제생활에서 발생하는 법률관계(매매·소비대차·주식거래 등 각종 계약)는 물론 사실관계(물건의 생산·출고·운송 등의 사실행위)까지도 규제 대상에 포함된다. 이런 점에서 상인만을 적용대상으로 하는 상법과 다르다.

Ⅲ. 규제의 목적

경제법의 일반적인 규제목적은 자본주의적 시장경제를 기본으로 하면서 사회조화적 요구를 실현하는 데 있다. 이런 일반적인 이념하에 경제법의 영역에 속하는 개별법의 규제목적은 규제대상이나 거래관계의 내용에 따라 각기 다른 구체적인 목적을 갖는다. 예컨대 공정거래법은 사업자의 시장지배적 지위의 남용과 고도한 경제력의 집중을 방지하고, 부당한 공동행위 및 불공정거래행위를 규제하여 공정하고 자유로운 경쟁을 촉진함으로써 창의적인 기업활동을 조장하고 소비자를 보호함과 아울러 국민경제의 균형있는 발전을 도모함을 목적으로 한다(독점규제 및 공정거래에 관한 법률 제1조). 약관규제법은 사업자가 그 거래상의 지위를 남용하여 불공정한 내용의 약관을 작성·통용하는 것을 방지하고 불공정한 내용의 약관을 규제하여 건전한 거래질서를 확립함으로써 소비자를 보호하고 국민생활의 균형있는 향상을 도모함을 목적으로 한다(약관의 규제에 관한 법률 제1조).

Ⅳ. 규제의 방법

1. 권력적·강제적 규제

법률에 의한 직접적 규제, 행정권에 의한 규제, 사법관계에 대한 입법적 규제가 여기에 해당한다.

(1) 법률에 의한 직접적 강제

일정한 행위를 일률적으로 금지하거나 명령하고, 이를 위반하는 자에게 일정한 형벌을 가하는 것이다. 예컨대 시장지배적 사업자의 지위남용행위 금지규정 위반자에게 3년 이하의 징역, 2억원 이하의 벌금에 처하도록 하는 것이 여기에 해당한다(형사벌). 오늘날 경제현상은 대단히 복잡하고 다양하므로 법률에 의하여 일률적·직접적으로 규제하는 것만으로는 효과를 기대하기 어려우므로 행정권에 의한 규제와 결합하는 경우가 많다. 예컨대 시장지배적 사업자의 지위남용행위 금지규정(법률에 의한 직접적 규제)을 위반하여 지위를 남용한 시장지배적 사업자에게 형사벌 이외에 공정거래위원회가 시정조치를 명하거나 과징금을 부과하는 방법이 병행된다(행정권에 의한 규제).

(2) 법률에 기초하여 행정권을 발동하는 방법

오늘날 경제법적 규제 중에서 가장 많은 비중을 차지한다. 일정한 경제활동을 함에 있어서 행정기관의 하명·특허·인가·허가 등을 요구하는 경우가 많다. 경제활동의 유동성과 탄력성을 기하기 위하여 전문성을 갖춘 행정기관의 행정처분에 의한 규제가 효과적인 방법이라고 하겠다.

(3) 입법에 의한 사법관계규제

입법을 통하여 사법상의 법률관계에 직접적인 변경이나 수정을 가하는 방법이다. 예컨대 1972년 8.3긴급경제조치에 의해 기업이 보유한 모든 사채를 연 16.2% 3년 거치 5년 분할 상환조건의 채권·채무관계로 조정한 것을 들 수 있다. 입법을 통하여 민법과 상법 등의 일반원칙에 수정을 더하는 방법을 사용할 수도 있다. 예컨대 독점규제 및 공정거래에 관한 법률·주택임대차보호법·약관의 규제에 관한 법률·하도급거래 공정화에 관한 법률·할부거래에 관한 법률·방문판매 등에 관한 법률 등이 여기에 해당한다.

2. 비권력적 규제

(1) 국가가 시장경제에 사법적·비권력적 수단으로 개입하는 방법

국가가 기업주체로서 생산시장에 참여하거나 공공사업에 투자하는 등 사법적 수단으로 경제활동에 개입할 수 있다. 철도사업·양곡관리사업·조달사업 등 각종 정부기업과 한국산업은행·한국수자원공사 등 정부투자기관 등이 이에 해당한다.

국가가 사기업을 지원하는 비권력적 수단에 의한 개입도 경제활동을 규제하는 효과적인 방법이 된다. 각종의 보조금 제도와 기금제도 및 정부의 융자와 세제상의 특혜 등 각종 법률상의 지원제도가 여기에 해당한다.

(2) 비권력적 행정지도

국가의 권력적인 규제보다는 비권력적인 행정지도가 경제를 규제하는 효과적인 방법이 되기도 한다. 경제현상은 끊임없이 변동하기 때문에 법률적 규제가 적합하지 않은 경우도 있고, 실질적인 측면에서 권고·지시·조언·요망 등의 비강제적 수단을 동원하는 것이 더 효과적인 경우도 있다. 행정지도는 규제대상자가 이를 따라야 할 법적 구속력이 없어서 규제의 탄력성과 유연성을 갖는다는 장점이 있다. 다만 법적 구속력이 없어서 의도하는 규제의 효과가 발생하지 않을 수도 있으며, 행정지도의 법적 근거가 없거나 일정한 기준이 없다는 점에서 잘못 운용될 우려가 있다. 또한 행정지도는 사실행위로 처분성을 인정하기 곤란하다는 점에서 행정지도에 따른 규제대상자가 행정법상의 구제를 받지 못한다는 단점이 있다.

제2편

독점규제 및 공정거래에 관한 법률

제1장 공정거래법 서설

제1절 공정거래법의 의의와 특징

Ⅰ. 공정거래법의 의의

독점규제 및 공정거래에 관한 법률(이하 "공정거래법" 또는 "법"이라 한다)은 자본주의 시장경제질시의 기본을 유지하기 위한 법이라고 할 수 있다. 자본주의 시장경제가 정상적인 기능을 수행하기 위해서는 반드시 시장에서 공정하고 자유로운 경쟁이 유지되어야 한다.

이러한 이유로 인해 공정거래법은 공정하고 자유로운 경쟁의 촉진을 가장 중요한 목적이자 그 이념으로 정하고 있다. 때문에 공정거래법은 경제헌법 또는 경제질서의 기본법이라고 불리기도 한다.

Ⅱ. 공정거래법의 특성

1. 특성

공정거래법은 경쟁원리를 보장하기 위하여 만든 제도적 장치이다. 즉 자본주의 고도화에 따른 독과점의 폐해를 막아 자유시장경제를 보전(유지·촉진)하기 위한 법이다. 공정거래법은 국민경제 전체의 이익보호를 그 기능으로 한다. 이에 따라 표시존중, 권리남용금지의 법리, 공공이익의 존중, 무과실배상책임의 법리가 지배한다. 이에 비해 사인 간의 경제생활관계를 규율하는 개인중심적인 민·상법은 경제주체의 대등성을 전제로 계약자유와 사적자치원칙이 지배한다.

2. 규제주의

(1) 위임입법주의

경제현상은 끊임없이 변화하고 복잡하여 국회를 거쳐야 하는 법률로 모든 규제내용을 규정하는 것은 불합리하다. 경제부작용은 즉시 대응하지 않으면 그 실효성을 거두기 어려운 경우가 많으므로 경제사정에 탄력적으로 대처할 수 있도록 규제내용을 하위법령에 위임하는 경우가 많다. 우리나라도 법률에서는 일반적이고 추상적인 기본사항만을 두고 그 구체적인 내용은 하위법령에 위임하는 위임입법주의를 취하고 있다.

(2) 폐해규제주의와 원인규제주의

1) 원인금지주의

독과점 자체를 위법한 것으로 보아 그 형성 자체를 원칙적으로 금지하고, 독과점이 발생할 경우에는 주로 기업분할명령, 시장구조개선 등을 통해 독과점시장을 경쟁시장으로 전환하는 규제방식을 말한다. 독과점의 형성 그 자체를 금지하므로 독과점기업에 대한 기업분할명령이 가능하다. 원칙금지주의라고도 한다. 미국·캐나다·일본 등이 이에 따르고 있다. 원인금지주의는 독과점기업에 대한 기업분할·시장구조 개선을 통해 독과점의 폐해를 사전적으로 방지할 수 있다는 장점을 갖는다. 반면에 시장구조개선에 상당한 시간이 소요되고, 기업분할의 경우 등에 국가간섭의 정당성 문제가 발생할 수 있으며, 잘못된 기업분할의 경우 오히려 그 폐해가 크다는 단점을 갖는다.

2) 폐해규제주의

독점이나 과점 그 자체를 당연히 위법한 것으로 보지 않고, 공공의 이익에 반하여 폐해를 초래하는 경우, 즉 독과점 사업자의 남용행위만을 규제하는 입장이다. 영국·프랑스·독일·EU·스웨덴 등이 이러한 입장을 취하고 있다. 독과점기업 자체는 허용되므로 독과점기업에 대한 분할명령 제도 등이 인정되지 않는다. 독과점의 폐해를 시정하는 데 걸리는 시간이 길지 않고, 잘못된 기업분할에 따르는 부작용이 없다. 다만 독과점시장에 대한 근본적인 해결책이 될 수 없다는 한계가 있다.

3) 원인금지주의와 폐해규제주의를 구분하는 일반적인 기준

우리나라는 독과점 그 자체에 일반적 규제는 인정하지 않고, 시장지배적 지위남용금지조항을 두어 독과점의 지위를 남용하는 경우만을 규제하거나 경쟁을 제한하는 부당한 공동행위만을 규제하고 있으며, 독과점지위의 시정을 위한 기업분할명령제도 등을 인정하지 않고 있으므로 기본적으로는 폐해규제주의를 취하고 있다. 다만 독과점 형성의 우려가 있는 경쟁제한적인 기업결합은 그 자체를 금지하고 있으므로 원인규제주의적 제도를 도입하고 있다. 실제로 양자의 구별기준 가운데 중요한 것은 '독과점을 부인하고 이미 형성된 독과점지위의 시정을 위하여 기업분할명령 등을 할 수 있는가'의 여부에 있다. 예컨대 일본의 경우 독과점기업에 대한 영업의 일부양도명령제도를 인정하고, 미국의 경우에는 기업분할명령제도를 인정하고 있으므로 원인규제를 채택하고 있다고 할 수 있다. 이렇게 볼 때 우리나라는 폐해규제주의 원칙하에 원인규제주의를 받아들인 혼합규제주의 입법이라고 할 수 있다.[6]

(3) 행징규제주의와 사법심사주의

사법심사주의란 행정기관이 경쟁제한행위의 위법성 여부를 판단할 권한이 없고 법원에서 경쟁제한행위의 위법성 여부를 1차적으로 판단하는 제도를 말한다. 통상 원인금지주의를 취하는 입법례에서는 경쟁제한행위에 대한 위법성 여부를 법원에서 판단하므로 규제절차도 사법절차가 중심이 된다. 행정규제주의란 행정기관에서 경쟁제한행위의 위법성 여부를 1차적으로 판단하는 제도를 말한다. 통상 폐해규제주의를 취하는 입법례에서는 행정관료나 경제전문가가 규제의 주도적 역할을 담당하므로 행정처분에 의한 규제, 즉 행정절차가 중심이 된다. 우리나라는 행정기관인 공정거래위원회에 의한 규제가 중심을 이루고 있다. 즉 위임입법주의에 따라 경쟁제한행위에 대하여 공정거래위원회가 탄력적·신축적으로 대응할 수 있도록 하였다. 경쟁제한행위 등에 대해 행정기관(공정거래위원회)에서 1차적으로 위법성 판단을 하고, 이에 대해 불복이 있는 경우 행정법원에 행정쟁송을 제기할 수 있도록 하고 있으므로 우리나라는 행정규제주의를 채택하고 있다고 볼 수 있다.

(4) 직권규제주의와 당사자주의

당사자의 신고 여부와 상관없이 행정기관이 직권으로 경쟁제한행위에 대해 규제할 수 있는 제도를 직권규제주의라고 한다. 당사자주의는 당사자들의 쟁송제기를 통하여 경쟁제한행위에 대한 규제가 이루어지는 제도를 말한다. 직권규제주의는 경쟁제한행위의 은밀성으

6 사법연수원, 『공정거래법』, 2008, 7面.

로 인해 규제의 비율이 낮고, 규제비용이 많이 소요되며, 피해자구제에 소홀할 수 있다. 반면에 적은 비용으로 신속한 규제가 가능하다는 장점이 있다. 우리나라는 직권규제주의를 원칙으로 하고 있다. 즉 공정거래법 위반 사실에 대하여 국민은 공정거래위원회에 이를 신고할 수 있을 뿐이고 위반행위에 대한 조사와 처분이 전적으로 공정거래위원회의 재량사항이다. 공정거래법 위반 사항이 형사벌이 부과되는 범죄에 해당하는 경우 공정거래위원회가 고발하여야만 공소를 제기할 수 있다(법 제71조 제1항). 이러한 절차는 국민의 재판청구권에 대한 제한이므로 위헌성 논란이 있어 개정의 필요성이 있다.

기본적으로 우리 공정거래법은 직권규제주의 입법이지만, 신고제도(법 제49조), 경쟁제한상태 등의 자발적 해소, 소비자 피해구제, 거래질서의 개선 등을 위하여 동의의결의 신청(법 제51조의2), 시정조치 전 진술기회 부여(법 제52조), 이의신청제도(법 제53조), 불복의 소(법 제54조), 민법 제750조의 불법행위에 의한 손해배상청구권의 행사 가능(법 제56조), 일정한 경우에 있어서 공정거래위원회의 고발의무(법 제71조) 등의 규정은 당사자주의를 가미한 것이다.

3. 공정거래법과 규제완화

경제적 불평등을 시정하기 위한 공정거래위의 경쟁정책(competition policy)은 규제완화를 전제로 한다. 이는 경쟁을 촉진하고 소비자를 보호를 도모하기 위한 것이다. 기존사업자들의 담합에 의한 신규사업자 진입억제나 기득권을 이용한 경쟁사업자 배제 등의 불공정거래행위 발생을 막기 위해 공정거래위원회의 시장감시활동은 강화되어야 필요성이 크다. 이러한 규제는 신규사업자나 기득권이 없는 사업자에게는 사실상 규제완화의 의미가 크다고 할 수 있다. 때로는 특정분야를 보호·육성·발전시키기 위한 산업정책적 차원에서 특정사업자는 경쟁 없이도 수익성 보장해 주기도 한다. 그러나 이러한 경우에 사업자의 기술개발이나 원가절감 노력을 기대할 수 없고 서비스개선 노력도 줄어들 수 있다. 이러한 정책이 오히려 사업자의 경쟁력을 약화시키고 소비자에게 피해를 주어 궁극적으로 산업발전에 저해가 될 수 있음을 주의하여야 한다.

제2절 공정거래법의 연혁

I. 우리나라 공정거래법의 연혁

1. 공정거래법의 제정

(1) 공정거래법 제정 이전의 입법시도

최초의 공정거래법(안)은 1963년 삼분 즉 밀가루·설탕·시멘트를 독점 생산·판매하던 제조업체들이 폭리를 취하자 독과점의 폐해가 사회문제로 크게 대두되었다. 이런 '삼분, 사건'을 계기로 서울대부설연구소인 한국경제문제연구소에서 공정거래법초안을 작성하여 정부에 제출한 것이다. 그 후 1966년, 1967년, 1969년, 1971년 등 여러 차례 공정거래법(안)이 마련되어 국회에 제출되었으나 경제개발의 초기단계에 있는 우리나라의 실정에 맞지 않는다고 하여 그때마다 입법화되지 아니하였다.

(2) 물가안정 및 공정거래에 관한 법률

물가안정에 관한 법률에다가 '공정거래에 관한 일부조항'을 첨가하여 1975. 12. 31. 제정한 법률로서 공정거래에 관한 사항이 최초로 입법화되었다. 이후 1980년 공정거래법이 제정되면서 동법에 포함되어 있던 공정거래에 관한 규정은 삭제되었으나, 동법의 명칭은 변경되지 않고 있다가 1995년에 가서야 비로소 「물가안정에 관한 법률」로 개명되었다.

이 법은 독과점 가격의 신고 및 지정, 불공정거래행위의 금지, 경쟁제한행위의 금지 등을 포함하고 있었다. 그러나 공정거래제도를 물가안정을 위한 수단으로만 활용, 독점의 발생원인은 그대로 방치하였다. 공정거래는 물가안정을 위한 수단으로서만 인식되어 본격적인 공정거래시책의 시행으로 보기 곤란하였다. 공정거래정책은 간접적·장기적 물가안정의 역할을 담당하지만, 직접적·단기적 물가안정의 역할을 담당하지는 못한다. 공정거래제도가 간접적·장기적으로 물가를 규제하는 역할을 수행한다고 할 수 있지만 직접적·단기적인 물가규제수단이라고 보는 것은 곤란하다. 이는 공정거래제도의 이념 즉, 공정하고 자유로운 가격결정에 의한 효율적 시장균형의 달성이라는 이념에 정면으로 배치되기 때문이다. 또한 이 법은 독과점기업에 대해서는 가격규제에 그침으로써 단기적 물가안정에 역점을 두고 있을 뿐, 기업결합이나 경제력집중과 같은 독점의 발생원인은 그대로 방치하고 있었다.

(3) 독점규제 및 공정거래법의 제정

1980. 12. 31.에 법률 제3320호로 「독점규제 및 공정거래에 관한 법률」을 제정하여, 1981. 4. 1.에 시행되었다. 이 법은 ① 시장지배적 지위남용금지, ② 경쟁제한적 기업결합의 금지, ③ 공동행위의 등록제 및 등록하지 않은 공동행위의 무효, ④ 일반불공정거래행위의 금지, ⑤ 사업자단체의 금지행위, ⑥ 판매가격유지행위의 제한, ⑦ 부당한 국제계약의 체결 제한 등의 규정을 담아 공정거래법의 틀을 갖춘 법으로 제정되었다.

2. 공정거래법의 개정

1980년에 제정된 「독점규제 및 공정거래에 관한 법률」은 1986. 12. 31.에 1차 개정을 하였다. 이후 2009. 3. 25.에는 출자총액제도를 폐지 등, 2017. 4. 18.에는 자산총액 5조원 이상의 기업집단을 공시대상기업집단으로 지정하고, 이 중 자산총액 등을 고려하여 추가적인 규제가 필요한 기업집단을 상호출자제한기업집단으로 지정하기까지 수십 차례의 개정이 있었다.

3. 특별법

불공정거래행위 중 '자기의 거래상의 지위를 부당하게 이용하여 상대방과 거래하는 행위'의 하도급 관련 사항만 구체화하여 「하도급거래 공정화에 관한 법률」이 제정되었다. 이 법에 따라 하도급과 관련하여 공정거래법 제23조 제1항 제4호는 적용되지 않는다. 또 불공정거래행위 중 '부당한 표시·광고'를 보다 효과적으로 시정하고 소비자에게 바르고 유용한 시장정보를 제공하기 위해 만들어진 「표시·광고의 공정화에 관한 법률」에 따라 1999. 7. 1.부터 공정거래법 관련 조항은 삭제되고 이 법으로 일원화되었다.

Ⅱ. 외국의 입법례

1. 미국의 독점금지법

(1) 개요

미국의 독점금지법으로는 Sherman법, Clayton법, 연방거래위원회법이 가장 대표적이다. 대략 30개 정도의 단행법으로 독점을 규제하고 있다. 이들 3법은 상호배타적으로 적용되는 것이 아니라 서로 중첩되어 있으며 어떤 법 제 몇 조에 위반되는지는 그다지 중요한 의미가 없다.

미국은 독점금지제도상 사법심사주의를 취하고 있기 때문에 경쟁제한행위에 대한 1차적인 판단을 행정기관에서 하는 것이 아니라 법원에서 결정한다. 독점금지법의 법운용기관으로는 법무부 반독점국과 연방거래위원회가 있으며, 전자는 부당한 공동행위 등 형사적 사건을 주로 다룬다. 후자는 기업결합, 표시·광고행위 등 민사적 사건을 주로 다루는데 형사소추는 법무부 반독점국에서 전담하고 있다. 그 외 대부분의 독점금지 관련 법률들은 이들 3법으로부터 파생되었으며, 이들 3법은 서로 중첩되는 부분이 있다.

(2) Sherman법

1890년 트러스트를 금지하기 위하여 제정되었으며 반트러스트법 중에서 가장 오래되고 기본적인 법률이다. 실체적 규정으로는 제1조 부당한 거래제한의 금지와 제2조 독점의 금지 2개 조항뿐이다.

> Sherman Law
>
> 제1조 "주 상호 간 또는 외국과의 거래 또는 통상을 제한하는 모든 계약, 트러스트 또는 기타 형태의 결합 또는 공모는 위법이다".
>
> 제2조 "주 상호 간 또는 외국과의 거래 또는 통상의 어떠한 부분이라도 독점하거나 독점을 기도하는 경우 또는 그러한 목적으로 다른 1인 또는 수인과 결합 또는 공모하는 자는 중죄를 범한 것으로 한다".

셔먼법상 당연위법으로 인정되는 행위 유형으로는 끼워팔기, 가격협정, 집단배척, 시장분할협정 등이다. 이러한 행위에 대해서는 정당화 사유의 유무가 문제되지 않고 존재만 입증되면 바로 위법으로 처리된다. 셔먼법은 민사적 구제조치를 포함하는 형사법이다. 이 법에 위반하는 자는 처벌을 받고 위법행위로 인해 손해를 입은 자는 손해배상청구가 가능하다. 참고로 보통법상 경쟁제한행위의 당사자는 민사·형사상의 책임을 부담하지 않는다. 즉 부당한 거래제한의 합의와 독점을 위한 합의는 보통법상으로도 불법이지만 그 합의의 효력이 인정되지 않을 뿐이다. 이법을 운용하는 국가기관은 법무부 반독점국이다.

(3) Clayton법

셔먼법 제정 이후 법원의 해석원칙으로 채택된 '합리의 원칙'이 너무 추상적이었다. 이에 거래제한의 구체적인 유형을 제시하여 법적용에 있어서 법원의 재량권을 축소하고 법집행의 확실성을 추구하기 위하여 1914년에 제정하였다. 실체적 규정으로는 차별적 취급금지(제2조), 구속조건부거래금지(제3조), 경쟁제한적 기업결합 금지(제7조), 임원겸직의 금지(제9조)가 있다. 영업이나 재산상의 손해를 받은 자는 손해액의 3배와 소송비용을 배상받을 수 있다(3배 배상제도). 소비자인 시민을 대위하여 주검찰총장이 연방법원에 3배 배상소송을 제기할 수 있는 국가후견소송제도를 인정하고 있다. 법무부 반독점국과 연방거래위원회가 이 법을 운용하며 상호 수시 협의를 통해 업무분장을 한다.

(4) 연방거래위원회법

1914년 반트러스트법에 위반되는 행위가 나타날 우려가 있는 경우에 이를 사전에 간섭하여 독점을 미연에 방지하고 나아가 일반의 자유경쟁을 보장하기 위하여 연방거래위원회를 설치·운영할 것을 규정하기 위하여 제정하였다. 대통령이 상원의 동의를 얻어 5명을 위원으로 임명하고 3인 이상의 동일정당에 소속되어서는 아니 된다. 독점이나 부당한 거래제한, 가격협정, 보이콧, 재판매가격유지행위, 허위광고, 경품제공 등 거의 모든 유형의 불공정거래행위를 망라적으로 규정하고 있다. 연방거래위원회법 제5조는 "상업에 있어서 불공정한 경쟁방법과 불공정하거나 기만적인 행위 또는 관행은 이를 위법으로 한다"고 규정하여 불공정거래행위를 규제하는 일반적 실체법적 규정을 두고 있다. 당사자 간의 합의에 의한 판결 내지 재판상 화해를 뜻하는 동의판결이 인정된다. 행정기관의 화해를 인정하는 점에서 특이하다. 반트러스트법상의 소송에서 원고가 주장하는 경쟁제한을 없애기 위한 일정한 조치를 취할 것을 피고가 약속한 경우 피고는 판결에 기재되어 있는 사실 또는 위법을 인정하지 않아도 된다. 동의판결의 결론은 별개의 손해배상소송에 있어서 유리한 증거로 사용할 수 없다. 위반이 뚜렷하다고 인정되면 직접 중지명령을 할 수 있다.

2. EU(유럽연합)의 독점금지법

1958년 1월에 발효한 '유럽경제공동체의 설립에 관한 조약'(EC조약, 이른바 로마조약) 제81조 내지 87조에서 「경쟁에 관한 규칙」을 규정하고 있다. 1989년 12월 「기업결합의 통제에 관한 규칙」을 제정하여 경쟁제한적인 기업결합에 대해서도 규제하고 있다.

3. 독일의 독점금지법

독일은 흔히 '카르텔의 모국'이라고 일컬어질 만큼 카르텔이 성행하였다. 이에 따라 자연히 독점금지법도 부당한 카르텔에 대한 규제의 필요성에서 출발하였다.

1910년에 제정된 부정경쟁방지법은 경쟁의 공정성을 보호하기 위하여 불공정거래행위에 대한 규제를 목적으로 하고 있다. 부당한 표시광고행위 금지, 수량·용량 등의 원산지 표시의무화 등이 규정되어 있다. 위반행위에 대해서는 사법적 규제만이 가능하다.

1957년에 제정된 경쟁제한방지법은 경쟁의 자유를 보호하기 위하여 주로 카르텔, 기업결합 등 경쟁제한행위를 규제하는 것을 목적으로 하고 있다. 프라이부르그 학파의 「사회적 시장경제의 원칙」이 이론적 토대를 이루고 있다. 이는 경쟁만이 경제를 효율적으로 조정할 수 있으며, 기능적 시장경제가 유지될 수 있는 제도적 장치를 마련해야 한다는 원칙이다. 주요 내용으로는 경쟁을 제한하는 카르텔 계약 및 사업자단체의 카르텔 결의를 원칙적으로 금지하고 있다(제1조). 그러나 신고카르텔, 이의카르텔, 허가카르텔 등 카르텔에 대하여 광범위한 예외를 인정하고 있다. 시장지배적 사업자의 지위남용행위를 금지(제22조)하고, 기업결합을 통해서 시장지배적 지위가 형성되거나 강화되는 경우에는 이를 금지하고 있다(제24조). 위반행위에 대해서는 사법적·행정적 제재가 가능하다. 독점금지법의 운용기관은 연방카르텔청이다.

4. 일본의 독점금지법

일본에서는 연합군 점령당국이 전쟁발발의 주요 원인이었던 재벌의 해제조치를 영구적으로 정착시키기 위한 제도적 장치로서 1947년에 「사적독점의 금지 및 공정거래의 확보에 관한 법률」이 제정되었다. 시행 초기에는 거의 미국 3법을 혼합한 것이었으며 미국보다 더 엄격하고 강력한 독점금지정책을 취하였다.

일본 재벌해체 정책이 후퇴하면서 이 법도 완화되어 1949년, 1952년, 1953년 등 여러 차례의 법 개정을 통하여 독점금지정책이 크게 후퇴하였다. 1977년 법 개정 이후 다시 독점금지정책을 강화하기 위한 조치가 취해지기 시작하였다. 독금법의 주요내용으로는 사적독점·부당한 거래제한의 금지, 불공정한 거래방법의 규제, 시장집중억제, 사업자단체·국제거래의 규제, 적용제외 규정 등이다.

이 법은 공정취인(거래)위원회(公正取引委員會)에서 운용한다.

제3절 공정거래법의 구성

Ⅰ. 개요

우리의 공정거래법은 본문 총 14개장 120개조와 36개 부칙으로 구성되어 있다. 본문 제1장은 총칙(3개조)이고, 제2장부터 제8장(총 53개조)까지는 실체법적 규정이며, 제9장~제14장(총 64개조)은 전담기구인 공정거래위원회를 포함하여 절차법적 규정을 담고 있다.

<공정거래법의 구성>

실체법적 규정	절차법적 규정
제2장 시장지배적 지위의 남용금지	제9장 전담기구
제3장 기업결합의 제한 및 경제력집중의 억제	제9장의2 한국공정거래조정원의 설립 및 분쟁조정
제4장 부당한 공동행위의 제한	제10장 조사 등의 절차
제5장 불공정거래행위의 및 특수관계인에 대한 부당한 이익제공의 금지	제10장의2 과징금의 부과 및 징수 등
제6장 사업자단체	제11장 손해배상
제7장 재판매가격유지행위의 제한	제12장 적용제외
제8장 삭제	제13장 보칙
	제14장 벌칙

Ⅱ. 실체법적 규정의 구분

1. 시장구조개선을 위한 규정

시장구조 그 자체를 경쟁의 촉진에 도움이 되도록 만들어 가기 위한 법규정들을 말한다. 시장지배적 지위남용금지(제2장), 기업결합의 제한 및 경제력집중의 억제(제3장) 등이 이에 해당한다. 기업결합의 제한, 경제력집중억제제도는 다른 실체법규정들과 달리 사전규제제도로서의 성격도 가지고 있다.

2. 거래행태개선을 위한 규정

시장의 거래과정에서 나타나는 경쟁제한행위나 불공정거래행위 등을 시정하기 위한 법규정들을 말한다. 부당한 공동행위의 제한(제4장), 불공정거래행위 및 특수관계인에 대한 부당한 이익제공의 금지(제5장), 사업자단체(제6장), 재판매가격유지행위의 제한(제7장) 등이 이에 해당한다. 다만 시장지배적 지위남용금지 규정(제2장)의 성격에 관해서는 이를 시장구조개선으로 보는 견해[7] 와 거래행태개선으로 보는 견해[8] 혹은 양자의 성격을 모두 가졌다고 보는 견해[9] 로 나뉘고 있다.

---

7 이기수·유진희, 『경제법』, 박영사, 2004, 57面; 이남기·이승우, 『경제법』, 박영사, 2001, 67面.

8 신현윤, 『경제법』, 법문사, 2006, 122面.

9 정호열, 『경제법(제2판)』, 박영사, 2008, 160面.

제2장 공정거래법 총칙

제1절 공정거래법의 목적

Ⅰ. 헌법 제119조에 나타난 경제질서의 근본이념

헌법 제119조에서는 ① 대한민국의 경제질서는 개인과 기업의 경제상의 자유와 창의를 존중함을 기본으로 한다. ② 국가는 균형있는 국민경제의 성장 및 안정과 적정한 소득의 분배를 유지하고, 시장의 지배와 경제력의 남용을 방지하며, 경제주체 간의 조화를 통한 경제의 민주화를 위하여 경제에 관한 규제와 조정을 할 수 있다고 규정하고 있다. 이 규정의 의미에 대하여 헌법재판소는 다음과 같이 해석하고 있다.

"헌법 제119조는 제1항에서 '대한민국의 경제질서는 개인과 기업의 경제상의 자유와 창의를 존중함을 기본으로 한다'고 규정하여 사유재산제도, 사적 자치의 원칙, 과실책임의 원칙을 기초로 하는 자유시장 경제질서를 기본으로 하고 있음을 선언하면서, 한편 그 제2항에서 '국가는……시장의 지배와 경제력의 남용을 방지하기 위하여……경제에 관한 규제와 조정을 할 수 있다'고 규정하여 독과점규제와 공정거래유지를 위한 입법의 헌법적 근거를 제공하고 있다. 결국 우리 헌법은 자유시장 경제질서를 기본으로 하면서 사회국가원리를 수용하여 실질적인 자유와 평등을 아울러 달성하려는 것을 근본이념으로 하고 있는 것이다."[10]

10 헌법재판소 2002. 7. 18. 선고 2001 헌마 605 전원재판부결정.

Ⅱ. 독점규제 및 공정거래에 관한 법률 제1조

> 공정거래법 제1조(목적) 이 법은 사업자의 시장지배적 지위의 남용과 고도한 경제력의 집중을 방지하고, 부당한 공동행위 및 불공정거래행위를 규제하여 공정하고 자유로운 경쟁을 촉진함으로써 창의적인 기업활동을 조장하고 소비자를 보호함과 아울러 국민경제의 균형있는 발전을 도모함을 목적으로 한다.

공정거래법의 보호법익은 자유롭고 공정한 경쟁질서 그 자체뿐만 아니라 경쟁에 참여하고 있는 당사자, 거래상대방, 소비자의 보호도 목적으로 한다.

헌법재판소는 공정거래법에 대하여 "헌법 제119조 제2항은 '국가는 … 시장의 지배와 경제력의 남용을 방지하기 위하여 … 경제에 관한 규제와 조정을 할 수 있다'고 규정함으로써, 독과점규제라는 경제정책적 목표를 개인의 경제적 자유를 제한할 수 있는 정당한 공익의 하나로 명문화하고 있다. 국가목표로서의 '독과점규제'는 스스로에게 맡겨진 경제는 경제적 자유에 내재하는 경제력집중적 또는 시장지배적 경향으로 말미암아 반드시 시장의 자유가 제한받게 되므로 국가의 법질서에 의한 경쟁질서의 형성과 확보가 필요하고, 경쟁질서의 유지는 자연적인 사회현상이 아니라 국가의 지속적인 과제라는 인식에 그 바탕을 두고 있다. 독과점규제는 국가의 경쟁정책에 의하여 실현되고 경쟁정책의 목적은 공정하고 자유로운 경쟁의 촉진에 있다. 독점규제의 목표는 독점규제 및 공정거래에 관한 법률이 그 규제의 목표를 보다 구체화하고 있는바, 독점규제법 제1조는 '사업자의 시장지배적 지위의 남용과 과도한 경제력의 집중을 방지하고 부당한 공동행위 및 불공정거래행위를 규제하여 공정하고 자유로운 경쟁을 촉진함으로써 창의적 기업활동을 조장하고 소비자를 보호함과 아울러 국민경제의 균형있는 발전을 도모함을 목적으로 하고 있다'고 규정하여 이 법의 입법목적을 밝히고 있다. 즉 국가의 경쟁정책은 시장지배적 지위의 남용방지, 기업결합의 제한, 부당한 공동행위의 제한 등을 통하여 시장경제가 제대로 기능하기 위한 전제조건으로서의 가격과 경쟁의 기능을 유지하고 촉진하려고 하는 것이다. 따라서 독과점규제의 목적이 경쟁의 회복에 있다면 이 목적을 실현하는 수단 또한 자유롭고 공정한 경쟁을 가능하게 하는 방법이어야 한다"고 결정하였다.[11]

11 헌법재판소 1996.12.26.선고 96 헌가 18 전원재판부결정.

Ⅲ. 직접적 목적

공정거래법은 "공정하고 자유로운 경쟁"의 촉진을 직접적인 목적으로 하고 있다.

1. 공정경쟁(Fair Competition) 촉진

공정경쟁이란 사업자들 간에 그들의 사업상의 장점(가격, 서비스, 품질 등)을 중심으로 공정(Fair)하게 이루어지는 경쟁의 촉진을 말한다. 다만 사업자의 자금력은 사업상의 장점에서 제외된다. 여기서 "공정한"의 의미는 도덕적 의미의 "공정"과는 상관없는 개념이다. 구체적으로는 공정경쟁이란 ① 경쟁방법의 공정성, ② 경쟁수단의 공정성을 유지하면서 경쟁이 이루어지는 것을 의미한다.

2. 자유경쟁(Open Competition, Free Competition) 촉진

자유경쟁이란 시장의 경쟁에 참여하려는 의사와 능력을 가진 모든 사업자에게 시장이 공개되고(Open), 시장에 참여하고 있는 사업자들 상호 간에 경쟁을 제한하는 카르텔이나 기업결합과 같은 경쟁제한적 요소가 없이 자유로운(Free) 경쟁의 촉진을 말한다. 구체적으로 ① 시장이 공개되고, 시장진입·퇴출의 자유가 보장되며, ② 시장기구의 순기능 발휘가 가능하고, ③ 사업자 간에 경쟁제한이 없어야 한다. 즉 시장이 개방되고 경쟁제한요소가 없는 경쟁이 이루어져야 한다.

3. 수단

공정거래법 제1조에는 ① 시장지배력 지위남용금지, ② 경제력집중 방지, ③ 부당한 공동행위 규제, ④ 불공정거래행위 규제의 4가지만 명시하고 있다. 기타 기업결합제한행위, 사업자단체금지행위, 재판매가격유지행위, 부당한 국제계약의 체결제한행위 등의 규제는 위 ②, ③, ④에 포함되는 것으로 이해한다.

4. 경쟁의 원칙

시장에서의 경쟁 원칙은 개방(Open)을 포함한 자유(Free)와 공정(Fair)이다. 이런 경쟁원칙이 완정하게 실현된 경쟁상태를 완전경쟁이라고 하지만 실제로는 존재하지 않는다. 현실에서 경쟁원칙이 적절하게 조화를 이루는 유효경쟁을 촉진하는 것이 공정거래법의 직접적인 목적이다.

(1) 공정경쟁과 자유경쟁의 관계

자유경쟁과 공정경쟁은 긴장관계 또는 보완관계를 갖는다. ① 공정경쟁과 자유경쟁은 어느 정도 긴장관계에 있다. 즉 공정경쟁을 지나치게 추구하면 자유경쟁이 침해될 수 있고, 자유경쟁을 지나치게 보장하면 공정경쟁이 위협을 받을 수 있다. 따라서 양자의 적절한 조화가 중요하다. ② 시장경쟁에 있어서 주로 문제되는 것은 독점이나 과점 또는 기업결합이나 공동행위와 같은 경쟁의 자유를 제한하는 상태나 행위이다. 따라서 공정거래법에 있어서 자유로운 경쟁의 실현이 공정한 경쟁의 실현보다 훨씬 더 중요한 의미를 가진다고 볼 수 있다.

(2) 정책목표: 유효경쟁의 실현

자유경쟁과 공정경쟁이 완전히 실현된 경쟁상태를 완전경쟁이라 하는데 이는 실현이 불가능하고 바람직하지도 않다. 공정(Fair), 공개(Open), 자유(Free) 경쟁이 완벽하게 이루어지는 경쟁상태를 완전경쟁 상태라고 한다. 그러나 완전경쟁은 그 실현이 불가능할 뿐만 아니라 그 실현이 반드시 바람직한 것도 아니다. 국가는 자유경쟁과 공정경쟁이 적절히 조화된 유효경쟁의 실현을 목표로 한다. ① 오늘날 대부분의 국가들은 완전경쟁의 실현을 목표로 하는 것이 아니라 이른바 유효경쟁, 즉 경쟁이 초래하는 사회적·경제적 효과를 극대화시키는 것을 목적으로 하고 있다. ② 선진국일수록 자유경쟁의 실현(예컨대 시장구조개선, 독과점규제, 부당공동행위 등)을 중시하고 있다. ③ 우리는 처음에 공정경쟁의 실현(예컨대 불공정거래행위 등 거래행태개선)에 치중하였으나 차츰 자유경쟁의 실현도 중시하는 경향으로 바뀌어 가고 있다.

Ⅳ. 궁극적 목적

1. 개요

공정거래법은 ① "창의적인 기업활동을 조장하고, 소비자를 보호함과 아울러 국민경제의 균형있는 발전을 도모함"(법 제1호)을 궁극적 목적으로 하고 있다. 또한 공정거래법 제1조에서 공정거래법의 수단으로 규정하고 있는 ② 경제력 집중억제도 공정거래법의 별개의 정책목표로 볼 수 있다.

공정거래법은 개인의 영업상의 자유를 보장하기 위한 법이 아니다. 공정거래법은 제도로서의 경쟁질서를 보장하고 나아가 경쟁의 상대방과 경쟁참여자를 보장한다.

2. 창의적인 기업활동의 조장

공정하고도 자유로운 경쟁이 이루어지면 그 결과로 창의적인 기업활동이 조장된다. 공정·자유경쟁이 이루어지는 시장에서 살아남기 위해서는 사업자가 기술혁신·원가절감 노력 등 창의적인 기업활동을 영위하지 않을 수 없기 때문이다. 이에 대하여 창의적인 기업활동의 조장은 자유롭고 공정한 경쟁의 당연한 결과이지 법의 목적은 아니라고 보는 견해가 있다.12 창의적인 기업활동의 조장은 현대자본주의 사회에서 공정거래법이 차지하는 의의 내지 가치이지 궁극적인 목적이라고 할 수 없다는 것이다.

3. 소비자보호

공정거래법은 소비자 주권실현·소비자 이익확보·소비자 후생보호·소비자 피해방지를 목적으로 한다. 공정·자유경쟁을 통해 값싸고 질 좋은 상품·용역을 소비자에게 제공함으로써 결과적으로 소비자 이익이 증진된다. 이런 의미에서 공정거래법은 기능적 의미의 소비자기본법이라 할 수 있다. 소비자보호를 소비자 피해구제라는 의미로 이해할 경우 공정거래법은 소비자보호를 궁극의 목적으로 한다고는 할 수 없다. 그러나 일반적으로 소비자보호라 함은 주로 소비자 주권의 실현 또는 소비자 이익의 확보를 의미하고, 소비자기본법처럼 소비자 피해구제를 의미하지 않는다. 즉 공정하고 자유로운 경쟁이 유지될 때 소비자 주권이 가장 잘 달성될 수 있다. 불공정거래행위의 유형에 소비자의 이익을 침해할 우려가 있는 행위(예컨대 예식장에서의 끼워팔기, 위계에 의한 고객유인 등)가 포함되어 있는 점을 감안할 때 그 한도 내에서 소비자보호는 소비자 피해방지의 의미도 있다고 볼 수 있다. 이런 경우에 소비자보호는 공정거래법에서 직접 보호목적으로 삼는 것이며, 결코 소비자가 얻는 반사적 이익이라고 할 수 없다.

4. 국민경제의 균형 있는 발전

공정·자유경쟁을 통해 자원배분을 적정히 하고 합리적 소득분배를 실현시킴으로써 국민

---

12 권오승, 앞의 책, 87面.

경제의 균형있는 발전을 도모한다. 그러나 이는 경쟁법의 본질과 상치되며 주로 예외적으로 인정된다(예컨대 중소기업보호, 일정한 조합적용제외 등). 공정거래법은 엄밀하게 말하면 국민경제의 균형있는 발전의 도모와는 거리가 멀다. 즉 치열한 경쟁이 유지되면 경쟁력 있는 기업은 번창하고 그렇지 못한 기업은 자연스레 도태하게 되므로 경쟁촉진을 유도하는 공정거래법은 기업이나 산업 간 또는 지역 간의 불균형을 심화시킬 가능성이 있기 때문이다. 그러나 공정거래법은 시장지배력 남용금지, 경쟁정책의 예외적 운용(예컨대 부당한 공동행위의 예외, 기업결합의 예외) 등의 한도 내에서는 중소기업보호 등 국민경제의 균형 있는 발전을 직접적으로 도모한다.

5. 경제력집중의 억제

경제력집중의 억제는 수단의 하나로 규정되어 있지만 독립한 별개의 목적으로 본다. 경제력의 집중이란 경제적 자원과 수단을 소유·지배할 수 있는 힘이 소수의 경제주체에게 집중되어 있는 현상을 말한다. 현행 공정거래법은 지주회사, 상호출자금지, 신규채무보증금지 등의 여러 가지 제도를 통하여 경제력이 과도하게 집중되는 것을 억제하는 것을 목적으로 하고 있다.

6. 효율적 자원배분

공정거래법에 명문의 규정은 없으나, 공정경쟁의 촉진을 통하여 사회의 희소한 자원이 가장 효율적으로 사용될 수 있도록 배분되는 것을 공정거래법이 추구하는 궁극적 목적의 하나로 이해하고 있다.[13] 여기서 효율성이라 함은 생산적 효율성이 아니라 배분적 효율성을 의미한다. 즉 투입량에 비해 산출량이 가장 많도록 자원을 배분하는 것이 아니라 사회의 구성원들에게 가장 높은 효용을 실현하도록 자원을 배분하는 것을 의미한다. 생산적 효율성이 있는 기업결합이나 공동행위라 하더라도 그것이 배분적 효율성에 반하면 금지된다. 그러나 공정거래법은 생산적 효율성이 있는 행위에 대해 그것이 시장지배력을 강화하지 않는 한 대체적으로 호의적이다.

---

13 사법연수원, 앞의 책, 5面: 권오승, 앞의 책, 82-86面.

제2절 공정거래법의 적용

I. 공정거래법의 적용대상

1. 사업자: '사업자'에 의한 경쟁제한행위만 규제

(1) 규정형식

사업자는 공정거래법의 적용범위를 결정하는 중요한 개념이다. 사업자라 함은 제조업, 서비스업, 기타 사업을 행하는 자를 말한다. 모든 산업을 포함하며 사업의 내용을 따지지 않는다. 사업자의 이익을 위한 행위를 하는 임원·종업원·대리인 기타의 자는 사업자단체에 관한 규정의 적용에 있어서는 이를 사업자로 본다(법 제2조 제1호). 공정거래법은 "모든 사업"에 포괄적으로 적용된다.

(2) 사업자의 의의

사업자라 함은 제조업, 서비스업, 기타 사업을 행하는 자를 말한다(법 제2조 제1호). 사업의 종류를 불문하고 사경제적 주체로서 사업을 행하는 자이다.

1) "사업"의 의미

사업이란 어떠한 업에 해당되는 경제행위를 계속하여 반복적으로 행하는 것이다. 사업의 종류를 불문하고 모든 사업을 의미한다. 공정거래법은 사업자가 행하는 업종의 구분 없이 모든 사업자를 적용대상으로 한다. 타인에게 일정한 경제적 이익을 제공하고, 그것에 상응하는 반대급부를 받는 행위를 계속·반복적으로 하는 것이다. 따라서 자선·기부행위는 제외된다.

의사·변호사·공인회계사·약사·세무사·변리사·법무사·관세사·건축사 등과 같이 개별적으로 자유업을 영위하는 사업자도 공정거래법상 사업자로 본다. 과거에는 자유업을 영위하는 개별 사업자의 불공정행위는 국민경쟁에 미치는 영향이 극히 미미하므로 사업자에서 제외하여야 한다는 견해가 있었으나 지금은 사업자에 포함된다는 데 별다른 이견이 없다.

소비자단체와 노동조합은 사업자가 아니다. 소비자와 소비자단체, 노동자와 노동조합 등의 행위는 사업자의 행위가 아니므로 공정거래법이 적용되지 않는다.

사업자의 시기에 관하여 법인의 경우에는 설립등기여부, 자연인의 경우에는 사업자등록필 여부에 의하여 정해지는 것이 보통이다. 그러나 이것도 하나의 기준이 될 뿐 반드시 이것에 의해서 결정되는 것은 아니다.

2) “행하는 자”의 의미

행하는 자란 자기의 계산하에 사업을 경영하는 자를 말한다. 자기명의여부·영리여부·공익성여부·법령에 규정된 의무수행여부·법적형태 등을 불문한다(예컨대 병원, 대학교, 요양권, 사업을 영위하는 자연인 등을 포함한다). 즉 상법상의 상행위가 아니어도 무방하다. “건축사의 업”은 그 업무의 내용과 공익의무가 법정되어 있더라도 공정거래법의 적용대상이다.[14]

사업을 “행한다”는 것은 자기 명의여부와 상관없이 자기의 계산하에 사업을 경영한다는 의미이다. 사업자의 경제활동이 영리를 목적으로 할 것을 반드시 요건으로 하지는 않는다. 그 활동이 반드시 영리를 목적으로 할 필요가 없고, 사업자의 의무가 법령에 규정되어 있는지, 목석이 공익성을 띠는지의 여부도 문제되지 않는다. 법인, 자연인 이외에 법인격 없는 사람도 포함한다. 즉 사업을 행하는 “자”는 자연법, 법인(법인 그 자체이고 법인의 대표자가 아니다), 법인격 없는 사단이나 조합 등 그 법적형태는 문제되지 않는다(예컨대 병원, 대학교, 요양원, 자연인, 외국사업자 등). 사업자의 실질만 갖추었으면 그 형식은 문제되지 않는다.

공정거래법은 주로 사업자의 행위를 법적용대상으로 한다. 다만 공정거래법의 대부분의 규정은 “사업자는 …을 하여서는 아니 된다.”는 규정 형식을 취하고 있는데, 법 제7조 제1항, 제15조 제1항은 “누구든지 …을 하여서는 아니 된다”는 형식을 취하고 있어 이들 조항의 경우 사실상 비사업자에 대해서도 적용될 여지가 없지 않다. 또한 공정거래법은 비사업자의 행위를 규제대상으로 하는 경우도 있다(예컨대 기업결합의 제한). 그러나 사업자의 행위라 하더라도 사업자의 거래행위가 아니거나 거래행위와 관련이 없는 행위는 법적용대상에서 제외된다(예컨대 사업자가 법원의 판결을 불이행하는 행위, 공사과정에서 옆 건물에 금이 가게 하는 행위 등).

3) 사업자의 의제

사업자의 이익을 위한 행위를 하는 임원·종업원·대리인 기타의 자는 사업자단체에 관한 규정의 적용에 있어서는 이를 사업자로 본다(법 제2조 제1호 후단).

---

14 공정거래위원회 재결 1987.3.25.

임원이라 함은 이사, 대표이사, 업무집행을 하는 무한책임사원, 감사나 이에 준하는 자 또는 지배인 등 본점이나 지점의 영업전반을 총괄적으로 처리할 수 있는 상업사용인(부분적 포괄 대리권을 갖는 상업사용인은 제외)을 말한다(법 제2조 제5호). 회사 등기부등본에 등록된 이사뿐만 아니라 등록되지 않은 이사도 임원에 포함되고 부장급 이사라도 상관없다. 합자회사의 유한책임사원, 유한회사의 사원, 주식회사의 주주, 업무집행을 하지 않는 무한책임사원, 부분적 포괄대리권을 가진 상업사용인은 임원에 포함되지 않는다.

"사업자단체"라 함은 그 형태 여하를 불문하고 2인 이상의 사업자가 공동의 이익을 증진할 목적으로 조직한 결합체 또는 그 연합체를 말한다(법 제2조 제4호). 판례는 대한의사협회는 서비스업 기타 사업을 행하는 사업자인 의사들이 구성원이 되어 공동의 이익을 증진할 목적 등을 가지고 의료법에 의하여 조직된 사단법인이므로 독점규제 및 공정거래에 관한 법률의 적용대상인 사업자단체에 해당한다고 판시하고 있다.[15] 비슷한 관점에서 대한약사회[16], 대한법무사협회[17] 도 사업자단체로 보아 공정거래법을 적용하고 있다.

(3) 국가·지방자치단체의 법적용의 문제

국가와 지방자치단체와 같은 공공기관도 공정거래법상의 사업자에 포함되느냐에 관하여 문제가 된다.

국가와 지방자치단체의 행위(예컨대 고권적 행위)는 원칙적으로 사업자가 아니므로 공정거래법이 적용되지 않지만, 국가 또는 지방자치단체가 사경제 주체로서 타인과 거래행위를 하는 경우에는 그 범위 내에서 공정거래법 소정의 사업자에 포함된다고 본다.[18] 예컨대 ① 단순 사무기기의 구입에서부터 군수품 조달에 이르는 모든 수요활동 및 그 수요를 위한 계약행위, ② 영조물이 제공하는 공공배려적 서비스를 유상으로 제공하는 행위, ③ 철도사업, 우정사업 등과 관련된 행위 등을 하는 경우에는 국가 또는 지방자치단체도 사업자가 되어 공정거래법의 적용을 받는다.

15 대법원 2003.2.20. 선고 2001두5347 전원합의체 판결.

16 대법원 1995.5.12. 선고 94누13794 판결.

17 대법원 1997.5.16. 선고 96누150 판결.

18 대법원 1990.11.23. 선고 90 다카 3659 판결.

2. 경쟁, 경쟁제한, 관계시장(일정한 거래분야)

(1) 일정한 거래분야 (관련시장): 경쟁에 영향을 미치는 범위

1) 개념

시장을 어떻게 나누느냐에 따라 법적 판단이 달라질 수 있기 때문에 관련시장을 획정하는 것은 대단히 중요하고도 어려운 문제이다.(예, 우유≤유가공품, 맥주≤주류)

일정한 거래분야라 함은 "거래의 객체별·단계별 또는 지역별로 경쟁관계에 있거나 경쟁관계가 성립될 수 있는 분야(잠재적 시장)"를 말한다(법 제2조 제8호). 강학상으로는 "관련시장(Relevent Market)"이라고도 한다. 일정한 거래분야는 객체별, 단계별, 지역별로 구분하는 것은 예시에 불과하고 그 외에도 유통경로별, 시간대별 등 여러 가지 방법에 의해 구분이 가능하다. 미국에서는 "합리적 대체 가능성"이 있다면 관련시장으로 본다.

2) 일정한 거래분야의 중요성

일정한 거래분야는 시장의 범위를 획정하는 기준이 되며, 상호 경쟁관계에 있는 사업자들로 구성된다. 결국 일정한 거래분야를 획정하는 것은 상호 경쟁관계에 있는 사업자의 범위를 획정하는 것이다.[19] 시장지배적 지위를 인정하거나 시장점유율을 계산하기 위해서는 먼저 일정한 거래분야를 획정하여야 한다. 또한 실질적 경쟁제한성을 심사하기 위해서도 반드시 관련시장이 획정되어야 한다.

일정한 거래분야를 어떻게 획정하느냐에 따라서 당해 시장의 독과점도(또는 당해기업의 시장점유율)가 크게 달라지게 된다. 즉 일정한 거래분야를 넓게 획정할수록 당해 시장의 독과점도는 낮아지고 시장은 독과점시장에서 경쟁시장으로 변화된다. 반면에 좁게 획정할수록 독과점도는 높아지게 되며 경쟁제한성이 인정될 가능성이 커지게 된다.

3) 일정한 거래분야의 획정방법

일정한 거래분야를 획정하는 일의적인 방법은 없다. 다만 개별사안에 따라 대체재의 존재유무(대체가능성여부)를 파악하여야 한다. 즉 일정한 거래분야 획정 시 수요 또는 공급의 대체가능성 여부가 가장 중요하다. 그러나 대체가능성 여부가 일정한 거래분야를 획정하는 유일한 기준은 아니다. 상품의 특성·소비자의 인식·지리적 특성 등을 종합적으로 고려

19 사법연수원, 앞의 책, 14面.

하여 일정한 거래분야를 획정하게 된다.

일정한 거래분야의 범위는 기본적으로 거래객체별로 경쟁관계가 성립하는지의 여부에 따라 판단하되, 그 범위의 제한이 필요한 경우에는 거래의 단계별 또는 지역별로 다시 구분하여 판단한다.[20]

① 거래객체별

거래되는 상품이나 제품의 종류에 따라서 일정한 거래분야를 구분한다(예컨대 음료수시장, 주류시장, 자동차시장, 휘발유시장 등). 이것은 가급적 작게 구분하여야 한다. 예컨대 전체 음료시장에서 시장지배적 지위가 문제될 때에는 사이다·콜라·주스·생수 등 모든 음료를 포함한 생산 또는 수요 시장을 기준으로 하여 일정한 거래분야를 정해야 한다. 단지 주스시장에서 시장지배적 지위가 문제될 때에는 다른 음료는 제외하고 주스의 생산 또는 수요 시장을 기준으로 하여 일정한 거래분야를 정해야 한다. 어느 사업자가 주스시장에서의 시장점유율은 50%로 독점적 지위에 있지만 전체 음료시장에서의 시장점유율은 5% 정도로 그리 크지 않다면, 일정한 거래분야를 어떻게 정하느냐에 따라 시장지배적 사업자로 추정되는지의 여부가 달라지게 된다. 거래객체별 경쟁관계의 성립여부는 상품의 동질성이나 유사성을 기준으로 판단하는데, 일반적인 상품분류·당해 상품의 기능 및 효용·당해 상품의 생산공정의 유사성·거래상대방의 특성 등을 고려하여 결정한다.

② 거래단계별

원료의 생산·공급에서부터 완제품의 판매에 이르는 일련이 과정에서 어느 단계에 속하느냐에 따라 일정한 거래분야를 구분한다. 중간재와 완제품은 거래단계가 달라 관련시장이 상이하다고 본다(예컨대 자동차부품 등 원자재시장, 자동차 생산시장, 자동차 판매시장 등으로 구분할 수 있다). 상품의 거래가 특정단계에만 관련되는 경우에는 시장도 생산·도매·소매 기타 특수한 단계로 구분하여 판단하게 된다.

③ 거래지역별

동일제품·동일거래단계일지라도 지역적 구분에 따라 일정한 거래분야를 구분한다(예컨

---

20 사법연수원, 위의 책, 15面.

대 휘발유의 제조판매시장을 전국시장, 서울·경남 등 어느 특정 지역에 국한된 시장, 더욱 좁혀서 경남 내에서도 진주시의 휘발유 판매시장 등으로 나누는 경우를 들 수 있다). 지역구분이 필요한 경우에 수요층의 지역범위·공급자의 지역범위·대상상품의 이동성 등을 고려한다.

4) 위법성 판단 시 일정한 거래분야의 획정이 필요한 경우

법 제2조 제7호·제4조(시장지배적사업자 판단 및 추정 시), 법 제2조 제8의2(경쟁을 실질적으로 제한하는 행위 판단 시), 법 제7조 제1항·제4항(경쟁제한적 기업결합행위 판단 및 추정 시), 법 제19조 제1항 제9호(기타 다른 사업자의 사업활동 또는 사업내용을 방해하거나 제한함으로써 일정한 거래분야에서 경쟁을 실질적으로 제한하는 행위 판단 시), 법 제19조 제5항(부당공동행위 추정 시), 법 제26조 제1항 제2호(사업자단체의 사업자 수 제한행위 판단 시)를 적용하기 위해서는 사전에 일정한 거래분야를 획정하여야 한다.

(2) 경쟁을 실질적으로 제한하는 행위

1) 개념

경쟁을 실질적으로 제한하는 행위라 함은 "일정한 거래분야의 경쟁이 감소하여 특정 사업자 또는 사업자단체의 의사에 따라 어느 정도 자유로이 가격·수량·품질 기타 거래조건 등의 결정에 영향을 미치거나 미칠 우려가 있는 상태를 초래하는 행위"를 말한다(법 제2조 제8의2호). 여기서 '미칠 우려가 있는 상태를 초래하는 행위'는 추상적 위험성 또는 잠재적 가능성 있는 행위를 의미하고 공정거래법은 이런 행위도 규제한다는 점에 주의하여야 한다.

경쟁의 개념을 적극적으로 규정할 실익은 적고, 오히려 경쟁제한행위를 포착하는 것이 중요하다. "경쟁의 감소"는 단순한 경쟁의 양적 감소(사업자 수의 감소)하는 것을 의미하는 것이 아니라 경쟁의 질적 변화를 초래하는 것을 의미한다. 참여사업자의 수가 양적으로 증가하는데도 불구하고 오히려 경쟁의 질은 악화되는 경우도 있다(예컨대 회사신설에 의한 기업결합). 경쟁의 양이 감소하였다고 반드시 실질적 경쟁제한행위가 되는 것은 아니다. 예컨대 A사업자의 시장점유율이 60%이고 나머지 B, C, D, E 4개 사업자의 시장점유율이 각각 10%인 시장에서 A와 B의 기업결합은 실질적 경쟁제한의 가능성이 높은 기업결합이고, B와 C의 기업결합은 경쟁촉진적 기업결합이 된다. 실질적 경쟁제한행위는 거래조건 등의 결정에 실질적으로 영향을 미치는 경우뿐만 아니라 영향을 미칠 우려가 있는 상태

만을 초래하는 행위까지도 포함한다. 즉 영향을 미칠 우려가 있는 추상적 위험성만으로도 충분하다.

경쟁의 "실질적 제한"이라고 함은 실효성 있는 경쟁의 제한 즉, 유효한 경쟁을 기대하기 어려운 상태를 의미한다. 통상 유효경쟁을 기대하기 거의 불가능한 상태를 의미한다. 경쟁제한은 그 효과 면에서 ① 수평적 경쟁제한, ② 수직적 경쟁제한, ③ 혼합적 경쟁제한으로 나눌 수 있다. 또 수단을 기준으로 보면 ① 방해행위(집단배척, 거래거절, 차별행위, 진입제한 등)를 통해 시장지배적 지위를 남용하거나 불공정거래행위를 하는 경우가 있고, ② 공동행위, 기업결합 등의 방법으로 경쟁을 실질적으로 제한한다(법 제2조 제8의2호).

"경쟁을 실질적으로 제한하는 행위"는 "부당하게 경쟁을 제한하는 행위"(법 제19조 제1항) 또는 "공정한 거래를 저해할 우려가 있는 행위"(통상 "부당한 행위"라 한다)(법 제23조)보다 통상 경쟁침해의 정도가 더욱 심하다. 경쟁을 실질적으로 제한하는 행위는 당연위법의 원칙이 아니라 합리의 원칙이 적용되고, 공정거래법상 위법성 심사요건이 가장 엄격하다. 판례는「경쟁을 실질적으로 제한한다는 것은 시장에서의 유효한 경쟁을 기대하기 어려운 상태를 초래하는 행위, 즉 일정한 거래 분야의 경쟁상태가 감소하여 특정사업자 또는 사업자단체가 그 의사로 어느 정도 자유로이 가격·수량·품질 및 기타 조건을 좌우할 수 있는 시장지배력의 형성을 의미하고, 시장에서 실질적으로 시장지배력이 형성되었는지 여부는 해당 업종의 생산구조, 시장구조, 경쟁상태 등을 고려하여 개별적으로 판단하여야 한다」고 해석하고 있다.[21]

참고로 공정거래법에 나타난 경쟁제한행위의 위법성 유형을 도식화 하면 다음 표와 같다.

21 대법원 1995.5.12. 선고 94누13794 판결.

<공정거래법상 경쟁제한행위의 위법성 유형>

구분	종류	해당행위
조리위법행위 **(합리의 원칙)** 원칙: 적법 예외: 위법행위 위법성입증책임 →공정거래위원회	①「**경쟁을 실질적으로 제한**」 **하는 행위**	· 기업결합제한 행위(§7)
	②「**부당하게 경쟁을 제한**」 **하는 행위**	· 부당한 공동행위(§19) · 사업자 단체 부당공동행위 (§26① 제1호)
	③「**부당하게**」**…하는 행위** (로서 공정한 거래를 저해할 우려가 있는 행위)	· 불공정거래행위 (§23,令별표 1의2)(④제외) · 사업자단체가 구성사업자 사업 내용·활동을 부당하게 제한하는 행위(§26①제3호)
원칙위법행위 **(당연위법의 원칙)** 원칙: 위법성 추정 예외: 적법 위법성 입증책임 →사업자가「정당한 이유」있음을 입 증하여야 적법 인정.	④「**정당한 이유 없이**」**…하는 행위**	· 불공정거래행위 中 i) 공동의 거래 거절행위 (令별표 1의2 제1호 가목) ii) 계열회사를 위한 차별적 취급 (令별표 1의2 제2호 다목) iii) 부당염매 (令별표 1의2 제3호 가목) **※법령상 위 3가지 이외의 "「정당한 이유 없이」…한 행위"는 조리위법행 위로 판단**
	⑤ **수식어 없이 금지하는 행위** (반증 허용 없이 위법한 것으로 처 리하는 것이 원칙이지만, 실무상 ④와 같이 취급)	i) 사업자단체의 사업자 수 제한 행위(§①제2호) ii) 재판매가격유지행위(§29) iii) 사업자단체가 사업자에게 불공정 거래행위·재판매가격 유지행위를 하게하거나 방소 하는 행위(§①제4호)

* 위법성 판단 기준 - 이익형량
• 특정행위로 인한 ①경쟁제한 효과와 ②효율성 제고 효과를 비교형량하여 ①>②인 경우 위법한 것으로 판단한다.
* 경쟁침해정도
• 위 표에서 ①보다 ②가 ②보다 ③이 경쟁침해의 정도가 약함. 따라서 부당공동행위에 해당하는 경쟁침해의 정도로는 기업결합이 제한되는 경쟁침해로 인정되지 않을 수 있다.

2) 유효경쟁의 존부를 판단하는 데 있어서 주요 고려요소

구체적인 시장에 있어서 유효경쟁이 존재하는지의 여부를 판단하는 기준에 관한 학설 중 일반적인 견해를 들면 다음과 같다.

① 구조기준설(하버드학파)

이 학설은 시장구조를 중심으로 유효경쟁의 존재여부를 판단한다. 주요판단기준으로는 시장점유율, 참여사업자의 수, 사업자 간의 규모의 차이, 사업자 간의 독립성 정도, 시장진입의 제한여부 등이다. 입장은 기준이 엄격하고 유효경쟁의 존부를 판단하기가 쉽다는 장점을 가지고 있는 반면에, 사업자의 수나 규모 등과 같은 시장구조만으로 경쟁의 존부를 제대로 판단할 수 없다는 단점이 있다.

② 성과기준설(시카고학파)

시장의 성과를 기준으로 유효경쟁의 존재여부를 판단하는 학설이다. 주요판단기준은 시장성과의 진보성여부(기업들이 제품이나 생산과정의 혁신에 적극적 또는 효과적으로 참여하는지), 생산비와 가격의 관계(임금 또는 원자재 가격의 하락이나 기술혁신에 의한 비용절감이 가격인하의 형태로 매수인에게 전달되고 있는지), 생산능력과 생산량과의 관계, 이윤추구, 판매비의 지출 등이다. 경쟁의 존재여부를 보다 정확히 판단할 수 있으나, 기준이 간명하지 못하고 과점을 쉽게 용인하는 단점이 있다.

③ 추정성의 원칙

이 원칙은 유효시장의 구조기준에 의한 증거법칙이다. 어떠한 기업결합에 의하여 부당한 시장점유율이 확보되고 산업집중도가 현저하게 증가하는 경우에는 그 사실 자체만으로 이미 위법성이 추정되기 때문에 그 기업결합의 경쟁제한적인 효과를 입증할 필요가 없다는 것이다.

3. 국외행위에 대한 적용

공정거래법은 국외에서 이루어진 행위라도 국내시장에 영향을 미치는 경우에는 적용한다(법 제2조의2). 외국사업자가 외국에서 다른 사업자와 공동으로 경쟁을 제한하는 합의를 하였더라도, 그 합의의 대상에 국내시장이 포함되어 있어서 그로 인한 영향이 국내시장에 미쳤다면 그 합의가 국내시장에 미친 한도 내에서 "독점규제 및 공정거래에 관한 법률"이

적용된다.[22]

국외에서 이루어진 외국사업자나 외국사업자 간의 경쟁제한적 행위가 국내시장에 영향을 미치는 경우에는 그 외국사업자에 대하여 직접 공정거래법이 적용된다. 해당 외국사업자가 국내에 영업장소가 없더라도 법적용에 문제가 없다. 또한 해당 외국사업자의 거래상대방이 국내사업자나 소비자가 아니더라도 법적용을 받는다.

Ⅱ. 공정거래법의 적용제외

1. 개념

시장경제질서를 기본으로 하더라도 경제활동을 오로지 시장기능에만 맡겨 놓을 수 없는 분야가 존재하며, 이러한 분야에 대해서는 공정거래법의 적용이 제외된다.

일정한 행위에 대해서는 공정거래법을 일반적·전반적으로 적용하지 않는 경우가 있다. 법령에 따른 정당한 행위(법 제58조), 무체재산권의 행사행위(법 제59조), 일정한 조합의 행위(법 제60조)가 이에 해당한다. 또한 공정거래법의 개별 규정에서 행위유형별로 일정한 예외를 인정하는 경우도 있다. 기업결합의 예외인정(법 제7조 제2항), 부당한 공동행위의 예외인정(법 제19조 제2항) 등이 그 예이다.

2. 법령에 의한 정당한 행위

공정거래법의 규정은 사업자 또는 사업자단체가 다른 법률 또는 그 법률에 의한 명령에 따라 행하는 정당한 행위에 대하여는 이를 적용하지 아니한다(법 제58조).

'다른 법률 또는 그 법률에 의한 명령'으로는 에너지·운송·전기통신·금융·보험업 등의 규제산업에 관한 법률 또는 그 법률에 의한 명령 등이 있다. 명령의 범위에는 법률·대통령령·부령·고시 및 법령에 구체적이고 명백한 근거가 있는 행정처분을 포함한다. 그러나 법령에 구체적이고 명백한 근거가 없는 행정지도는 제외된다. 주의할 것은 행정지도에 따른 행위라 하여 공정거래법이 적용되지 않는 것은 아니다.

'정당한 행위'라 함은 법령에 따른 행위라 할지라도 그 법령의 범위 내에서 이루어진 필

---

22 대법원 2006.3.24. 선고 2004두11275 판결.

요 최소한의 행위를 의미한다. 정당성 여부는 다른 개별법령의 관점에서 평가한다. 즉 근거규정이 포괄적이거나 애매할 경우에는 공정거래위원회가 당해 법령의 입법취지 등을 고려하여 그 정당성 여부를 판단한다. 따라서 법령의 범위를 일탈하거나 그 법령을 달성하기 위하여 필요하다고 보기 어려운 경우에는 정당한 행위라 할 수 없다. 판례는 「공정거래법 제58조는 법률 또는 그 법률에 의한 명령의 범위 내에서 행하는 필요최소한의 행위를 말하는 것이라 할 것이므로, 법무사법이 부당한 사건위촉의 유치금지(제22조), 성실의무·품위 보전의무·회칙 준수의무(제27조), 회비 분담의무(제28조) 등에 관하여 규정하고 있다고 하여도 집단등기사건을 자유롭게 수임하는 것을 제한함으로써 자유로운 경쟁을 저해하고 있음이 분명한 이 사건 집단등기사건수임업무처리규정의 제정과 그 시행은 독점규제법 제58조에 규정되어 있는 정당한 행위에 해당한다고 할 수 없다」[23] 고 판시하여 정당성 여부는 다른 개별법령의 관점에서 평가하고 있다.

개별법에 공정거래법을 적용하지 않는다는 근거규정이 명시적으로 있어야 하는 것은 아니다. 예컨대 산업발전법과 같이 '공정거래법을 적용하지 않는다'는 적용제외 규정이 반드시 존재해야 하는 것은 아니다. 실제로 법령에 의해 인정되는 정당한 행위는 타 법령에 의하여 인정되고 있는 적용제외 카르텔이 대부분이다. 공정거래위원회는 1999. 2. 5. 「독점규제및공정거래에관한법률의적용이제외되는부당한공동행위의정비에관한법률」을 제정하여 19개 법률의 22개 적용제외 카르텔을 정비하였다. 그러나 아직도 남아있는 적용제외 카르텔이 많아 정비가 시급한 실정이다.

3. 무체재산권의 행사행위

공정거래법의 규정은 저작권법, 특허법, 실용신안법, 의장법 또는 상표법에 의한 권리의 정당한 행사라고 인정되는 행위에 대하여는 적용하지 아니한다(법 제59조). 이는 법령에 의한 정당한 행위의 일례라고도 할 수 있다.

특허취득의 경우나 특허실시허락의 경우 등에 해당하는 무체재산권의 행사에 대해서는 공정거래법이 적용되지 않는다. 여기서의 무체재산권은 좁은 의미로 해석되며 넓은 의미의 무체재산권(예컨대 상호권, 부정경쟁방지법 등에 의한 권리 등)은 포함되지 않는다.

---

23 대법원 1997.5.16. 선고 96누150 판결.

무체재산권은 그 소유자에게 다른 사람의 경합적 이용을 물리쳐서 독점적으로 이용하게 하는 권리로 독점을 창출하는 것이기 때문에 공정거래법의 정신에 어긋나는 것이기는 하지만, 국가가 창작과 발명을 장려하기 위해서 경쟁제한을 문제 삼지 않는 것이다.

법령에 구체적으로 명시한 권리행사의 범위를 일탈하는 행위는 불공정거래행위에 해당될 소지가 크다. 즉 권리의 행사범위를 일탈하거나 무체재산권법에서 인정하지 아니한 권리의 행사행위는 공정거래법이 적용된다. 예컨대 ① 산업재산권자가 실시권자로 하여금 산업재산권자 또는 산업재산권자가 지정하는 자를 통하여 제약제품을 판매하도록 하거나 산업재산권자가 실시권자의 판매(재판매) 가능상대방 또는 금지 상대방을 지정하는 경우, ② 저작권자가 부당하게 책값을 차별적으로 공급하는 행위, ③ 특허발명실시권자나 실용신안실시권자로 하여금 계약제품에 대하여 특허권자나 실용신안권자가 지정하는 상표, 의장 등을 사용할 의무를 부과하는 경우 등에 대해서는 공정거래법이 적용된다.

그러나 ① 산업재산권자와 실시권자가 경쟁적 관계에 있지 아니한 경우에 산업재산권자가 판매지역을 구분하여 산업재산실시허락계약을 체결하는 경우, ② 독점계약으로서 산업재산권자가 계약세품의 최소제조·판매목표량을 설정하고 실시권자가 이를 달성하지 못할 경우 산업재산권자가 비독점 계약으로 전환하는 경우(지적재산권심사지침, 2000년 8월)에는 불공정거래행위에 해당될 소지가 적다.

4. 일정한 조합의 행위

공정거래법의 규정은 ① 소규모의 사업자 또는 소비자의 상호부조를 목적으로 할 것, ② 임의로 설립되고, 조합원이 임의로 가입 또는 탈퇴할 수 있을 것, ③ 각 조합원이 평등한 의결권을 가질 것, ④ 조합원에 대해 이익배분을 행하는 경우에는 그 한도가 정관에 정하여져 있을 것 등의 요건을 갖추어 설립된 조합(조합의 연합회를 포함한다)의 행위에 대하여 이를 적용하지 아니한다(법 제60조). 이때 조합원의 수는 문제되지 않는다.

일정한 조합을 보호함과 아울러 대항력을 키워 경쟁을 촉진시키기 위해서 적용의 예외를 인정한 것이다. 따라서 당해 시장에 대규모사업자가 없는 경우에는 일정한 조합의 행위로서 제외되는 경우는 없을 것이다. 소규모의 사업자 또는 소비자는 상호부조의 조직을 통하여 단결함으로써 비로소 유효한 경쟁단위로 활동할 수 있기 때문이다.

일정한 조합의 종류로는 소비자협동조합, 농업 등 생산자협동조합, 중소기업협동조합

(조합에 대규모사업자가 1명이라도 포함되어 있으면 제외) 등이다. 구체적으로 살펴보면 ① 특별법에 의해 그 설립근거를 갖고 있는 조합(예컨대 중소기업협동조합, 소비자협동조합, 농업·임업·수렵업·어업 등 생산자조합 등)은 모두 해당된다. ② 당해 시장이 대규모사업자가 없이 소규모사업자로만 구성되어 있는 경우, 동조의 취지상 그들 사업자만의 임의조합은 동조의 일정한 조합에 해당되기 어렵다(이때는 사업자단체로서 법 제29조의 적용을 받게 된다). ③ 조합에 대규모사업자가 1명이라도 가입하고 있으면 해당되지 않는다. 판례도 「사업자조합이나 그 연합회가 독점규제 및 공정거래에 관한 법률 제60조에 해당하기 위하여는 소규모의 사업자만으로 구성되어야 하고 소규모사업자 이외의 자가 가입되어 있어서는 안 되므로, 중소기업협동조합연합회 산하 지역별협동조합에 대규모 사업자가 가입되어 있다면 비록 이들 대규모사업자가 중소기업협동조합 제12조 제2항에 의하여 중소기업협동조합의 회원이라 하더라도 위 연합회는 독점규제및공정거래에관한법률 제60조 소정의 소규모사업자들의 단체라 할 수 없다」[24] 고 하여 대규모 사업자가 가입되어 있다면 소규모사업자들의 단체가 아니라고 판시하고 있다.

일정한 조합의 행위라 하더라도 불공정거래행위(법 제23조 제1항), 부당하게 경쟁을 제한하여 가격을 인상하게 되는 경우에는 공정거래법이 적용된다(법 제60조 단서).

24 서울고등법원 1992.10.29. 선고 91구2030 판결.

제3장 시장지배적 지위의 남용금지

제1절 독과점적 시장구조의 개선

Ⅰ. 우리나라의 시장구조

우리나라의 시장구조는 폐해규제주의적 입장으로 인해 독과점시장구조가 고착되는 경향이 있다. 예컨대 ① 1997년 122개 시장지배적 품목 중 5년 이상 시장지배적 품목으로 지정된 품목은 69개(53.4%)이고, ② 최초로 시장지배적 사업자를 지정한 1981년 이후 계속해서 시장지배적 품목으로 지정된 품목은 20개(15.5%)나 된다.

Ⅱ. 독과점 형성원인과 폐해

1. 독과점의 형성원인

순수독점시장(purely monopolistic market)은 공급자가 1인인 시장이며, 과점시장(oligopolistic market)은 대개 공급자가 2~4개인 시장이다. 이러한 독과점시장의 형성의 본질적 원인은 진입장벽(entry barrier)이 높다는 것이다. 제도적 요인으로는 ① 정부의 각종 정책목표 달성을 위한 진입규제조치, ② 과잉투자 등을 이유로 한 산업정책차원의 인허가제도, ③ 해외로부터의 국내산업보호를 위한 무역정책상의 관세·비관세 장벽 등을 들 수 있다. 구조적 요인으로는 ① 대규모 설비투자가 소요되어 진입이 불가능한 부분에 자연독점이 이루어지거나, ② 초기투자규모가 거대한 자본집약적 장치산업(제철, 철도수송 등)에 진입이 어렵다는 이유를 들 수 있다. 행태적으로는 ① 신규사업자의 진입저지를 위한 기존사업자의 전략적 행동, ② 납품업체의 전속화·배타적 유통구조형성 등 거래단계별 경쟁제한행태, ③ 사업자단체를 통한 생산량·가격 등의 공동조절로 신규사업자에 대한 진입저지 등에 의해 독과점이 형성되는 것이다.

2. 독과점의 장점과 폐해

(1) 장점

슘페터(Schumpeter)는 독과점은 규모의 경제를 실현하여 기업의 경쟁력을 강화시키고 독점이윤 확보를 통해 자본축적을 용이하게 함으로써 기술혁신을 촉진시키는 장점이 있다고 주장하면서 독점규제를 반대하였다.

독과점을 통해 ① 규모의 경제를 실현함으로써 기업의 경쟁력을 강화할 수 있고, ② 독점이윤확보로 자본축적이 용이하고 축적된 자본을 이용하여 기술혁신을 촉진할 수 있으며, ③ 생산규모를 확대하여 평균생산비를 낮춤으로써 국제경쟁력을 제고할 수 있을 뿐만 아니라, ④ 초과이윤을 연구개발에 투자할 수 있다는 장점을 갖는다는 것이다.

(2) 폐해

그러나 대부분의 경제학자들은 독과점은 규모경제의 실현이 불가능하고, 독과점가격 구조는 기술혁신의 유인이 없어 경쟁적 가격구조보다 기술개발에 소극적이어서 자발적인 기술혁신을 기대하기 곤란하다고 본다. 더 나아가 독과점은 오히려 기업의 체질을 약화시킨다고 주장하고 있다.

즉 독과점기업이 ① 시장지배력을 이용한 가격인상이나 생산량 감축 등의 방법으로 시장 질서를 교란시킴으로써 시장의 자동조절기능이 마비되고, ② 원가 절감·생산력 향상 노력을 소홀히 하게 되어 국제경쟁력이 저하되며, ③ 독점이윤을 계속적으로 향유하는 결과 소비자의 지속적인 손실이 초래되고, ④ 시장자동기능을 저해하고 수급 및 가격기능을 경직화함으로써 자원배분이 왜곡되며, ⑤ 소수의 기업에 경제력이 과도하게 집중되어 경제체질 약화시킬 뿐만 아니라, ⑥ 소수기업의 과도한 경제력집중은 분배상의 형평을 저해하는 폐해를 낳게 된다.

Ⅲ. 독과점시장에 대한 경쟁촉진시책의 추진 등

독과점시장은 장점보다 폐해가 크다. 이에 따라 독과점 규제의 기본 방향은 개별시장에 유효경쟁 원리를 도입하여 경쟁적 시장구조로 전환을 유도하는 데 있다.

공정거래위원회는 독과점적 시장구조가 장기간 유지되고 있는 상품이나 용역의 공급 또는 수요시장에 대하여 경쟁을 촉진하기 위한 시책을 수립·시행하여야 한다(법 제3조 제1항). 공정거래위원회가 독과점 시책을 수립하고 시행하는 것은 재량사항이 아니고 법률에 의해 부과된 의무사항이다. 공정거래위원회는 경쟁촉진시책을 추진하기 위하여 필요한 경우에는 관계행정기관의 장에게 경쟁의 도입 및 기타 시장구조의 개선 등에 관하여 필요한 의견을 제시할 수 있다(동조 제2항). 또한 공정거래위원회는 경쟁촉진시책을 수립·추진하기 위하여 시장구조를 조사하여 공표한다(동조 제3항). 공정거래위원회는 경쟁촉진시책 수립 및 추진을 위하여 필요한 때에는 사업자에 대하여 시장구조 조사·공표를 위하여 필요한 자료의 제출을 요청할 수 있다(동조 제4항). 다만 사업자가 자료제출 요청에 불응하더라도 벌칙이나 과태료를 부과할 수는 없다. 공정거래위원회는 시장구조의 조사 또는 공표 및 이와 관련된 자료제출 요청에 관한 사무를 관계행정기관의 장이나 정부출연기관의 장에게 위탁할 수 있다(동조 5항, 시행령 제4조의2 제1항). 시장구조의 조사 또는 공표사무를 위탁받은 기관의 장은 위탁사무의 처리내용을 공정거래위원회에 통보하여야 한다(시행령 제4조의2 제2항).

제2절 시장지배적 지위 남용금지의 의의

Ⅰ. 시장지배적 지위와 시장지배적 사업자

1. 시장지배적 지위

시장지배적 지위(dominant position)란 독과점시장에서의 가격과 공급 또는 거래조건 등을 결정할 수 있는 힘(Market Power; 시장지배력)을 가지고 있는 상태를 말한다.

2. 시장지배적 사업자

시장지배적 사업자(market dominating company)란 시장지배적 지위를 가지고 있는 사업자이다.

공정거래법 제2조 제7호에 의하면 시장지배적 사업자라 함은 일정한 거래분야의 공급자 또는 수요자로서 단독 또는 다른 사업자와 함께 상품이나 용역의 가격·수량·품질 기타의 거래조건을 결정·유지 또는 변경할 수 있는 시장지위를 가진 사업자를 말한다.

① 시장지배적 사업자 여부를 판단하기 위해서는 일정한 거래분야의 획정이 필요하다. "일정한 거래분야"의 사업자이므로 거래객체별·거래단계별·거래지역별로 시장지배적 사업자가 성립될 수 있다. ② 시장지배적 사업자에는 수요자도 포함된다. 상품 또는 제품을 제조·판매하는 공급자뿐만 아니라 그것을 구매하는 "수요자"도 시장지배적 사업자가 될 수 있다. 즉 백화점사업자와 같이 대규모 소매업자도 경우에 따라 시장지배적 사업자가 될 수 있다. ③ 시장지배적 사업자는 단독으로 또는 다른 사업자와 함께 거래조건을 결정·유지·변경할 수 있는 사업자를 말한다. ④ 금융·보험업을 행하는 사업자나 정부투자기관도 시장지배적 사업자가 될 수 있다.

시장지배적 사업자는 그 지위를 이용하여 가격남용행위, 부당공급조절, 신규진입방해 등을 할 우려가 크다. 예컨대 출고량 제한으로 가격을 인상한다거나 원자재공급차단으로 신규사업자의 시장진입을 방해할 수 있기 때문에 공정거래법에서 규제를 하는 것이다. 사회적 후생 손실을 최소화하기 위한 수단으로 시장지배적 사업자에 대한 규제가 필요하다. 그 방법으로 독과점시장구조를 경쟁형 시장구조로 전환·개선하고, 독과점사업자(시장지배적 사업자)의 남용행위 처벌한다.

Ⅱ. 시장지배적 지위의 측정방법

1. 시장지배적 사업자의 판단기준

(1) 내용

시장지배적 사업자를 판단함에 있어서는 시장점유율, 진입장벽의 존재 및 정도, 경쟁사업자의 상대적 규모 등을 종합적으로 고려하되(법 제2조 제7호 후단), 일정한 거래분야에서 연간 매출액이 40억원 미만인 사업자는 시장지배적 사업자에서 제외된다(법 제4조). 그

외 경쟁사업자 간의 공동행위의 가능성, 유사품 및 인접시장의 존재, 시장봉쇄력, 자금력 등도 고려할 수 있다(시장지배적 지위 남용행위 심사기준).

① 시장점유율이란 법 제3조의2(시장지배적 지위의 남용금지)의 규정에 위반한 혐의가 있는 행위의 종료일이 속하는 사업연도의 직전사업연도 1년 동안에 국내에서 공급 또는 구매된 상품 또는 용역의 금액 중에서 당해 사업자가 국내에서 공급 또는 구매한 상품 또는 용역의 금액이 점하는 비율을 말한다. 다만, 시장점유율을 금액기준으로 산정하기 어려운 경우에는 물량기준 또는 생산능력기준으로 이를 산정할 수 있다(령 제4조 제2항). 현행 법규정(법 제2조 제7호)은 시장지배적 사업자의 판단기준으로 시장구조적 요소들만 예시하고 있다. 그러나 시장지배적 사업자를 판단함에 있어서 이윤율, 생산비와 가격의 관계와 같은 시장성과적 요소도 고려될 수 있다고 봄이 타당하다.

② 연간 매출액·구매액이란 당해 사업자가 법 제3조의2(시장지배적 지위의 남용금지)의 규정에 위반한 혐의가 있는 행위의 종료일(해당 행위가 인지일이나 신고일까지 계속되는 경우에는 인지일이나 신고일을 당해 행위의 종료일로 본다)이 속하는 사업연도의 직전사업연도 1년 동안에 공급하거나 구매한 상품 또는 용역의 금액(상품 또는 용역에 대한 간접세를 제외한 금액을 말한다)을 말한다(령 제4조 제1항).

시장지배적 사업자를 판단함에 있어서 당해 사업자와 그 계열회사는 하나의 사업자로 본다(령 제4조 제3항). 경쟁사업자의 상대적 규모가 작을수록, 경쟁사업자 간의 공동행위의 가능성이 클수록, 유사품 및 인접시장이 적게 존재할수록, 시장봉쇄력이 클수록 당해 사업자의 시장지배력은 크다고 볼 수 있다.

시장지배적 사업자 판단의 세부기준은 공정거래위원회가 정하여 고시할 수 있다(령 제4조 제4항).

(2) 40억 미만인 사업자 제외

시장지배적 사업자가 되려면 최소한 당해 시장의 규모는 40억원 이상이 되어야 한다. 일정한 거래분야에서 연간 매출액 또는 구매액(자산총액이 아님)이 40억원 미만인 사업자는 시장지배적 사업자에서 제외한다(법 제4조). 또한 직전사업연도 매출액 또는 구매액이 없는 사업자는 시장지배적 사업자에서 제외된다. 사업자의 전체 매출액 또는 구매액을 기준하는 것이 아니라 일정한 거래분야에서의 연간 매출액 또는 구매액만을 기준으로 판단한다.

40억 미만 사업자는 당해 시장에서 지배적 지위를 갖고 있다 하더라도 시장지배적 지위남용 금지규정(법 제3조의2)이 적용되지 않고 불공정거래행위의 금지규정(법 제23조)이 적용된다.

2. 시장지배적 사업자의 추정

(1) 시장점유율을 중심으로 한 시장지배적 사업자의 사전 지정·고시제도 폐지

종전까지 공정거래위원회는 매년 말 시장지배적 품목과 시장지배적 사업자를 사전에 지정·고시하여 지정된 사업자에 한해서만 시장지배적 지위남용 금지규정을 적용하였었다. 시장지배적 사업자 사전 지정 제도는 집행의 편리성과 명확성이라는 장점이 있다. 그러나 시장점유율만을 이용한 시장지배력 판단의 문제점, 행위 시에 시장지배력 존재여부 판단 곤란 등의 여러 문제점이 있어 제7차 법개정 시(1999.2) 사전 지정 제도는 폐지되었다.

(2) 현행제도와 현실적 곤란성

개별 사건마다 당해 사업자의 시장지배적 지위여부를 판단하여 행위 시에 시장지배력이 있다고 판단되면 시장지배적 지위 남용금지의 규정을 적용한다. 즉 시장지배적 지위 남용 행위에 해당하는 혐의가 있을 경우마다 당해 사업자가 시장지배적 사업자에 해당하는지를 판단한다. 여러 가지 사정을 종합·고려하여 시장지배적 사업자여부를 판단하기란 현실적으로 매우 어려운 것이 사실이다. 이러한 곤란성을 해결하기 위하여 공정거래법은 시장지배적 사업자 추정제도를 두고 있다.

(3) 시장지배적 사업자 추정제도

시장지배적 사업자여부를 판단하기 어려운 현행제도의 보완책으로서 시장지배적 사업자 추정조항을 두었다(법 제4조).

1) 추정제도의 특징

추정제도에 있어 우리나라 법은 시장점유율 기준에 관하여 폐해규제주의 입장을 취하고 있는 독일법의 태도나 원인규제주의를 취하고 있는 일본법의 태도 어느 한 쪽만을 따르지 아니하고 혼합규제주의를 취하고 있다.

독일의 경쟁제한방지법은 1개 기업의 시장점유율이 1/3 이상(매출액이 2억 5천만 마르크 미만인 기업은 제외)이거나, 3개 이하 기업의 시장점유율의 합계가 50% 이상 혹은 5개 이하 기업의 시장점유율의 합계가 2/3 이상인 경우(매출액이 1억 마르크 미만인 기업은 제외)를 시장지배적인 기업으로 추정하고 있다(동법 제22조). 일본의 독점금지법은 국내 총공급액이 500억엔을 초과하는 시장에서 시장점유율이 1사 50% 이상, 2사 75% 이상인 경우에는 독점적 상태에 있는 것으로 보고(동법 제2조 제7항), 국내 총공급액이 300억엔을 초과하는 시장에서 시장점유율이 3사 70% 이상에 해당하는 경우에는 가격의 동조적 인상을 금지하고 있다(동법 제18조의2). 추정제도의 도입의 결과 사실은 공정거래법의 적용을 받는 시장지배적 사업자의 범위가 대폭 축소되고 있다.

2) 추정요건

일정한 거래분야에서 연간 매출액 또는 구매액이 40억원 미만인 사업자를 제외하고, 시장점유율이 다음 중 어느 하나에 해당하는 자는 시장지배적 사업자로 추정한다(법 제4조).

① 일정한 거래분야에서 시장점유율이 50% 이상인 사업자

예컨대 일정한 거래분야에서 A 57%, B 11%, C 5%, D 2%의 시장점유율인 시장이라면, A사업자가 상품이나 용역의 가격·수량·품질 기타의 거래조건을 결정·유지 또는 변경할 수 있는 시장지위를 가진 사업자인지의 여부에 관계없이 일단 시장지배적 사업자로 추정된다.

② 일정한 거래분야에서 3개 이하 사업자의 시장점유율의 합계가 75% 이상인 사업자

예컨대 일정한 거래분야에서의 시장점유율이 ① A 45%, B 20%, C 15%, D 5%인 시장이 있다면 A, B, C 3사업자가 시장지배적 사업자로 추정된다. 주의할 것은 시장지배적 사업자가 3사업자 이내로 국한되는 것은 아니다. 즉 일정한 거래분야에서의 시장점유율이 ② A 45%, B 20%, C 15%, D 10%, E 5%인 시장인 경우에는 A, B, C 3사업자의 시장점유율 합계도 75% 이상이고, A, B, D 3사업자의 시장점유율 합계도 75% 이상이므로 A, B, C, D 4사업자가 모두 시장지배적 사업자로 추정된다.

③ 추정 요건의 예외

추정요건에 해당하는 사업자라 하더라도 일정한 거래분야에서 시장점유율이 100분의 10 미만인 자는 제외된다(법 제4조 제2호 단서). 예컨대 일정한 거래분야에서의 시장점유율이 ⓐ A 45%, B 25%, C 5%인 시장인 경우에 A, B, C의 시장점유율 합계는 75% 이상이지만 C의 시장점유율이 10% 미만이므로 A와 B 사업자만 시장지배적 사

업자로 추정된다. 일정한 거래분야에서의 시장점유율이 ⓑ A 50%, B 20%, C 10%, D 5%인 경우에 A는 단독으로도 시장지배적 사업자로 추정된다. A B, C 3사업자의 시장점유율 합계가 75%를 넘고 각각의 시장점유율도 10% 이상이므로 B와 C도 시장지배적 사업자로 추정된다. 그러나 A, B, D 3사업자의 시장점유율 합계는 75%를 넘지만 D의 시장점유율이 10% 미만이므로 D는 시장지배적 사업자로 추정되지 않는다.

3) 계열회사와의 관계

시장지배적 사업자의 추정조항 적용 시 당해 사업자와 계열회사는 하나의 사업자로 본다(령 제4조 제3항).

원칙적으로 일정한 거래분야에서 연간 매출액 또는 구매액이 40억원 미만인 사업자는 단독으로는 시장지배적 사업자가 될 수 없다. 그러나 공정거래법 시행령 제4조 제3항에 따라 일정한 거래분야에서 연간 매출액 또는 구매액이 40억원 미만인 사업자도 시장지배적 사업자가 될 수 있다. 예컨대 A, B 사업자가 계열관계에 있고 A사업자가 시장지배적 사업자이고 B사업자의 일정한 거래분야에서의 연간 매출액이 30억원에 불과한 경우라 하더라도, B사업자는 시장지배적 사업자인 A사업자와 계열회사의 관계에 있으므로 연간 매출액에 상관없이 B사업자도 시장지배적 사업자로 추정된다.

공정거래법 시행령 제4조 제3항에 따라 일정한 거래분야에서 시장점유율이 10%미만인 사업자도 시장지배적 사업자로 추정되는 경우가 있다.

예컨대 ① A, B 사업자가 계열관계에 있고 그 시장점유율이 각각 47%, 5%인 경우에 각 사업자의 시장점유율은 단독으로 50%를 넘지 않으므로 누구도 시장지배적 사업자가 아니지만, A, B 사업자가 계열관계에 있기 때문에 하나의 사업자로 본 A와 B사업자의 시장점유율은 52%가 되어 A, B 모두 시장지배적 사업자로 추정된다.

② 일정한 거래분야에서 시장점유율이 A 40%, B 3%, C 20%, D2%이고 A와 B가 서로 계열회사 관계라고 할 경우에 A와 B를 하나의 사업자로 본 시장점유율은 43%가 되고, C와 D 3사업자의 시장점유율 합계가 75% 이상이므로 A, B, C 모두 시장지배적 사업자로 추정 받지만, D는 시장점유율이 10% 미만이므로 시장지배적 사업자로 추정 받지 않는다. 만일 A와 B, C와 D가 서로 계열회사 관계라고 한다면 A, B, C, D 모두 시장지배적 사업자로 추정 받는다.

4) 추정의 효과

특정사업자가 추정요건에 해당하는 경우에는 시장에서의 실질적인 시장지배력 유무를 불문하고 시장지배적 지위에 있는 것으로 법률상의 추정을 받게 된다. 실제로 일부 사업자는 추정을 피하기 위해 일부러 시장점유율을 추정요건 미만으로 조정하는 경우도 있다. 따라서 사업자가 시장지배력이 없음을 반증해야 추정을 면할 수 있다. 추정요건에 해당되더라도 추정의 성질상 당해 사업자가 스스로 시장지배적 지위에 있지 않음을 입증하는 경우에는 시장지배적 사업자에서 제외될 수 있다.

여기서 주의할 것은 반드시 추정요건에 해당되어야만 시장지배적 사업자가 되는 것은 아니고 추정요건을 충족시키지 못하더라도 시장지배적 사업자 판단기준을 종합·고려하여 지배력이 있다고 판단되면 시장지배적 사업자가 될 수 있다는 점이다.

제3질 시장지배적 지위의 남용금지

Ⅰ. 의의

1. 개념

시장지배적 지위 남용행위라 함은 시장지배적 지위에 있는 사업자가 그 지위를 이용하여 그러한 지위가 없었다면 나타날 수 없는 폐해를 초래하는 행위를 말한다. 지위 남용행위는 시장지배적 사업자가 시장지배적 지위를 가진 상품 또는 용역의 거래 또는 그 거래와 관련 있는 거래행위에 대해서만 발생한다.

2. 공정거래법 제23조 일반불공정 거래행위와의 관계

시장지배적 사업자가 행한 다른 사업자의 사업활동을 부당하게 방해하는 행위는 불공정거래행위의 금지 규정(법 제23조)에도 위반한다. 이런 경우 시장지배적 사업자의 불공정거래행위를 더욱 엄하게 처벌하기 위해 공정거래법 제23조를 적용하지 않고 별도의 규정(법 제3조의2)을 두고 있다. 양 규정이 경합하는 경우 공정거래법 제3조의2가 우선 적용된다. 공정거래법 제3조의2와 동법 제23조는 특별법과 일반법의 관계에 있다. 따라서 시장지배적 사업자가 위법행위를 한 경우 우선 법 제3조의 2를 적용하고 그 적용규정이 없는 경우 법 제23조를 적용한다. 공정거래법 제3조의2는 법 제23조와 중복되는 행위유형이 있지만 법 제3조의2에만 고유한 행위유형도 있다. 예컨대 제1호(가격남용행위), 제2호(출고조절행위), 제4호(신규진입방해행위), 제5호 후단(소비자이익저해행위) 등이 있다.

<양자의 비교>

위반	제3조의2 시장지배적 지위 남용행위	제23조 불공정거래행위
과징금	제6조 매출액의 100분의 3 이내 10억 원 이내	제24조의2 매출액의 100분의 2 이내 5억 원 이내
형벌	제66조 3년 이하 징역, 2억 원 이하 벌금	제67조 2년 이하 징역, 1억 5천만 원 벌금
시정조치	제5조 가격인하, 행위 중지, 시정명령 받은 사실 공표	

Ⅱ. 시장지배적 지위의 남용금지의 유형

1. 가격남용행위

(1) 개념

시장지배적 사업자는 상품의 가격이나 용역의 대가를 부당하게 결정·유지·변경하는 행위를 하여서는 아니 된다(법 제3조의2 제1항 제1호). 시장지배적 사업자의 가격형성 자체를 금지하는 것이 아니라, 부당한 가격형성만을 금지하고 있기 때문에 부당성의 판단기준이 문제가 된다.

가격의 부당한 결정·유지 또는 변경은 정당한 이유 없이 상품의 가격이나 용역의 대가를 수급의 변동이나 공급에 필요한 비용(동종 또는 유사업종의 통상적인 수준의 것에 한한다)의 변동에 비하여 현저히 상승시키거나 근소하게 하락시키는 경우를 의미한다(령 제5조 제1항). 동종 또는 유사업종의 통상적인 수준에 비하여 판매비와 일반관리비를 정당한 이유 없이 과다하게 지출하고 있는 경우는 가격남용행위에 해당되지 않는다.

실질적으로 가격을 인상하는 행위만 가격남용행위에 해당한다. 이를테면 원자재비가 현저하게 하락하였는데도 가격을 종전대로 유지하고 있다면 형식적으로는 가격인상이 아니지만 실질적으로는 가격인상인 것이다. 가격인상이 시장지배적 지위의 남용에 의해 이루어졌다는 것을 입증하는 것이 곤란하여, 실제 동 조항이 적용된 사례는 드물다.

(2) 가격조사의뢰

공정거래위원회는 시장지배적사업자가 상품 또는 용역의 가격을 부당하게 결정·유지 또는 변경하였다고 볼만한 상당한 이유가 있을 때에는 관계행정기관의 장이나 물가조사업무를 수행하는 공공기관에 대하여 상품 또는 용역의 가격에 관한 조사를 의뢰할 수 있다(령 제6조).

(3) 심결사례

① 제과 3사(해태, 롯데, 크라운)가 제품의 가격은 그대로 둔 채 제품의 용량을 줄여 판매한 행위를 가격남용행위로 보았다.[25] 실질적인 가격인상에 해당한다.

② 15개 카드사가 현금서비스 수수료율, 할부수수료율 및 연체이자율을 인상한 후 자금 조달금리, 연체율 및 대손율이 상당기간 하락하였음에도 불구하고 시장지배적 지위를 남용하여 더 높거나 거의 같은 수준에서 유지한 행위에 대해서 가격남용행위를 인정하였다.[26]

2. 출고조절행위

(1) 개념

시장지배적 사업자가 상품의 판매 또는 용역의 제공을 부당하게 조절하는 행위를 하여서는 아니 된다(법 제3조의2 제1항 제2호). 공급량을 조절하는 것만 해당하고 수요량을 조절하는 것은 제외된다. 출고량을 감소시켜 결국 가격을 인상시키게 된다. 상품의 판매 또는 용역의 제공을 부당하게 조절하는 행위란 정당한 이유 없이 최근의 추세에 비추어 상품 또는 용역의 공급량을 현저히 감소시키는 경우(령 제5조 제2항 제1호)와, 정당한 이유 없이 유통단계에 공급부족이 있음에도 불구하고 상품 또는 용역의 공급량을 감소시키는 경우(령 제5조 제2항 제2호)를 뜻한다. 구체적으로 ① 생산량(판매량) 감소행위, ② 재고량 증가행위, ③ 성수기 판매량 유지·감축하는 행위, ④ 회사 간에 생산·판매비용을 일정수준에서 유지·변경시키는 행위 등이다.

25 공정거래위원회 1992.1.15. 의결 제92-1-3호.

26 공정거래위원회 2001.3.28. 의결 제2001-040호.

출고조절행위의 세부유형에는 출고를 감소시키는 경우만을 열거하고 있다. 실질적으로 출고를 감소시키는 행위만 출고조절행위에 해당하며 실질적으로 증가시키는 행위는 해당되지 않는다.

(2) 판례

상품의 판매 등을 조절하는 행위가 부당한지 여부는 당해 상품의 수급 등 유통시장의 상황, 생산능력·원자재 조달사정 등 사업자의 경영사정에 비추어 그 조절행위가 통상적인 수준을 현저하게 벗어나서 가격의 인상이나 하락의 방지에 중대한 영향을 미치거나 수급차질을 초래할 우려가 있는지 여부에 따라 판단하여야 한다고 하면서 외환위기 발생 직후에 시장지배적 사업자인 식료품 제조업자가 대두유의 출고를 다소 감소시킨 경우, 부당한 출고조절행위에 해당한다고 볼 수 없다고 판시하였다.[27]

(3) 심결사례

① 제일제당이 대두유 수요가 급증한 상태였음에도 대두유 출고량은 오히려 감소시키고 반면 대두유 재고량을 계속 증가시킨 행위에 대해서 부당한 출고조절행위로 보았다.[28]

② 남양유업이 수도권에 조제분유 품귀현상이 일어나고 있음에도 불구하고, 평소에 비해 출고량을 현저히 감소시킨 반면, 조제분유 재고량을 크게 늘린 행위에 대해서 부당한 출고조절행위로 보았다.[29]

3. 타 사업자 사업활동방해행위

(1) 개념

시장지배적 사업자는 다른 사업자의 사업활동을 부당하게 방해하는 행위를 하여서는 아니 된다(제3조의2 제1항 제3호). 여기서 다른 사업자라 함은 경쟁사업자뿐만 아니라 거래상대방 또는 계열회사의 거래상대방·경쟁사업자 등까지 포함하는 넓은 의미이다. 사업활동을 방해한 사실만으로 위법성이 인정되는 것은 아니고, '부당하게 방해한 경우'에만 위법성이 인정된다. 예컨대 허위·불확실한 내용으로 중상·비방을 하거나, 금융기관에 압력을

27 대법원 2002.5.24. 선고 2000두9991 판결.

28 공정거래위원회 1998.11.4. 의결 제98-251호.

29 공정거래위원회 1998.6.9. 의결 98-112호.

가하거나, 주식가격을 조작하거나, 원가 이하로 상품 등을 공급·판매하는 등의 행위가 이에 해당한다.

(2) 세부유형

다른 사업자의 사업활동에 대한 부당한 방해는 직접 또는 간접으로 다음의 어느 하나에 해당하는 행위를 함으로써 다른 사업자의 사업활동을 어렵게 하는 경우를 말한다(령 제5조 제3항). 간접으로 다른 사업자의 사업활동을 어렵게 하는 경우란 특수관계인 또는 다른 자로 하여금 당해 행위를 하는 것을 말한다. 다른 사업자의 사업활동을 어렵게 하는 경우를 판단함에 있어서는 다른 사업자의 생산·재무·판매활동을 종합적으로 고려하되, 사업활동이 어려워질 우려가 있는 경우를 포함한다.[30]

① 정당한 이유 없이 다른 사업자의 생산활동에 필요한 원재료 구매를 방해하는 행위(제1호) (원재료구매방해행위). 원재료에는 부품이나 부재료를 포함한다. 원재료 구매를 방해하는 경우로는 원재료를 필요한 양 이상으로 현저하게 구매하거나, 원재료 공급자에 대하여 다른 사업자에게 해당 원재료를 공급하지 못하도록 강제·유인하는 것을 말한다.

② 정상적인 관행에 비추어 과도한 경제상의 이익을 제공하거나 제공할 것을 약속하면서 다른 사업자의 사업활동에 필수적인 인력을 채용하는 행위(제2호)(부당인력스카우트행위). 다른 사업자의 사업활동에 필수적인 인력이란 (i) 당해 업체에서 장기간 근속한 기술인력(기능공 포함), (ii) 당해 업체에서 많은 비용을 투입하여 특별 양성한 기술인력(기능공 포함), (iii) 당해 업체에서 특별한 대우를 받은 인력, (iv) 당해 업체의 중요산업정보를 소지하고 있어 이를 유출할 수 있는 기술인력을 의미한다.

③ 정당한 이유 없이 다른 사업자의 상품 또는 용역의 생산·공급·판매에 필수적인 요소의 사용 또는 접근을 거절·중단하거나 제한하는 행위(제3호)(필수설비접근방해행위). '필수적인 요소'란 일정한 요건을 갖춘 네트워크나 기간설비 등 유·무형의 요소를 포함한다.

④ 기타 부당한 방법으로 다른 사업자의 사업활동을 어렵게 하는 행위로서 공정거래위원회가 고시하는 행위(제4호).

공정거래법 시행령 제5조 제3항 제4호에 의거하여 공정거래위원회가 고시한 시장지배적

---

30 사법연수원, 앞의 책, 21面.

지위남용행위 심사기준(2002. 5. 16. 개정)에 규정한 타 사업자 사업활동방해행위는 아래와 같다.

① 부당하게 특정사업자에 대하여 거래를 거절하거나 거래하는 상품 또는 용역의 수량이나 내용을 현저히 제한하는 행위.

② 거래상대방에게 정상적인 거래관행에 비추어 타당성이 없는 조건을 제시하거나 가격 또는 거래조건을 부당하게 차별하는 행위.

③ 부당하게 거래상대방에게 불이익이 되는 거래 또는 행위를 강제하는 행위. 여기서 '거래상대방'이란 사업자와 소비자를 막론하고 거래의 상대방이 되는 자를 말하고, 사업활동방해의 대상인 '다른 사업자'란 거래상대방인 사업자뿐만 아니라 경쟁사업자 등을 포함하여 지칭한다.[31]

④ 거래상대방에게 사업자금을 대여한 후, 정당한 이유 없이 대여자금을 일시에 회수하는 행위.

⑤ 다른 사업자의 계속적인 사업활동에 필요한 소정의 절차(관계기관 또는 단체의 허가, 추천 등)의 이행을 부당한 방법으로 어렵게 하는 행위.

⑥ 다른 사업자의 행위가 자기의 특허권을 침해하지 않는다는 사실을 알면서도 다른 사업자의 경쟁능력을 침해하기 위하여 다른 사업자를 상대로 특허권침해의 소송을 제기하는 행위.

⑦ 정당한 이유 없이 다른 사업자의 상품이나 용역의 제공에 필수적인 네트워크 및 기간설비 또는 지적재산권의 제공을 중단하거나 제한하는 행위.

(3) 심결사례

① 마이크로소프트사와 한국마이크로소프트(유)는 주된 상품인 윈도우 서버 운영체제에 종된 상품인 윈도우 미디어 서비스(WMS)를 결합하여 판매하였다. 이는 시장지배력을 부당하게 이용하여 소비자의 상품선택권을 가중하고 경쟁을 저해하므로 다른 사업자의 사업활동을 부당하게 방해하는 행위로 보았다.[32]

② 포스코가 열연코일시장에서의 시장지배적 사업자로서 냉연강판시장에서 자신과 경쟁

---

31 공정거래위원회 2006.6.16. 재결 제2006-027호.

32 공정거래위원회 2006.2.24. 의결 제2006-042호.

관계에 있는 현대하이스코에 대하여 냉연강판생산의 필수적인 열연코일의 공급을 부당하게 거절한 행위를 다른 사업자의 사업활동을 부당하게 방해하는 행위로 보았다.[33]

③ 피심인이 자기가 수입 판매하는 농약(Methyle Bromide)을 공급함에 있어 이를 필수적 원료로 사용하는 수입식물방제업에 신규 진입한 사업자의 공급요청을 이미 다른 사업자와 거래하고 있다는 등의 이유로 부당하게 거절한 행위를 다른 사업자의 사업 활동을 부당하게 방해하는 행위로 보았다.[34]

4. 신규진입방해행위

(1) 개념

시장지배적 사업자는 새로운 경쟁사업자의 참가를 부당하게 방해하는 행위를 하여서는 아니 된다(제3조의2 제1항 제4호). 새로운 경쟁사업자라 함은 일정한 거래분야에 신규로 진입하려고 하는 사업자 및 신규로 진입하였으나 아직 판매를 개시하고 있지 아니한 사업자를 말한다.

(2) 세부유형

새로운 경쟁사업자의 참가에 대한 부당한 방해는 직접 또는 간접으로 다음의 어느 하나에 해당하는 행위를 함으로써 새로운 경쟁사업자의 신규진입을 어렵게 하는 경우를 말한다(령 제5조 제4항). 새로운 경쟁사업자란 일정한 거래분야에 신규로 진입하고 하는 자와 신규로 진입하였으나 아직 판매를 개시하지 않고 있는 사업자를 말한다. 간접으로 다른 사업자의 사업활동을 어렵게 하는 경우란 특수관계인 또는 다른 자로 하여금 당해 행위를 하는 것을 말한다. 신규진입을 어렵게 하는 경우를 판단함에 있어서는 다른 사업자의 생산·재무·판매활동을 종합적으로 고려하되, 신규진입을 어렵게 할 우려가 있는 경우를 포함한다.

① 정당한 이유 없이 거래하는 유통사업자와 배타적 거래계약을 체결하는 행위(제1호)(유통사업자와의 배타적거래행위). 유통사업자란 최종소비자가 아닌 거래상대방을 뜻한다. 배타적 거래계약이란 유통사업자로 하여금 자기 또는 자기가 지정하는 사업자의 상품이나 용역만을 취급하고 다른 사업자의 상품이나 용역은 취급하지 않을 것을 전제로 상품이나 용역을 공급하는 것을 말한다.

---

33 공정거래위원회 2001.4.12. 의결 제2001-068호; 서울고등법원 2002.8.27. 선고 2001누5370 판결.

34 공정거래위원회 2001.1.11. 의결(약) 제2001-22호.

② 정당한 이유 없이 기존사업자의 계속적인 사업활동에 필요한 권리 등을 매입하는 행위(제2호)(권리등매입행위). 계속적인 사업활동에 필요한 권리는 특허권, 상표권 등의 지적재산권, 행정관청 또는 사업자단체의 면허권 등 인허가, 기타 당해 거래분야에서 관행적으로 인정되는 모든 권리를 포함한다.

③ 정당한 이유 없이 새로운 경쟁사업자의 상품 또는 용역의 생산·공급·판매에 필수적인 요소의 사용 또는 접근을 거절·중단하거나 제한하는 행위(제3호)(필수설비접근방해행위).

④ 기타 부당한 방법으로 새로운 경쟁사업자의 신규진입을 어렵게 하는 행위로서 공정거래위원회가 고시하는 행위(제4호).

공정거래법 시행령 제5조 제4항 제4호에 의거하여 공정거래위원회가 고시한 시장지배적 지위남용행위 심사기준에 규정한 부당한 방법으로 새로운 경쟁사업자의 신규진입을 어렵게 하는 행위는 아래와 같다.

① 정당한 이유 없이 신규진입사업자와 거래하거나 거래하고자 하는 사업자에 대하여 상품의 판매 또는 구매를 거절하거나 감축하는 행위

② 경쟁사업자의 신규진입에 필요한 소정의 절차(관계기관 또는 단체의 허가, 추천 등)의 이행을 부당한 방법으로 어렵게 하는 행위

③ 당해 상품의 생산에 필수적인 원재료(부품, 부자재 포함)의 수급을 부당하게 조절함으로써 경쟁사업자의 신규진입을 어렵게 하는 행위

④ 정당한 이유 없이 상품이나 용역의 제공에 필수적인 네트워크 또는 기간설비 또는 지적재산권에 접근하는 것을 거절함으로써 경쟁사업자의 신규진입을 방해하는 행위

5. 경쟁사업자 배제행위

(1) 개념

시장지배적 사업자는 부당하게 경쟁사업자를 배제하기 위하여 거래하는 행위를 하여서는 아니 된다(제3조의2 제1항 제5호 전단). 경쟁사업자란 자기의 경쟁사업자뿐만 아니라 계열회사 또는 거래상대방의 경쟁사업자까지 포함하는 넓은 개념이다.

(2) 세부유형

경쟁사업자를 배제하기 위한 부당한 거래는 다음의 어느 하나에 해당하는 경우이다(령 제5조 제5항).

① 부당하게 상품 또는 용역을 통상거래가격에 비하여 낮은 대가로 공급하거나 높은 대가로 구입하여 경쟁사업자를 배제시킬 우려가 있는 경우(제1호)(부당염매 또는 부당 고가매입). 부당염매의 판단기준 가격(통상거래가격)은 일반불공정거래행위에 있어 부당염매의 판단기준가격(공급에 소요되는 비용보다 현저히 낮은 대가)보다 높다. 즉 부당염가의 기준가격은 ㉠ 시장지배적 사업자 남용행위는 통상거래가격에 비하여 낮은 대가로 공급하는 것임에 비하여 ㉡ 일반불공정거래행위에 있어서 부당염매는 공급에 소요되는 비용보다 현저히 낮은 대가로 공급하는 것을 의미한다. 다만 고가매입의 기준가격은 시장지배적 사업자 남용행위와 일반불공정거래행위가 동일하다. 즉 "통상 거래가격에 비하여 높은 대가"이다.

② 부당하게 거래상대방이 경쟁사업자와 거래하지 아니할 것을 조건으로 그 거래상대방과 거래하는 행위(제2호)(배타조건부거래행위). 공정거래법 시행령 제5조 제5항 제2호는 동령 제5조 제4항 제1호와 사실상 구분이 어렵다. 왜냐하면 양자 모두 구속조건부 거래행위의 일종인 배타조건부거래행위로서 사실상 동이하기 때문이다. 다만 배타조건부거래행위에 의해 기존의 경쟁사업자 배제효과가 있는 경우에는 전자가, 새로운 경쟁사업자의 진입이 방해되는 효과가 있는 경우에는 후자가 각각 적용된다는 점에서 자이가 있다고 볼 수 있다.

6. 소비자이익저해행위

(1) 개념

시장지배적 사업자는 부당하게 소비자의 이익을 현저히 저해할 우려가 있는 행위를 하여서는 아니 된다(법 제3조의2 제1항 제5호 후단). 예컨대 소비자의 재산상·신체상·정신상의 이익을 현저히 저해하는 경우이다. 소비자의 이익을 현저히 저해할 우려가 있는 행위는 직접적으로 경쟁제한적 성격이 또는 거래제한적 성격이 없다. 경쟁을 실질적으로 제한하는 행위는 장기적으로 소비자이익을 침해할 수 있지만 소비자이익저해행위를 경쟁제한행위라 할 수는 없다. 현행 시행령 또는 공정거래위원회 고시에는 소비자이익저해행위의 구체적인 세부 유형 또는 기준을 정하고 있지 않다.

제4절 위반행위에 대한 규제조치

Ⅰ. 시정조치

1. 시정조치의 내용

공정거래위원회는 공정거래법 제3조의2(시장지배적 지위의 남용금지)의 규정에 위반하는 행위가 있을 때에는 당해 시장지배적 사업자에 대하여 가격의 인하, 당해 행위의 중지, 시정명령을 받은 사실의 공표 기타 시정을 위한 필요한 조치를 명할 수 있다(법 제5조). 가격인하 시정조치 규정은 시장지배적 지위 남용행위에 대하여만 규정되어 있다. 시정조치의 상대방은 시장지배적 지위의 남용금지를 한 당해 시장지배적 사업자이다. 위반행위를 직접 실행한 자연인이 시정조치의 상대방인 것은 아니다. 시정명령을 받은 사실의 공표를 명할 경우 ① 위반행위의 내용 및 정도, ② 위반행위의 기간 및 횟수를 참작하여 매체의 종류·수 및 지면크기 등을 정하여야 한다. 판례 가운데는 공연 입장권의 취득과 배부경위 등에 비추어 보면 피고가 원고에게 원심판시와 같은 내용의 사과광고문을 2개의 중앙일간지에 '2단×10cm' 크기로 각 1회 게재하고 그 결과를 피고에게 보고하도록 한 이 사건 처분은 너무 가혹하여 재량권의 범위를 이탈하였거나 재량권을 남용한 위법이 있다고 판시한 경우가 있다.[35] 결국 시정명령을 받은 사실의 공표를 명할 경우에는 위반사실의 경중과 그 피해 등을 종합적으로 고려하여 적정한 명령을 하여야 할 것이다.

시정명령이 지나치게 구체적인 경우 매일매일 다소간의 변형을 거치면서 행해지는 수많은 거래에서 정합성이 떨어져 결국 무의미한 시정명령이 되므로 그 본질적인 속성상 다소간의 포괄성·추상성을 띨 수밖에 없다 할 것이고, 한편 시정명령 제도를 둔 취지에 비추어 시정명령의 내용은 과거의 위반행위에 대한 중지는 물론 가까운 장래에 반복될 우려가 있는 동일한 유형의 행위의 반복금지까지 명할 수는 있는 것으로 해석함이 상당하다 할 것이다.[36]

---

35 대법원 1989.11.10. 선고 89누3137 판결.

36 대법원 2003.2.20. 선고 2001두5347 판결.

Ⅱ. 과징금 부과

공정거래위원회는 시장지배적 사업자가 남용행위를 한 경우에는 당해 사업자에 대하여 대통령령이 정하는 매출액(대통령령이 정하는 사업자의 경우에는 영업수익을 말한다: 관련매출액)에 100분의 3을 곱한 금액을 초과하지 아니하는 범위 안에서 과징금을 부과할 수 있다(법 제6조). 다만, 매출액이 없거나 매출액의 산정이 곤란한 경우(예컨대 영업불개시·영업중단으로 영업실적이 없는 경우, 매출액산정자료제출을 거부한 경우, 허위자료제출 기타 매출액 산정이 곤란한 경우 등)로서 대통령령이 정하는 경우에는 10억원을 초과하지 아니하는 범위 안에서 과징금을 부과할 수 있다. 대통령령이 정하는 매출액이란 위반사업자가 위반기간 동안 일정한 거래분야에서 판매한 관련 상품이나 용역의 매출액 또는 이에 준하는 금액(관련매출액)을 말한다. 다만, 위반행위가 상품이나 용역의 구매와 관련하여 이루어진 경우에는 관련 상품이나 용역의 매입액을 말하고, 입찰담합 및 이와 유사한 행위인 경우에는 계약금액을 말한다(령 제9조 제1항).

위에 기술한 과징금 부과기준 매출액의 기준은 ① 시장지배적 지위 남용행위(제3조의2)의 경우뿐만 아니라, ② 부당한 공동행위(제22조), ③ 불공정거래행위[제24조의2 본문, 법 제23조(불공정거래행위의 금지)제1항 제7호에 해당하는 경우는 제외], ④ 사업자단체금지행위(제28조), ⑤ 재판매가격유지행위(제31조의2), ⑥ 부당한 국제 계약 체결행위(제34의2)의 경우에도 같은 기준으로 적용된다. 다만 법 제24조의2 본문[법 제23조(불공정거래행위의 금지)제1항 제7호에 해당하는 경우]에서 “대통령령이 정하는 매출액”이란 해당 사업자의 평균매출액을 말한다. 개시한 지 3년이 되지 아니하는 경우에는 그 사업개시 후 직전사업연도 말일까지의 매출액을 연평균 매출액으로 환산한 금액을, 해당 사업연도에 사업을 개시한 경우에는 사업개시일부터 위반행위일까지의 매출액을 연매출액으로 환산한 금액을 말한다(령 제9조 제2항).

Ⅲ. 벌칙

공정거래법 제3조의2의 규정에 위반하여 남용행위를 한 자는 3년 이하의 징역 또는 2억원 이하의 벌금에 처한다(법 제66조 제1항 제1호). 징역형과 벌금형은 병과할 수 있다. 여기서 남용행위를 한 자라 함은 법인인 경우에는 대표이사, 이사, 법인격 없는 사단인 경우에는 대표기관 등 실제 위법행위를 한 "자연인"을 말한다.[37]

공정거래법 제5조의 시정조치에 불응한 자는 2년 이하의 징역 또는 1억5천만원 이하의 벌금에 처한다(법 제67조 제6호). 이 경우에는 징역형과 벌금형을 병과할 수 없다.

공정거래법은 벌칙부과 시 양벌규정을 신설하였다. 즉 법인(법인격이 없는 단체 포함)의 대표자나 법인 또는 개인의 대리인, 사용인, 그 밖의 종업원이 그 법인 또는 개인의 업무에 관하여 제66조부터 제68조까지의 어느 하나에 해당하는 위반행위를 하면 그 행위자를 벌하는 외에 그 법인 또는 개인에게도 해당 조문의 벌금형을 과(科)한다. 다만, 법인 또는 개인이 그 위반행위를 방지하기 위하여 해당 업무에 관하여 상당한 주의와 감독을 게을리하지 아니한 경우에는 그러하지 아니하다(법 제70조).

제5절 위반행위의 사법적 효력

공정거래법은 시장지배적 지위 남용행위의 사법상 효력과 관련하여 아무런 규정을 두지 않고 있다. 이에 대하여 ① 당해 법위반행위의 사법상 효과를 부정하지 않는다면 당사자간의 위반행위의 이행이 강제되므로 공정거래법의 입법취지를 무의미하게 하는 결과를 초래한다는 이유로 무효라는 설, ② 공정거래법의 목적을 달성하기 위해서는 공정거래위원회의 시정조치제도로 충분하며, 위반행위와 관련된 법률행위를 무효로 한다면 사법관계에 혼란을 초래하게 된다는 이유로 유효라는 설, ③ 법위반행위의 이행청구권의 채권관계는 무효이며, 이행청구에 대해서 당사자는 공정거래법위반을 이유로 한 무효를 항변으로서 주장할 수 있지만, 사법관계의 혼란을 방지하기 위해 당해 법위반행위를 토대로 새로운 법률관계가 형성·발견된 후(즉 당해 행위의 이행 후)에는 위반행위의 무효를 이유로 새로운 법률관계를 부정할 수 없다는 상대적 무효설, ④ 법위반행위마다 이익(법목적달성, 사

37 대법원 1997.1.24. 선고 96도524 판결.

법상법률관계 혼란방지 등)을 형량하여 개별적으로 판단·해결해야 한다는 개별적 해결설 등이 있다. 최근에는 추상적·획일적으로 판단할 것이 아니라 구체적 분쟁에 있어서 개별적으로 해결되어야 한다는 개별적 해결설이 대두되고 있으며 최근에 이러한 입장을 취한 판례[38]가 있다.

38 서울고등법원 1995.1.12. 선고 94라186 판결.

제4장 기업결합의 제한

제1절 개설

Ⅰ. 기업결합의 규제이유

1. 의의

기업결합이란 둘 이상의 기업이 자본적·인적·조직적 결합을 통하여 단일한 경영관리체제로 통합하는 기업 간 결합의 과정 및 그 형태를 말한다. 즉 기업결합을 통해 그 대상기업은 단일한 경영관리체제에 의한 지배를 받는 경제적 단일체가 되는 것이다. 일반적으로 기업합병이라고도 하나 기업합병은 기업결합 수단 중의 하나이다.

2. 기업결합의 동기

기업결합은 기업성장이나 시장지배를 위한 대표적인 수단이다. 즉 기업결합을 선호하는 이유로는 ① 내부적 성장에 의존하는 것보다 훨씬 빠르게 기업을 확장할 수 있고, ② 시장지배력을 쉽게 유지하거나 강화할 수 있으며, ③ 자본조달력이 강화되고, ④ 수직적 결합에 따른 비용을 절감할 수 있을 뿐만 아니라, ⑤ 업종다변화를 통해 경기변동과 수요변화에 따른 위험을 감소할 수 있기 때문이다.

3. 장단점

기업결합은 통상적인 기업활동의 하나이다. 기업결합을 통하여 구조조정으로 부실한 기업의 경쟁력을 강화하고, 기업의 생산성 규모를 확대할 수 있으며, 규모의 경제를 달성함으로써 자원배분의 효율성을 높일 수 있다는 장점이 있다. 그러나 기업결합은 기업규모의 확대와 시장지배로 인하여 독과점이 형성되어 시장의 경쟁을 제한하고, 경제력집중이 심화되며, 독과점에 따른 기술개발 소홀로 산업발전이 오히려 위축될 수 있고, 실물투자 경시풍조가 만연된다는 단점이 있다.

4. 기업결합 규제

공정거래법은 기업의 독과점화를 방지하고, 시장의 경쟁제한 구도를 막으면서 투자자를 보호한다는 측면에서 기업결합을 적절히 규제하고 있다.

Ⅱ. 기업결합과 카르텔(공동행위) 비교

기업결합과 카르텔(공동행위)은 모두 2개 이상 기업의 공동행위이며, 경쟁의 제한 내지 소멸 효과를 발생시킨다는 점에서 공통점이 있다. 그러나 양자는 그 개념·시장에 미치는 효과·위법성 판단의 난이도·규제의 방법 등에서 차이를 갖는다.

기업결합은 단일한 경영관리체제에 의한 지배를 받는 경제적 단일체가 되어 법적 독립성의 유무에 관계없이 1개 이상의 기업이 경제적 독립성을 상실하고, 이로 인해 관련시장의 구조에 변화를 초래한다. 기업결합으로 인해 경쟁이 제한되는 것이 일반적이지만 때로는 경쟁촉진의 결과를 가져오기도 한다. 기업결합은 일정한 거래분야에서 경쟁을 실질적으로 제한하는 경우에만 규제하므로, 기업결합의 위법성 여부를 판단하여야 하는데 그 위법성을 판단하는 것이 실제로 쉽지 않다. 또한 기업결합의 위법성을 판단하기 위해서는 반드시 '일정한 거래분야(관련시장)'를 획정하여야 한다.

카르텔(공동행위)은 경제적으로 독립된 기업들이 그들 상호 간의 경쟁을 감소시키기 위한 합의를 말한다. 카르텔은 참여기업의 법적·경제적 독립성을 유지한 채 개별적 시장행동요소(가격·거래조건 등)의 일시적 조정을 통해 주로 경쟁을 제한하는 것 자체를 목적으로 한다. 카르텔은 위법성을 판단하는 것이 기업결합의 경우보다 상대적으로 용이하며, 위법성을 판단하기 위한 '일정한 거래분야'의 획정이 반드시 필요하지도 않다.

<기업결합과 카르텔의 공통점과 차이점>

구분	기업결합	카르텔
공통점	2개 이상 기업의 공동행위, 경쟁의 제한 내지 소멸 효과 발생	
차이점	1개 이상 기업의 경제적 독립성 상실	참여 기업의 법적·경제적 독립성 유지
	시장구조의 변화 초래→시장점유율 변화	개별적 시장행동 요소의 일시적 조정 목적
	주로 경쟁촉진 목적, 약한 경쟁제한 효과	주로 경쟁제한 그 자체가 목적
	위법성 판단 곤란	기업결합보다 위법성 판단 용이
	일정한 거래분야의 획정이 반드시 필요	일정한 거래분야의 획정이 반드시 필요한 것은 아님

제2절 기업결합의 유형

I. 결합회사와 피결합회사 간의 거래관계에 의한 분류

기업결합이 시장에 미치는 경쟁제한적인 효과를 기준으로 하면 수평적 결합·수직적 결합·혼합결합으로 분류할 수 있다. 이러한 기업결합의 유형은 그 기업결합이 경쟁에 미치는 영향을 평가하는 데 매우 유용하다. 공정거래위원회가 공정거래법 제7조 제5항에 근거하여 제정·시행하는 「기업결합심사기준」에서 기업결합의 경쟁제한성을 판단하는 하는 데 있어서 이 유형으로 구분하여 규정하고 있다.

이 분류방법에 따라 실제로 나타나는 기업결합을 명확하게 구분할 수 없는 경우도 있다. 어떤 기업결합이 A 상품시장에서는 수평적 또는 수직적인 관계에 영향을 주기도 하지만, B 상품시장에서는 아무런 영향도 주지 않을 수 있다. 이럴 경우 해당 기업으로부터 기업결합에 따른 영향을 받는 시장의 정보를 확보하고 시장별로 개별적인 경쟁제한 여부에 대한 심사를 할 필요가 있다.[39]

39 同旨 사법연수원, 앞의 책, 33面.

1. 수평적 결합

수평적 결합은 동일한 시장에서 동종 또는 유사 제품을 생산·판매하는 기업 간의 결합을 의미한다. 즉 같은 거래단계에 있는 동종 또는 유사상품을 공급하는 경쟁기업 간의 결합이다. 예컨대 자동차 제작회사 간의 결합·소매유통업자 간의 결합 등이 이에 해당한다. 같은 거래단계에 있는 동일한 시장에서 서로 경쟁관계에 있는 기업들이 하나로 결합하는 것이므로 당해 시장에서의 사업자를 줄이고 결합기업의 시장점유율을 끌어올려 시장구조를 직접적으로 악화시킨다.[40] 이는 해당 시장의 경쟁을 제한하는 효과가 가장 뚜렷하게 나타난다.

2. 수직적 결합

수직적 결합은 원자재의 생산에서부터 제품의 생산·유통에 이르는 모든 과정에 있어서 서로 수직적 관계에 있는 기업 간의 결합을 말한다. 즉 다른 거래단계의 기업 간의 결합으로, 예컨대 원자재의 공급자와 수요자 간의 결합·특정 제품의 생산자와 판매자 간의 결합·특정 제품의 제조업체와 부품생산업체 간의 결합 등이 이에 해당한다. 수직적 결합이 특정한 거래분야에서의 경쟁을 직접적으로 제한하시는 않지만, 경쟁사업자가 다른 거래단계시장에 접근하는 것을 봉쇄·제한하는 경쟁제한효과가 있다.

3. 혼합결합

혼헙결합 또는 복합적 결합이란 수평 또는 수직결합 이외의 기업결합을 말한다. 전혀 관련성이 없는 기업 간의 결합이다. 경쟁관계에 있지 않는 기업결합이라는 점에서 수평결합과 차이가 나고, 제품 생산·유통의 수직적 이동관계에 있지 않는 기업결합이라는 점에서 수직결합과 차이가 있다. 예컨대 자동차회사와 배터리 제조회사 사이의 결합, 서울의 택시회사와 부산의 택시회사 간의 결합, 건설회사와 김치제조회사 간의 결합 등이 이에 해당한다. 혼합결합은 경쟁관계가 없는 이종기업 간의 결합으로서 경쟁제한과 직접적인 관련이 없다고 할 수도 있지만, 경쟁과 간접적인 관련이 크기 때문에 이를 규제해야 한다. 혼합결합은 실제로 잠재적 경쟁사업자의 수를 감소시키고, 결합기업 간의 상호구매를 통해 경

---

40 정호열, 앞의 책, 190面.

쟁사업자의 거래기회를 차단시키며, 다업종 복합기업의 위력을 의식한 개별적인 경쟁사업자의 시장활동을 위축시킬 우려가 있다.[41] 기업결합 규제 초기에 혼합결합은 규제대상에서 제외되었다가 최근에 규제대상에 포함되었다.

최근 하이트(맥주)와 진로(소주)의 기업결합 사건에서 공정거래위원회는 잠재적 경쟁 서해 가능성을 이유로 기업결합은 인정하면서도 시정조치를 명하는 이른바 행태적 규제조치를 취한 사례가 있다.[42] 실제로 수평·수직·혼합결합 중 가장 발생 건수가 많은 기업결합이다.

참고로 2008년 기업결합을 유형별로 보면 혼합결합이 565건(65.9%), 수평결합이 237건(27.7%), 수직결합이 55건(6.4%)이다.

Ⅱ. 결합수단(방법)에 의한 분류

공정거래법은 기업결합의 방법과 수단을 기준으로 기업결합의 유형을 분류하고 있다. 즉 ① 다른 회사의 주식취득 또는 소유(주식취득: 출자지분도 포함), ② 임원 또는 종업원에 의한 다른 회사의 임원지위겸임(임원겸임: 임원파견도 포함), ③ 다른 회사와의 합병(회사합병), ④ 다른 회사의 영업의 전부 또는 주요부분의 양수·임차·경영의 수임이나 다른 회사의 영업용 고정자산의 전부 또는 주요부분의 양수(영업양수), ⑤ 새로운 회사설립에의 참여(신회사설립참여) 등으로 기업결합을 구분하고 있다(법 제7조 제1항 제1호-제5호).

이러한 분류는 엄밀하게 보면 기업결합 자체의 분류라기보다는 기업결합을 위한 법적 수단의 종류라고 할 수 있다. 결합행위의 시점포착, 신고 등의 절차적 규제, 시정조치의 차별화 등에서 구별의 실익이 있다.

참고로 2008년 기업결합을 수단별로 보면 주식취득(216건·39.35%), 회사합병(93건·16.9%), 신회사설립참여(88건·16%), 임원겸임(80건·14.5%), 영업양수(73건·13.3%) 순으로 발생빈도를 보이고 있다.

---

41 신현윤, 앞의 책, 161面.

42 공정거래위원회 2006.1.24. 의결 제2006-069호.

제3절 기업결합의 신고

Ⅰ. 개설

기업결합은 경쟁에 미치는 영향이 긍정적일 수도 있고 부정적일 수도 있다. 따라서 모든 기업결합에 대하여 일률적으로 규제할 수 없고 구체적인 경우에 개별적으로 심사하여야 한다. 기업결합 신고제도는 공정거래위원회의 업무부담을 최소화하고 기업결합을 효율적으로 규제하기 위해서 기업결합 가운데 경쟁제한의 우려가 있는 기업결합을 신고하도록 하고 있다. 따라서 모든 기업결합을 신고해야 하는 것은 아니다.

공정거래법에서는 일정규모 이상의 사업자가 일정한 기업결합을 한 경우에는 실질적 경쟁제한 여부와는 상관없이 반드시 기업결합 후 30일 이내에 공정거래위원회에 신고하도록 하였다. 주의할 것은 신고대상기업결합 전부가 경쟁제한적 기업결합인 것은 아니고, 경쟁제한적 기업결합이라고 해서 전부 신고대상기업결합인 것도 아니라는 점이다. 신고는 사후신고가 원칙이며 일정한 경우에 예외적으로 기업결합 실행 전에 사전신고의무를 부담하는 경우도 있다.

Ⅱ. 신고대상기업결합

1. 신고요건

(1) 내용

1) 신고대상자

자산총액 또는 매출액의 합산규모(계열회사의 자산총액 또는 매출액을 합산한 규모)가 3천억원 이상인 회사(기업결합신고대상회사) 또는 그 특수관계인이 자산총액 또는 자산총액 또는 매출액이 300억원 이상인 다른 회사(상대회사)에 대하여 아래 2) ①~④의 기업결합을 하거나, 상대회사 또는 그 특수관계인과 공동으로 아래 ⑤의 기업결합을 하는 경우에는 공정거래위원회에 신고하여야 한다(법 제12조 제1항 제1문). 또한 기업결합신고대상회사 외의 회사로서 상대회사의 규모에 해당하는 회사 또는 그 특수관계인이 기업결합신고대상회사에 대하여 아래 2) ①~④의 어느 하나에 해당하는 기업결합을 하거나, 기업결합신고대상회사 외의 회사로서 상대회사의 규모에 해당하는 회사 또는 그 특수관계인이 기업결합신고대상회사 또는 그 특수관계인과 공동으로 새로운 회사설립에 참여하여 그 회사의 최다출자자가 되는 기업결합을 하는 경우에도 신고의무가 있다(법 제12조 제1항 제2문). 다만 임원겸임의 경우에는 자산총액 또는 매출액의 합산규모가 2조원 이상인 대규모회사만이 신고대상회사가 된다(법 제7조 제1항 단서, 령 제12조의2).

기업결합신고대상회사와 상대회사가 모두 외국회사(외국에 주된 사무소를 두고 있거나 외국 법률에 따라 설립된 회사를 말한다)이거나 기업결합신고대상회사가 국내회사이고 상대회사가 외국회사인 경우에는 기업결합신고대상회사와 상대회사의 요건을 충족함과 동시에 그 외국회사 각각의 국내 매출액이 300억원 이상인 경우에 한하여 기업결합의 신고의 대상이 된다. 이 경우 국내 매출액의 산정에 필요한 사항은 공정거래위원회가 정하여 고시한다(령 제18조 제3항).

여기서 "자산총액"이라 함은 기업결합일이 속하는 사업연도의 직전사업연도 종료일 현재의 대차대조표에 표시된 자산총액을 말한다. 다만, 금융업 또는 보험업을 영위하는 회사의 경우에는 직전사업연도 종료일 현재의 대차대조표에 표시된 자본총액과 자본금 중 큰 금액을 말한다(령 제12조 제1항). 또 "매출액"이라 함은 기업결합일이 속하는 사업연도의 직전사업연도의 손익계산서에 표시된 매출액을 말한다. 다만, 금융업 또는 보험업을 영위하는 회사의 경우에는 직전사업연도의 손익계산서에 표시된 영업수익을 말한다(령 제12조 제3항). 특수관계인이라 함은 회사 또는 회사외의 자와 ① 당해 회사를 사실상 지배하고 있는 자, ② 제3조의2(기업집단으로부터의 제외)제1항의 규정에 의하여 동일인관련자로부터 분리된 자를 제외한 동일인관련자(배우자, 8촌 이내 혈족, 4촌 이내 인척), ③ 경영을 지배하려는 공동의 목적을 가지고 당해 기업결합에 참여하는 자를 말한다(령 제11조).

2) 신고해야 하는 기업결합(신고대상기업결합)

① 다른 회사의 발행주식총수(의결권 없는 주식 제외)의 100분의 20(상장법인의 경우에는 100분의 15) 이상을 소유하게 되는 경우(법 제12조 제1항 제1호). "100분의 20(주권상장법인의 경우에는 100분의 15) 이상을 소유하게 되는 경우"라 함은 100분의 20(주권상장법인의 경우에는 100분의 15) 미만의 소유상태에서 100분의 20 이상의 소유상태로 되는 경우를 말한다(령 제18조 제6항).

② 다른 회사의 발행주식을 제1호에 따른 비율 이상으로 소유한 자가 당해 회사의 주식

을 추가로 취득하여 최다출자자가 되는 경우(법 제12조 제1항 제2호). "최다출자자가 되는 경우"라 함은 최다출자자가 아닌 상태에서 최다출자자가 되는 경우를 말한다(령 제18조 제7항).

③ 임원겸임의 경우(계열회사 임원을 겸임하는 경우를 제외)(법 제12조 제1항 제3호).

④ 제7조(기업결합의 제한)제1항 제3호(다른 회사와의 합병) 또는 제4호(영업양수)에 해당하는 행위를 하는 경우(법 제12조 제1항 제4호).

⑤ 새로운 회사설립에 참여하여 그 회사의 최다출자자가 되는 경우(법 제12조 제1항 제5호).

위의 ①, ②, ⑤의 경우에 주식의 소유 또는 인수의 비율을 산정하거나 최다출자자가 되는지 여부를 판단함에 있어서는 당해 회사의 특수관계인이 소유하고 있는 주식을 합산한다(법 제12조 제5항).

(2) 신고의무자가 2개 이상인 경우

신고의무자가 2개 이상인 경우에는 공동으로 신고하여야 한다. 다만, 신고의무자가 소속된 기업집단에 속하는 회사 중 하나의 회사를 공정거래위원회가 기업결합신고대리인으로 성하여 그 대리인이 신고하는 경우에는 단독신고가 가능하다(법 제12조 제11항).

2. 신고대상에서의 제외

신고대상기업 요건에 해당하는 기업이라 하더라도 아래의 어느 하나에 해당하는 경우에는 신고의무가 없다.

(1) 「중소기업창업 지원법」 제2조 제4호·제5호의 중소기업창업투자회사 또는 중소기업창업투자조합이 동조 제2호의 창업자 또는 벤처기업의 주식을 제1항 제1호에 따른 비율 이상으로 소유하게 되거나 창업자 또는 벤처기업의 설립에 다른 회사와 공동으로 참여하여 최다출자자가 되는 경우(법 제12조 제3항 제1호).

(2) 「여신전문금융업법」에 따른 신기술사업금융업자 또는 신기술사업투자조합이 「기술신용보증기금법」 제2조(정의)제1호의 신기술사업자의 주식을 제1항 제1호에 따른 비율 이상으로 소유하게 되거나 신기술사업자의 설립에 다른 회사와 공동으로 참여하여 최다출자자가 되는 경우(법 제12조 제3항 제2호).

(3) 기업결합신고대상회사가 다음 각 목의 어느 하나에 해당하는 회사의 주식을 제1항 제1호에 따른 비율 이상으로 소유하게 되거나 다음 ①-④ 중 어느 하나에 해당하는 회사의

설립에 다른 회사와 공동으로 참여하여 최다출자자가 되는 경우(법 제12조 제3항 제3호).

① 「자본시장과 금융투자업에 관한 법률」에 따른 투자회사.

② 「사회기반시설에 대한 민간투자법」에 따라 사회기반시설 민간투자사업시행자로 지정된 회사.

③ ②에 따른 회사에 대한 투자목적으로 설립된 투자회사(「법인세법」 제51조의2 제1항 제6호에 해당하는 회사에 한한다).

④ 「부동산투자회사법」에 따른 부동산투자회사.

(4) 관계중앙행정기관의 장이 다른 법률의 규정에 의하여 미리 당해 기업결합에 관하여 공정거래위원회와 협의한 경우(법 제12조 제4항).

Ⅲ. 신고사항

법 제12조(기업결합의 신고) 제1항의 규정에 의하여 신고를 하고자 하는 자는 공정거래위원회가 정하여 고시하는 바에 따라 신고의무자 및 상대방 회사의 명칭·매출액·자산총액·사업내용과 당해 기업결합의 내용 및 관련시장 현황 등을 기재한 신고서에 신고내용을 입증하는 데 필요한 관련서류를 첨부하여 공정거래위원회에 제출하여야 한다(령 제18조 제4항).

Ⅳ. 신고시기

1. 기업결합 신고의무 기간

기업결합의 신고는 기업결합의 유형에 관계없이 기업결합일로부터 30일 이내에 신고하여야 하는 것을 원칙으로 한다(법 제12조 제6항 본문). 즉 기업결합을 한 후에 사후신고를 하는 것이 원칙이다.

"기업결합일"이라 함은 다음의 날을 말한다(령 제18조 제8항).

1. 다른 회사의 주식을 소유하게 되거나 주식소유비율이 증가하는 경우에는 다음 각목의 날.

가. 주식회사의 주식을 양수하는 경우에는 주권을 교부받은 날. 다만, 주권이 발행되어 있지 아니한 경우에는 주식대금을 지급한 날을 말하며, 주권을 교부받기 전 또는 주

식대금의 전부를 지급하기 전에 합의·계약 등에 의하여 의결권 기타 주식에 관한 권리가 실질적으로 이전되는 경우에는 당해권리가 이전되는 날을 말한다.

나. 주식회사의 신주를 유상취득하는 경우에는 주식대금의 납입기일의 다음 날.

다. 주식회사외의 회사의 지분을 양수하는 경우에는 지분양수의 효력이 발생하는 날.

라. 가목 내지 다목에 해당하지 아니하는 경우로서 감자 또는 주식의 소각 그 밖의 사유로 주식소유비율이 증가하는 경우에는 주식소유비율의 증가가 확정되는 날.

2. 임원겸임의 경우에는 임원이 겸임되는 회사의 주주총회 또는 사원총회에서 임원의 선임이 의결된 날.
3. 영업양수의 경우에는 영업양수대금의 지불을 완료한 날. 다만, 계약체결일부터 90일을 경과하여 영업양수대금의 지불을 완료하는 경우에는 당해 90일이 경과한 날을 말한다.
4. 다른 회사와의 합병의 경우에는 합병등기일.
5. 새로운 회사설립에 참여하는 경우 배정된 주식의 주식대금의 납입기일의 다음 날.

2. 사전신고의무

(1) 의의

모든 기업결합은 사후신고를 원칙으로 하지만 대규모 회사가 일정한 기업결합을 하는 경우에는 기업결합 실행 전에 신고하여야 한다. 즉 임원겸임 이외의 기업결합[43] 으로서 기업결합의 당사회사 중 1개 이상의 회사가 대규모회사인 경우에는 합병계약을 체결한 날 등 대통령령이 정하는 날부터 기업결합일 전까지의 기간 내에 이를 신고하여야 한다(법 제12조 제6항 단서).

(2) 요건

① 기업결합의 당사회사 중 1개 이상의 회사가 자산총액 또는 매출액의 규모가 2조원 이

43 령 제18조(기업결합의 신고등) 제9항 법 제12조(기업결합의 신고)제6항 단서에서...다른 회사의 주식을 소유하게 되거나 최다출자자가 되는 경우로서 다음 각호의 어느 하나에 해당하는 경우를 말한다.
1. 「자본시장과 금융투자업에 관한 법률」제9조(그 밖의 용어의 정의)제13항에 따른 증권시장에서 경쟁매매(매매 당사자 간의 계약이나 합의에 따라 수량, 가격 등을 결정하고, 그 매매의 결제를 증권시장을 통하여 하는 방법으로 주식을 취득하는 경우는 제외한다)를 통하여 주식을 취득하는 경우.
2. 유상증자의 결과 실권주(失權株)의 발생으로 주식소유비율이 증가하는 경우 또는 자기의 의사와 무관하게 다른 회사의 이사회 또는 주주총회의 결정을 통하여 행하여지는 주식의 소각 또는 감자에 따라 주식소유비율이 증가하는 경우 등 공정거래위원회가 정하여 고시하는 경우.

상인 대규모회사일 것.

② 대상기업결합: 다른 회사의 발행주식총수의 100분의 20(주권상장법인 100분의 15) 이상을 취득하게 되는 경우, 다른 회사의 발행주식총수의 100분의 20(주권상장법인 100분의 15) 이상을 취득한 자가 추가 주식취득으로 최다출자자가 되는 경우, 합병, 영업양수, 새로 설립되는 회사주식취득으로 최다출자자가 되는 경우에 의한 기업결합일 것(임원겸임은 제외, 임원겸임은 항상 사후신고).

(3) 사전신고 의무기간

기업결합의 당사회사 중 1개 이상의 회사가 대규모회사인 경우에는 ① 다른 회사의 주식을 소유하게 되거나 최다출자자가 되는 경우에는 취득하려는 주식의 소유자와 계약·합의 등을 한 날, ② 합병·영업양수가 있는 경우에는 합병계약을 체결한 날 또는 영업양수계약을 체결한 날, ③ 새로운 회사설립에 참여하는 경우에는 회사설립의 참여에 대한 주주총회 또는 이에 갈음하는 이사회의 의결이 있는 날로부터 기업결합일 전까지의 기간 내에 이를 신고하여야 한다(법 제12조 제6항 단서, 령 제18조 제10항).

사전신고를 한 대규모회사는 신고 후 주식의 소유일, 합병의 등기일·영업의 양수일 또는 회사의 설립일까지 신고사항에 중요한 변경이 있는 경우에는 그 변경사항을 신고하여야 한다(령 제18조 제11항).

(4) 사전신고 후 기업결합이행 금지

신고 후 30일이 경과할 때까지 각각 주식소유, 합병등기, 영업양수계약의 이행행위 또는 주식인수행위를 하여서는 아니 된다. 다만 다른 회사의 주식을 소유하게 되거나 최다출자자가 되는 경우로서 주식 소유자와의 계약·합의 등에 따라 「자본시장과 금융투자업에 관한 법률」에 따른 증권시장 밖에서 주식을 취득하는 경우(공개매수 제외)가 아닌 경우는 제외한다(령 제18조 제9항). 이 경우에는 이미 기업결합이 이루어진 경우이기 때문이다.

공정거래위원회가 필요하다고 인정하는 때에는 그 기간을 단축하거나 그 기간의 만료일 다음날부터 기산하여 90일의 범위 안에서 그 기간을 연장할 수 있다(법 제12조 제7항).

금지기간을 둔 이유는 주식취득 및 임원겸임에 의한 기업결합은 주식처분이나 임원겸임 철회 등을 통해 그 원상회복이 용이하나, 합병·영업양수·새로운 회사설립 참여에 의한 기업결합은 그 원상회복이 대단히 복잡하고 원상회복 과정에서 제3자의 이익을 침해할 소지가 있기 때문이다. 따라서 공정거래위원회의 심사결과 후에 기업결합을 하게 하기 위한 것이다.

Ⅴ. 위반에 대한 제재

기업결합의 신고 규정에 위반한 회사의 합병 또는 설립이 있는 때에는 공정거래위원회는 당해 회사의 합병 또는 설립무효의 소를 제기할 수 있다(법 제16조 제2항). 또한 기업결합의 신고를 하지 아니하거나 허위의 신고를 한 자 또는 기업결합신고 후 30일이 경과하기 전에 각각 주식소유, 합병등기, 영업양수계약의 이행행위 또는 주식인수행위를 한 자에 대해서는 1억원 이하의 과태료를 부과한다(법 제69조의2 제1항 제2호).

Ⅵ. 경쟁제한성의 심사요청

1. 사전심사요청

기업결합을 하고자 하는 자는 신고기간 이전이라도 미리 당해 행위가 경쟁을 실질적으로 제한하는 행위에 해당하는지 여부에 대하여 공정거래위원회에 심사를 요청할 수 있다(법 제12조 제9항).

2. 통지기간

사전심사를 요청받은 경우에 공정거래위원회는 30일 이내에 그 심사결과를 요청한 자에게 심사결과를 통지하여야 한다. 다만 공정거래위원회가 필요하다고 인정할 때에는 그 기간의 만료일 다음날부터 기산하여 90일의 범위 안에서 그 기간을 연장할 수 있다(법 제12조 제10항). 보정기간은 제외한다.

제4절 기업결합의 금지

Ⅰ. 의의

누구든지 직접 또는 특수관계인을 통하여 5가지 유형의 기업결합행위를 함으로써 일정한 거래분야에서 경쟁을 실질적으로 제한하는 행위를 하여서는 아니 된다(법 제7조). 기업결합은 얼마든지 자유롭게 할 수 있으나, "일정한 거래분야에서 경쟁을 실질적으로 제한하는" 기업결합은 금지된다. 그리고 기업결합의 제한 규정을 면탈하려는 탈법행위도 하여서는 아니 된다(법 제15조 제1항).

공정거래법은 기업결합이 이루어진 후 사후심사를 통해 그 결합의 경쟁제한적 효과를 시정하기 위해 구조적·행태적 규제를 가하는 것이 원칙이다. 기업결합이 실행되기 이전에 미리 경쟁제한성 여부를 심사하는 것은 예외적인 것이다.

기업결합금지제도는 사업자들이 인위적으로 새로운 독·과점력을 형성하는 것을 차단하는 것으로, 기존의 독과점사업자의 시장지배력을 남용하는 것을 금지하는 시장지배적 지위 남용행위에 대한 규제와 짝을 이룬다.[44]

Ⅱ. 기업결합의 주체(법적용대상사업자)

1. 범위

누구든지 경쟁제한적인 기업결합을 할 수 없으므로 수범자의 법적 형태나 규모에 아무런 제한은 없다. 다만 임원겸임에 대해서만 대규모회사라는 규모제한이 있다는 것을 주의해야 한다.

"누구든지"의 의미에 대해 회사든 자연인이든 법인격 없는 사단이든 그 법적 규모와 형태에 관계없이 사업자만을 대상으로 한다고 보아야 한다고 보는 입장이 있다.[45] 그러나 다른 법률의 규정형식, 특히 법 제16조 제1항(시정조치)에서 기업결합의 제한 규정을 위반한 경우 당해 사업자는 물론 '위반행위자'에 대해서도 시정조치를 명할 수 있다는 규정에 비추어 자연인 등 비사업자도 포함된다고 봄이 타당하다.

외국사업자 간의 기업결합이라 하더라도 국내 경쟁질서에 직접적인 영향을 미치게 되는 경우에는 규제대상에 포함된다(령 제18조 제3항 참조). 사업자가 직접 실행하는 기업결합뿐만 아니라 특수관계인을 통하여 하는 기업결합도 규제대상이 된다. 특수관계인이라 함은 회사 또는 회사외의 자와 ① 당해 회사를 사실상 지배하고 있는 자, ② 제3조의2(기

44 정호열, 앞의 책, 198面.

45 정호열, 위의 책, 199面.

업집단으로부터의 제외)제1항의 규정에 의하여 동일인관련자[46] 로부터 분리된 자를 제외한 동일인관련자(배우자, 8촌 이내 혈족, 4촌 이내 인척), ③ 경영을 지배하려는 공동의 목적을 가지고 당해 기업결합에 참여하는 자를 말한다(령 제11조).

2. 제외

자산총액 또는 매출액 규모(계열회사의 자산총액 또는 매출액을 합산한 규모를 말한다)가 2조원 미만인 회사(대규모회사 외의 회사)가 임원겸임의 방법에 의해 기업결합을 하는 경우에는 규제대상에서 제외된다(법 제7조 제1항 단서). 상호출자제한기업집단 소속회사는 전부 대규모회사이지만 대규모회사가 전부 상호출자제한기업집단 소속회사인 것은 아니다.

Ⅲ. 심사대상 기업결합의 유형

1. 주식취득에 의한 기업결합

다른 회사의 주식을 취득 또는 소유(유상취득을 제외한 보유)하는 방법으로 기업결합을 하는 것을 말한다(법 제7조 제1항 제1호). 주식의 취득은 주식취득행위를 뜻하고, 주식의 소유란 주식취득상태를 뜻한다. 여기서 주식에는 지분을 포함한다. 공정거래법상 주식에는 전부 지분을 포함한다. 당해 회사가 다른 회사의 주식을 취득·소유하는 경우뿐만 아니라, 회사 이외의 자가 2개 이상의 회사의 주식을 취득·소유하는 경우도 포함한다.[47]

취득 또는 소유란 취득 또는 소유의 명의와 관계없이 실질적인 소유관계를 기준으로 판단한다(법 제7조의2). 가장 일반적으로 사용되고 있는 기업결합의 방법이다.

---

46 동일인관련자는 다음과 같다(령 제3조 제1호).
① 배우자, 6촌 이내의 혈족, 4촌 이내의 인척(친족).
② 동일인이 단독으로 또는 동일인관련자와 합하여 총출연금액의 100분의 30 이상을 출연한 경우로서 최다출연자가 되거나 동일인 및 동일인관련자 중 1인이 설립자인 비영리법인 또는 단체(법인격이 없는 사단 또는 재단).
③ 동일인이 직접 또는 동일인관련자를 통하여 임원의 구성이나 사업운용 등에 대하여 지배적인 영향력을 행사하고 있는 비영리법인 또는 단체.
④ 동일인이 사실상 사업내용을 지배하는 회사(계열회사).
⑤ 동일인 및 동일인과 ② 내지 ③과의 관계에 해당하는 자의 사용인(법인인 경우에는 임원, 개인인 경우에는 상업사용인 및 고용계약에 의한 피용인을 말한다).

47 사법연수원, 앞의 책, 35面.

2. 임원겸임에 의한 기업결합

(1) 임원겸임의 의미

임원겸임이란 임원 또는 종업원에 의한 다른 회사의 임원지위의 겸임을 말한다(법 제7조 제1항 제2호). 임원이란 이사·대표이사·업무집행을 하는 무한책임사원·감사나 이에 준하는 자 또는 지배인 등 본점이나 지점의 영업전반을 총괄적으로 처리할 수 있는 상업사용인을 말한다(법 제2조 제5호). 종업원이란 계속해서 회사의 업무에 종사하는 자로서 임원 이외의 자를 말한다. 임원 또는 종업원에 의한 다른 회사의 종업원지위의 겸임은 포함되지 않는다.

임원겸임에는 임원의 파견도 포함되는 것으로 해석하는 것이 일반적이다. 이에 대하여 임원의 파견은 파견 받는 회사에서 별도의 선임결의를 하지 않고, 당해 임원의 근무형식·급여지급의 주체 등이 임원겸임과 다르다는 이유로 기업결합의 규제대상에서 제외하는 견해도 있다. 일반적으로 임원공동관계는 구성기업들을 통일적인 기획하에 경제적 단일체로서 활동하게 하는 강력한 수단이므로 임원겸임에는 임원의 파견도 포함되는 것으로 해석하여야 한다.[48]

(2) 제외

자산총액 또는 매출액이 2조원 미만인 회사가 임원겸임을 하는 것은 규제대상 기업결합에 해당되지 않는다. 이 경우 기업결합신고의무도 제외된다(법 제12조 제1항 단서).

3. 회사의 합병에 의한 기업결합

다른 회사와의 합병(법 제7조 제1항 제3호)이란 2개 이상의 회사가 흡수합병, 신설합병 등의 방법으로 법적으로 단일법인이 되는 것을 의미한다. 하나의 법인으로 통합하므로 경제적으로도 단일체가 됨은 물론이다. 결합의 강도가 가장 강력한 형태의 기업결합이라 할 수 있다. 법적으로 단일법인이 된다는 점에서 사실적인 합병인 영업양수와 구별된다.

4. 영업양수에 의한 기업결합

① 다른 회사의 영업의 전부 또는 주요부분의 양수·임차, ② 경영의 수임, ③ 다른 회사의 영업용고정자산의 전부 또는 주요부분의 양수하는 방법으로 기업결합하는 것이다(법 제7

48 사법연수원, 위의 책, 35面.

조 제1항 제4호).

"영업"이라 함은 회사의 사업목적을 위하여 조직화되고 유기적 일체로서 기능하는 재산권의 집합을 말한다. 여기에는 판매권(판매에 관련된 조직·인력·대리점 계약관계 등을 포함한다), 특허권·상표권 등 무체재산권, 기타 인허가와 관련되어 재산상의 가치가 있는 것을 포함한다. "경영의 수임"이라 함은 영업의 양도·양수회사 간에 경영을 위탁하는 계약체결 등을 통하여 수임인이 경영권행사의 주체로서 활동하는 것을 말한다. "주요부분"이라 함은 양수 또는 임차부분이 독립된 사업단위로서 영위될 수 있는 형태를 갖추고 있거나 양수 또는 임차됨으로써 양도회사의 매출의 상당한 감소를 초래하는 경우로서, 영업양수금액이 양도회사의 직전사업연도 종료일 현재 대차대조표상의 자산총액의 100분의 10 이상이거나 50억원 이상인 경우를 말한다. 다만 영업양수금액에는 양수목적물인 영업부문에 대한 양수대금 이외에 관련 부채의 인수 시 그 부채금액을 포함하며, 영업의 전부 또는 주요부분을 임차하거나 경영수임의 경우에는 임차료 또는 수임료의 연간 총금액을 위 영업양수금액에 준하여 적용한다.[49]

영업양도 회사가 당연히 소멸하는 것이 아니므로 형식적으로 회사의 합병은 아니지만 사실적인 회사의 합병이라 할 수 있다.

5. 새로운 회사설립에의 참여에 의한 기업결합

(1) 새로운 회사설립에의 참여의 의미

새로운 회사설립에의 참여(법 제7조 제1항 제5호)란 2개 이상의 회사가 출자하여 새로유 회사를 신설하는 것을 말한다. 일정한 시장에서 경쟁자의 수가 증가하면 일반적으로 경쟁이 촉진되지만, 경쟁제한적인 목적으로 새로운 회사를 설립하는 경우에는 규제대상이 된다. 2개 이상의 회사가 원재료의 공동구매 또는 제품의 공동판매를 전담하는 합작회사를 설립하는 경우가 대표적인 예이다. 경쟁제한목적으로 회사를 설립하는 법적인 절차에 참여하는 일체의 행위가 규제대상이 된다.

(2) 제외

회사신설 중에서 하나의 기존회사가 단독으로 회사를 신설하거나 특수관계인만이 참여

49 「기업결합의 신고요령」, 공정거래위원회 고시 제2016-5호 2016.6.20. 일부개정, Ⅲ 4 나-라 참조.

하는 회사신설은 경쟁질서의 변화를 초래하지 않기 때문에 규제대상기업결합에서 제외한다. 즉 상법 제530조의2(회사의 분할·분할합병) 제1항의 규정에 의하여 분할에 의한 회사설립에 참여하는 경우(예컨대 모회사가 단독으로 동일시장내에 자회사를 설립하거나 원재료의 구매 또는 판매를 전담하는 자회사를 설립하는 경우)와 새로운 회사설립에 특수관계인 외의 자는 참여하지 아니하는 경우에는 기업결합의 규제대상에서 제외된다(법 제7조 제1항 제5호 단서). 다만 특수관계인 중 경영을 지배하려는 공동의 목적을 가지고 당해 기업결합에 참여하는 자가 새로운 회사설립에 참여하는 경우에는 규제대상이 된다(령 제12조의3).

신고제외규정은 없으므로 하나의 기존회사가 단독으로 회사를 신설하거나 특수관계인만이 참여하는 회사신설의 경우에도 기업결합신고의무에서 제외되는 것은 아니다.

Ⅳ. 기업결합의 위법성 심사

1. 위법성 심사절차 개요

공정거래법은 일정한 거래분야에서 경쟁을 실질적으로 제한하는 기업결합을 금지하고 있다(법 제7조 제1항). 공정거래위원회의 기업결합심사기준(공정거래위원회고시 제2017-22호, 2017.12.20. 일부개정)에 따르면 일단 기업결합 신고가 있으면 공정거래위원회에서는 효율적인 심사를 위해 간단한 절차에 의해 심사를 할 것인지 아니면 일반적인 절차를 밟아야 할 기업결합 유형인지를 먼저 판단한다. 일반적인 절차를 밟는 경우에는 먼저 지배관계형성 여부를 심사한다. 공정거래법의 규정은 없으나 기업결합규제는 결합회사들 간의 지배관계형성을 전제로 한다. 기업결합에도 불구하고 지배관계가 형성되지 않은 경우에는 일정한 거래분야를 획정하여 경쟁제한성 여부를 판단할 필요가 없다. 지배관계가 형성된 기업결합인 경우에는 경쟁제한성을 심사하기 위해서 일정한 거래분야를 먼저 획정한 후 경쟁제한성 여부를 심사하게 된다. 즉 ① 규제대상기업결합의 유형 해당여부 심사, ② 지배관계형성 여부 심사, ③ 일정한 거래분야 획정, ④ 실질적 경쟁제한성 심사 순으로 기업결합의 위법성 여부를 심사한다.

2. 위법성 심사기준

공정거래위원회는 기업결합이 일정한 거래분야에서 경쟁을 실질적으로 제한하는지 여부,

기업결합으로 인해 효율성 증대효과가 발생하는지 여부, 회생이 불가한 회사와의 기업결합에 해당되는지 여부에 대하여 심사한다.[50]

(1) 규제대상기업결합의 유형 해당여부 심사

신고된 기업결합이 간이심사대상 기업결합인지 일반심사대상 기업결합인지를 심사한다. 간이심사대상 기업결합은 경쟁제한성이 없는 것으로 추정하며 원칙적으로 신고내용의 사실여부만을 심사하여 적법한 신고 서류의 접수 후 15일 이내에 심사결과를 신고인에게 통보한다.

기업결합 후 일정한 거래분야의 시장집중도 또는 당사회사의 시장점유율이 다음 기준에 해당하는 경우에는 간이심사대상 기업결합에 해당한다. 수평형 기업결합(당사회사의 시장점유율 등이 법 제7조 제4항의 요건[51] 에 해당하는 경우 제외)에 있어서는 ① 허핀달-허쉬만 지수(HHI)[52] 가 1,200에 미달하거나, ② HHI가 1,200 이상이고 2,500 미만이면서 HHI 증가분이 250 미만이거나, ③ HHI가 2,500 이상이고 HHI 증가분이 150 미만인 경우에

50 「기업결합심사기준」, 공정거래위원회고시 제2017-22호, 2017.12.20., 일부개정.

51 1. 기업결합의 당사회사의 시장점유율(계열회사의 시장점유율을 합산한 점유율)의 합계가 다음 각 목의 요건을 갖춘 경우
가. 시장점유율의 합계가 시장지배적사업자의 추정요건에 해당할 것
나. 시장점유율의 합계가 당해거래분야에서 제1위일 것
다. 시장점유율의 합계와 시장점유율이 제2위인 회사(당사회사를 제외한 회사 중 제1위인 회사를 말한다)의 시장점유율과의 차이가 그 시장점유율의 합계의 100분의 25 이상일 것
2. 대규모회사가 직접 또는 특수관계인을 통하여 행한 기업결합이 다음 각목의 요건을 갖춘 경우
가. 「중소기업기본법」에 의한 중소기업의 시장점유율이 3분의 2 이상인 거래분야에서의 기업결합일 것
나. 당해 기업결합으로 100분의 5 이상의 시장점유율을 가지게 될 것

52 <미국의 실질적 경쟁제한성 심사기준>
① 초기에는 상위 4개 기업의 시장점유율을 단순 합산하여 집중률을 분석하였다. 오늘날은 허핀달-허쉬만 지수((Herfindahl - Hirschman Index: HHI)를 기업결합 가이드라인으로 사용한다. 일정한 거래분야에서 각 경쟁사업자의 시장점유율의 제곱의 합을 말한다. HHI지수는 시장집중 판단에 사용되는 산업독점도를 표시하는 지수이다. 수평적 기업결합에서만 활용이 가능하다. ⓐ HHI지수 산정방법: 그 시장에서 각 기업이 차지하고 있는 시장점유율을 제곱하여 합한다. 최소 0부터 최대 10,000까지의 범위에서 지수가 산출된다. 지수가 높을수록 시장집중도가 높음을 의미한다. ⓑ HHI지수에 의한 시장평가: HHI지수가 1,800 이상인 시장을 고도로 집중된 시장으로 보고, 1,000 - 1,800이면 다소 집중, 1,000 이하이면 집중되지 않은 것으로 본다. ⓒ HHI지수에 의한 경쟁제한성 심사기준: 기업결합 후 HHI지수가 1,800이상인 경우, 결합전후 HHI증가분≧100이면 규제한다.
② 양 심사기준의 비교: HHI지수가 4개 기업집중률 분석보다 시장구조와 반경쟁적 활동의 위험을 보다 정확히 설명한다. 왜냐하면 4개 기업집중률 분석은 4개 기업 상호 간의 시장점유율의 분포를 고려하지 않기 때문이다. 예컨대 A시장의 각 기업의 시장점유율이 a(80%)·a′(3%)·a″(3%)·a‴ (2%)이고, B시장의 각 기업의 시장점유율이 b(22%)·b′(22%)·b″(22%)·b‴ (22%)라고 할 때, 상위 4개 기업의 시장점유율을 단순 합산하는 방식에 따른 시장집중도는 A(88)시장과 B(88)시장이 같다.
HHI지수를 산출하면 A(6,420)시장이 B(1,936)시장보다 크다. 이는 A시장이 B시장보다 과점적 가격설정의 위험이 훨씬 높다.

간이심사대상 기업결합에 해당한다. 수직형 또는 혼합형 기업결합에 있어서는 당사회사가 관여하고 있는 일정한 거래분야에서 HHI가 2,500 미만이고 당사회사의 시장점유율이 25/100 미만이거나, 일정한 거래분야에서 당사회사가 각각 4위 이하 사업자인 경우에 간이심사대상 기업결합에 해당한다.

간이심사대상 기업결합에 해당하지 않는 일반심사대상 기업결합은 지배관계 및 경쟁제한성 판단기준 등의 단계를 거쳐 심사하게 된다.

(2) 지배관계 형성여부 심사기준

일반심사대상 기업결합이 경쟁제한적인 기업결합이 되기 위해서는 우선 기업결합 당사회사 간에 지배관계가 형성되어야 한다.

1) 합병 또는 영업양수의 경우

당해 행위로 인하여 바로 지배관계가 형성되는 것으로 본다.

2) 주식취득의 경우

취득회사 등의 주식소유비율이 50/100 이상인 경우에는 지배관계가 형성된다. 취득회사 등의 주식소유비율이 50/100 미만인 경우에는 ① 각 주주의 주식소유비율·주식분산도·주주 상호 간의 관계, ② 피취득회사가 그 주요 원자재의 대부분을 취득회사 등으로부터 공급받고 있는지 여부, ③ 취득회사 등과 피취득회사 간의 임원겸임관계, ④ 취득회사 등과 피취득회사 간의 거래관계·자금관계·제휴관계 등의 유무 등을 종합적으로 고려하여 취득회사 등이 피취득회사의 경영전반에 실질적인 영향력을 행사할 수 있는 경우 지배관계가 형성된다.

2개 이상의 회사가 공동으로 다른 회사의 주식을 취득하는 경우에는 ① 취득회사 각각의 주식소유비율·격차 및 상호 간의 관계, ② 주식취득의 목적 및 주식취득에 따른 계약관계를 추가로 고려한다.

3) 임원겸임의 경우

① 취득회사 등의 임직원으로서 피취득회사의 임원지위를 겸임하고 있는 자(겸임자)의 수가 피취득회사의 임원총수의 3분의 1 이상인 경우, ② 겸임자가 피취득회사의 대표이사 등 회사의 경영전반에 실질적인 영향력을 행사할 수 있는 지위를 겸임하는 경우를 종합적으로 고려하여 취득회사 등이 피취득회사의 경영전반에 실질적인 영향력을 행사할 수 있는

경우 지배관계가 형성되는 것으로 본다. 이외에도 주식소유에 대한 지배관계 판단기준이 적용 가능한 경우에는 이를 준용한다.

4) 새로운 회사설립에의 참여의 경우

주식취득의 경우와 동일하다. 즉 기업결합 당사회사 간의 지배관계 형성여부는 주식소유에 대한 지배관계 판단기준을 준용한다.

(3) 일정한 거래분야의 획정(관련시장획정)

위법성 판단을 위해 당해 기업결합과 관련된 일정한 거래분야, 즉 관련시장(relevant market)을 획정하여야 한다. 일정한 거래분야는 거래의 객체별·단계별 또는 지역별로 경쟁관계에 있거나 경쟁관계가 성립될 수 있는 분야(법 제2조 제8호)를 말하며, 거래대상(상품시장)·거래지역(지역시장)·거래단계·거래당사자 등을 종합적으로 고려하여 획정된다.

1) 거래대상(상품시장)

일정한 거래분야는 거래되는 특정 상품의 가격이 상당기간 어느 정도 의미 있는 수준으로 인상될 경우 동 상품의 구매자 상당수가 이에 대응하여 구매를 전환할 수 있는 상품의 집합을 말한다.

특정 상품이 동일한 거래분야에 속하는지 여부는 ① 상품의 기능 및 효용의 유사성, ② 상품의 가격의 유사성, ③ 구매자들의 대체가능성에 대한 인식 및 그와 관련한 구매행태, ④ 판매자들의 대체가능성에 대한 인식 및 그와 관련한 경영의사결정 행태, ⑤ 통계청장이 고시하는 한국표준산업분류, ⑥ 거래단계(제조·도매·소매 등) 등을 고려하여 판단한다.

2) 거래지역(지역시장)

일정한 거래분야는 다른 모든 지역에서의 당해 상품의 가격은 일정하나 특정지역에서만 상당기간 어느 정도 의미 있는 가격인상이 이루어질 경우 당해 지역의 구매자 상당수가 이에 대응하여 구매를 전환할 수 있는 지역전체를 말한다.

특정지역이 동일한 거래분야에 속하는지 여부는 ① 상품의 특성(상품의 부패성·변질성·파손성 등) 및 판매자의 사업능력(생산능력·판매망의 범위 등), ② 구매자의 구매지역 전환가능성에 대한 인식 및 그와 관련한 구매자들의 구매지역 전환행태, ③ 판매자의 구매지역 전환가능성에 대한 인식 및 그와 관련한 경영의사결정 행태, ④ 시간적·경제적·법제적 측면에서의 구매지역 전환의 용이성을 고려하여 판단한다.

3) 거래단계

일정한 거래분야는 제조·도매·소매 등의 거래단계별로 획정할 수 있다. 동일한 상품에 있어서도 개별적인 거래단계에서 보면 대체가능성이 다양하게 나타나므로 거래단계별로 부분시장이 성립할 수 있다. 거래단계에 따라 시장의 지리적 범위도 영향을 받을 수 있다.[53] 예컨대 구두제조·판매 회사 간에 기업결합을 한 경우 구두 제조업에 대해서는 전국적인 시장에서, 구두 소매업의 경우에는 대도시 시장에서 기업결합의 위법성을 평가할 수 있다.

4) 거래상대방

구매자의 특성이나 상품의 특수성에 따라 상품·지역·거래단계별로 특정한 구매자군이 존재하는 경우에는 이러한 구매자군별로 일정한 거래분야가 획정될 수 있다. 예컨대 EU는 Renaut/Volvo 사건에서 구매자의 지위를 기준으로 하여 공공부문에 대한 판매는 민간부문에 대한 판매와 서로 다른 시장에 속하는 것으로 인정하였다.[54]

(4) 실질적 경쟁 제한성여부 심사 기준

기업결합의 경쟁제한성은 취득회사 등과 피취득회사 간의 관계를 고려하여 수평형 기업결합·수직형 기업결합·혼합형 기업결합 등 유형별로 구분하여 판단한다.

1) 「경쟁을 실질적으로 제한하는 행위」인지의 여부판단

"경쟁을 실질적으로 제한하는 기업결합" 또는 "경쟁제한적 기업결합"이라 함은 당해 기업결합에 의해 일정한 거래분야에서 경쟁이 감소하여 특정한 기업 또는 기업집단이 어느 정도 자유로이 상품의 가격·수량·품질 기타 거래조건 등의 결정에 영향을 미치거나 미칠 우려가 있는 상태를 초래하거나 그러한 상태를 상당히 강화하는 기업결합을 말하고, "경쟁제한성" 또는 "경쟁을 실질적으로 제한한다"함은 그러한 상태를 초래하거나 그러한 상태를 상당히 강화함을 말한다.

기업결합 전과 비교하여 유효한 경쟁을 기대할 수 없는 상태가 형성·유지·강화되는 경우, 즉 시장지배의 상태를 의미한다.

53 사법연수원, 앞의 책, 45面.

54 사법연수원, 위의 책, 46面.

2) 경쟁제한여부의 판단 고려 사항

결합유형에 따른 시장점유율, 즉 수평·수직·혼합결합의 경우로 나누어 그 심사기준을 달리 하고 있다.

① 수평형 기업결합

"수평형 기업결합"이라 함은 경쟁관계에 있는 회사 간의 결합을 말한다. 수평형 기업결합이 경쟁을 실질적으로 제한하는지 여부에 대해서는 기업결합 전후의 시장집중상황, 결합당사회사 단독의 경쟁제한 가능성, 경쟁사업자 간의 공동행위 가능성, 해외경쟁의 도입수준 및 국제적 경쟁상황, 신규진입의 가능성, 유사품 및 인접시장의 존재여부 등을 종합적으로 고려하여 심사한다.

② 수직형 기업결합

"수직형 기업결합"이라 함은 원재료의 생산에서 상품(용역 포함)의 생산 및 판매에 이르는 생산과 유통과정에 있어서 인접하는 단계에 있는 회사(원재료 의존관계에 있는 회사) 간의 결합을 말한다. 수직형 기업결합이 경쟁을 실질적으로 제한하는지 여부에 대해서는 시장의 봉쇄효과, 경쟁사업자 간 공동행위 가능성 등을 종합적으로 고려하여 심사한다.

③ 혼합형 기업결합

"혼합형 기업결합"이라 함은 수평형 또는 수직형 기업결합 이외의 기업결합을 말한다. 혼합형 기업결합이 경쟁을 실질적으로 제한하는지 여부는 잠재적 경쟁의 저해효과, 경쟁사업자 배제효과, 진입장벽 증대효과 등을 종합적으로 고려하여 심사한다.

V. 경쟁제한성의 추정

1. 실질적 경쟁제한성 추정제도의 의의

기업결합의 실질적 경쟁제한성 여부 심사는 위에서 살펴본 바와 같이 매우 복잡하고 어려운 것이 현실이다. 이러한 판단의 어려움을 해속하고 예측가능성을 제고하기 위하여 일정한 요건에 해당되는 경우에는 실질적 경쟁제한성이 있는 것으로 추정하는 제도이다. 실제에 있어서는 실질적 경쟁제한성 추정에 해당하지 않는 기업결합은 허용되고 있다.

2. 추정요건

(1) 시장점유율 기준

"시장점유율"이라 함은 일정한 거래분야에 공급된 상품의 총금액 중에서 당해 회사가 공급한 상품의 금액이 점하는 비율을 말한다. 시장점유율은 기업결합 당시의 직전사업연도 1년간의 판매액(직전사업연도 종료직후로서 직전사업연도의 판매액을 알기 곤란한 경우에는 직전전사업연도 1년간의 판매액을 말한다)을 사용하여 다음과 같이 산정한다. 다만, 시장점유율을 금액기준으로 산정하기 곤란하거나 부적절한 경우에는 물량기준 또는 생산능력기준으로 산정할 수 있다. 또한 당해연도에 영업을 시작한 경우 등 필요한 경우 1년 이상 또는 미만의 기간을 기준으로 하여 산정할 수도 있다.

$$\text{시장점유율} = \frac{\text{당해회사의 당해상품의 일정한 거래분야 내 판매액(수입판매액 포함)}}{\text{당해상품의 일정한 거래분야 내 판매액(수입판매액 포함)}}$$

기업결합의 당사회사의 시장점유율(계열회사의 시장점유율을 합산한 점유율을 말한다)의 합계가 다음 요건을 모두 갖춘 경우 경쟁제한성이 추정된다(법 제7조 제4항 제1호).

① 시장점유율의 합계가 시장지배적사업자의 추정요건(1개 사업자 50% 이상이거나 3개 이하의 사업자 75% 이상)에 해당할 것.

② 시장점유율의 합계가 당해 거래분야에서 제1위일 것.

③ 시장점유율의 합계와 시장점유율이 제2위인 회사(당사회사를 제외한 회사 중 제1위인 회사를 말한다)의 시장점유율과의 차이가 그 시장점유율의 합계의 100분의 25 이상일 것.

(2) 대규모회사 기준

대규모회사(자산총액 또는 매출액의 규모가 2조원 이상인 회사)가 직접 또는 특수관계인을 통하여 행한 기업결합이 다음 요건을 모두 갖춘 경우 경쟁제한성이 추정된다(법 제7조 제4항 제2호).

① 「중소기업기본법」에 의한 중소기업의 시장점유율이 3분의 2 이상인 거래분야에서의 기업결합일 것.

② 당해 기업결합으로 100분의 5 이상의 시장점유율을 가지게 될 것.

(3) 추정요건의 적용

시장점유율 기준은 수평적 기업결합에 적용되고, 대규모 회사 기준은 수직적 혹은 혼합적

기업결합에 적용된다.

위 요건을 갖추어 경쟁제한성이 추정되는 때에는 당사회사가 반증하지 못하거나 반증의 타당성이 인정되지 않을 경우 기업결합의 금지, 주식의 처분 등 시정조치와 함께 이행금을 부과받게 된다.

(4) 사업자의 입증책임

추정요건에 해당되더라도 사업자가 경쟁저해성이 없음을 입증하는 경우에는 실질적 경쟁저해성이 추정되지 않는다.

Ⅵ. 경쟁제한적인 기업결합의 예외 인정

1. 의의

경쟁제한적인 기업결합은 원칙적으로 금지되지만, 실질적 경쟁제한성이 있는 기업결합이라 하더라도 일정한 요건에 해당된다고 인정되는 경우에는 예외적으로 허용 된다. 즉 기업결합 허용하지 않을 경우 실업증가·자산사장·지역경제 마비 등의 부작용이 우려되는 경우에는 실질적 경쟁제한성이 있다 하더라도 예외적으로 기업결합을 허용한다.

2. 예외인정 요건

(1) 효율성 증대요건

"당해 기업결합 외의 방법으로는 달성하기 어려운 효율성 증대효과가 경쟁제한으로 인한 폐해보다 큰 경우"(법 제7조 제2항 제1호)에는 기업결합을 허용한다. 기업결합으로 인한 효율성 증대효과라 함은 생산·판매·연구개발 등에서의 효율성 증대효과 또는 국민경제전체에서의 효율성 증대효과를 말한다. 기업결합의 효율성 증대효과로 인정받기 위해서는 다음 요건을 모두 충족하여야 한다. ① 효율성 증대효과는 당해 기업결합 외의 방법으로는 달성하기 어려운 것이어야 한다. ② 효율성 증대효과는 가까운 시일 내에 발생할 것이 명백하여야 하며, 단순한 예상 또는 희망사항이 아니라 그 발생이 거의 확실한 정도임이 입증될 수 있는 것이어야 한다. ③ 효율성 증대효과는 당해 결합이 없었더라도 달성할 수 있었을 효율성 증대부분을 포함하지 아니한다. 기업결합의 예외를 인정하기 위해서는 효율성 증대효과가 기업결합에 따른 경쟁제한의 폐해보다 커야 한다.

(2) 회생이 불가능한 회사요건

"상당기간 대차대조표(B/S)상의 자본총계가 납입자본금보다 작은 상태에 있는 등 회생이 불가한 회사와의 기업결합으로서, 기업결합을 하지 아니하는 경우 회사의 생산설비 등이 당해 시장에서 계속 활용하기 어렵거나 당해 기업결합보다 경쟁제한성이 적은 다른 기업결합이 이루어지기 어려운 경우"에는 기업결합을 허용한다(법 제7조 제2항 제2호).

회생이 불가한 회사라 함은 회사의 재무구조가 극히 악화되어 지급불능의 상태에 처해 있거나 가까운 시일 내에 지급불능의 상태에 이를 것으로 예상되는 회사를 말한다. 회생이 불가한 회사를 판단함에 있어서는 ① 상당기간 대차대조표상의 자본총액이 납입자본금보다 작은 상태에 있는 회사인지 여부, ② 상당기간 영업이익보다 지급이자가 많은 경우로서 그 기간 중 경상손익이 적자를 기록하고 있는 회사인지 여부, ③「채무자 회생 및 파산에 관한 법률」에 따른 회생절차개시의 신청 또는 파산신청이 있은 회사인지 여부, ④ 당해회사에 대하여 채권을 가진 금융기관이 부실채권을 정리하기 위하여 당해회사와 경영의 위임계약을 체결하여 관리하는 회사인지 여부 등을 고려하여 판단한다. 회생이 불가한 사업부문의 경우에도 또한 같다.

기업결합의 예외를 인정받기 위해서는 회생이 불가한 회사로 판단되는 경우에도 두 가지 요건, 즉 ① 기업결합을 하지 아니하는 경우 회사의 생산설비 등이 당해 시장에서 계속 활용되기 어려운 경우, ② 당해 기업결합보다 경쟁제한성이 적은 다른 기업결합이 이루어지기 어려운 경우에 해당되어야 한다.

(3) 예외인정 절차

기업결합의 금지에 관한 예외를 인정받기 위해서는 공정거래위원회의 인정이 필요하다(법 제7조 제2항). 이 경우 해당요건을 충족하는지에 대한 입증은 당해 사업자가 하여야 한다.

(4) 예외인정 여부와 관련된 기업결합 사례

판례는 (주)삼익악기가 영창악기(주)의 주식을 총48.58% 취득한 것을 경쟁을 실질적으로 제한하는 기업결합이라고 하였다.[55] SK텔레콤(주)의 신세기이동통신(주) 기업결합행위[56],

55 대법원 2008.5.29. 선고 2006두6659 판결.

56 공정거래위원회 2000.5.16. 의결 제2000-76호.

현대자동차(주)의 기아자동차(주)의 기업결합행위[57] 등의 경우에도 기업결합의 금지에 관한 예외를 인정하였다. 반면 롯데칠성음료(주)와 해태음료(주)의 기업결합행위[58], 오비맥주와 진로쿠어스의 기업결합행위[59] 등의 경우에는 기업결합의 금지에 관한 예외를 인정하지 않았다.

Ⅶ. 탈법행위의 금지

누구든지 기업결합제한 규정의 적용을 면탈하려는 행위를 하여서는 아니 된다(법 제15조 제1항).

공정거래법 시행령 제21조의4에서 규정한 탈법행위는 다음과 같다.

① 상호출자제한기업집단에 속하는 회사가 행하는 다음 중 어느 하나에 해당하는 행위.

가. 법 제2조 제3호의7 채무보증의 어느 하나에 해당하는 국내금융기관에 대한 자기 계열회사의 기존의 채무를 면하게 함이 없이 동일한 내용의 채무를 부담하는 행위.

나. 다른 회사로 하여금 자기의 계열회사에 대하여 채무보증을 하게 하는 대신 그 다른 회사 또는 그 계열회사에 대하여 채무보증을 하는 행위.

다. 「자본시장과 금융투자업에 관한 법률 시행령」 제103조(신탁의 종류)제1호에 따른 특정금전신탁을 이용하여 신탁업자로 하여금 자기의 주식을 취득하거나 소유하고 있는 계열회사의 주식을 취득하거나 소유하도록 하고 신탁업자와의 계약 등을 통하여 해당 주식에 대한 의결권을 사실상 행사하는 행위.

라. 자기의 주식을 취득하거나 소유하고 있는 계열회사의 주식을 타인의 명의를 이용하여 자기의 계산으로 취득하거나 소유하는 행위.

마. 자기가 취득하거나 소유하면 다음의 어느 하나에 해당하게 되는 주식을 「자본시장과 금융투자업에 관한 법률 시행령」제103조(신탁의 종류)제1호에 따른 특정금전신탁을 이용하여 신탁업자로 하여금 취득하거나 소유하도록 하고 신탁업자와의 계약

57 공정거래위원회 1999.4.7. 의결 제99-43호.

58 공정거래위원회 2000.4.26. 의결 제2000-70호.

59 공정거래위원회 1999.12.10. 의결 제99-252호.

등을 통하여 해당 주식에 대한 의결권을 사실상 행사하는 행위.

1) 법 제9조의2(순환출자의 금지)제2항에 따라 금지되는 순환출자를 형성하는 계열출자에 해당하게 되는 주식

2) 법 제9조의2(순환출자의 금지)제2항에 따라 금지되는 순환출자회사집단에 속하는 계열회사의 계열출자대상회사에 대한 추가적인 계열출자에 해당하게 되는 주식

바. 자기가 취득하거나 소유하면 마목1) 또는 2)에 해당하게 되는 주식을 타인의 명의를 이용하여 자기의 계산으로 취득하거나 소유하는 행위.

② 그 밖에 ① 또는 ②의 행위에 준하는 행위로서 공정거래위원회가 정하여 고시하는 행위.

지주회사의 행위제한(제8조의2제2항부터 제5항까지), 상호출자제한기업집단의 지주회사 설립제한(제8조의3), 상호출자의 금지(제9조), 순환출자의 금지(제9조의2), 계열회사에 대한 채무보증의 금지(제10조의2), 금융회사 또는 보험회사의 의결권 제한 규정의 적용을 면탈하려는 행위(제11조)에 대해서도 탈법행위금지 규정과 구체적인 탈법행위의 유형은 동일하게 적용된다(법 제15조 제1항).

제5절 위반행위에 대한 규제조치

Ⅰ. 시정조치

당해 기업결합이 법에 위반되거나, 위반할 우려가 있는 때에는 법위반상태를 시정하기 위하여 당해 사업자 또는 위반행위자에 대하여 시정조치를 명할 수 있다(법 제16조 제1항).

1. 시정조치의 상대방

① 일반적인 경우

기업결합 규정을 위반하거나 위반할 우려가 있는 행위를 한 당해 사업자 또는 위반행위자이다.

② 주식취득과 새로운 회사설립에의 참여에 의한 기업결합의 경우

기업결합 규정을 위반하거나 위반할 우려가 있는 당사회사(기업결합 당사회사에 대한 시정조치만으로는 경쟁제한으로 인한 폐해를 시정하기 어렵거나 기업결합 당사회사의 특수관계인이 사업을 영위하는 거래분야의 경쟁제한으로 인한 폐해를 시정할 필요가 있는 경우에는 그 특수관계인을 포함한다) 또는 위반행위자이다.

2. 시정조치의 내용

공정거래위원회는 법 제7조 제1항(경쟁제한적 기업결합의 금지 및 불공정한 기업결합의 금지), 지주회사의 행위제한(제8조의2제2항부터 제5항까지), 상호출자제한기업집단의 지주회사 설립제한(제8조의3), 상호출자의 금지(제9조), 순환출자의 금지(제9조의2), 계열회사에 대한 채무보증의 금지(제10조의2), 금융회사 또는 보험회사의 의결권 제한 규정의 적용을 면탈하려는 행위(제11조)에 위반하거나 위반할 우려가 있는 행위가 있는 때에는 다음과 같이 명령을 할 수 있다 (아래 ②· ③· ④는 구조적 조치, ⑦은 행태적 조치).

① 당해행위의 중지

② 주식의 전부 또는 일부의 처분(주식처분명령은 주식의 원상회복명령을 의미하지 않는 데 주의하여야 한다).

③ 임원의 사임(임원의 해임명령이 아님에 주의하여야 한다).

④ 영업의 양도

⑤ 채무보증의 취소

⑥ 시정명령을 받은 사실의 공표

⑦ 기업결합에 따른 경쟁제한의 폐해를 방지할 수 있는 영업방식 또는 영업범위의 제한 (예컨대 일정기간 동안 가격변경금지, 원료구매 시 경쟁입찰방식 채택 등)

⑧ 공시의무의 이행 또는 공시내용의 정정

⑨ 기타 법위반 상태를 시정하기 위하여 필요한 조치

3. 시정조치 기간

사전신고의무 있는 기업결합에 대하여 사전신고를 받아 시정조치를 행하는 경우에는 기업결합이행행위 금지기간 내에 시정조치를 하여야 한다(법 제16조 제1항 단서).

4. 시정조치의 이행확보

주식처분명령을 받은 자는 그 명령을 받은 날부터 당해 주식에 대하여 그 의결권을 행사할 수 없다(법 제18조 제1항).

Ⅱ. 합병 또는 설립무효의 소 제기

① 경쟁제한적인 기업결합의 금지 규정을 위반하여 기업결합을 한 경우와 ② 상호출자제한기업집단에 속하는 회사를 지배하는 동일인 또는 해당 동일인의 특수관계인이 지주회사를 설립하거나 지주회사로 전환할 때 회사 간의 채무보증을 해소하지 않은 경우와 ③ 사전신고 후 공정거래위원회의 심사결과를 통지받기 전까지 각각 주식소유, 합병등기, 영업양수계약의 이행행위 또는 주식인수행위를 하여 기업결합을 한 경우에 공정거래위원회는 법원에 합병 또는 설립무효의 소를 제기할 수 있다(법 제16조 제2항).

Ⅲ. 이행강제금의 부과

1. 도입배경

종전에는 시정조치와 함께 과징금을 부과하였다. 그러나 경쟁제한적인 기업결합에 대한 시정조치는 주식매각·일부 사업양도 등 작위명령의 형태로 이루어지는 데 반해, 위반행위에 대해 부당이득을 환수하거나 징벌적 성격이 강한 1회성의 과징금을 부과하는 것은 실효성면에서 불합리한 점이 있다.

이에 따라 과징금 제도를 폐지하고 시정조치의 조기이행을 유도하기 위해 이행강제금 제도를 도입하였다.

2. 부과대상

기업결합의 제한 규정(법 제7조 제1항)을 위반하여 시정조치를 받은 후 정한 기간 내에 이행을 하지 아니하는 자이다. 시정조치를 이행하는 날을 정함에 있어서 시정조치의 내용이 주식처분인 경우에는 주권교부일, 임원의 사임인 경우에는 당해사실의 등기일, 영업의 양도인 경우에는 관련부동산등에 대한 소유권 이전등기일 또는 등록일을 기준으로 한다(령

제23조의3 제2항). 공정거래법상 시정조치의 이행기간에 대해서는 달리 정한 바가 없다. 따라서 공정거래위원회는 기업결합 규정위반 시 여러 사정을 감안하여 이행기간을 정하여 주식처분 등의 명령을 하고 있다.

3. 부과한도와 범위

공정거래위원회는 매 1일당 아래 ①-③의 금액에 1만분의 3을 곱한 금액을 초과하지 아니하는 범위 안에서 이행강제금을 부과할 수 있다(법 제17조의3 제1항). 이행강제금의 액을 정하는 것은 공정거래위원회의 재량행위이다. 아래 ①②③④의 범위 내에서 시정조치 불이행의 사유·시정조치 불이행으로 취득하게 되는 이익의 규모 등을 참작하여 이행강제금의 금액을 정한다(령 제23조의4 제4항). 의무적으로 참작하여야 한다.

① 다른 회사의 주식의 취득 또는 소유, 새로운 회사설립 참여의 방법으로 기업결합을 한 경우에는 취득 또는 소유한 주식의 장부가격과 인수하는 채무의 합계액.

② 다른 회사와의 합병의 방법으로 기업결합을 한 경우에는 합병대가로 교부하는 주식의 장부가액과 인수하는 채무합계액.

③ 영업양수의 방법으로 기업결합을 한 경우에는 영입양수금액.

④ 임원겸임의 방법으로 기업결합을 한 자에 대하여는 매 1일당 200만원의 범위 안에서 이행강제금 부과할 수 있다(법 제17조의3 제1항 단서).

4. 이행강제금 부과기간·납부기한

이행강제금을 부과하는 때에는 시정조치에서 정한 기간의 종료일 다음날부터 시정조치를 이행하는 날까지의 기간에 대하여 이를 부과한다. 공정거래위원회가 이행강제금을 부과하는 때에는 1일당 이행강제금의 금액(제3항의 규정에 의한 이행강제금의 경우에는 당해불이행기간에 대하여 확정된 금액을 말한다), 부과사유, 납부기한 및 수납기관, 이의제기방법 및 이의제기기관 등을 명시하여 서면으로 통지하여야 한다(령 제23조의4 제5항). 이 경우 이행강제금의 부과는 특별한 사유가 있는 경우를 제외하고는 시정조치에서 정한 기간의 종료일부터 30일 이내에 이를 하여야 한다(령 제23조의4 제3항). 법 제16조(시정조치)제1항 제7호(기업결합에 따른 경쟁제한의 폐해를 방지할 수 있는 영업방식 또는 영업범위의 제한) 및 제8호(기타 법위반상태를 시정하기 위하여 필요한 조치)의 규정에 의한 시정조치가 매분기·매사업연도등 기간별로 일정한 의무를 명하는 내용인 경우로서 이를 이행하지 아니하는 자에 대하여 이행강제금을 부과하는 때에는 당해불이행기간에 대하여 이를 부과한다. 이 경우 이행강제금의 부과는 특별한 사유가 있는 경우를 제외하고는 그 이행여부를 확인할 수 있는 날부터 30일 이내에 이를 하여야 한다(령 제23조의4 제3항).

이행강제금의 납부기한은 납부통지한 날(납부통지일)부터 30일 이내이다(령 제23조의4 제6항). 이행강제금의 부과통지를 받은 자는 ① 법 제17조의3(이행강제금)의 규정에 의한 이행강제금의 경우에는 공정거래위원회가 이행행위를 완료한 날을 확인한 후 이행강제금의 금액을 확정하여 이의 납부를 통지한 날부터 30일 이내, ② 법 제16조(시정조치)제1항 제7호(기업결합에 따른 경쟁제한의 폐해를 방지할 수 있는 영업방식 또는 영업범위의 제한) 및 제8호(기타 법위반상태를 시정하기 위하여 필요한 조치)의 규정에 의한 이행강제금의 경우에는 공정거래위원회가 통지한 날부터 30일 이내 이행강제금을 납부하여야 한다. 다만, 천재지변 기타 부득이한 사유로 그 기한 내에 이행강제금을 납부할 수 없는 때에는 그 사유가 없어진 날부터 30일 이내에 납부하여야 한다(령 제23조의4 제6항).

5. 이행강제금의 징수

공정거래위원회는 제1항(이행강제금)의 규정에 의한 이행강제금을 징수함에 있어서 시정조치에서 정한 기간의 종료일부터 90일을 경과하고서도 시정조치의 이행이 이루어지지 아니하는 경우에는 그 종료일부터 기산하여 매 90일이 경과하는 날을 기준으로 하여 이행강제금을 징수할 수 있다(령 제23조의4 제7항).

독촉 및 체납처분의 위탁의 규정은 이행강제금의 납부에 관한 독촉 및 체납처분의 위탁에 관하여 이를 각각 준용한다(령 제23조의4 제8항). 즉 독촉은 납부기한 경과 후 15일 이내에 서면으로 하여야 한다(령 제64조의2). 공정거래위원회는 체납처분에 관한 업무를 서면으로 국세청장에게 위탁할 수 있다. 국세청장이 체납처분 업무를 위탁받은 경우에는 그 사유가 발생한 날부터 30일 이내에 ① 체납처분에 관한 업무가 종료한 경우에는 그 업무종료의 일시 기타 필요한 사항 ② 공정거래위원회로부터 진행상황에 대한 통보요청이 있는 경우에는 그 진행상황을 공정거래위원회에 서면으로 통보하여야 한다(령 제64조의3).

Ⅳ. 위반행위의 사법상 효력

경제질서는 민법 제103조 소정의 사회질서의 중요한 구성부분이라고 할 수 있으므로 공정거래법 위반 행위는 민법 제103조에 반하는 것이다. 따라서 법률에 반하는 기업결합은 사법상 무효라는 견해가 있다. 또한 거래안전을 고려하여 법률에 반하는 기업결합도 사법상으로는 유효하다는 견해도 있다. 현행법에 명문의 규정은 없으나, 합병 또는 설립무효의 소 제기(법 제16조 제2항)의 규정 등을 감안할 때 유효설의 입장에 가깝다고 볼 수 있다.

Ⅴ. 벌칙과 과태료

1. 벌칙

위법하게 기업결합한 자에 대해서는 3년 이하의 징역, 2억원 이하 벌금에 처한다(법 제66조 제1항 제2호). 징역형과 벌금형을 병과할 수 있다(법 제66조 제2항).

시정조치에 응하지 않은 자에 대해서는 2년 이하의 징역, 1억 5천만원 이하 벌금에 처한다(법 제67조 제6호). 이 경우에는 징역형과 벌금형을 병과할 수 없다.

공정거래법은 벌칙부과 시 양벌규정을 신설하였다. 즉 법인(법인격이 없는 단체 포함)의 대표자나 법인 또는 개인의 대리인, 사용인, 그 밖의 종업원이 그 법인 또는 개인의 업무에 관하여 제66조부터 제68조까지의 어느 하나에 해당하는 위반행위를 하면 그 행위자를 벌하는 외에 그 법인 또는 개인에게도 해당 조문의 벌금형을 과(科)한다. 다만, 법인 또는 개인이 그 위반행위를 방지하기 위하여 해당 업무에 관하여 상당한 주의와 감독을 게을리하지 아니한 경우에는 그러하지 아니하다(법 제70조).

2. 과태료

(1) 의의

종전까지 기업결합 신고위반 등에 대해 1억원 이하의 벌칙을 부과하도록 하였으나 절차규정 위반에 대해 형벌을 부과하는 것은 과잉규제라는 논란이 있어 법개정을 통해 과태료로 변경하였다.

(2) 부과대상자·부과한도

기업결합의 신고를 하지 아니하거나 허위의 신고를 한 자, 사전신고 후 기업결합 이행행위 금지기간 내에 합병등기·영업양수계약의 이행행위·주식인수행위 등을 한 자에 대하여 과태료를 부과한다. 과태료는 사업자와 임원 등에 병과할 수 있다. 사업자가 법위반에 해당하는 경우에는 1억원 이하의 과태료에 처한다. 임원 또는 종업원 기타 이해관계인이 법위반에 해당하는 경우에는 1천만원 이하의 과태료에 처한다(법 제69조의2 제1항 제2호).

제5장 경제력집중의 억제

제1절 개설

I. 경제력집중

1. 개념

경제력집중은 일반적으로 다음 3가지의 의미가 있다. ① 일반집중은 개별 기업집단이 국민경제 전체에서 차지하는 비중을 말하고, ② 시장집중(산업집중)은 개별회사가 개별시장·특정시장에서 차지하는 비중을 뜻하며, ③ 소유집중은 특정인과 그의 가족이 차지하는 부의 정도를 의미한다.

경제력집중이라는 용어는 경우에 따라서 이 3가지 의미를 혼합하여 사용하기도 한다. 경제력집중이 심화되면 독과점사업자가 형성되어 시장의 자유경쟁을 제한하여 시장의 경쟁기능을 왜곡시키게 되므로 공정거래법에서 규제하는 것이다.

공정거래법 제3장 "경제력집중의 억제"에서 경제력집중이라 함은 위 3가지 의미 중 「일반집중」을 의미한다. 공정거래법이 기본적으로 특정시장에서 개별기업이 경쟁을 제한하는 것을 규제하는 것과 다르다. "소수특정인"이 혈연을 중심으로 다수의 대기업들을 사실상 소유·지배하는 가운데, 개별기업의 독립경영이 아닌 선단식 그룹경영으로 계열사를 확장하고 영위업종을 다각화하여 각종 시장을 독과점적으로 지배하는 것을 규제하고 있다.

2. 법체계상의 특징

공정거래법은 통상 개별시장에서의 집중 즉 시장집중을 억제하기 위한 법이다. 따라서 일반집중을 억제하기 위한 「제3장 경제력집중의 억제」 관련 제도들은 엄밀하게 공정거래법에서 규율하는 것은 적절하지 않다. 그러나 과도한 일반집중 즉 재벌의 비대화는 계열회사 상호 간의 내부거래 또는 지원을 통하여 개별시장에서의 시장집중을 심화시키거나 개별시장의 경쟁질서를 왜곡시킬 가능성이 크다. 따라서 경제력 집중 억제 관련 제도는 시장집중을 억제하기 위한 예방적·간접적 규제제도라는 측면에서 공정거래법의 규율대상이 될 수 있다.

3. 경제력집중의 공과

경제력집중은 경제개발 초기에 규모의 경제를 실현하고, 경제성장을 촉진하였으며, 첨단기술사업 또는 기간산업에의 투자로 산업구조의 고도화에 기여한 긍정적 측면이 있다. 그러나 부정적 측면도 많이 드러났다. 무분별한 업종 다각화에 따른 기업집단의 전문성과 경영효율저하, 외부차입에 의한 기업확장에 따른 재무구조악화, 1인 대주주 중심의 경영에 따른 경영 경직화, 기업집단 특유의 불공정거래행위의 증대, 부의 편재와 세습화, 부의 평균배분저해 등의 경제적·사회적 폐해를 양산하였다.

4. 우리나라 경제력집중의 현황과 특징

정부주도경제개발계획에 의거 생성·심화된 경제력집중현상은 기업집단 총수의 내부지분율의 증가와 외부차입에 따른 재무구조의 부실 등을 초래하였다.

공정위가 2008년 4월 지정한 79개 대규모기업집단 중 총수가 있는 상호출자제한기업집단(28개 집단 812개사)의 경우, 내부지분율은 50.95%로서 총수일가(총수+친족)지분 4.23%, 계열회사 지분 44.44%, 기타 지분(비영리법인, 임원 등) 2.29%로 구성되어 있었다. 내부지분율이라 함은 전체 계열회사의 납입자본금 총액에서 동일인·특수관계인·계열회사 등이 소유하는 지분이 차지하는 비중을 말한다. 연속지정된 총수가 있는 상호출자제한기업집단(28개 집단)의 내부지분율(51.53%)은 작년의 51%(총수일가 지분 4.30%, 계열회사 지분 44.29%, 기타지분 2.42%)와 유사한 수준이었다. 내부지분율이 높은 것은 계열회사 간 출자가 많기 때문이다. 총수가 있는 상호출자제한기업집단 중 14개 기업집단에서 환상형 출자가 형성되어 있었다. 재벌총수는 1.95%밖에 안 되는 매우 적은 지분율로 수십 개나 되는 계열회사에 대한 전횡적 황제경영을 하고 있는 것이다. 그러나 2007년 4월 이후 일부 기업집단(두산·현대자동차·현대백화점)에서 환상형 출자가 전부 또는 일부 해소됐다.

총수가 없는 상호출자제한기업집단(13개 집단 134개사)의 경우, 대부분 모회사가 계열회사 지분의 100%를 소유하는 수직적 출자구조를 형성하고 있었다.

Ⅱ. 공정거래법상 경제력집중의 억제 수단

1. 의의·종류

경제력의 일반집중을 방지하기 위하여 공정거래법상 도입한 각종 제도이다. 일반집중을 직접 규제하는 좁은 의미의 억제 수단으로는 ① 지주회사의 제한적 허용을 인정한 지주회사의 설립 및 전환 관련 규정(법 제8조, 제8조의2, 제8조의3), ② 계열회사 간의 상호출자금지 및 상호출자제한기업집단에 속하는 중소기업창업투자회사의 계열회사 주식취득금지 규정(법 제9조), ③ 계열회사에 대한 채무보증의 금지 관령 규정(법 제10조의2), ④ 금융·보험회사의 계열회사 주식에 대한 의결권 제한 관련 규정(법 제11조), ⑤ 대규모내부거래의 이사회의결 및 공시 관련 규정(법 제11조의2), ⑥ 비상장회사 등의 중요사항 공시(법 제11조의3), ⑦ 기업집단현황 등에 관한 공시(법 제11조의4), ⑧ 주식소유현황 등의 신고 관련 규정(법 제13조), ⑨ 상호출자제한기업집단 등 지정제도 관련 규정(법 제14조) 등이 있다.

좁은 의미의 경제력집중 억제 수단은 아니지만 간접적인 효과를 갖는 넓은 의미의 경제력집중 억제 수단에는 기업결합의 제한 관련 규정이 이에 포함된다. 반대로 경제력집중 억제 관련 규정들은 대부분 주식의 취득을 통한 지배력확장에 관련된 규정이므로 넓은 의미에서 기업결합제한제도의 일종이라고 볼 수도 있다. 기업결합제한제도도 경제력집중 억제의 수단으로 이용된다. 일반불공정거래행위(법 제23조) 중 계열회사를 위한 차별취급 및 부당지원행위 제한 관련 규정도 넓은 의미에서 경제력집중 억제제도로 이해할 수 있다.

2. 특징

좁은 의미의 각종 경제력집중 억제제도에서 금지 또는 제한하고 있는 각종 행위들은 전부 경쟁제한성과는 무관하다. 즉 일정한 행위가 개별시장에서의 경쟁을 제한하기 때문에 금지하거나 제한하는 것이 아니라 경제력의 일반집중을 억제하기 위한 제도로서 의미가 있다.

각종 경제력집중 억제제도들은 원칙적으로 상호출자제한기업집단 등의 소속회사에 대해서만 적용되지만 지주회사의 설립 및 전환에 관한 규정들은 모든 사업자에 대해서 적용된다.

제2절 지주회사의 설립 및 전환

Ⅰ. 개설

1. 의의

일반적으로 지주회사(holding company)라 함은 주식의 소유를 통하여 다른 회사의 사업활동을 지배·관리하는 회사를 말한다. 지주회사 제도는 재벌의 선단식 황제경영을 위한 수단으로 활용될 가능성이 크기 때문에 경제력집중을 억제하기 위해 일정한 제한을 가하고 있다. 지주회사에 대한 제한제도는 우리나라와 일본에만 있는 제도이다.

2. 연혁

우리나라는 지주회사의 설립을 금지하였다가, 원칙적으로 그 설립을 허용하면서 일정행위만을 제한하는 형태로 바뀌었다. 즉 공정거래법은 일정한 허용요건을 만족하는 경우에 지주회사의 설립 및 전환을 허용하고 있다.

제1차 법개정(1986년)에서 지주회사의 설립 및 전환 자체가 금지되는 제도가 새롭게 도입되었다. 그러다가 외국인과의 합작지주회사의 설립을 통한 외자유치, 비주력 사업부문의 분리·매각 등 원활한 기업구조조정을 통하여 IMF 경제위기를 조속히 극복하고자 지주회사의 설립을 허용하였다. 즉 제7차 법개정(1999. 2. 5.)에서 지주회사의 설립 및 전환을 허용하되 그 폐해를 방지하기 위하여 지주회사의 행위에 일정한 제한을 두었다.

3. 장단점

지주회사체제는 분사화를 통해 비주력 사업부문의 분리매각이 쉽고, 사업의 진입·퇴출이 용이하여 구조조정에 유용한 기업조직 형태라고 할 수 있다. 또한 계열회사 간 출자관계가 지주회사를 중심으로 수직체계화 되어 계열회사 간 지분소유구조가 단순·투명해지고, 이에 따라 금융기관이나 소수주주의 경영감시가 보다 용이해 질 수 있어 기업지배구조 개선에 기여할 수도 있다.

그러나, 지주회사는 그 자체가 투명성·책임성을 담보하는 것은 아니며 지주회사는 적은 자본으로 다수 기업을 용이하게 지배할 수 있어 지배력확장 수단으로 악용될 우려가 있으며, 지주회사 주주권 행사의 간접화로 인해 주주의 권익 침해 소지가 있다.

이에 따라 공정거래법상 지주회사제도는 지주회사체제에 수반되는 과도한 지배력 확장을 억제하면서 단순·투명한 출자구조가 유지되도록 제도적 장치를 두고 있다.[60]

4. 공정거래법상 지주회사 및 그 자회사의 기준

(1) 개념과 그 요소

공정거래법상 지주회사라 함은 주식의 소유를 통하여 국내회사의 사업내용을 지배하는 것을 주된 사업으로 하는 회사를 말한다(법 제2조 1의2).

① 지배수단

"주식의 소유"를 통한 자회사 지배이므로 그의 임원겸임, 계약체결 등을 통하여 사업내용을 지배하는 것은 해당되지 않는다. 주식소유에 의하여 추상적으로 "지배가능한 상태"를 초래하는 것으로 충분하고 의결권 행사 등 구체적으로 현실적인 지배가 이루어져야 하는 것은 아니다.

② 지배대상

국내회사에 한하며 외국회사의 사업내용을 지배하는 것을 주된 사업으로 하는 회사라 하더라도 공정거래법상의 지주회사가 아니다.

③ 회사의 목적

국내회사의 사업내용을 지배하는 것을 주된 사업으로 하여야 한다. 즉 회사지배를 목적으로 주식을 소유하여야 한다. "사업내용을 지배"하는 것이므로 소유권을 지배하기 위한 것이나 순수한 투자목적 또는 재산보전 목적의 경우에도 포함되지 아니한다. 사업내용을 지배하는 것을 "주된 사업"으로 하면 되므로 사업지주회사와 순수지주회사를 불문한다.

(2) 지주회사의 기준

주식(지분포함)의 소유를 통하여 국내회사의 사업내용을 지배하는 것을 주된 사업으로 하는 회사로서 ① 해당 사업연도에 새로이 설립되었거나 합병 또는 분할·분할합병·물적분할을 한 회사의 경우에는 각각 설립등기일·합병등기일 또는 분할등기일 현재의 대차대조표

---

60 박경숙, 『2009년판 공정거래백서』, 공정거래위원회, 220面.

상 자산총액이 5천억원 이상인 회사, ② ①외의 회사의 경우에는 직전사업연도 종료일(사업연도 종료일 이전의 자산총액을 기준으로 지주회사 전환신고를 하는 경우에는 해당 전환신고 사유의 발생일) 현재의 대차대조표상의 자산총액이 5천억원 이상인 회사를 말한다(령 제2조 제1항). '주된 사업'의 기준은 회사가 소유하고 있는 자회사의 주식(지분 포함)가액의 합계액이 해당 회사 자산총액의 100분의 50 이상인 것으로 한다(령 제2조 제2항).

(3) 지주회사의 종류

1) 사업내용에 따른 분류

① 독자적인 사업을 영위하지 아니하고 주식의 소유를 통하여 다른 회사의 사업지배만을 목적으로 설립된 회사를 순수지주회사라고 하고, ② 독자적인 사업을 영위하면서 동시에 주식의 소유를 통하여 다른 회사의 경영지배를 목적으로 하는 회사를 사업지주회사라고 한다. 상호출자제한기업집단 등의 주력기업, 예컨대 현대중공업·SK·삼성전자 등은 사실상 이 유형에 속한다고 볼 수 있다.

2) 공정거래법상의 분류

① 금융업 또는 보험업을 영위하는 자회사의 주식을 소유하는 회사를 금융지주회사라 하고, ② 금융지주회사 외의 지주회사(자회사 발행주식총수의 50% 이상 소유, 단 자회사가 상장·등록법인인 경우 30% 이상)를 일반지주회사라고 한다. ③ 벤처기업육성에 관한 특별조치법에 의한 벤처기업을 자회사로 하는 지주회사(자회사 발행주식 총수의 20% 이상 소유, 전체 자회사의 주식가액 중 벤처기업의 주식가액 합계액이 50% 이상)를 벤처지주회사라고 한다.

(4) 자회사·손자회사의 기준

지주회사에 의하여 사업내용을 지배받는 회사를 자회사라 한다(법 제2조 제1의3호). 자회사는 ① 지주회사의 계열회사(「중소기업창업 지원법」에 따라 설립된 중소기업창업투자회사 또는 「여신전문금융업법」에 따라 설립된 신기술사업금융업자가 창업투자 목적 또는 신기술사업자 지원 목적으로 다른 국내회사의 주식을 취득함에 따른 계열회사를 제외한다)이면서, ② 지주회사가 단독으로 또는 그 자회사·손자회사와 합하여 소유하는 주식이 동일인 또는 동일인 관련자 중 최다출자자가 소유하는 주식과 같거나 많아야 한다(령 제2조 제3항).

손자회사란 자회사에 의하여 사업내용을 지배받는 국내회사를 말한다(법 제2조 제1의

4호). 손자회사는 ① 자회사의 계열회사이면서 ② 자회사가 소유하는 주식이 동일인 또는 동일인관련자 중 최다출자자가 소유하는 주식과 같거나 많아야 한다(령 제2조 제4항).

Ⅱ. 지주회사의 설립 및 전환

1. 설립 및 전환신고

(1) 개설

누구든지 자유롭게 지주회사를 설립하거나 지주회사로 전환할 수 있다. 다만 지주회사를 설립하거나 지주회사로 전환한 자는 소정의 신고서를 사후에 공정거래위원회에 제출하여야 한다(사후신고주의). 공정거래법에 의한 신고대상이 되는 지주회사는 자산총액 5천억원 이상으로서 당해 회사가 소유하고 있는 자회사의 주식가액의 합계액이 당해 회사 자산총액의 50% 이상인 회사를 말한다(령 제2조 제1항, 제2항). 신고서를 제출하지 않았을 경우 1억원 이하의 벌금처분을 받는다(법 제68조 제1호).

(2) 신고서 제출의무

지주회사를 설립하거나 지주회사로 전환한 자는 공정거래위원회가 정하여 고시하는 바에 따라 아래 ①-④의 기한 내에 신고인의 성명, 지주회사, 자회사, 손자회사와 증손회사의 명칭, 자산총액, 부채총액, 주주현황, 주식소유현황, 사업내용 등을 기재한 신고서에 신고내용을 입증하는 서류를 첨부하여 공정거래위원회에 제출하여야 한다(령 제15조 제1항).

① 지주회사를 설립하는 경우에는 설립등기일부터 30일 이내.

② 다른 회사와의 합병 또는 회사의 분할을 통하여 지주회사로 전환하는 경우에는 합병등기일 또는 분할등기일부터 30일 이내.

③ 다른 법률에 따라 법 제8조의 적용이 제외되는 회사의 경우에는 다른 법률에서 정하고 있는 제외기간이 지난날부터 30일 이내.

④ 다른 회사의 주식취득, 자산의 증감 및 그 밖의 사유로 인하여 지주회사로 전환하는 경우에는 자산총액 산정 기준일부터 4개월 이내.

(3) 공동신고

지주회사의 설립신고에 있어서 설립에 참여하는 자가 2인 이상인 경우에는 공동으로 신고하여야 한다. 다만, 신고의무자 중 1인을 대리인으로 정하여 그 대리인이 신고하는 경우에는 그러하지 아니하다(령 제15조 제3항).

(4) 상호출자제한기업집단의 지주회사 설립 및 전환의 제한

1) 내용

법 제14조 제1항 전단에 따라 지정된 상호출자제한기업집단에 속하는 회사를 지배하는 동일인 또는 당해 동일인의 특수관계인이 지주회사를 설립하고자 하거나 지주회사로 전환하고자 하는 경우에는 일정한 채무보증을 해소하여야 한다(법 제8조의3).

이는 지주회사의 설립이나 전환을 위한 자금 마련의 수단으로 채무보증에 의한 과다차입을 억제하기 위한 것이며, 또 채무해소를 하지 않으면 분업화에 의한 구조조정이 어렵게 된다.

2) 해소의무가 있는 채무보증의 범위

상호출자제한기업집단에 속하는 회사를 지배하는 동일인 또는 당해 동일인의 특수관계인이 지주회사를 설립하고자 하거나 지주회사로 전환하고자 하는 경우에 해소의무가 있는 채무보증의 범위는 ① 지주회사와 자회사 간의 채무보증, ② 지주회사와 다른 국내계열회사(당해 지주회사가 지배하는 자회사를 제외) 간의 채무보증, ③ 자회사 상호 간의 채무보증, ④ 자회사와 다른 국내계열회사(당해 자회사를 지배하는 지주회사 및 당해 지주회사가 지배하는 다른 자회사를 제외) 간의 채무보증이다.

지주회사 또는 자회사의 비계열회사 간, 다른 계열회사 간의 채무보증은 해소의무가 없다.

3) 채무보증 해소실적의 제출의무

신고를 하는 자가 상호출자제한기업집단에 속하는 회사를 지배하는 동일인 또는 당해 동일인의 특수관계인에 해당하는 경우에는 신고서 제출 시 채무보증해소 실적을 함께 제출하여야 한다(령 제15조 제2항).

2. 지주회사로부터 제외 신고

(1) 내용

지주회사로서 사업연도 중 소유 주식의 감소, 자산의 증감 등의 사유로 인하여 자산총액 5천억원 이상으로서 당해 회사가 소유하고 있는 자회사의 주식가액의 합계액이 당해 회

사 자산총액의 50% 이상인 회사에 해당되지 아니하게 되는 회사가 이를 공정거래위원회에 신고한 경우에는 당해사유가 발생한 날부터 이를 지주회사로 보지 아니한다(령 제15조 제4항).

(2) 심사결과 통지의무

신고를 하는 회사는 공정거래위원회가 정하는 바에 따라 당해사유가 발생한 날을 기준으로 한 공인회계사의 회계감사를 받은 대차대조표 및 주식소유현황을 공정거래위원회에 제출하여야 한다. 이 경우 공정거래위원회는 신고를 받은 날부터 30일 이내에 그 심사결과를 신고인에게 통지하여야 한다. 신고를 받은 공정거래위원회는 신고 받은 날부터 30일 이내에 그 심사결과를 신고인에게 통지하여야 한다(령 제15조 제5항).

지주회사에서 제외되는 시점은 제외사유가 발생한 날이지 실시결과 통지일이 아님에 주의해야 한다. 제외사유 발생일 이후에는 지주회사행위제한 규정을 위반하는 경우에도 시정조치를 취할 수 없다.

Ⅲ. 지주회사의 행위제한 등

공정거래법은 지주회사체제가 적은 자본으로 다수 계열회사를 지배하는 지배력확장 수단으로 악용되는 것을 방지하고, 지주회사 체제 내 소유구조가 왜곡되어 소수주주의 권익이 침해되는 것을 최소화하기 위해 지주회사의 부채비율 제한, 지주회사나 그 자회사·손자회사에 대하여 자회사·손자회사 외 국내계열회사 주식 소유 금지, 금융·비금융 자회사 동시 소유 금지, 자회사·손자회사 지분율 요건, 출자단계제한 등 일정한 행위제한 요건을 부과하고 있다. 제한된 요건하에 지주회사의 설립 및 제한을 허용함으로써 지주회사의 역기능을 방지하고 있다. 다만, 지주회사로 설립·전환 시 요건을 미충족하고 있는 경우에는 설립·전환일로부터 2년간, 지주회사 설립·전환 이후에 일시적으로 요건을 충족하지 못하게 된 경우에는 1년간의 유예기간을 부여하고 있다.

1. 부채비율의 제한

지주회사는 자본총액(대차대조표상의 자산총액에서 부채액을 뺀 금액)의 2배를 초과하는 부채액을 보유하는 행위를 하여서는 아니 된다(법 제8조의2 제2항 제1호). 즉 부채비율(부채액/자본액×

100)이 200%를 초과할 수 없다.

채무지불능력을 보전하여 지주회사의 재무건전성을 확보하기 위함이다. 즉 부채로서 계열기업을 확장하는 것을 막아 경제력 집중을 억제하고 지주회사 부실해지는 것을 방지하기 위한 것이다.

다만, 지주회사로 전환하거나 설립될 당시에 자본총액의 2배를 초과하는 부채액을 보유하고 있는 때에는 지주회사로 전환하거나 설립된 날부터 2년간은 자본총액의 2배를 초과하는 부채액을 보유할 수 있다(법 제8조의2 제2항 제1호 단서).

2. 자회사주식 소유의 제한

지주회사는 자회사의 주식을 자회사주식보유기준 미만으로 소유하는 행위를 하여서는 아니 된다(법 제8조의2 제2항 제2호). 자회사주식보유기준이란 그 자회사 발행주식총수의 100분의 40(자회사가 상장법인인 경우, 국외상장법인인 경우, 공동출자법인인 경우 또는 벤처지주회사의 자회사인 경우에는 100분의 20)을 말한다.

이는 지주회사와 자회사의 지배관계를 분명하게 하기 위함이다. 즉 소액자본에 의한 계열기업의 확장을 방지하고, 자회사의 소수주주를 보호하며, 경제력집중이 심화되는 것을 방지하기 위한 것이다.

다만 원활한 구조조정을 위해 법정사유[61] 중 어느 하나에 해당하는 사유로 인하여 자

---

61 령 제8조의2 제2항 제2호 가. 지주회사로 전환하거나 설립될 당시에 자회사의 주식을 자회사주식보유기준 미만으로 소유하고 있는 경우로서 지주회사로 전환하거나 설립된 날부터 2년 이내인 경우
나.상장법인 또는 국외상장법인이거나 공동출자법인이었던 자회사가 그에 해당하지 아니하게 되어 자회사주식보유기준에 미달하게 된 경우로서 그 해당하지 아니하게 된 날부터 1년 이내인 경우
다. 벤처지주회사이었던 회사가 그에 해당하지 아니하게 되어 자회사주식보유기준에 미달하게 된 경우로서 그 해당하지 아니하게 된 날부터 1년 이내인 경우
라. 자회사가 주식을 모집하거나 매출하면서 「자본시장과 금융투자업에 관한 법률」 제165조의7에 따라 우리사주조합원에 배정하거나 당해 자회사가 『상법』 제513조(전환사채의 발행) 또는 제516조의2(신주인수권부사채의 발행)의 규정에 따라 발행한 전환사채 또는 신주인수권부사채의 전환이 청구되거나 신주인수권이 행사되어 자회사주식보유기준에 미달하게 된 경우로서 그 미달하게 된 날부터 1년 이내인 경우
마. 자회사가 아닌 회사가 자회사에 해당하게 되고 자회사주식보유기준에는 미달하는 경우로서 당해 회사가 자회사에 해당하게 된 날부터 1년 이내인 경우
바. 자회사를 자회사에 해당하지 아니하게 하는 과정에서 자회사주식보유기준에 미달하게 된 경우로서 그 미달하게 된 날부터 1년 이내인 경우(자회사주식보유기준에 미달하게 된 날부터 1년 이내에 자회사에 해당하지 아니하게 된 경우에 한한다)
사. 자회사가 다른 회사와 합병하여 자회사주식보유기준에 미달하게 된 경우로서 그 미달하게 된 날부터 1년 이내인 경우

회사주식보유기준에 미달하게 된 경우에는 예외를 인정하고 있다. (법 제8조의2 제2항 제2호 단서).

3. 자회사 외의 회사에 대한 주식의 소유제한

계열회사가 아닌 국내회사(「사회기반시설에 대한 민간투자법」 제4조(민간투자사업의 추진방식) 제1호부터 제4호까지의 규정에 정한 방식으로 민간투자사업을 영위하는 회사를 제외한다.)의 주식을 당해 회사 발행주식총수의 5%를 초과하여 소유하는 행위(소유하고 있는 계열회사가 아닌 국내회사의 주식가액의 합계액이 자회사의 주식가액의 합계액의 15% 미만인 지주회사에 대하여는 적용하지 아니한다) 또는 자회사 외의 국내 계열회사의 주식을 소유하는 행위를 하여서는 아니 된다(법 제8조의2 제2항 제3호).

이것 역시 무분별한 사업확장을 억제하기 위한 규정이다.

다만, 법정사유[62]로 인하여 주식을 소유하고 있는 계열회사가 아닌 국내회사나 국내계열회사의 경우에는 그러하지 아니하다(법 제8조의2 제2항 제3호 단서).

4. 금융지주회사의 주식소유 제한

금융업 또는 보험업을 영위하는 자회사의 주식을 소유하는 지주회사(금융지주회사)인 경우 금융업 또는 보험업을 영위하는 회사(금융업 또는 보험업과 밀접한 관련이 있는 등 대통령령이 정하는 기준에 해당하는 회사[63]를 포함) 외의 국내회사의 주식을 소유하는 행위를 하여서는 아니 된다(법 제8조의2 제2항 제4호).

---

62 령 제8조의2 제2항 제3호 가. 지주회사로 전환하거나 설립될 당시에 이 호 본문에서 규정하고 있는 행위에 해당하고 있는 경우로서 지주회사로 전환하거나 설립된 날부터 2년 이내인 경우
나. 계열회사가 아닌 회사를 자회사에 해당하게 하는 과정에서 이 호 본문에서 규정하고 있는 행위에 해당하게 된 날부터 1년 이내인 경우(같은 기간 내에 자회사에 해당하게 된 경우에 한한다)
다. 주식을 소유하고 있지 아니한 국내계열회사를 자회사에 해당하게 하는 과정에서 그 국내계열회사 주식을 소유하게 된 날부터 1년 이내인 경우(같은 기간 내에 자회사에 해당하게 된 경우에 한한다)
라. 자회사를 자회사에 해당하지 아니하게 하는 과정에서 당해 자회사가 자회사에 해당하지 아니하게 된 날부터 1년 이내인 경우

63 다음 각호의 1의 사업을 영위하는 것을 목적으로 하는 회사를 말한다(령 제15조의4).
1. 금융회사 또는 보험회사에 대한 전산·정보처리 등의 역무의 제공
2. 금융회사 또는 보험회사가 보유한 부동산 기타 자산의 관리
3. 금융업 또는 보험업과 관련된 조사·연구
4. 기타 금융회사 또는 보험회사의 고유업무와 직접 관련되는 사업

다만, 금융지주회사로 전환하거나 설립될 당시에 금융업 또는 보험업을 영위하는 회사 외의 국내회사 주식을 소유하고 있는 때에는 금융지주회사로 전환하거나 설립된 날부터 2년간은 그 국내회사의 주식을 소유할 수 있다.

이처럼 금융지주회사는 원칙적으로 비금융·비보험회사의 주식을 취득하는 것 자체가 금지된다. 다만, 일정한 경우 예외적으로 비금융·비보험회사의 주식을 소유할 수 있다. 금융지주회사의 자회사는 주식취득에 아무런 제한이 없다. 즉, 금융지주회사의 자회사는 비금융·비보험회사의 주식을 소유할 수 있다. 따라서 금융지주회사는 공정거래법상으로는 비금융·비보험 손자회사 또는 증손자회사를 가질 수 있다. 다만, 금융관련법령에 의해 제한되는 것은 별개의 문제이다.

5. 일반지주회사의 주식 소유제한

금융지주회사 외의 지주회사(일반지주회사)인 경우 금융업 또는 보험업을 영위하는 국내회사의 주식을 소유하는 행위를 하여서는 아니 된다(법 제8조의2 제2항 제5호). 일반지주회사는 지배목적이든 아니든 구별하지 않고 금융·보험업을 영위하고 있는 회사의 주식을 취득하는 것 자체가 금지된다.

다만, 일반지주회사로 전환하거나 설립될 당시에 금융업 또는 보험업을 영위하는 국내회사의 주식을 소유하고 있는 때에는 일반지주회사로 전환하거나 설립된 날부터 2년간은 그 국내회사의 주식을 소유할 수 있다(법 제8조의2 제2항 제5호 단서).

6. 일반지주회사의 자회사의 주식소유제한

일반지주회사의 자회사는 일정한 범위 내에서만 손자회사의 지분을 가질 수 있다. 일반지주회사의 자회사는 국내비계열회사의 주식을 소유할 수 있다. 그러나 다음에 열거하는 경우의 주식소유는 인정되지 않는다.

(1) 손자회사주식 소유제한

일반지주회사의 자회사는 손자회사의 주식을 손자회사주식보유기준, 즉 그 손자회사 발행주식총수의 40%(그 손자회사가 상장법인 또는 국외상장법인이거나 공동출자법인인 경우에는 100분의 20) 미만으로 소유하는 행위를 하여서는 아니 된다(법 제8조의2 제3항 제1호).

다만, 법정사유[64] 중 어느 하나에 해당하는 사유로 인하여 손자회사주식보유기준에 미달하게 된 경우에는 그러하지 아니하다(법 제8조의2 제3항 제1호 단서).

(2) 손자회사가 아닌 국내계열회사 주식소유금지

일반지주회사의 자회사는 손자회사가 아닌 국내계열회사의 주식을 소유하는 행위를 하여서는 아니 된다(법 제8조의2 제3항 제2호).

다만, 법정사유[65] 중 어느 하나에 해당하는 사유로 인하여 주식을 소유하고 있는 국내계열회사의 경우에는 그러하지 아니하다(법 제8조의2 제3항 제2호 단서).

(3) 금융·보험회사의 주식소유금지

일반지주회사의 자회사는 금융업이나 보험업을 영위하는 회사를 손자회사로 지배하는 행위를 하여서는 아니 된다(법 제8조의2 제3항 제3호).

다만, 일반지주회사의 자회사가 될 당시에 금융업이나 보험업을 영위하는 회사를 손자회

---

64 가. 자회사가 될 당시에 손자회사의 주식을 손자회사주식보유기준 미만으로 소유하고 있는 경우로서 자회사에 해당하게 된 날부터 2년 이내인 경우
나. 상장법인 또는 국외상장법인이거나 공동출자법인이었던 손자회사가 그에 해당하지 아니하게 되어 손자회사주식보유기준에 미달하게 된 경우로서 그 해당하지 아니하게 된 날부터 1년 이내인 경우
다. 손자회사가 주식을 모집 또는 매출하면서 「자본시장과 금융투자업에 관한 법률」 제165조의7에 따라 우리사주조합에 우선 배정하거나 당해 손자회사가 『상법』 제513조(전환사채의 발행) 또는 제516조의2(신주인수권부사채의 발행)의 규정에 따라 발행한 전환사채 또는 신주인수권부사채의 전환이 청구되거나 신주인수권이 행사되어 손자회사주식보유기준에 미달하게 된 경우로서 그 미달 하게 된 날부터 1년 이내인 경우
라. 손자회사가 아닌 회사가 손자회사에 해당하게 되고 손자회사주식보유기준에는 미달하는 경우로서 당해 회사가 손자회사에 해당하게 된 날부터 1년 이내인 경우
마. 손자회사를 손자회사에 해당하지 아니하게 하는 과정에서 손자회사주식보유기준에 미달하게 된 경우로서 그 미달하게 된 날부터 1년 이내인 경우(같은 기간 내에 손자회사에 해당하지 아니하게 된 경우에 한한다)
바. 손자회사가 다른 회사와 합병하여 손자회사주식보유기준에 미달하게 된 경우로서 그 미달하게 된 날부터 1년 이내인 경우

65 가. 자회사가 될 당시에 주식을 소유하고 있는 국내계열회사의 경우로서 자회사에 해당하게 된 날부터 2년 이내인 경우
나. 계열회사가 아닌 회사를 손자회사에 해당하게 하는 과정에서 당해 회사가 계열회사에 해당하게 된 날부터 1년 이내인 경우(같은 기간 내에 손자회사에 해당하게 된 경우에 한한다)
다. 주식을 소유하고 있지 아니한 국내계열회사를 손자회사에 해당하게 하는 과정에서 당해 계열회사의 주식을 소유하게 된 날부터 1년 이내인 경우(같은 기간 내에 손자회사에 해당하게 된 경우에 한한다)
라. 손자회사를 손자회사에 해당하지 아니하게 하는 과정에서 당해 손자회사가 손자회사에 해당하지 아니하게 된 날부터 1년 이내인 경우(같은 기간 내에 계열회사에 해당하지 아니하게 된 경우에 한한다)
마. 손자회사가 다른 자회사와 합병하여 그 다른 자회사의 주식을 소유하게 된 경우로서 주식을 소유한 날부터 1년 이내인 경우
바. 자기주식을 보유하고 있는 자회사가 회사분할로 인하여 다른 국내계열회사의 주식을 소유하게 된 경우로서 주식을 소유한 날부터 1년 이내인 경우

사로 지배하고 있는 경우에는 자회사에 해당하게 된 날부터 2년간 그 손자회사를 지배할 수 있다(법 제8조의2 제3항 제3호 단서).

7. 일반지주회사의 손자회사의 주식소유제한

일반지주회사의 손사회사는 국내계열회사의 주식을 소유하여서는 아니 된다(법 제8조의2 제4항). 다만 법정사유[66] 중 어느 하나에 해당하는 경우에는 그러하지 아니하다.

8. 증손회사의 국내계열회사 주식소유 제한

손자회사가 주식을 소유하고 있는 회사(증손회사)는 국내계열회사의 주식을 소유하여서는 아니 된다(법 제8조의2 제5항). 다만, 법정사유[67] 중 어느 하나에 해당하는 경우에는 그러하지 아니하다.

9. 유예기간의 연장

각 해당 규정의 유예기간은 주식가격의 급격한 변동 등 경제여건의 변화, 주식처분금지계약, 사업의 현저한 손실, 그 밖의 사유로 인하여 부채액을 감소시키거나 주식의 취득·처분 등이 곤란한 경우에는 공정거래위원회의 승인을 얻어 2년을 연장할 수 있다(법 제8조의2 제6항).

10. 사업보고서 제출의무

지주회사는 당해 사업연도 종료 후 4개월 이내에 당해 지주회사·자회사·손자회사 및 증손회사(지주회사 등)의 주식소유현황·재무상황 등 사업내용에 관한 보고서를 공정거래위원회에 제출하여야 한다(법 제8조의2 제7항).

---

66 1. 손자회사가 될 당시에 주식을 소유하고 있는 국내계열회사의 경우로서 손자회사에 해당하게 된 날부터 2년 이내인 경우
2. 주식을 소유하고 있는 계열회사가 아닌 국내회사가 계열회사에 해당하게 된 경우로서 당해 회사가 계열회사에 해당하게 된 날부터 1년 이내인 경우
3. 자기주식을 소유하고 있는 손자회사가 회사분할로 인하여 다른 국내계열회사의 주식을 소유하게 된 경우로서 주식을 소유한 날부터 1년 이내인 경우
4. 손자회사가 국내계열회사(금융업 또는 보험업을 영위하는 회사를 제외한다) 발행주식총수를 소유하고 있는 경우

67 1. 증손회사가 될 당시에 주식을 소유하고 있는 국내계열회사인 경우로서 증손회사에 해당하게 된 날부터 2년 이내인 경우
2. 주식을 소유하고 있는 계열회사가 아닌 국내회사가 계열회사에 해당하게 된 경우로서 그 회사가 계열회사에 해당하게 된 날부터 1년 이내인 경우

사업내용에 관한 보고서에 기재할 사항은 ① 지주회사 등의 명칭·소재지·설립일·사업내용 및 대표자의 성명 등 회사의 일반현황, ② 지주회사 등의 주주현황, ③ 지주회사 등의 주식소유현황, ④ 지주회사 등의 납입자본금·자본총액·부채총액·자산총액 등 재무현황 등이다(령 제15조의6 제1항).

사업내용에 관한 보고서에 첨부할 서류로는 ① 지주회사 등의 직전사업연도의 대차대조표·손익계산서등 재무제표(연결재무제표 포함) 및 재무제표에 대한 감사인의 감사보고서(상호출자제한기업집단 등에 소속된 회사 및 외부감사의 대상이 되는 회사에 한함), ② 자회사, 손자회사와 증손회사의 주주명부 등이다(령 제15조의6 제2항).

공정거래위원회는 제출된 사업내용에 관한 보고서 및 첨부서류가 미비된 경우에는 기간을 정하여 당해서류의 보성을 명할 수 있다(령 제15조의6 제3항).

Ⅳ. 위반행위에 대한 제재

1. 시정조치

(1) 시정조치의 내용

공정거래위원회는 법 제8조의2(지주회사의 행위제한) 제2항부터 제5항의 규정에 위반하거나 위반할 우려가 있는 행위를 한 당해 사업자 또는 위반행위자에 대하여 ① 당해행위의 중지, ② 주식의 전부 또는 일부의 처분, ③ 시정명령을 받은 사실의 공표, ④ 공시의무의 이행 또는 공시내용의 정정 ⑤ 기타 법위반상태를 시정하기 위하여 필요한 조치 등의 시정조치를 명할 수 있다(법 제16조 제1항).

(2) 시정조치의 이행확보

주식처분명령을 받은 자는 그 명령을 받은 날부터 당해 주식에 대하여 의결권을 행사할 수 없다(법 제18조 제1항). 주식처분명령을 받은 경우에 한해 의결권이 제한되고 주식처분명령이외의 시정조치를 받은 경우에는 의결권이 제한되지 않는다.

2. 합병 및 설립무효의 소 제기

공정거래위원회는 상호출자제한기업집단의 지주회사 설립제한 규정(법 제8조의3)에 위반한 회사의 합병 또는 설립이 있는 때에는 공정거래위원회는 당해 회사의 합병 또는 설립

무효의 소를 제기할 수 있다(법 제16조의 제2항).

이 경우에는 상법상 2년의 소 제기 제척기간의 적용을 받지 않는다고 보는 것이 타당하다.

참고로 공정거래위원회가 합병 및 설립무효의 소를 제기할 수 있는 경우로는 ① 제7조(기업결합의 제한) 제1항, ② 제8조의3(상호출자제한기업집단의 지주회사 설립제한), ③ 제12조(기업결합의 신고) 제8항의 규정에 위반한 회사의 합병 또는 설립이 있는 때이다(법 제16조의 제2항).

3. 과징금

공정거래위원회는 제8조의2(지주회사 등의 행위제한 등) 제2항부터 제5항을 위반한 자에 대하여 다음 각호의 금액에 100분의 10을 곱한 금액을 초과하지 아니하는 범위 안에서 과징금을 부과할 수 있다(법 제17조 제4항).

과징금 부과 기준(법 제17조 제4항)

1. 제8조의2(지주회사 등의 행위제한 등) 제2항 제1호의 규정을 위반한 경우에는 대통령령이 정하는 대차대조표(기준대차대조표)상 자본총액의 2배를 초과한 부채액
2. 제8조의2(지주회사 등의 행위제한 등)제2항제2호의 규정을 위반한 경우에는 당해 자회사 주식의 기준대차대조표상 장부가액의 합계액에 다음 각 목의 비율에서 그 자회사 주식의 소유비율을 뺀 비율을 곱한 금액을 그 자회사 주식의 소유비율로 나누어 산출한 금액
   가. 당해 자회사가 상장법인 또는 국외상장법인이거나 공동출자법인인 경우 및 벤처지주회사의 자회사인 경우에는 100분의 20
   나. 가목에 해당하지 아니하는 경우에는 100분의 40
3. 제8조의2(지주회사 등의 행위제한 등) 제2항 제3호 내지 제5호, 같은 조 제3항 제2호, 같은 조 제4항 또는 같은 조 제5항을 위반한 경우에는 위반하여 소유하는 주식의 기준대차대조표상 장부가액의 합계액
4. 제8조의2(지주회사 등의 행위제한 등) 제3항 제1호의 규정을 위반한 경우에는 당해 손자회사 주식의 기준대차대조표상 장부가액의 합계액에 다음 각 목의 비율에서 그 손자회사 주식의 소유비율을 뺀 비율을 곱한 금액을 그 손자회사 주식의 소유비율로 나누어 산출한 금액
   가. 당해 손자회사가 상장법인 또는 국외상장법인이거나 공동출자법인인 경우에는 100분의 20
   나. 가목에 해당하지 아니하는 손자회사의 경우에는 100분의 40

4. 벌칙

법 제8조의2(지주회사 등의 행위제한 등) 제2항 내지 제5항, 제8조의3(상호출자제한기업집단의 지주회사 설립제한), 제15조(탈법행위의 금지)의 규정에 위반하여 지주회사를 설립하였거나 지주회사로 전환한 자에 대하여는 3년 이하의 징역 또는 2억원 이하의 벌금에 처한다(법 제66조 제1항). 징역형과 벌금형은 병과할 수 있다(법 제66조 제2항).

법 제16조(시정조치 등) 제1항의 규정에 의한 시정조치 또는 금지명령에 응하지 아니한 자에 대하여는 2년 이하의 징역 또는 1억5천만원 이하의 벌금에 처한다(법 제67조). 이 경우의 징역형과 벌금형은 병과할 수 없다.

법 제8조의2(지주회사 등의 행위제한 등) 제7항을 위반하여 당해 지주회사 등의 사업내용에 관한 보고를 하지 아니하거나 허위의 보고를 한 자에 대하여는 1억원 이하의 벌금에 처한다(법 제68조).

공정거래법은 벌칙부과 시 양벌규정을 신설하였다. 즉 법인(법인격이 없는 단체 포함)의 대표자나 법인 또는 개인의 대리인, 사용인, 그 밖의 종업원이 그 법인 또는 개인의 업무에 관하여 제66조부터 제68조까지의 어느 하나에 해당하는 위반행위를 하면 그 행위자를 벌하는 외에 그 법인 또는 개인에게도 해당 조문의 벌금형을 과(科)한다. 다만, 법인 또는 개인이 그 위반행위를 방지하기 위하여 해당 업무에 관하여 상당한 주의와 감독을 게을리하지 아니한 경우에는 그러하지 아니하다(법 제70조)

제3절 기업집단에 대한 규제

Ⅰ. 개요

1. 의의

공정거래위원회는 법개정을 추진하여 2009년부터 사전규제 완화 차원에서 출자총액제한제도 폐지와 함께 기업집단 가운데 상호출자 및 채무보증 제한대상 기업집단(이하 "상호출자제한기업집단 등"이라 한다)의 자산 기준을 2조원에서 5조원으로 상향 조정하였고, 사후적 시장 자율감시 강화를 위해 대규모기업집단의 출자현황 등을 일목요연하게 보여주는 대규모기업집단 공시제도를 도입하였다. 이후 개정을 통하여 공시대상기업집단은 해당 기업집단에 속하는 국내 회사들의 공시대상기업집단 지정 직전사업연도의 대차대조표상의 자산총액의 합계액이 5조원 이상인 기업집단으로 정하였다(법 제14조 제1항). 상호출자제한기업집단의 범위에 관하여는 직전사업연도의 대차대조표상의 자산총액의 합계액이 10조원 이상인 기업집단으로 정하였다(법 제14조 제2항).

상호출자제한기업집단 등으로 지정되면 공정거래법상 각종 금지규정의 적용을 받게 될 뿐만 아니라 다른 법률에 의해서도 많은 제약을 받는다.

2. 기업집단의 범위

(1) 기업집단의 개념

기업집단이라 함은 "동일인이 대통령령이 정하는 기준에 의하여 사실상 그 사업내용을 지배하는 회사의 집단"을 말한다(법 제2조 제2호). 동일인이라 함은 통상 기업집단의 총수, 오너(owner)를 일컫는 법률용어이다. 동일인이 회사인 경우에는 그 동일인과 그 동일인이 사실상 그 사업내용을 지배하는 하나 이상의 회사의 집단을 말하고, 동일인이 회사가 아닌 경우에는 그 동일인이 지배하는 2개 이상의 회사의 집단을 의미한다. 2개 이상의 회사가 동일한 기업집단에 속하는 경우에 이들 회사는 서로 상대방의 계열회사라 한다(법 제2조 제3호).

"대통령령이 정하는 기준에 의하여 사실상 그 사업내용을 지배하는 회사"라 함은 다음의 어느 하나에 해당하는 회사를 말한다(령 제3조). 즉 ① 동일인이 단독으로 또는 동일인 관련자와 합하여 당해 회사의 발행주식(의결권 없는 주식 제외) 총수의 100분의 30 이상을 소유하는 경우로서 최다출자자인 회사이거나,[68] ② ①이 아니더라도 당해 회사의 경영

---

68 1. 동일인이 단독으로 또는 다음 각 목의 어느 하나에 해당하는 자(동일인관련자)와 합하여 당해 회사의 발행주식(의결권 없는 주식 제외) 총수의 100분의 30 이상을 소유하는 경우로서 최다출자자인 회사
가. 배우자, 6촌 이내의 혈족, 4촌 이내의 인척(친족)
나. 동일인이 단독으로 또는 동일인관련자와 합하여 총출연금액의 100분의 30 이상을 출연한 경우로서 최다출연자가 되거나 동일인 및 동일인관련자 중 1인이 설립자인 비영리법인 또는 단체(법인격이 없는 사단 또는 재단)
다. 동일인이 직접 또는 동일인관련자를 통하여 임원의 구성이나 사업운용 등에 대하여 지배적인 영향력을 행사하고 있는 비영리법인 또는 단체
라. 동일인이 이 호 또는 제2호의 규정에 의하여 사실상 사업내용을 지배하는 회사
마. 동일인 및 동일인과 나목 내지 라목의 관계에 해당하는 자의 사용인(법인인 경우에는 임원, 개인인 경우에는 상업사용인 및 고용계약에 의한 피용인을 말한다)

에 대하여 지배적인 영향력을 행사하고 있다고 인정되는 회사[69]를 말한다.

(2) 기업집단으로부터의 제외

1) 동일인이 그 사업내용을 지배하지 아니한다고 인정되는 경우의 제외

공정거래위원회는 다음 각호의 어느 하나에 해당하는 회사[70]로서 동일인이 그 사업내용을 지배하지 아니한다고 인정되는 경우에는 제3조(기업집단의 범위)의 규정에 불구하고 이

---

69 2. 다음 각목의 1에 해당하는 회사로서 당해 회사의 경영에 대하여 지배적인 영향력을 행사하고 있다고 인정되는 회사

가. 동일인이 다른 주요 주주와의 계약 또는 합의에 의하여 대표이사를 임면하거나 임원의 100분의 50 이상을 선임하거나 선임할 수 있는 회사

나. 동일인이 직접 또는 동일인관련자를 통하여 당해 회사의 조직변경 또는 신규사업에의 투자 등 주요 의사결정이나 업무집행에 지배적인 영향력을 행사하고 있는 회사

다. 동일인이 지배하는 회사(동일인이 회사인 경우에는 동일인을 포함한다)와 당해회사 간에 다음의 1에 해당하는 인사교류가 있는 회사

(1) 동일인이 지배하는 회사와 당해 회사 간에 임원의 겸임이 있는 경우

(2) 동일인이 지배하는 회사의 임직원이 당해 회사의 임원으로 임명되었다가 동일인이 지배하는 회사로 복직하는 경우(동일인이 지배하는 회사 중 당초의 회사가 아닌 회사로 복직하는 경우를 포함한다)

(3) 당해 회사의 임원이 동일인이 지배하는 회사의 임직원으로 임명되었다가 당해회사 또는 당해 회사의 계열회사로 복직하는 경우

라. 통상적인 범위를 초과하여 동일인 또는 동일인관련자와 자금·자산·상품·용역 등의 거래를 하고 있거나 채무보증을 하거나 채무보증을 받고 있는 회사, 기타 당해 회사가 동일인의 기업집단의 계열회사로 인정될 수 있는 영업상의 표시행위를 하는 등 사회통념상 경제적 동일체로 인정되는 회사

70 1. 출자자 간의 합의·계약 등에 의하여 다음 각목의 자 외의 자가 사실상 경영을 하고 있다고 인정되는 회사

가. 동일인이 임명한 자

나. 동일인과 제3조(기업집단의 범위)제1호 가목 또는 마목의 관계에 있는 자

2. 다음 각 목의 요건(이하 "독립경영인정기준"이라 한다)을 갖춘 회사로서 동일인의 친족이 당해 회사를 독립적으로 경영하고 있다고 인정되는 회사

가. 동일인이 지배하는 기업집단으로부터 제외를 요청한 각 회사(이하 "친족측계열회사"라 한다)에 대하여 동일인 및 동일인관련자[친족측계열회사를 독립적으로 경영하는 자(이하 "독립경영자"라 한다) 및 독립경영자의 요청에 의하여 공정거래위원회가 동일인관련자의 범위로부터 분리를 인정하는 자를 제외한다]가 소유하고 있는 주식의 합계가 각 회사의 발행주식 총수의 100분의 3(「자본시장과 금융투자업에 관한 법률」 제9조 제15항 제3호에 따른 주권상장법인(이하 "주권상장법인"이라 한다)이 아닌 회사의 경우에는 100분의 10) 미만일 것

나. 동일인이 지배하는 각 회사(동일인이 지배하는 기업집단에서 친족측계열회사를 제외한 회사를 말하며, 이하 "동일인측계열회사"라 한다)에 대하여 독립경영자 및 독립경영자와 제3조(기업집단의 범위)제1호 각 목의 어느 하나에 해당하는 관계에 있는 자(동일인관련자의 경우에는 가목의 규정에 의하여 그 범위로부터 분리된 자에 한한다)가 소유하고 있는 주식의 합계가 각 회사의 발행주식 총수의 100분의 3(주권상장법인이 아닌 회사의 경우에는 100분의 15) 미만일 것

다. 동일인측계열회사와 친족측계열회사간에 임원의 상호 겸임이 없을 것

라. 동일인측계열회사와 친족측계열회사간에 채무보증이나 자금대차가 없을 것. 다만, 법 제10조의2제1항제1호의 규정에 따른 채무보증 및 거래에 수반하여 정상적으로 발생한 것으로 인정되는 채무보증이나 자금대차를 제외한다.

3. 「채무자 회생 및 파산에 관한 법률」에 의한 파산선고를 받아 파산절차가 진행 중인 회사

4. 「기업구조조정 투자회사법」 제2조 제2호의 규정에 의한 약정체결기업에 해당하는 회사로서 다음 각 목의 요건을 갖춘 회사

해관계자의 요청에 의하여 당해 회사를 동일인이 지배하는 기업집단의 범위에서 제외할 수 있다(령 제3조의2 제1항).

독립경영인정기준을 갖춘 회사가 동일인이 지배하는 기업집단으로부터의 제외를 요청하고자 하는 자는 주주명부, 채무보증 및 자금대차 현황 등 법정서류를 공정거래위원회에 제출하여야 한다. 이 경우 공정거래위원회는 「전자정부법」 제36조(행정정보공동이용) 제1항에 따른 행정정보의 공동이용을 통하여 동일인측계열회사 및 친족측계열회사의 법인등기사항증명서를 확인하여야 한다(령 제3조의2 제4항).

2) 이해관계인의 요청에 의한 제외

공정거래위원회는 다음 각호의 어느 하나에 해당하는 회사[71]에 대하여는 제3조(기업집단의 범위)의 규정에 불구하고 이해관계자의 요청에 의하여 동일인이 지배하는 기업집단의 범위에서 이를 제외할 수 있다(령 제3조의2 제2항).

가. 동일인 및 동일인관련자가 소유하고 있는 주식 중 당해 회사 발행주식 총수의 100분의 3(주권상장법인이 아닌 회사의 경우에는 100분의 10)을 초과하여 소유하고 있는 주식에 대한 처분 및 의결권행사에 관한 권한을 채권금융기관(「은행법」 그 밖의 법률에 의한 금융기관으로서 당해 회사에 대하여 신용공여를 한 금융기관을 말한다)에 위임할 것

나. 동일인 및 동일인관련자가 가목의 규정에 의한 위임계약의 해지권을 포기하기로 특약을 할 것

5. 「채무자 회생 및 파산에 관한 법률」에 따른 회생절차개시결정을 받아 회생절차가 진행 중인 회사로서 다음 각 목의 요건을 갖춘 회사

가. 동일인 및 동일인관련자가 소유하고 있는 주식 중 당해 회사 발행주식 총수의 100분의 3(주권상장법인이 아닌 회사의 경우에는 100분의 10)을 초과하여 소유하고 있는 주식에 대한 처분 및 의결권행사에 관한 권한을 「채무자 회생 및 파산에 관한 법률」 제74조에 따른 관리인에게 위임하되 정리절차가 종료된 후에는 당해 권한을 회사가 승계하게 할 것

나. 동일인 및 동일인관련자가 가목의 규정에 의한 위임계약의 해지권을 포기하기로 특약을 할 것

71 1. 다음 각목의 1에 해당하는 자가 「사회기반시설에 대한 민간투자법」에 의하여 설립된 민간투자사업법인의 발행주식 총수의 100분의 20 이상을 소유하고 있는 경우의 그 민간투자사업법인. 다만, 다른 회사와의 상호출자가 없고, 출자자외의 자로부터의 채무보증이 없는 경우에 한한다.

가. 국가 또는 지방자치단체

나. 「공공기관의 운영에 관한 법률」 제5조(공공기관의 구분)에 따른 공기업

다. 특별법에 의하여 설립된 공사·공단 그 밖의 법인

2. 다음 각목의 1에 해당하는 회사 중 최다출자자(동일인 및 동일인관련자가 출자한 경우를 포함한다)가 2인 이상으로서 당해출자자가 임원의 구성이나 사업운용 등에 대하여 지배적인 영향력을 행사하지 아니한다고 인정되는 회사

가. 동일한 업종을 영위하는 2개 이상의 회사가 사업구조조정을 위하여 자산을 현물출자하거나 합병등의 방법으로 설립한 회사

나. 민간투자사업법인으로서 「사회기반시설에 대한 민간투자법」 제4조제1호부터 제4호까지의 어느 하나에 해당하는 방식으로 민간투자사업을 추진하는 회사

3) 제외결정의 취소

공정거래위원회는 시행령 제3조의2 제1항 또는 제2항의 규정에 의하여 동일인이 지배하는 기업집단의 범위에서 제외된 회사가 그 제외요건에 해당하지 아니하게 된 경우에는 직권 또는 이해관계자의 요청에 의하여 그 제외결정을 취소할 수 있다(령 제3조의2 제3항). 다만 독립경영인정기준을 갖춘 회사로서 제외된 경우에는 그 제외된 날로부터 3년 이내에 제외요건에 해당하지 아니하게 된 경우에 한하여 취소할 수 있으며(령 제3조의2 제3항 단서). 그 기간이 초과된 때에는 취소할 수 없다. 제외결정을 취소하지 못할 뿐, 계열분리된 회사가 다시 계열편입되는 것이 아님에 주의해야 한다.

(3) 동일인관련자로부터의 제외와 제외결정의 취소

공정거래위원회는 동일인 및 동일인관련자가 임원의 구성이나 사업운용 등에 대하여 지배적인 영향력을 행사하지 아니한다고 인정되는 경우에는 이해관계자의 요청에 따라 해당 비영리법인 또는 단체를 동일인관련자에서 제외할 수 있다(령 제3조의3 제1항).

또 공정거래위원회는 동일인관련자에서 제외된 비영리법인 또는 단체가 그 제외요건에 해당하지 아니하게 된 경우에는 직권 또는 이해관계자의 요청에 의하여 그 제외결정을 취소할 수 있다(령 제3조의3 제2항).

(4) 규제의 재검토

공정거래위원회는 다음 각호의 사항에 대하여 다음 각호의 기준일을 기준으로 3년마다 그 타당성을 검토하여 개선 등의 조치를 하여야 한다(령 제64조의8).

1. 제3조의2에 따른 기업집단의 범위에서 제외할 수 있는 회사의 범위: 2017년 1월 1일

Ⅱ. 상호출자제한기업집단 등의 지정 및 지정제외

공정거래법은 기업집단 가운데 자산총액이 5조원 이상인 기업집단에 대하여 공시대상기업집단으로 지정하고, 지정된 공시대상기업집단 중 10조원 이상의 자산총액 기준에 해당하는 기업집단을 상호출자제한기업집단으로 지정한다. 이 경우 지정된 기업집단에 속하는 회사에 지정 사실을 통지하여야 한다(법 제14조 제1항).

상호출자제한기업집단으로 지정된 회사는 다음의 제한을 받는다.

① 지주회사 설립하거나 지주회사로 전환하려는 경우 채무보증의 해소(법 제8조의3), ② 자기의 주식을 취득 또는 소유하고 있는 계열회사의 주식을 취득 또는 소유 금지(법 제9조), ③ 순환출자를 형성하는 계열출자의 금지(법 제9조의2), ④ 계열회사에 대한 채무보증의 금지(제10조의2), ⑤ 상호출자제한기업집단에 속하는 회사로서 금융업 또는 보험업을 영위하는 회사는 취득 또는 소유하고 있는 국내계열회사주식에 대하여 의결권을 행사할 수 없다(법 제11조).

공시대상기업집단에 속하는 회사는 특수관계인을 상대방으로 하거나 특수관계인을 위하여 다음의 어느 하나에 해당하는 대규모내부거래를 하려는 때에는 미리 이사회의 의결을 거친 후 이를 공시하여야 한다(법 제11조의2).

1. 가지급금 또는 대여금 등의 자금을 제공 또는 거래하는 행위
2. 주식 또는 회사채 등의 유가증권을 제공 또는 거래하는 행위
3. 부동산 또는 무체재산권 등의 자산을 제공 또는 거래하는 행위
4. 주주의 구성 등을 고려하여 대통령령으로 정하는 계열회사를 상대방으로 하거나 동 계열회사를 위하여 상품 또는 용역을 제공 또는 거래하는 행위

또한 공시대상기업집단에 속하는 회사로 자산총액이 100억원 미만인 회사로서 비상장회사는 회사의 소유지배구조와 관련된 중요사항, 재무구조에 중요한 변동을 초래하는 사항, 회사의 경영활동과 관련된 중요한 사항을 공시하여야 한다(법 제11조의3). 공시대상기업집단에 속하는 회사 중 자산총액이 100억원 미만인 회사는 기업집단현황 등에 관한 공시를 하여야 한다(법 제11조의4).

1. 지정 및 지정제외

(1) 지정 및 지정제외 의무

공정거래위원회는 매년 5월 1일(부득이한 경우에는 5월 15일)까지 기준에 새로 해당하는 기업집단을 공시대상기업집단 또는 상호출자제한기업집단으로 지정하여야 하고, 공시대상기업집단 또는 상호출자제한기업집단으로 지정된 기업집단이 기준에 해당하지 아니하게 되는 경우에는 공시대상기업집단 또는 상호출자제한기업집단에서 제외하여야 한다(령 제21조 제4항). 이에 대한 지정 및 지정제외는 공정거래위원회의 의무사항이다.

공정거래위원회는 회사 또는 당해회사의 특수관계인에 대하여 기업집단의 지정을 위

하여 필요한 자료의 제출을 요청할 수 있다(법 제14조 제4항). 자료제출을 요청받은 자가 정당한 이유 없이 자료제출을 거부하거나 허위 자료를 제출함으로써 공시대상기업집단의 소속회사로 편입되어야 함에도 불구하고 편입되지 아니한 경우에는 대통령령[72]으로 정하는 날에 그 공시대상기업집단의 소속회사로 편입·통지된 것으로 본다.

(2) 통지

공정거래위원회는 공시대상기업집단 또는 상호출자제한기업집단을 새로 지정하거나 지정에서 제외하는 경우에는 즉시 그 사실을 해당 기업집단에 속하는 회사와 해당 기업집단의 동일인에게 통지하여야 한다(령 제21조 제5항).

공정거래위원회는 지정·통지 후 해당 기업집단에 속하는 회사에 변동이 있는 경우에는 해당 회사와 해당 기업집단의 동일인에게 변동내용을 통지하여야 한다(령 제21조 제6항).

(3) 지정연도 중 지정제외

상호출자제한기업집단 등으로 지정된 기업집단이 일정한 사유[73]에 해당하는 경우에는 그 사유가 발생한 때에 상호출자제한기업집단 등에서 이를 제외할 수 있다(령 제21조 제9항). 상호출자제한기업집단 등의 지정이 공정거래위원회의 의무사항인 것과는 달리 상호출자제한기업집단 등에서 지정제외는 재량사항이다.

지정연도 중이라도 지정에서 제외할 수는 있지만 지정연도 중에 추가로 지정할 수는 없다. 예컨대 연도 중에 기업집단에 소속된 국내회사들의 자산총액의 합계액이 5조원에서

72 "대통령령이 정하는 날"이라 함은 다음 각호의 어느 하나에 해당하는 날을 말한다(령 제21조 제8항).
1. 공시대상기업집단의 지정 당시 그 소속회사로 편입되어야 함에도 불구하고 편입되지 아니한 회사의 경우에는 그 공시대상기업집단의 지정·통지를 받은 날
2. 공시대상기업집단의 지정 이후 그 소속회사로 편입되어야 함에도 불구하고 편입되지 아니한 회사의 경우에는 그 공시대상기업집단에 속하여야 할 사유가 발생한 날이 속하는 달의 다음 달 1일

73 다음 각호의 어느 하나에 해당하는 경우에는 그 사유가 발생한 때에 공시대상기업집단 또는 상호출자제한기업집단에서 제외할 수 있다. 이 경우 해당 기업집단에 속하는 회사와 해당 기업집단의 동일인에게 지정 제외 통지를 하여야 한다(령 제21조 제9항).
1. 지정일 이후에 해당 기업집단에 소속된 회사 중 제1항 제3호 가목 또는 나목에 해당되는 회사의 최근 지정일 직전사업연도의 대차대조표상의 자산총액의 합계액이 기업집단 전체 자산총액의 100분의 50 이상이 된 경우. 다만, 제1항 제3호 가목 또는 나목에 해당되는 회사를 제외한 회사의 자산총액의 합계액이 공시대상기업집단의 경우 3조5천억원 이상, 상호출자제한기업집단의 경우 7조원 이상인 기업집단은 제외한다.
2. 소속회사의 변동으로 해당 기업집단에 소속된 국내회사들의 자산총액의 합계액이 공시대상기업집단의 경우 3조5천억원 미만, 상호출자제한기업집단의 경우 7조원 미만으로 감소한 경우.

3조원으로 줄어서 상호출자제한기업집단 등에서 제외했다가 다시 5조원 이상으로 증가하였다 하여 추가적으로 상호출자제한기업집단 등으로 지정할 수 없다.

2. 지정기준

(1) 상호출자제한기업집단

공정거래위원회는 대통령령으로 정하는 바에 따라 산정한 자산총액이 5조원 이상인 기업집단을 대통령령으로 정하는 바에 따라 공시대상기업집단으로 지정하고, 지정된 공시대상기업집단 중 일정규모 이상의 자산총액 등 대통령령으로 정하는 기준에 해당하는 기업집단을 대통령령으로 정하는 바에 따라 상호출자제한기업집단으로 지정한다(법 제14조 제1항).

상호출자제한기업집단은 해당 기업집단에 속하는 국내 회사들의 상호출자제한기업집단 지정 직전사업연도의 대차대조표상의 자산총액의 합계액이 10조원 이상인 기업집단으로 한다(령 제21조 제2항).

금융업 또는 보험업을 영위하는 회사의 경우에는 자본총액 또는 자본금 중 큰 금액으로 하며, 새로 설립된 회사로서 직전사업연도의 대차대조표가 없는 경우에는 지정일 현재의 납입자본금으로 한다.

공기업(한국가스공사, 한국전력 등)도 상호출자제한기업집단으로 지정할 수 있다. 다만, 다음의 기업집단은 자산규모가 10조원 이상이라 하더라도 상호출자제한기업집단에서 제외한다(령 제21조 제1항 단서).

① 금융업 또는 보험업만을 영위하는 기업집단

② 금융업 또는 보험업을 영위하는 회사가 동일인인 경우의 기업집단

③ 해당 기업집단에 속하는 회사 중 다음의 어느 하나에 해당하는 회사의 자산 총액의 합계액이 기업집단 전체 자산총액의 100분의 50 이상인 기업집단. 다만 다음의 어느 하나에 해당하는 회사를 제외한 회사의 자산총액의 합계액이 10조원 이상인 기업집단을 제외한다.

i) 「채무자 회생 및 파산에 관한 법률」에 의한 회생절차의 개시가 결정되어 그 절차가 진행 중인 회사

ii) 「기업구조조정 촉진법」에 따른 관리절차의 개시가 결정되어 그 절차가 진행 중인 회사

④ 「공공기관의 운영에 관한 법률」 제4조에 따른 공공기관, 「지방공기업법」 제2조 제1항에 따른 지방직영기업, 지방공사 또는 지방공단이 동일인인 기업집단

(2) 공시대상기업집단

공정거래위원회는 대통령령으로 정하는 바에 따라 산정한 자산총액이 5조원 이상인 기업집단을 대통령령으로 정하는 바에 따라 공시대상기업집단으로 지정한다(법 제14제 제1항).

공시대상기업집단은 해당 기업집단에 속하는 국내 회사들의 공시대상기업집단 지정 직전사업연도의 대차대조표상의 자산총액(금융업 또는 보험업을 영위하는 회사의 경우에는 자본총액 또는 자본금 중 큰 금액으로 하며, 새로 설립된 회사로서 직전사업연도의 대차대조표가 없는 경우에는 지정일 현재의 납입자본금으로 한다. 이하 이 조에서 같다)의 합계액이 5조원 이상인 기업집단으로 한다. 다만, 다음 각호의 어느 하나에 해당하는 기업집단은(위의 상호출자제한기업집단의 예외와 같다. 다만 10조원은 5조원으로 한다) 공시대상기업집단에서 제외한다(령 제21조 제1항).

3. 지정의 효과

(1) 지정의 효력발생시기

① 법 제9조(상호출자의 금지 등), ② 제9조의2(순환출자의 금지) ③ 법 제10조의2(계열회사에 대한 채무보증의 금지), ④ 법 제11조(금융회사 또는 보험회사의 의결권 제한), ⑤ 제11조의2부터 제11조의4까지(대규모내부거래의 이사회 의결 및 공시, 비상장회사 등의 중요사항 공시, 기업집단현황 등에 관한 공시) ⑥ 법 제13조(주식소유현황 등의 신고) ⑦ 제23조의2(특수관계인에 대한 부당한 이익제공 등 금지)의 규정은 공정거래위원회가 상호출자제한기업집단 등을 지정하고, 그 기업집단에 속하는 회사가 지정통지를 받은 날부터 적용한다(법 제14조 제2항).

(2) 법 적용유예

상호출자제한기업집단으로 지정되어 상호출자제한기업집단에 속하는 회사로 통지를 받은 회사 또는 제14조의2(계열회사의 편입 및 제외 등) 제1항의 규정에 따라 상호출자제한기업집단 등의 계열회사로 편입되어 상호출자제한기업집단 등에 속하는 회사로 통지를 받은 회사가 통지받을 당시 제9조(상호출자의 금지 등) 제1항·제3항 또는 제10조의2(계열회사에 대한 채무보증의 금지) 제1항의 규정을 위반하고 있는 경우에는 법 적용에 1년에서 2년간의

유예기간을 두어 기업에 해소할 수 있는 기회를 주고 있다(법 제14조 제3항).

① 상호출자금지규정의 적용유예

제9조(상호출자의 금지 등) 제1항 또는 제3항의 규정을 위반하고 있는 경우[취득 또는 소유하고 있는 주식을 발행한 회사가 새로 계열회사로 편입되어 제9조(상호출자의 금지 등) 제3항의 규정을 위반하게 되는 경우를 포함한다]에는 지정일 또는 편입일부터 1년간은 제9조 제1항 또는 제3항의 규정을 적용하지 아니한다.

② 채무보증금지규정의 적용유예

제10조의2(계열회사에 대한 채무보증의 금지) 제1항의 규정을 위반하고 있는 경우(채무보증을 받고 있는 회사가 새로 계열회사로 편입되어 위반하게 되는 경우를 포함한다)에는 지정일 또는 편입일부터 2년간은 동항의 규정을 적용하지 아니한다. 다만, 각호 외의 부분의 규정에 의한 회사에 「채무자 회생 및 파산에 관한 법률」에 의한 회생절차가 개시된 경우에는 회생절차의 종료일까지, 각호 외의 부분의 규정에 의한 회사가 회생절차가 개시된 회사에 대하여 채무보증을 하고 있는 경우에는 그 채무보증에 한하여 채무보증을 받고 있는 회사의 회생절차의 종료일까지는 동항의 규정을 적용하지 아니한다.

(3) 수감의무발생

공시대상기업집단에 속하는 회사(청산 중에 있거나 1년 이상 휴업 중인 회사를 제외한다)는 공인회계사의 회계감사를 받아야 하며, 공정거래위원회는 공인회계사의 감사의견에 따라 수정한 대차대조표를 사용하여야 한다(법 제14조 제5항).

4. 공시대상기업집단의 현황 등에 관한 정보공개

공정거래위원회는 과도한 경제력 집중을 방지하고 기업집단의 투명성 등을 제고하기 위하여 공시대상기업집단에 속하는 회사에 대한 다음의 정보를 공개할 수 있다(법 제14조의5 제1항).

① 공시대상기업집단에 속하는 회사의 일반현황, 지배구조현황 등에 관한 정보로서 대통령령으로 정하는 정보

② 공시대상기업집단에 속하는 회사 간 또는 공시대상기업집단에 속하는 회사와 그 특수관계인 간의 출자, 채무보증, 거래관계 등에 관한 정보로서 대통령령으로 정하는 정보

공정거래위원회는 정보의 효율적 처리 및 공개를 위하여 정보시스템을 구축·운영할 수 있다(법 제14조의5 제2항).

Ⅲ. 계열회사의 편입 및 제외 등

1. 계열회사의 편입 및 제외

2개 이상의 회사가 동일한 기업집단에 속하는 경우에 이들 회사는 서로 상대방의 계열회사라 한다.

공정거래위원회는 공시대상기업집단의 계열회사로 편입하거나 계열회사에서 제외하여야 할 사유가 발생한 경우에는 당해 회사(당해 회사의 특수관계인을 포함한다)의 요청이나 직권으로 계열회사에 해당하는지 여부를 심사하여 계열회사로 편입하거나 제외하고 그 내용을 해당 회사에 통지하여야 한다(법 제14조의2 제1항).

공정거래위원회는 심사를 위하여 필요하다고 인정하는 경우에는 당해 회사에 대해 주주 및 임원의 구성, 채무보증관계, 자금대차관계, 거래관계 기타 필요한 자료의 제출을 요청할 수 있다(법 제14조의2 제2항).

공정거래위원회는 공시대상기업집단의 계열회사로 편입 또는 제외 심사를 요청받은 경우에는 30일 이내에 그 심사결과를 요청한 자에게 통지하여야 한다. 다만, 공정거래위원회가 필요하다고 인정할 때에는 60일을 초과하지 아니하는 범위 안에서 그 기간을 연장할 수 있다(법 제14조의2 제3항).

2. 계열회사 편입·통지일의 의제

공정거래위원회는 제14조(상호출자제한기업집단 등의 지정 등) 제4항 또는 제14조의2(계열회사의 편입 및 제외 등) 제2항에 의한 요청을 받은 자가 정당한 이유 없이 자료제출을 거부하거나 허위의 자료를 제출함으로써 공시대상기업집단의 소속회사로 편입되어야 함에도 불구하고 편입되지 아니한 경우에는 대통령령이 정하는 날에 그 공시대상기업집단의 소속회사로 편입·통지된 것으로 본다(법 제14조의3).

"대통령령이 정하는 날"이라 함은 ① 공시대상기업집단의 지정 당시 그 소속회사로 편입되어야 함에도 불구하고 편입되지 아니한 회사의 경우에는 그 공시대상기업집단의 지정·

통지를 받은 날, ② 공시대상기업집단의 지정 이후 그 소속회사로 편입되어야 함에도 불구하고 편입되지 아니한 회사의 경우에는 그 공시대상기업집단에 속하여야 할 사유가 발생한 날이 속하는 달의 다음 달 1일 중 어느 하나에 해당하는 날을 말한다(령 제21조 제8항).

제4절 상호출자와 순환출자의 금지

Ⅰ. 개설

1. 개념

(1) 의의

"상호출자"란 둘 이상의 회사가 서로 상대방 회사에 출자하는 것을 말한다. 이때 서로 주식을 인수하거나 취득하게 되는데 이를 주식의 상호보유라고 한다.

"순환출자"란 3개 이상의 계열출자로 연결된 계열회사 모두가 계열출자회사 및 계열출자대상회사가 되는 계열출자 관계를 말한다. "계열출자"란 상호출자제한기업집단 소속 회사가 계열회사의 주식을 취득 또는 소유하는 행위를 말한다. "계열출자회사"란 계열출자를 통하여 다른 계열회사의 주식을 취득 또는 소유하는 계열회사를 말한다. "계열출자대상회사"란 계열출자를 통하여 계열출자회사가 취득 또는 소유하는 계열회사 주식을 발행한 계열회사를 말한다.

(2) 종류

1) 직접상호출자

2개의 기업이 서로 상대방 회사의 주식을 보유하고 있는 경우이다(A ⇄ B). 공정거래법은 이런 유형의 상호출자만을 금하고 있었다. 하지만 2014. 1. 24. 개정법에 의하여 순환출자도 금지되었다.

2) 간접상호출자

① 환상(고리)형 상호출자

3개 이상의 기업이 순차적으로 고리(환상)를 이루어 다음 회사의 주식을 보유하고 있는 형태를 말한다(A → B →⋯→ K → A). 이 경우 형식적으로는 K회사만 A회사의 주식을 보유하고 있고, A회사는 K회사의 주식을 보유하고 있지 않으므로 상호출자가 아니 것 같다. 그러나 고리를 이룬 다른 회사들과 연결하여 보면 A회사와 K회사는 간접적으로 상호출자한 상태가 되는 것이다. 이를 순환출자라고도 한다.

② 행렬식 상호출자

3개 이상의 회사 사이에 어느 한 회사가 자사를 제외한 모든 회사의 주식을 보유하는 형태를 말한다. A, B, C, D 4개의 회사를 예로 들면 A회사가 B, C, D회사의 주식을 보유하고, B회사는 A, C, D회사의 주식을 보유하고, C회사는 A, B, D회사의 주식을 보유하는 형태이다.

3) 순환출자

앞서 본 대로 3개 이상의 기업이 순차적으로 고리(환상)를 이루어 다음 회사의 주식을 보유하고 있는 형태를 순환출자라 한다. 금지되는 상호출자의 우회수단인 순환출자를 활용한 지배력 확장 등의 부작용을 방지하기 위하여 순환출자금지 규정을 도입하였다(법 제9조의2 신설).

그동안 순환출자는 지배주주의 지배력 유지 및 강화, 편법적 경영권 승계를 위한 방법으로 활용되는 등 경제력 집중에 따른 폐해를 유발하고 있다는 비판이 있었다. 이에 상호출자제한기업집단의 계열회사 간에 더 이상의 새로운 신규순환출자를 금지함으로써, 무리한 확장을 못하도록 하였다. 한편, 회사의 합병·분할, 부실기업 구조조정 과정에서 신규순환출자가 발생하거나 기존 순환출자가 강화되는 경우 등을 순환출자 금지의 예외로 규정하고 일정기간 이내에 이를 해소하도록 하여 기업경영의 현실을 반영함과 더불어 경제력 집중의 폐해를 최소화하려는 목적으로 순환출자가 금지되었다.

하지만, 부칙 제2조에서 이 법의 시행 당시 상호출자제한기업집단으로 지정된 기업집단에 속하는 회사는 이 법의 시행일 이후 취득 또는 소유하게 된 주식에 한하여, 또 이 법의 시행 이후 상호출자제한기업집단으로 지정된 기업집단에 속하는 회사는 지정일 이후 취득 또는 소유하게 되는 주식에 한하여 순환출자금지 규정을 적용하도록 하여 기존의 순환출자는 용인하고 신규순환출자와 기존의 순환출자를 강화하는 추가 출자를 금지하도록 하고 있다. 이는 순환출자를 전면적으로 금지하면 경제계에 미치는 파장이 막대하다는 현실을 감안한 것이다.

(3) 상호출자와 순환출자의 폐해

우리나라 기업집단의 주식보유형태는 직접·간접상호출자가 복잡하게 결합한 복합형에 가깝다고 할 수 있다. 상호출자는 실질적인 출자 없이 가공적으로 자본금을 늘리거나 계열기업을 확장하는 수단으로 악용되어 왔다. 그 폐해로 ① 자본의 공동화, ② 회사지배권의 왜곡, ③ 기업의 위장공개 수단으로 악용, ④ 한계기업 퇴출저해 등을 들 수 있다.

Ⅱ. 실정법상의 규제

1. 상법의 규제내용

다른 회사의 발행주식의 총수의 100분의 50을 초과하는 주식을 가진 회사(모회사)의 주식은 다음의 경우[74]를 제외하고는 그 다른 회사(자회사)가 이를 취득할 수 없다(상법 제342조의2 제1항). 자회사가 예외적으로 모회사의 주식을 취득한 경우에도 자회사는 그 주식을 취득한 날로부터 6월 이내에 모회사의 주식을 처분하여야 한다(상법 제342조의2 제2항). 주식회사 상호 간의 상호주 보유 자체가 금지되는 것은 아니다. 즉 A회사가 B회사의 주식의 50% 이하를 소유하고 있는 경우에는 B회사는 A회사의 주식을 소유할 수 있다. 계열회사와 비계열회사 간에도 적용된다. 즉 A, B회사가 비계열관계에 있고 A회사가 B회사의 주식의 50%를 초과하여 소유하고 있는 경우 B회사는 A회사의 주식을 소유할 수 없다.

다른 회사의 발행주식의 총수의 100분의 50을 초과하는 주식을 모회사 및 자회사 또는 자회사가 가지고 있는 경우 그 다른 회사는 그 모회사의 자회사로 본다(상법 제342조의2 제3항). 즉 상법에서는 간접적인 상호출자도 일부 규제하고 있다. 예컨대 A회사가 B회사의 모회사이고, B회사가 C회사의 주식의 50%를 초과하여 소유하고 있는 경우 C회사는 A회사의 주식을 취득 또는 소유할 수 없다.

회사, 모회사 및 자회사 또는 자회사가 다른 회사의 발행주식의 총수의 10분의 1을 초과하는 주식을 가지고 있는 경우 그 다른 회사가 가지고 있는 회사 또는 모회사의 주식은 의결권이 없다(상법 제369조 제3항).

---

74 ① 주식의 포괄적 교환, 주식의 포괄적 이전, 회사의 합병 또는 다른 회사의 영업전부의 양수로 인한 때
② 회사의 권리를 실행함에 있어 그 목적을 달성하기 위하여 필요한 때

2. 공정거래법상의 규제내용

(1) 상호출자 금지

1) 내용

상호출자제한기업집단에 속하는 회사는 자기의 주식을 취득 또는 소유하고 있는 계열회사의 주식을 취득 또는 소유하여서는 아니 된다(법 제9조 제1항).

2) 특징

① 예전 공정거래법상 금지되는 것은 상호출자제한기업집단 소속회사 간의 직접상호출자뿐이었다. 그러나 현행 공정거래법에서는 계열회사 간의 단순·직접적인 상호출자뿐만 아니라 간접적 상호출자도 금지하고 있다. 따라서 A1, A2, A3회사가 계열관계에 있고 A1회사가 A2회사에 출자하고, A2회사가 A3회사에 출자하고 다시 A3회사가 A1회사에 출자하는 고리형 상호출자(순환출자)도 규제대상이 된다. 2001. 4. 1. 이후 간접상호출자효과를 방지하기 위해 출자총액제한제도가 시행되어 오다가 2009. 3. 3. 법개정 시 폐지되었다. 2001. 1. 26. 출자총액제한제도를 개선하여 상호출자제한, 출자총액제한 및 채무보증제한 대상 기업집단에 관한 규정을 개정하였고, 2014. 1. 24. 기존의 상호출자 금지에 순환출자도 금지대상으로 하는 개정을 하였다.

② 상법에서는 모자관계만 없으면 2개의 회사가 서로 상대방의 주식을 보유할 수 있으나, 공정거래법에서는 이와 다르다. 예컨대 계열회사 간에 모두 직접 A1, A2회사가 같은 상호출자제한기업집단 소속회사이고 A1회사가 A2회사의 주식을 1주 이상 취득 또는 소유하고 있는 경우에는 A2회사는 A1회사의 주식을 단 1주도 취득 또는 소유할 수 없다.

③ 주식의 상호보유뿐만 아니라 지분의 상호보유도 금지된다. 즉 주식회사 외의 계열회사 간의 상호출자도 금지된다.

④ 계열회사와 비계열회사 간의 상호출자, 상호출자제한기업집단 이외의 기업집단 소속 계열회사 상호 간의 상호출자는 공정거래법상 규제대상이 아니다.

3) 예외

공정거래법에서는 ① 회사의 합병, ② 영업전부의 양수(영업의 중요부분, 일부양수는 해당되지 않는다), ③ 담보권의 실행, ④ 대물변제의 수령으로 인해 발생한 상호출자에 대해서는 예외적으로 이를 허용하고 있다(법 제9조 제1항 단서). 다만, 당해 주식을 취득 또는 소유한 날로부터 6개월 이내에 양 회사 중 하나의 회사가 상대회사의 주식을 처분해야 한다(법 제9조 제2항).

상법에서 예외적으로 상호출자가 이루어진 경우에 6개월 내에 자회사가 보유하는 모회사의 주식을 처분해야 하는 것과 규제내용이 다르다.

이밖에 상호출자제한기업집단 지정 및 편입으로 인해 법을 위반하게 된 상호출자는 1년간 예외가 인정된다(법 제14조 제3항 제1호).

4) 중소기업창업투자회사의 국내계열회사주식의 취득 또는 소유 제한

상호출자제한기업집단에 속하는 회사로서 「중소기업창업 지원법」에 의한 중소기업창업투자회사는 국내 계열회사주식을 취득 또는 소유하여서는 아니 된다(법 제9조 제3항).

중소기업창업투자회사는 자기 계열회사의 주식을 취득 또는 소유하는 것 자체가 금지된다. 따라서 엄밀하게 말하면 상호출자에 대한 규제가 아니다. 상호출자제한기업집단의 중소기업시장 잠식을 규제하고 중소기업창업투자회사가 지주회사처럼 되는 것을 방지하기 위한 목적으로 둔 규정이다.

(2) 순환출자 금지

1) 내용

상호출자제한기업집단에 속하는 회사는 순환출자를 형성하는 계열출자를 하여서는 아니 된다. 상호출자제한기업집단 소속 회사 중 순환출자 관계에 있는 계열회사의 계열출자대상회사에 대한 추가적인 계열출자 또한 금지 된다(법 제9조의2 제2항).

2) 예외

① 회사의 합병·분할, 주식의 포괄적 교환·이전 또는 영업전부의 양수, ② 담보권의 실행 또는 대물변제의 수령, ③ 계열출자회사가 신주배정 등에 의하여 취득 또는 소유한 주식 중에서 다른 주주의 실권 등에 의하여 신주배정 등이 있기 전 자신의 지분율 범위를 초과하여 취득 또는 소유한 계열출자대상회사의 주식이 있는 경우, ④ 「기업구조조정 촉진법」제9조 제1항에 따라 부실징후기업의 관리절차를 개시한 회사에 대하여 같은 법 제24조 제2항에 따라 금융채권자협의회가 의결하여 동일인(친족을 포함한다)의 재산출연 또는 부실징후기업의 주주인 계열출자회사의 유상증자 참여(채권의 출자전환을 포함한다)를 결정한 경우, ⑤ 「기업구조조정 촉진법」제2조 제2호의 금융채권자가 같은 법 제2조 제7호에 따른 부실징후기업과 기업개선계획의 이행을 위한 약정을 체결하고 금융채권자협의회의 의결로 동일인(친족을 포함한다)의 재산출연 또는 부실징후기업의 주주인 계열출자회사의 유상증자 참여(채권의 출자전환을 포함한다)를 결정한 경우에는 예외를 두고 있다(법 제9조의2 제2항 단서).

제2항 단서에 따라 계열출자를 한 회사는 해당하는 기간 내에(① 또는 ②에 따라 계열출자를 한 회사는 해당 주식을 취득 또는 소유한 날부터 6개월, ③에 따라 계열출자를 한 회사는 해당 주식을 취득 또는 소유한 날부터 1년, ④ 또는 ⑤에 따라 계열출자를 한 회사는 해당 주식을 취득 또는 소유한 날부터 3년) 취득 또는 소유한 해당 주식(③④⑤의 규정에 따른 경우는 신주배정 등의 결정, 재산출연 또는 유상증자 결정이 있기 전 지분율 초과분을 말한다)을 처분하여야 한다(법 제9조의 2 제3항).

순환출자회사집단에 속한 다른 회사 중 하나가 취득 또는 소유하고 있는 계열출자대상회사의 주식을 처분하여 제2항의 계열출자에 의하여 형성 또는 강화된 순환출자가 해소된 경우에는 그 주식을 처분하지 않아도 된다(법 제9조의2 제3항 단서).

Ⅲ. 위반행위에 대한 제재

1. 시정조치

누구든지 제9조(상호출자의 금지), 제9조의2조(순환출자의 금지)의 적용을 면탈하려는 행위를 하여서는 아니 된다(법 제15조 제1항). 이를 위반하거나 위반할 우려가 있는 당해 사업자 또는 위반행위자에 대하여 ① 당해행위의 금지, ② 주식의 전부처분, ③ 시정명령을 받은 사실의 공표, ④ 기타 법위반상태를 시정하기 위하여 필요한 조치 등의 시정조치를 명할 수 있다(법 제16조 제1항).

제9조(상호출자의 금지), 제9조의2(순환출자의 금지)를 위반하여 상호출자, 순환출자를 한 주식에 대하여는 그 시정조치의 명령을 받은 날부터 법위반상태가 해소될 때까지 당해 주식 전부에 대하여 의결권을 행사할 수 없다(법 제18조 제2항). 의결권이 제한되는 것은 주식처분명령뿐만 아니라 그 이외의 시정조치를 받은 경우도 포함된다. 당해 주식 전부의 의결권이 제한된다. 즉 계열회사인 A1, A2 회사 간에 상호출자가 발생한 경우 A1, A2 회사가 소유하는 상대회사의 주식 전부에 대하여 의결권이 제한된다.

2. 과징금과 벌칙

공정거래위는 제9조(상호출자의 금지 등), 제9조의2(순환출자의 금지)를 위반하여 주식을 취득 또는 소유한 회사에 대하여 위반행위로 취득 또는 소유한 주식의 취득가액에 100분의 10을 곱한 금액을 초과하지 아니하는 범위 안에서 과징금을 부과할 수 있다(법 제17조 제1항).

제9조(상호출자의 금지 등), 제9조의2(순환출자의 금지), 제15조(탈법행위의 금지)를 위반하여 주식을 취득하거나 소유하고 있는 자는 3년 이하의 징역 또는 2억원 이하의 벌금에 처한다(법 제66조). 제16조(시정조치 등)제1항에 따른 시정조치에 응하지 아니한 자는 2년 이하의 징역 또는 1억5천만원 이하의 벌금에 처한다(법 제67조).

제5절 출자총액제한제도

Ⅰ. 개요

출자총액제한제도(이하 "출총제"라 한다)란 국내 계열회사의 자산합계액이 10조원 이상인 기업집단(출자총액제한기업집단)의 소속회사에 대해서 당해 회사 순자산의 40%를 초과하여 다른 국내회사의 주식을 취득 또는 보유하는 것을 금지하는 제도이다. 다만, 동종·밀접업종 출자, SOC법인 출자, 외국인투자법인 출자, 구조조정을 위한 출자 등 일정분야에 대한 출자는 출자한도와 관계없이 허용(적용제외·예외인정제도)된다.

1986년 12월 과거 고도성장 과정에서 형성된 재벌에 의한 경제력집중과 시장경쟁 저해의 부작용 방지를 위해 도입된 출총제는 경제여건, 시장상황의 변화 및 정책목적 등에 따라 제도도입·폐지·재도입 등 변천과정을 거쳤으며, 전반적으로 시장개선 정도에 따라 완화하는 방향으로 개편되어 왔다. 1998년 외국인의 적대적 M&A 허용 등 기업환경의 변화와 기업구조조정 등 정책적 필요에 따라 폐지되었다가, 2001년에 재도입되었고, 2003년 12월 외환위기 이후 구조개혁의 성과를 감안하여 '시장개혁 3개년 로드맵'을 통해 각종 졸업제도 도입 등 출총제가 완화되었다. 2006년 하반기 민관합동 T/F 및 관계부처 합의를 거쳐 대규모기업집단시책 개편안을 마련하고, 2007년 4월 법개정을 통해 출자한도 확대 및 적용대상 축소 등 출총제를 대폭 완화하였다.

이후 국내 시장개방과 글로벌 경쟁 심화로 시장규율이 개선되고 기업행태도 차입을 통한 확장경영에서 수익성 위주로 변화되어 출총제의 존재의의가 크게 약화되었다. 이에 따라 대표적 정부의 직접규제의 상징으로 인식되고 있던 출총제를 폐지하였다(2009. 3. 3., 공정거래법 개정안 국회통과).

2008년에 출총제의 적용을 받는 회사는 10개 집단 소속 31개사에 불과하며, 출자총액제한기업집단 소속 543개사 중 512개사(94.3%)가 면제되었다. 출자총액제한제도의 적용을 받는 회사 현황은 다음과 같다.

<출자총액제한제도의 적용을 받는 회사 현황>

구분	기업집단	적용대상 회사	
1	삼성	9	삼성전자, 삼성중공업, 삼성물산, 삼성에스디아이, 에스엘시디, 삼성정밀유리, 삼성에버랜드, 삼성전기, 제일모직
2	현대자동차	5	현대자동차, 기아자동차, 현대제철, 현대모비스, 현대하이스코
3	에스케이	1	에스케이건설
4	롯데	5	롯데쇼핑, 호텔롯데, 롯데건설, 호남석유화학, 롯데제과
5	지에스	1	지에스건설
6	현대중공업	2	현대중공업, 현대미포조선
7	금호아시아나	2	금호석유화학, 금호타이어
8	한진	3	대한항공, 한진해운, 한진에너지
9	에스티엑스	2	에스티엑스조선, 에스티엑스팬오션
10	신세계	1	신세계

Ⅱ. 출자총액제한제도 폐지 추진

출총제는 출자라는 기업의 일반적 경제행위를 사전적으로 규제하기 때문에 자유로운 기업활동을 제약하는 대표적인 규제로서 끊임없는 존폐 논란이 계속되어 왔다. 출총제는 포지티브 규제(원칙금지-예외허용)이자 출자총량규제의 속성을 지니고 있어 원칙 적용 시 상당한 규제비용 발생하는 반면 비정상적 출자를 선별하여 억제하거나 복잡한 출자구조를 개선하는 효과는 미흡한 측면이 있었다. 무엇보다 기업의 경영행태가 과거 차입위주 확장경영에서 외환위기 이후 수익성중심으로 변화하는 등 글로벌화의 진전, 기업의 인식과 행태변화, 시장감시수준 개선 등 경제여건 변화에 따라 규제 타당성이 크게 약화되어 출총제 폐지를 추진하게 되었다. 대표적 사전규제의 상징으로 인식되고 있던 출총제의 폐지는 기업규제 완화에 대한 정부의 확고한 의지를 시장에 인식시켜 주는 계기가 되었고 출총제 폐지에 따라

<출자총액제한제도의 개정일과 주요내용>

개정일	주요내용
'86.12.31.	ㅇ **출자총액제한제도 도입·시행** - 대규모기업집단(자산 4,000억원 이상) 소속회사에 대해 당해 회사 순자산의 40%를 초과한 타 회사 주식취득 금지 ※'93.2.20. 30대기업집단으로 변경,'95.4.1. 출자한도를 40%에서 25%로 축소
'98.2.24.	ㅇ **출자총액제한제도 폐지** -'98.2.3. 비상경제대책위원회에서 적대적 M&A의 허용과 이에 따른 경영권방어를 위해 폐지 결정
'99.12.28.	ㅇ **출자총액제한제도 재도입(시행일'01.4.1.)** - 30대 기업집단 소속회사의 순자산 25% 초과 타 회사 주식취득 금지(제도시행당시 한도 초과 출자에 대해서는 '02.3.31.까지 해소시한 부여)
'02.4.1. (시행령)	ㅇ **출자총액제한 대상 기업집단 변경** - 30대 대규모기업집단 → 자산규모 5조원 이상 기업집단
'04.12.31.	ㅇ **'시장개혁 3개년 로드맵'에 따른 출총제 개편** - 자산규모 5조원 이상 기업집단 → 6조원 이상 기업집단(시행령) - 4가지 출총제 졸업제도 도입(① 지배구조모범기업(집중투표제, 서면투표제, 내부거래위원회, 사외이사후보추천위원회 및 자문단 중 3가지요건 충족기업), ② 지주회사 및 그 소속 자회사, 손자회사, ③ 계열사 간 출자단계가 2단계 이하이고 계열회사수가 5개 이하인 기업집단, ④ 소유지배괴리도가 25% 이하이고 의결권승수가 3.0배 이하인 기업집단)
'04.12.31.	- 적용제외·예외인정 보완(남북교류사업·SOC사업·기업도시시행 출자에 대한 적용제외 신설, 차세대 성장동력사업·현물출자·물적분할·임직원분사 등 구조조정관련 출자 예외인정 등)
'06.4.14. (시행령)	ㅇ **구조조정기업에 대한 출자 예외인정 추가, 졸업기준 보완 등** - 정부출자기관이 100분의 30 이상의 지분을 가지고 있는 구조조정 대상기업에 대한 출자의 예외 인정 - 동일인이 자연인이 아닌 기업집단도 소유지배괴리도 졸업기준 적용 - 내부거래위원회 구성요건 완화(4인 이상 전원 사외이사 → 3인 이상으로서 총수의 2/3이상)
'07.4.13.	ㅇ **출총제 대폭 완화** - 적용대상 기업집단 축소(자산 6조원 → 10조원) 및 출자한도 대폭 상향 (순자산의 25% → 40%) 등 - 외투법인에 출자하는 경우 취득 또는 소유한 날부터 5년 이내에만 예외인정해 주던 것을 요건충족 시 계속 예외인정
'07.7.13. (시행령)	ㅇ **출총제 적용대상 회사 축소**(소속 모든 회사 → 자산 2조원 이상 회사)

기업의 투자의욕이 고취되어 일자리 창출 및 경제활성화에 기여할 것으로 기대하고 있다.[75]

제6절 계열회사 간 채무보증의 제한

Ⅰ. 개설

1. 채무보증의 개념

일반적으로 채무보증이라 함은 금융기관으로부터 여신을 제공받아 채무를 부담하게 되는 경우에 제3자가 그 채무에 대하여 변제할 것을 보증하는 행위를 말한다. 공정거래법에서 규제대상으로 하는 채무보증이라 함은 국내금융기관의 여신과 관련하여 상호출자제한기업집단에 속하는 회사(금융업 또는 보험업을 영위하는 회사는 제외한다)는 채무보증을 하여서는 아니 된다(법 제10조의2). "여신"이라 함은 국내금융기관이 행하는 대출 및 회사채무의 보증 또는 인수를 말한다(법 제2조 제9호).

2. 채무보증의 폐해

계열회사 간에 상호채무보증으로 확보한 자금으로 무리하게 사업을 확장한 것이 우리 경제의 총체적 부실을 초래하였다. 상호채무보증을 받은 계열회사 중 어느 하나의 기업이 도산하게 되면 나머지 기업의 연쇄도산의 위험성도 높아진다. 또한 부실기업을 퇴출시키려고 해도 부실기업에 채무보증을 한 다른 계열회사로 인해 쉽게 퇴출하기도 어려워진다. 또한 대기업집단에 여신이 집중됨으로써 중소기업의 자금난이 가중되는 문제도 심각하다. 이러한 문제를 해결하기 위해 상호출자제한기업집단에 속하는 회사의 채무보증을 규제하게 되었다.

3. 연혁

공정거래법 제10조의2 규정에 의한 상호출자제한기업집단 소속회사 간 채무보증제한제도는 1992년에 도입되어 현재까지 유지되어 오고 있다. 도입 당시에는 채무보증한도를 자기자본의 200%로 설정하였으나, 1997년 말 IMF 구제금융 이후의 조치로 한도를 100%로 축소하였다가, 1998년부터는 신규기업집단 또는 신규편입회사에 대한 유예, 일부 예외

75 이하 박경숙, 앞의 책, 210面-213面.

인정을 제외하고는 계열회사 간 채무보증을 전면금지하고 있다. 2017. 4. 18. 개정법은 구법의 "제10조의2(계열회사에 대한 채무보증의 금지) 채무보증제한기업집단에 속하는 회사는 국내계열회사에 대하여 채무보증을 하여서는 아니 된다"에서 "상호출자제한기업집단에 속하는 회사는 채무보증을 하여서는 아니 된다"로 개정하여 상호출자제한기업집단에 속하는 회사는 채무보증 자체를 금지하였다.

Ⅱ. 채무보증의 금지

1. 금지의 내용

상호출자제한기업집단에 속하는 회사(금융업 또는 보험업을 영위하는 회사는 제외한다)는 채무보증을 하여서는 아니 된다(법 제10조의2).

규제대상회사는 상호출자제한기업집단에 속하는 계열회사이다. 규제대상행위는 국내계열회사들 간의 상호부채보증행위이다. 따라서 국내계열회사 간에 발생한 채무보증에 한하여 법적용대상이 되므로 기업집단의 해외현지법인 간 또는 해외현지법인과 국내법인 간의 보증은 동법의 채무보증에 해당하지 않으며, 금융기관의 범위도 공정거래법에서 정하고 있는 국내 금융기관으로 한정하고 있다.

채무보증의 범위는 국내금융기관의 국내계열회사에 대한 여신과 관련된 채무보증을 의미한다. 따라서 여신과 관련 없는 국내계열회사에 대한 보증(공사이행보증, 계약이행보증 등), 비금융기관의 국내계열회사에 대한 자금대여에 대한 보증, 국내금융기관의 비계열회사에 대한 여신에 대한 보증, 물적담보제공행위 등은 금지대상에 포함되지 않는다.

금융기관의 범위에 국내금융기관이 아닌 국외금융기관의 국내계열회사에 대한 여신과 관련한 보증은 금지대상에 포함되지 않는다. 국내금융기관은 ① 은행법에 의한 금융기관과 한국산업은행·한국수출입은행·중소기업은행, ② 보험업법에 의한 보험회사, ③ 자본시장과 금융투자업에 관한 법률에 따른 투자매매업자 투자중개업자 종합금융회사, ④ 그 밖에 대통령령이 정하는 금융기관을 의미한다(법 제2조 제3의7호).

1998년 4월 대규모기업집단의 계열사 간 채무보증이 금지된 이후, 대규모기업집단의 채무보증 금액은 지속적으로 감소하고 있다. 제한대상 채무보증의 경우 1998년 4월 이전에 발생한 채무보증 33.6조원은 2002년 4월 1일까지 모두 해소되었고, 그 이후 신규지정·

계열편입으로 발생한 채무보증도 기한 내에 모두 해소되었으며, 법상 허용하고 있는 제한 제외대상 채무보증도 매년 감소 추세이다.[76]

2. 채무보증 금지의 예외

채무보증도 일정한 사유가 있는 경우에는 예외를 인정하고 있다. 예외가 인정되는 사유로는 ① 조세특례제한법상 합리화기준에 따라 인수되는 회사의 채무와 관련하여 행하는 채무보증, ② 기업의 국제경쟁력 강화를 위해 필요한 경우 기타 대통령령이 정하는 경우의 채무에 대한 보증(법 제10조의2 단서), ③ 금융·보험업을 영위하는 회사의 국내계열회사에 대한 채무보증(이것은 본래의 업무이므로)(법 제10조의2 본문)이다.

3. 적용유예

상호출자제한기업집단으로 지정되어 상호출자제한기업집단에 속하는 회사로 통지를 받은 회사 또는 상호출자제한기업집단의 계열회사로 편입되어 상호출자제한기업집단에 속하는 회사로 통지를 받은 회사가 통지받은 당시 제10조의2를 위반하고 있는 경우[77]에는 지정일 또는 편입일부터 2년간은 같은 조를 적용하지 아니한다(법 제14조 제3항).

---

76 박경숙, 앞의 책, 218面.

77 법 제10조의2 제2호에서 "기업의 국제경쟁력강화를 위하여 필요한 경우 기타 대통령령이 정하는 경우의 채무에 대한 보증"이라 함은 다음 각호의 어느 하나에 해당하는 경우를 말한다(령 제17조의5 제2항).

1. 「한국수출입은행법」 제18조(업무)제1항 제1호 및 제2호의 규정에 의하여 자본재 기타 상품의 생산 또는 기술의 제공과정에서 필요한 자금을 지원하기 위하여 한국수출입은행이 행하는 대출 또는 이와 연계하여 다른 국내금융기관이 행하는 대출에 대한 보증
2. 해외에서의 건설 및 산업설비공사의 수행, 수출선박의 건조, 용역수출 기타 공정거래위원회가 인정하는 물품수출과 관련하여 국내금융기관이 행하는 입찰보증·계약이행보증·선수금환급보증·유보금환급보증·하자보수보증 또는 납세보증에 대한 보증
3. 국내의 신기술 또는 도입된 기술의 기업화와 기술개발을 위한 시설 및 기자재의 구입 등 기술개발사업을 위하여 국내금융기관으로부터 지원받은 자금에 대한 보증
4. 인수인도조건수출 또는 지급인도조건수출 어음의 국내금융기관매입 및 내국신용장 개설에 대한 보증
5. 다음 각목의 1에 해당하는 사업과 관련하여 국내 금융기관의 해외지점이 행하는 여신에 대한 보증
   가. 「외국환거래법」의 규정에 의한 해외직접투자
   나. 해외 건설 및 용역사업자가 행하는 외국에서의 건설 및 용역사업
   다. 기타 공정거래위원회가 인정하는 외국에서의 사업
6. 「채무자 회생 및 파산에 관한 법률」에 따른 회생절차개시를 법원에 신청한 회사의 제3자 인수와 직접 관련된 보증
7. 「사회기반시설에 대한 민간투자법」 제4조 제1호 내지 제4호의 규정에 의한 방식으로 민간투자사업을 영위하는 계열회사에 출자를 한 경우로서 국내금융기관이 당해계열회사에 행하는 여신에 대한 보증
8. 「공기업의 경영구조 개선 및 민영화에 관한 법률」 제2조에 따른 회사가 구조개편을 위하여 분할되는 경우에 그 회사가 계열회사가 아닌 회사에 행한 보증을 분할로 인하여 신설되는 회사가 인수하는 것과 직접 관련하여 그 회사가 그 신설회사에 대하여 행하는 재보증

Ⅲ. 위반행위에 대한 제재

1. 시정조치

계열회사에 대한 채무보증의 금지의 규정과 제10조의2의 적용을 면탈하려는 행위 금지 규정(법 제15조)을 위반하거나 위반할 우려가 있는 행위를 한 당해 사업사 또는 위반행위자에 대해서 공정거래위원회는 ① 당해행위의 중지, ② 채무보증의 해소, ③ 시정명령을 받은 사실의 공표, ④ 기타 법위반상태를 시정하기 위하여 필요한 조치 등의 시정조치를 명할 수 있다(법 제16조 제1항).

2. 과징금

계열회사에 대한 채무보증의 금지의 규정을 위반하여 채무보증을 한 회사에 대하여 당해 법위반 채무보증액의 100분의 10을 곱한 금액을 초과하지 아니하는 범위에서 과징금을 부과할 수 있다(법 제17조 제2항).

3. 벌칙

계열회사에 대한 채무보증의 금지의 규정을 위반하여 채무보증을 하고 있는 자에 대하여는 3년 이하의 징역 또는 2억원 이하의 벌금에 처한다(법 제66조 제1항 제6호). 징역형과 벌금형은 이를 병과할 수 있다(법 제66조 제2항).

법 제16조의 규정에 의한 시정조치에 응하지 아니한 자에 대해서는 2년 이하의 징역 또는 1억5천만원 이하의 벌금에 처한다(법 제67조 제6호).

공정거래법은 벌칙부과 시 양벌규정을 신설하였다. 즉 법인(법인격이 없는 단체 포함)의 대표자나 법인 또는 개인의 대리인, 사용인, 그 밖의 종업원이 그 법인 또는 개인의 업무에 관하여 제66조부터 제68조까지의 어느 하나에 해당하는 위반행위를 하면 그 행위자를 벌하는 외에 그 법인 또는 개인에게도 해당 조문의 벌금형을 과(科)한다. 다만, 법인 또는 개인이 그 위반행위를 방지하기 위하여 해당 업무에 관하여 상당한 주의와 감독을 게을리하지 아니한 경우에는 그러하지 아니하다(법 제70조).

제7절 금융회사 또는 보험회사의 의결권 제한

Ⅰ. 제한의 내용

1. 의결권 제한

상호출자제한기업집단에 속하는 회사로서 금융업 또는 보험업을 영위하는 회사는 취득 또는 소유하고 있는 국내계열회사 주식에 대하여 의결권을 행사할 수 없다(법 제11조 본문). 금융·보험회사는 고객으로부터 수령한 자산으로 주식이나 증권 등에 투자하여 수익을 얻는다. 따라서 금융·보험회사는 자기 계열회사의 주식도 취득하게 되는데, 이때 취득한 주식에 대해 의결권을 인정하면 고객자산으로 해당 계열회사를 지배하는 결과가 된다.[78] 금융·보험회사가 타인자본으로 기업집단의 지주회사처럼 운용되는 것을 막기 위한 제도이다.

상호출자제한기업집단 소속 금융·보험회사가 국내계열회사의 주식을 취득 또는 소유하는 것 자체는 허용된다. 다만, 의결권이 제한될 뿐이다. 상호출자제한기업집단 소속이 아닌 금융·보험회사는 취득 또는 소유하고 있는 국내계열회사 주식에 대하여 의결권을 행사할 수 있다.

2. 예외

상호출자제한기업집단 소속 금융·보험회사도 일정한 사유가 있는 경우에는 소유하고 있는 국내계열회사의 주식에 대하여 의결권을 행사할 수 있다.

예외가 인정되는 사유는 다음과 같다(법 제11조 단서).

① 금융업 또는 보험업을 영위하기 위하여 주식을 취득 또는 소유하는 경우

② 보험자산의 효율적인 운용·관리를 위하여 「보험업법」 등에 의한 승인 등을 얻어 주식을 취득 또는 소유하는 경우

③ 당해 국내 계열회사(상장법인에 한한다)의 주주총회에서 다음 각 목의 어느 하나에 해당하는 사항을 결의하는 경우. 이 경우 그 계열회사의 주식 중 의결권을 행사할 수 있

78 정호열, 앞의 책, 287面.

는 주식의 수는 그 계열회사에 대하여 특수관계인 중 대통령령이 정하는 자[79]를 제외한 자가 행사할 수 있는 주식수를 합하여 그 계열회사 발행주식총수의 100분의 15를 초과할 수 없다.

가. 임원의 선임 또는 해임.

나. 정관 변경.

다. 그 계열회사의 다른 회사로의 합병, 영업의 전부 또는 주요부분의 다른 회사로의 양도.

Ⅱ. 위반행위에 대한 제재

1. 시정조치

법 제11조(금융회사 또는 보험회사의 의결권 제한)규정과 제15조의 적용을 면탈하려는 행위금지 규정을 위반하거나 위반할 우려가 있는 행위를 한 당해 사업자 또는 위반행위자에 대하여 ① 당해행위의 중지, ② 법위반사실의 공표, ③ 기타 법위반상태를 시정하기 위하여 필요한 조치 등의 시정조치를 명할 수 있다(법 제16조 제1항).

2. 벌칙

법 제11조(금융회사 또는 보험회사의 의결권 제한) 또는 제18조(이행조치의 이행확보)의 규정을 위반하여 의결권을 행사한 자, 제15조 탈법행위 금지를 위반한 자에 대해서는 3년 이하의 징역 또는 2억원 이하의 벌금에 처한다(법 제66조 제1항 제7호).

법 제16조 제1항의 규정에 의한 시정조치에 응하지 아니한 자에 대해서는 2년 이하의 징역 또는 1억5천만원 이하의 벌금에 처한다(법 제67조 제6호).

공정거래법은 벌칙부과 시 양벌규정을 신설하였다. 즉 법인(법인격이 없는 단체 포함)의 대표자나 법인 또는 개인의 대리인, 사용인, 그 밖의 종업원이 그 법인 또는 개인의 업무에 관하여 제66조부터 제68조까지의 어느 하나에 해당하는 위반행위를 하면 그 행위자를 벌하는 외에 그 법인 또는 개인에게도 해당 조문의 벌금형을 과(科)한다. 다만, 법인 또

---

79 '경영을 지배하려는 공동의 목적을 가지고 당해 기업결합에 참여하는 자(령 제11조 제3호)'를 의미한다(령 제12조의3).

는 개인이 그 위반행위를 방지하기 위하여 해당 업무에 관하여 상당한 주의와 감독을 게을리하지 아니한 경우에는 그러하지 아니하다(법 제70조). 징역형과 벌금형은 이를 병과할 수 있다(법 제66조 제2항).

3. 기타

법 제11조(금융회사 또는 보험회사의 의결권 제한) 또는 제18조(이행조치의 이행확보)의 규정을 위반하였더라도 과징금 부과 대상이 아니다.

제8절 대규모내부거래의 이사회 의결 및 공시

Ⅰ. 제도의 취지

2007. 4. 27. 법개정을 통해 상호출자제한기업집단에 속하는 회사에 대한 정보공개제도를 시행하였고, 2009. 3. 25. 법개정을 통해 출자총액을 일률적·사전적으로 규제하던 출자총액제한제도를 폐지하는 대신 이에 대한 보완방법으로 기업집단현황 공시제도를 도입하였다. 2017. 4. 18. 법개정에서는 자산총액 5조원 이상의 기업집단을 공시대상기업집단으로 지정하고, 추가적인 규제가 필요한 기업집단을 상호출자제한기업집단으로 지정하여, 기업집단을 분리하여 상호출자제한기업집단에는 경제력 집중 억제시책을 적용하고, 공시대상기업집단에는 공시·신고의무 및 사익편취 규제 등을 적용시켜 자산 규모별 대기업집단 규제를 차등화하고 있다. 이에 따라 구법의 내부거래공시대상회사는 신법의 공시대상기업집단에 해당한다.

이사회의결 및 공시제도는 공시대상기업집단에 속하는 회사 간에 자금·자산·유가증권 등을 대규모내부거래를 하는 경우 원칙적으로 그 거래에 대해 사전에 이사회의 의결을 거친 후 그 거래내용을 공시하게 하는 제도이다.

부당내부거래를 사전에 예방하고 이에 대한 이사들의 책임을 강화(내부통제장치)하며, 소액주주나 채권자 등 이해관계인에 의한 감시를 유도(외부통제장치)하기 위하여 도입되었다.

Ⅱ. 주요내용

1. 대규모내부거래의 사전 이사회의결 및 공시

공시대상기업집단은 특수관계인을 상대방으로 하거나 특수관계인을 위하여 대규모내부거래를 하고자 하는 때에는 미리 이사회의 의결을 거친 후 이를 공시하여야 한다(법 제11조의2 제1항).

대규모내부거래의 기준은 거래금액이 당해 회사 자본총계 또는 자본금 중 큰 금액의 5% 이상이거나 50억원 이상인 거래행위로서 아래 ①-④의 거래행위를 말한다(법 제11조의2 제1항, 령 제17조의8 제1항).

① 가지급금 또는 대여금 등의 자금을 제공 또는 거래하는 행위.

② 주식 또는 회사채 등의 유가증권을 제공 또는 거래하는 행위.

③ 부동산 또는 무체재산권 등의 자산을 제공 또는 거래하는 행위.

④ 주주의 구성 등을 고려하여 대통령령으로 정하는 계열회사[80]를 상대방으로 하거나 동계열회사를 위하여 상품 또는 용역을 제공 또는 거래하는 행위.

공시대상기업집단에 속하는 회사는 공시를 할 때 거래의 목적 및 대상·상대방(특수관계인이 직접적인 거래상대방이 아니더라도 특수관계인을 위한 거래인 경우에는 당해특수관계인을 포함한다)·거래의 금액 및 조건·거래상대방과의 동일 거래유형의 총거래잔액·기타 공정거래위원회가 정하여 고시하는 사항 등 주요내용을 포함하여야 한다(법 제11조의2 제2항, 령 제17조의8 제4항). 주요내용을 변경하려는 때에도 미리 이사회의 의결을 거친 후 이를 공시하여야 한다(법 제11조의2 제2항).

2. 공시관련업무의 위탁

공정거래위원회는 공시와 관련되는 업무를 「자본시장과 금융투자업에 관한 법률」 제161

---

80 령 제17조의8 제3항: 법 제11조의2(대규모내부거래의 이사회 의결 및 공시) 제1항 제4호에서 "대통령령으로 정하는 계열회사"란 동일인이 단독으로 또는 동일인의 친족[제3조의2(기업집단으로부터의 제외)제1항에 따라 동일인관련자로부터 분리된 자는 제외한다]과 합하여 발행주식 총수의 100분의 20 이상을 소유하고 있는 계열회사 또는 그 계열회사의 「상법」 제342조의2(자회사에 의한 모회사주식의 취득)에 따른 자회사인 계열회사를 말한다. 다만, 다음 각호의 어느 하나에 해당하는 회사는 제외한다.

1. 동일인이 자연인이 아닌 기업집단에 소속된 회사
2. 지주회사의 자회사, 손자회사와 증손회사

조(주요사항보고서의 제출)에 따른 신고수리기관(금융위원회)에 위탁할 수 있다. 이 경우 공시의 방법·절차 기타 필요한 사항은 공시와 관련되는 업무를 위탁받은 신고수리기관과의 협의를 거쳐 공정거래위원회가 이를 정한다(법 제11조의2 제3항).

3. 금융·보험회사의 특례

금융업 또는 보험업을 영위하는 회사는 자금거래나 유가증권거래 등(예컨대 증권회사의 회사채 중개업무, 수익증권판매업무 등)을 수시로 대규모로 수행하므로 매거래 시마다 사전에 이사회 의결을 거치도록 하는 것은 비능률적이다. 따라서 금융·보험회사의 일정한 거래행위에 대해서는 사전 이사회 의결의무를 면제하여 주고 사후적으로 그 거래내용만 공시하도록 하였다.

즉 금융업 또는 보험업을 영위하는 공시대상기업집단이 약관에 따라 정형화된 문자로서 대통령령이 정하는 기준에 해당하는 거래행위(① 「약관의 규제에 관한 법률」의 규정에 의한 약관에 의한 거래행위, ② 당해회사의 일상적인 거래분야에서의 거래행위)를 하고자 하는 때에는 이사회의 의결을 거치지 아니하고 이를 할 수 있다. 다만, 그 거래내용은 사후에 이를 공시하여야 한다(법 제11조의2 제4항, 령 제17조의8 제5항).

4. 이사회의결의 의제

의결이 필요한 대규모내부거래라 하더라도 상장법인이 「상법」 제393조의2(이사회내 위원회)에 따라 설치한 위원회(사외이사가 3인 이상 포함되고, 사외이사의 수가 위원총수의 3분의 2 이상인 경우에 한한다)에서 의결한 경우에는 이사회의 의결을 거친 것으로 본다(법 제11조의2 제5항).

5. 비상장회사 등의 중요사항 공시

공시대상기업집단에 속하는 회사(금융업 또는 보험업을 영위하는 회사는 제외한다)로서 상장법인을 제외한 회사는 다음 각호의 어느 하나에 해당하는 사항을 공시하여야 한다. 다만, 제11조의2의 규정(대규모내부거래의 이사회의결 및 공시)에 따라 공시되는 사항을 제외한다(법 제11조의3 제1항).

① 최대주주와 주요주주(「자본시장과 금융투자업에 관한 법률」 제9조 제1항 제2호에 따른 주요주주를 말한다)의 주식보유현황 및 그 변동사항, 임원의 변동 등 회사의 소유지배구

조와 관련된 중요사항으로서 대통령령[81]이 정하는 사항.

② 자산·주식의 취득, 증여, 담보제공, 채무인수·면제 등 회사의 재무구조에 중요한 변동을 초래하는 사항으로서 대통령령[82]이 정하는 사항.

③ 영업양도·양수, 합병·분할, 주식의 교환·이전 등 회사의 경영활동과 관련 된 중요한 사항으로서 대통령령[83]이 정하는 사항.

법이 정한 바에 따라 ① 금융업 또는 보험업을 영위하는 회사, ② 상장법인인 회사, ③ 직전사업연도 말 현재 자산총액의 100억원 미만인 회사로서 청산 중이거나 1년 이상 휴업

---

81 령 제17조의10 제3항 법 제11조의3 제1항 제1호에서 "대통령령이 정하는 사항"이라 함은 다음 각호의 어느 하나에 해당하는 것을 말한다.

1. 최대주주(동일인이 단독으로 또는 동일인관련자와 합산하여 최다출자자가 되는 경우에는 그 동일인 및 동일인관련자를 포함한다)의 주식보유현황 및 그 보유주식비율이 그 법인의 발행주식총수의 100분의 1 이상 변동이 있는 때에는 그 변동사항
2. 임원의 구성현황 및 그 변동사항
3. 삭제

82 령 제17조의10 제2항 법 제11조의3(비상장회사 등의 중요사항 공시) 제1항 제2호에서 "대통령령이 정하는 사항"이라 함은 다음 각호의 어느 하나에 해당하는 것을 말한다.

1. 최근 사업연도 말 현재 자산총액의 100분의 10 이상의 고정자산의 취득 또는 처분[「자본시장과 금융투자업에 관한 법률」에 따른 신탁계약(그 법인이 운용지시권한을 가지는 경우에 한한다) 또는 같은 법에 따른 사모집합투자기구(그 법인이 자산운용에 사실상의 영향력을 행사하는 경우에 한한다)를 통한 취득·처분을 포함한다]에 관한 결정이 있는 때에는 그 결정사항
2. 자기자본의 100분의 5 이상의 다른 법인(계열회사를 제외한다)의 주식 및 출자증권의 취득 또는 처분에 관한 결정이 있는 때에는 그 결정사항
3. 자기자본의 100분의 1 이상의 증여를 하거나 받기로 한 때에는 그 결정사항
4. 자기자본의 100분의 5 이상의 타인을 위한 담보제공 또는 채무보증(계약 등의 이행보증 및 납세보증을 위한 채무보증을 제외한다)에 관한 결정이 있는 때에는 그 결정사항
5. 자기자본의 100분의 5 이상의 채무를 면제 또는 인수하기로 결정하거나 채무를 면제받기로 결정한 때에는 그 결정사항
6. 증자 또는 감자(減資)에 관한 결정이 있는 때에는 그 결정사항
7. 전환사채 또는 신주인수권부사채의 발행에 관한 결정이 있는 때에는 그 결정사항

83 령 제17조의10 제2항 법 제11조의3(비상장회사 등의 중요사항 공시) 제1항 제3호에서 "대통령령이 정하는 사항"이라 함은 다음 각호의 어느 하나에 해당하는 것을 말한다.

1. 「상법」 제374조·제522조·제527조의2·제527조의3·제530조의2의 규정에 따른 결정이 있는 때에는 그 결정사항
2. 「상법」 제360조의2의 규정에 따른 주식의 포괄적 교환에 관한 결정이 있거나 「상법」 제360조의15의 규정에 따른 주식이전에 관한 결정이 있는 때에는 그 결정사항
3. 「상법」 제517조 또는 다른 법률에 따른 해산사유가 발생한 때에는 그 해산사유
4. 「채무자 회생 및 파산에 관한 법률」에 따른 회생절차의 개시·종결 또는 폐지의 결정이 있는 때에는 그 결정사항
5. 삭제 <2006.4.14>
6. 법률 제6504호 「기업구조조정 촉진법」 제12조 제1항 제1호 내지 제3호의 규정에 따른 관리절차의 개시·중단 또는 해제결정이 있는 때에는 그 결정사항
7. 삭제.

중인 회사(령 제17조의10 제1항)는 공시 대상에서 제외된다. 공시할 사항과 공시관련업무의 위탁에 관하여는 대규모내부거래의 이사회 의결 및 공시의 경우를 준용한다(법 제11조의3 제2항).

6. 기업집단현황 등에 관한 공시

공시대상기업집단에 속하는 회사 중 자산총액 등이 대통령령으로 정하는 기준에 해당하는 회사는(직전사업연도 말 현재 자산총액이 100억원 미만인 회사로서 청산 중이거나 1년 이상 휴업 중인 회사를 제외) 그 기업집단의 1. 일반 현황 2. 주식소유 현황 3. 계열회사 현황 4. 상호출자 현황 5. 순환출자 현황 6. 채무보증 현황 7. 국내계열회사주식에 대한 의결권 행사 여부 8. 특수관계인과의 거래 현황의 사항을 공시하여야 한다(법 제11조의4).

7. 공시대상기업집단의 현황 등에 관한 정보공개

공정거래위원회는 과도한 경제력 집중을 방지하고 기업집단의 투명성 등을 제고하기 위하여 공시대상기업집단에 속하는 회사에 대한 회사의 일반현황, 지배구조현황 등에 관한 정보, 공시대상기업집단에 속하는 회사 간 또는 공시대상기업집단에 속하는 회사와 그 특수관계인 간의 출자, 채무보증, 거래관계 등에 관한 정보를 공개할 수 있다(법 제14조의5). 이 정보공개는 과도한 경제력집중을 방지하고 기업집단의 투명성을 제고하기 위한 것이다. 이 정보의 효율적인 처리 및 공개를 위하여 공정거래위원회는 기업집단정보포털을 운영하고 있다(http://groupopni.ftc.go.kr/).

Ⅲ. 위반행위에 대한 제재(과태료)

법 제11조의2(대규모내부거래의 이사회 의결 및 공시)부터 제11조의4(기업집단현황 등에 관한 공시)까지의 규정에 따른 이사회의 의결을 거치지 아니하거나 공시를 하지 아니한 자 또는 주요내용을 누락하거나 허위로 공시한 위반행위자가 회사인 경우에는 1억원 이하, 위반행위자가 회사의 임원·종업원·기타 이해관계인인 경우에는 1천만원 이하의 과태료에 처한다(법 제69조의2 제1항 제1호). 공정거래위원회는 제11조의2부터 제11조의4까지의 규정을 위반하거나 위반할 우려가 있는 행위가 있는 때에는 공시의무의 이행 또는 공시내용의 정정 등의 시정조치를 명할 수 있다. 그 외 과징금, 징역, 벌금 등의 제재는 없다.

제9절 신고의무 등

Ⅰ. 주식소유현황 등의 신고

1. 내용

공시대상기업집단에 속하는 회사는 대통령령이 정하는 바에 따라 해당 회사의 주주의 주식소유현황·재무상황 및 다른 국내회사 주식의 소유현황을 공정거래위원회에 신고하여야 한다(법 제13조 제1항). 또 상호출자제한기업집단에 속하는 회사는 대통령령이 정하는 바에 의하여 국내계열회사에 대한 채무보증상황을 국내금융기관의 확인을 받아 공정거래위원회에 신고하여야 한다(법 제13조 제2항).

신고서에 ① 당해 회사의 명칭·자본금 및 자산총액 등 회사의 개요, ② 계열회사 및 특수관계인이 소유하고 있는 당해 회사의 주식 수, ③ 해당 회사의 국내회사 주식소유현황(④ 삭제) 등을 기재하여 공정거래위원회에 제출하여야 한다(령 제20조 제1항).

신고서에 첨부할 서류는 ① 당해 회사의 소유주식 명세서, ② 계열회사와의 상호출자현황표, ③ 당해 회사의 직전사업연도의 감사보고서 (④ 삭제, ⑤ 삭제, ⑥ 삭제) 등이다(령 제20조 제2항).

신고기한은 기존 공시대상기업집단에 속하는 회사는 매년 5월 31일까지이며, 새로 공시대상기업집단에 속하는 회사로 지정된 경우에는 지정 당해 연도에 있어서는 공시대상기업집단의 지정통지를 받은 날부터 30일 이내에 신고서를 제출하여야 한다(령 제20조 제1항).

신고의무자가 2인 이상인 경우에는 공동으로 신고하여야 한다. 다만 공정거래위원회가 기업집단소속회사 중 하나의 회사를 신청에 의하여 신고대리인으로 정한 경우에는 그 대리인에 의한 신고가 가능하다(법 제13조 제3항, 제12조 제11항).

2. 위반행위에 대한 제재

법 제13조(주식소유현황등의 신고) 제1항 및 제2항의 규정에 위반하여 주식소유현황 또는 채무보증현황의 신고를 하지 아니하거나 허위의 신고를 한 자는 1억원 이하의 벌금에 처한다(법 제68조 제3호).

그 밖의 시정조치, 과징금에 관한 규정은 없다.

Ⅱ. 관계기관에 대한 자료의 확인요구 등

공정거래위원회는 제9조(상호출자의 금지 등), 제9조의2(순환출자의 금지), 제10조의2(계열회사에 대한 채무보증의 금지), 제11조(금융회사 또는 보험회사의 의결권 제한), 제13조(주식소유현황 등의 신고), 제14조(상호출자기업집단 등의 지정) 또는 제14조의2(계열회사의 전입 및 제외 등)의 시행을 위하여 필요하다고 인정하는 경우에는 ①「금융감독기구의설치등에관한법률」에 의하여 설립된 금융감독원, ② 법 제2조 제3호 각 목에 따른 국내금융기관(「은행법」에 따른 은행과 한국산업은행·한국수출입은행 및 중소기업은행, 「보험업법」에 의한 보험회사, 「자본시장과 금융투자업에 관한 법률」에 따른 투자매매업자·투자중개업자 및 종합금융회사, 그 밖에 대통령령으로 정하는 금융기관), ③ 기타 금융 또는 주식의 거래에 관련되는 기관으로서 대통령령이 정하는 기관에 대하여 공시대상기업집단의 국내계열회사 주주의 주식소유현황, 채무보증 관련자료, 가지급금·대여금 또는 담보의 제공에 관한 자료, 부동산의 거래 또는 제공에 관한 자료 등 필요한 자료의 확인 또는 조사를 요청할 수 있다(법 제14조의4).

제10절 기업결합의 제한 및 경제력집중의 억제 탈법행위

Ⅰ. 금지행위의 내용

누구든지 제7조(기업결합의 제한) 제1항, 제8조의2(지주회사 등의 행위제한 등) 제2항부터 제5항까지, 제8조의3(상호출자제한기업집단의 지주회사 설립제한), 제9조(상호출자의 금지 등), 제10조의2(계열회사에 대한 채무보증의 금지) 또는 제11조(금융회사 또는 보험회사의 의결권 제한)의 규정의 적용을 면탈하려는 행위를 하여서는 아니 된다(법 제15조 제1항).

탈법행위 금지규정의 적용을 받는 수범자는 "누구든지"이다. 따라서 행위주체가 사업자이든 비사업자이든 적용대상이 된다.

탈법행위 금지의 대상이 되는 행위는 기업결합제한 및 경제력집중 억제 부분에서 금지하고 있는 행위들이다. 따라서 시장지배적 지위 남용행위, 부당공공행위, 불공정거래행위, 재판매가격유지행위, 사업자단체금지행위, 부당한 국제계약체결행위 등에 대해서는 적용되지 않는다.

기업결합제한 및 경제력집중 억제 부분에서 제8조(지주회사의 설립·전환의 신고), 제11조의2(대규모내부거래의 이사회의결 및 공시), 제11조의3(비상장회사 등의 중요사항 공시), 제11조의4(기업집단현황 등에 관한 공시), 제12조(기업결합의 신고), 제13조(주식소유현황 등의 신고) 등은 제외되어 있다.

Ⅱ. 탈법행위의 유형

공정거래법 시행령 제21조의4 제1항에서 정한 탈법행위 유형은 다음과 같다.

① 상호출자제한기업집단에 속하는 회사가 행하는 다음 각 목의 어느 하나에 해당하는 행위

가. 법 제2조제3호의7 각 목의 어느 하나에 해당하는 국내금융기관에 대한 자기 계열회사의 기존의 채무를 면하게 함이 없이 동일한 내용의 채무를 부담하는 행위

나. 다른 회사로 하여금 자기의 계열회사에 대하여 채무보증을 하게 하는 대신 그 다른 회사 또는 그 계열회사에 대하여 채무보증을 하는 행위

다. 「자본시장과 금융투자업에 관한 법률 시행령」제103조(신탁의 종류)제1호에 따른 특정금전신탁을 이용하여 신탁업자로 하여금 자기의 주식을 취득하거나 소유하고 있는 계열회사의 주식을 취득하거나 소유하도록 하고 신탁업자와의 계약 등을 통하여 해당 주식에 대한 의결권을 사실상 행사하는 행위

라. 자기의 주식을 취득하거나 소유하고 있는 계열회사의 주식을 타인의 명의를 이용하여 자기의 계산으로 취득하거나 소유하는 행위

마. 자기가 취득하거나 소유하면 다음의 어느 하나에 해당하게 되는 주식을 「자본시장과 금융투자업에 관한 법률 시행령」제103조(신탁의 종류)제1호에 따른 특정금전신탁을 이용하여 신탁업자로 하여금 취득하거나 소유하도록 하고 신탁업자와의 계약 등을 통하여 해당 주식에 대한 의결권을 사실상 행사하는 행위

1) 법 제9조의2(순환출자의 금지)제2항에 따라 금지되는 순환출자를 형성하는 계열출자에 해당하게 되는 주식

2) 법 제9조의2(순환출자의 금지)제2항에 따라 금지되는 순환출자회사집단에 속하

는 계열회사의 계열출자대상회사에 대한 추가적인 계열출자에 해당하게 되는 주식

바. 자기가 취득하거나 소유하면 다목1) 또는 2)에 해당하게 되는 주식을 타인의 명의를 이용하여 자기의 계산으로 취득하거나 소유하는 행위

② 그 밖에 ①의 행위에 준하는 행위로서 공정거래위원회가 정하여 고시하는 행위

Ⅲ. 위반행위에 대한 제재

1. 시정조치

(1) 내용

법 제15조(탈법행위의 금지)의 규정에 위반하거나 위반할 우려가 있는 행위를 한 당해 사업자 또는 위반행위자에 대하여 ① 당해행위의 중지, ② 주식의 전부 또는 일부의 처분, ③ 임원의 사임, ④ 영업의 양도, ⑤ 채무보증의 취소, ⑥ 시정명령을 받은 사실의 공표, ⑦ 기업결합에 따른 경쟁제한의 폐해를 방지할 수 있는 영업방식 또는 영업범위의 제한, ⑧ 공시의무의 이행 또는 공시내용의 정정, ⑨ 기타 법위반상태를 시정하기 위하여 필요한 조치 등을 명할 수 있다(법 제16조 제1항).

(2) 시정조치의 이행확보

제16조(시정조치 등) 제1항에 따른 주식처분명령을 받은 자는 그 명령을 받은 날부터 법위반상태가 해소될 때까지 당해 주식에 대하여 의결권을 행사할 수 없다(법 제18조 제1항).

주식처분명령을 받은 경우에 한하여 의결권이 제한되고 주식처분명령 이외의 시정조치를 받은 경우에는 의결권이 제한되지 않는다.

2. 벌칙

법 제15조(탈법행위의 금지)의 규정을 위반하여 탈법행위를 한 자에 대하여 3년 이하의 징역 또는 2억원 이하의 벌금에 처한다(법 제66조 제1항 제8호). 징역형과 벌금형은 이를 병과할 수 있다(법 제66조 제2항).

제16조(시정조치 등) 제1항의 규정에 의한 시정조치에 응하지 아니한 자에 대하여 2년 이하의 징역 또는 1억5천만원 이하의 벌금에 처한다(법 제67조 제6호).

공정거래법은 벌칙부과 시 양벌규정을 신설하였다. 즉 법인(법인격이 없는 단체 포함)의 대표자나 법인 또는 개인의 대리인, 사용인, 그 밖의 종업원이 그 법인 또는 개인의 업무에 관하여 제66조부터 제68조까지의 어느 하나에 해당하는 위반행위를 하면 그 행위자를 벌하는 외에 그 법인 또는 개인에게도 해당 조문의 벌금형을 과(科)한다. 다만, 법인 또는 개인이 그 위반행위를 방지하기 위하여 해당 업무에 관하여 상당한 주의와 감독을 게을리하지 아니한 경우에는 그러하지 아니하다(법 제70조).

제6장 부당한 공동행위의 제한

제1절 개설

1. 공동행위의 개념

공동행위란 사업자가 계약·협정·결의 기타 어떠한 방법으로도 다른 사업자와 공동으로 부당하게 경쟁을 제한하는 일정한 행위(9가지 공동행위의 유형)를 할 것을 합의하는 것을 말한다(법 제19조 제1항). 카르텔 또는 기업연합이라고도 한다.

공정거래법은 이러한 공동행위를 모두 금지하는 것이 아니라 부당하게 경쟁을 제한하는 공동행위에 해당하는 경우에만 금지하고 있다.

2. 카르텔 정당화 사유 및 반경쟁적 효과

카르텔을 정당화하는 근거는 다음과 같은 것들이 있다.

① 동업자 간 경쟁과열로 초래될 수 있는 원가 이하 수준의 가격 경쟁을 회피할 수 있다(파멸적 경쟁회피). ② 산업합리화를 위한 카르텔과 같이 일정한 경우 기업도산과 대량실업을 방지할 수 있다(기업도산 방지). ③ 사업자 간 공동출연으로 기술개발·품질개선을 위한 공동의 연구개발이 가능하다(공동 연구개발). ④ 사업자 간 과도한 가격경쟁으로 인한 제품의 품질저하 방지를 위해 적정 수준의 가격안정이 가능하다(품질저하 방지). ⑤ 중소사업자들의 카르텔을 통한 교섭력을 강화하여 대기업에 대항할 수 있다(대기업의 대항세력). ⑥ 카르텔은 기업윤리를 유지하고, 불황극복의 수단이 될 수도 있다.

그러나 실제로 카르텔은 시장의 경쟁을 제한하는 폐해가 더 크다. 즉 ① 카르텔은 주로 독점이윤을 목적으로 하기 때문에 대부분의 경우 가격인상을 초래한다(가격인상). ② 카르텔 참가사업자들은 가격·품질·서비스 등에서 경쟁위협을 받지 않아 당해 산업분야의 효율성이 감소되고, 품질이나 서비스개선의 노력이 감소되어 결국 소비자후생을 후퇴시킨다(소비자후생 후퇴). ③ 카르텔 참가사업자들은 자체 결속을 통하여 잠재적 경쟁자의 신규진입을 방해하고 카르텔에 참가하지 않는 기존사업자를 시장에서 축출시킨다(시장구조악화). ④ 사실상 경쟁력을 상실한 사업자가 카르텔에 힘입어 시장에 머물 수 있게 된다(한계기업의 존속).

3. 규제이유

경쟁관계에 있는 사업자가 아무리 많더라도 이들이 서로 담합하면 마치 독점사업자처럼 시장을 지배하게 된다. 담합에 의해 가격이나 생산량 등을 마음대로 조절함으로써 소비자나 담합에 참가하지 않은 경쟁사업자에게 피해를 주게 된다. 한편 담합 참가사업자의 이윤을 유지·보장함으로써 기술개발이나 경영합리화 등 사업자의 창의적인 활동을 약화시키고 신규사업자의 진입을 방해하여 시장의 비능률을 초래하게 된다. 이에 공정거래법은 기업 간에 경쟁을 회피하여 시장지배력을 유지하려는 공동행위를 경쟁제한행위로 보고 규제하고 있다.

제2절 부당한 공동행위의 성립요건

Ⅰ. 내용

공동행위가 성립하기 위해서는 ① 사업자가 다른 사업자와 공동으로 하는 행위가 있어야 하고(행위공동성), ② 2개 이상의 사업자 간에 합의가 있어야 하며(합의), ③ 반드시 합의의 내용이 부당하게 경쟁을 제한하여야 한다(부당한 경쟁제한성).

1. 행위공동성

(1) 2개 이상의 사업자

공동행위가 성립하기 위해서는 사업자가 다른 사업자와 공동으로 하여야 한다. 즉 반드시

2개 이상의 사업자가 공동행위에 참여하여야 한다. 공동행위는 사업자가 다른 사업자와 공동으로 하는 행위라는 점에서, 사업자가 단독으로 하는 시장지배적 사업자의 지위 남용 행위나 불공정거래행위와 구별된다.

(2) 수직적 공동행위의 문제

공동행위가 성립하기 위해서 사업자와 다른 사업자가 반드시 동일한 관련시장 내에 있는 사업자이어야만 하는가. 즉 공동행위는 경쟁관계에 있는 사업자 간에만 성립하는지 아니면 경쟁관계가 없는 수직적 거래관계에 있는 사업자 간에도 공동행위가 성립할 수 있는지 하는 문제이다.

이에 대해서는 긍정설과 부정설이 있으나 현행 법규정은 경쟁사업자가 아닌 다른 사업자로만 규정되어 있고 일정한 거래분야라는 요건도 필요 없기 때문에 수직적 공동행위도 성립가능하다고 본다.[84] 그러나 현재까지 수직적 공동행위를 인정한 판례나 공정거래위원회의 심결사례는 없다.

(3) 일부의 사업자

부당한 공동행위에 있어서 합의는 어떠한 거래분야나 특정한 입찰에 참여하는 모든 사업자들 사이에서 이루어질 필요는 없고, 입찰에 참가한 15개 사업자 중 2개 사업자들 사이에서만 이루어진 경우에도 부당한 공동행위가 된다.[85] 일부의 사업자 사이에서만 이루어진 경우에도 그것이 경쟁을 제한하는 행위로 평가되는 한 부당한 공동행위가 성립한다.

(4) 교사범 제재

법 제19조(부당한 공동행위의 금지) 제1항에서는 사업자가 부당한 공동행위를 하는 경우뿐만 아니라 다른 사업자로 하여금 이를 행하도록 하는 경우에도 제재를 가하고 있다.

2. 합의(의사의 연락)

(1) 합의의 의미

공동행위가 성립하기 위해서는 2개 이상의 사업자 간에 합의가 있어야 한다. 합의가 있다는 의미를 넓게 해석하면 인위적으로 형성된 의사의 연락이 있고 그에 기하여 경쟁의 제

84 정호열, 앞의 책, 309面.

85 대법원 1999.2.23. 선고 98두15849 판결.

한에 대한 공동의 인식이 형성되고, 나아가 행위의 일치가 이루어지는 것을 말한다.[86] 그러나 통상 부당한 공동행위가 성립하기 위한 합의는 인위적으로 형성된 의사의 연락이 있는 것만으로 충분하다고 본다. 합의란 의견의 일치가 있다는 것에 대한 인식, 즉 합의가 성립하고 있다는 것을 다른 당사자도 알고 있다는 사실을 이쪽에서도 알고 있는 관계가 성립하는 것(암묵적 요해)을 말한다.

(2) 합의의 방법

합의의 방법에는 일정한 형식이나 제한이 없으며 명시적인 방법뿐만 아니라 묵시적 방법에 의한 합의도 해서는 아니 된다. 의사의 연락에는 사업자들 간에 계약·협정·결의 등의 명시적인 방법에 의한 경우뿐만 아니라 암묵의 요해에 그치는 경우도 포함된다는 것이 판례의 입장이다.[87] 예컨대 잡담을 하면서 입찰가격의 한도에 대해 우연하게 언급한 후 그에 대해 특별히 확인하지 않았더라도 모든 참가자로부터 동일한 결과가 나오거나, 하나의 적극적인 발언에 대하여 다른 참가자가 반대 없이 동일한 행동을 한 경우 등이 이에 해당한다. 따라서 사업자는 어떠한 방법으로도 다른 사업자와 공동으로 합의하여서는 아니 된다. 반대로 복수사업자의 행위결과가 외형상 일치하더라도 의사의 연락이 전혀 없는 경우에는 단독행위에 불과하므로 규제대상이 아니다.

(3) 합의의 실행 불필요

현행법에 따르면 부당한 공동행위는 합의의 실행을 요하지 않고 합의 그 자체만으로 성립한다.[88] 따라서 부당공동행위는 부당합의라 함이 사실 더 정확한 표현이 될 것이다. 일본의 경우에는 의사의 연락이 있다고 하기 위해서는 공동행위의 목적사항에 관한 사전의 의사연락·교섭과 사후의 행동통일에 대한 합리적인 추론이 가능해야 한다는 입장(실행 필요설)을 취하고 있다.[89] 미국의 경우에는 셔먼법에서 '주 간 또는 국가 간 거래를 제한하는 계약·협의·모의를 금지한다'고 하여 실행행위가 없어도 모의한 사실만 있으면 처벌을 하고 있어 실행 불요설을 취하고 있다.

---

86 사법연수원, 앞의 책, 101面.

87 서울고등법원 1996.2.13. 선고 94구36751 판결.

88 권오승, 앞의 책, 294面.

89 사법연수원, 앞의 책, 103面.

그러나 우리의 판례에 따르면 합의를 실행할 의사 없이 합의를 하였다 하더라도 부당한 공동행위의 성립에 방해가 되지 않는다고 한다. 즉 부당한 공동행위는 합의에 따른 행위를 현실적으로 하였을 것을 요하는 것이 아니고, 또 어느 한 쪽의 사업자가 당초부터 합의에 따를 의사도 없이 진의 아닌 의사표시에 의하여 합의한 경우라고 하더라도 다른 쪽 사업자는 당해 사업자가 합의에 따를 것으로 신뢰하고 당해 사업자는 다른 사업자가 합의를 위와 같이 신뢰하고 행동할 것이라는 점을 이용함으로써 경쟁을 제한하는 행위가 되는 것은 마찬가지이므로 부당한 공동행위의 성립에 방해가 되지 않는다고 할 것이며, 원고가 당초부터 위 합의를 이행할 의사로 합의를 하였는지, 또 위 합의를 이행하였는지 여부는 그 성립에 영향이 없다고 할 것이므로 비록 원고가 내심으로는 금 530억 원에 응찰하여 낙찰을 받을 의사를 가졌었고 그 후 합의와 달리 응찰하였다고 하더라도 이러한 사정은 부당한 공동행위의 성립에 방해가 되지 아니한다고 할 것이다.[90] 상대방이 협정을 지킬 것이라는 기대하에 다른 사업자들이 담합에 따랐고, 그 결과 경쟁제한적 효과가 발생하였기 때문이다.[91]

또한 합의를 실행하는 과정에서 수회에 걸쳐 회합을 가지고 구체적인 가격의 결정 등을 위한 합의를 계속하여 온 경우, 그 회합 또는 합의의 구체적 내용이나 구성원에 일부 변경이 있더라도, 그와 같은 일련의 합의는 전체적으로 하나의 부당한 공동행위로 봄이 상당하므로, 법 제49조 제4항의 '법의 규정에 위반하는 행위가 종료한 날'을 판단함에 있어서도 각각의 회합 또는 합의를 개별적으로 분리하여 판단할 것이 아니라 그와 같은 일련의 합의를 전체적으로 하나의 행위로 보고 판단하여야 할 것이고, 또한 가격 결정 등의 합의 및 그에 기한 실행행위가 있었던 경우 부당한 공동행위가 종료한 날은 그 합의가 있었던 날이 아니라 그 합의에 기한 실행행위가 종료한 날을 의미한다.[92]

(4) 합의의 상호구속성

합의가 일방만 구속하고 타방은 구속하지 않는 경우에도 부당한 공동행위가 성립하는지

90 대법원 1999.2.23. 선고 98두15849 판결.

91 정호열, 앞의 책, 310面.

92 대법원 2006.3.24. 선고 2004두11275 판결.

여부가 문제된다. 부정설은 부당한 공동행위는 상호 일정한 제한을 과함으로써 자유로운 사업활동을 구속할 때 성립하므로 구속의 상호성을 그 요건으로 한다고 본다.[93] 다만 여기서 그 구속의 정도는 따지지 않으며, 준수를 위한 감시기관이나 제재수단 등의 설치와 같은 명백한 구속을 반드시 필요로 하는 것도 아니고 상호 합의를 지킨다는 기대를 토대로 하는 협정준수관계의 성립이면 충분한 것으로 본다. 긍정설에서는 당사자 간의 합의가 당사자의 일방만을 구속하고 다른 일방은 구속하지 않는 경우에도 부당한 공동행위가 될 수 있다고 한다.[94] 입찰담합을 한 후 실제로 합의와 달리 응찰하였더라도 부당공동행위를 인정한 판례의 태도를 고려할 때 합의 구속력을 엄격하게 해석할 필요가 없다. 따라서 합의가 일방만 구속하고 타방은 구속하지 않는 경우에도 부당한 공동행위가 성립한다.

참고로 합의에 따른 공동행위의 결과 부당이득의 발생했는가의 여부도 공동행위의 성립에 아무런 영향이 없다. 따라서 사업자는 공동행위의 결과 아무런 이득이 발생하지 않았음을 이유로 공동행위의 성립을 부정할 수 없다. 따라서 공정거래위원회는 부당이득의 발생여부와 상관없이 시정조치를 할 수 있고 과징금 부과조치도 할 수 있다.

3. 부당한 경쟁제한성

(1) 의미

부당공동행위가 성립하기 위해서는 반드시 합의의 내용이 「부당하게 경쟁을 제한」하여야 한다. 사업자 간에 9가지 행위유형 중 1가지 이상에 대한 합의가 있었다는 그 자체만으로 부당공동행위가 성립하는 것이 아니고 그 합의의 내용이 부당하게 경쟁을 제한하여야 한다. 따라서 사업자 간의 합의라 하더라도 부당하게 경쟁을 제한하지 않는 합의는 부당공동행위가 되지 않는다(예컨대 소비자이익을 위하여 상품의 규격을 통일하는 사업자 간의 합의 등).

공동행위의 위법성 심사는 공동행위의 성격에 대한 분석으로부터 출발한다. 성격상 경쟁제한 효과만 발생시키는 것이 명백한 경우(경성공동행위: 예컨대 가격·산출량의 결정·제한이나 시장·고객의 할당 등)에는 특별한 사정이 없는 한 구체적인 시장상황에 대한 심사 없

93 신현윤, 앞의 책, 247面; 사법연수원, 앞의 책, 101面; 이동규, 『독점규제및공정거래에관한법률 개론』, 행정경영자료사, 1999, 286面.

94 정호열, 앞의 책, 310面.

이 부당한 공동행위로 판단할 수 있다.

그러나 공동행위의 성격상 경쟁제한 효과와 효율성증대 효과를 함께 발생시킬 수 있는 경우(연성공동행위: 예컨대 공동생산, 공동마케팅, 공동연구·개발, 공동구매 등)에는 당해 공동행위의 위법성을 판단하기 위해 경쟁제한 효과와 효율성증대 효과를 종합적으로 심사함을 원칙으로 한다.[95] 일반적으로 법 제19조 제1항 제1호(가격공동행위), 제2호(거래조건공동행위), 제3호(공급제한공동행위), 제4호(시장분할공동행위) 등에 대한 합의는 그 자체만으로 부당하게 경쟁을 제한하는 것으로 보는 반면(당연위법의 원칙 적용), 제5호(설비제한공동행위), 제6호(상품 종류·규격제한공동행위), 제7호(회사설립공동행위), 제8호(입찰 등의 공동행위), 제9호(기타의 공동행위) 등에 대한 합의는 부당하게 경쟁을 제한하는지 여부를 별도로 심사하는 경향이 있다(합리의 원칙 적용).

(2) 일정한 거래분야 획정 필요 여부

종전까지 부당공동행위가 성립하기 위해서는 합의의 내용이 "일정한 거래분야에서 경쟁을 실질적으로 제한"할 것을 요구하였다. 즉, 사업자 간에 합의를 하면 먼저 일정한 거래분야를 획정하고 합의참가 사업자의 시장점유율이 일정비율 이상 되는 등 실질적 경쟁제한성이 있어야만 부당공동행위가 성립하였다.

그러나 사업자 간의 합의는 경쟁의 핵심적 요소에 대하여 서로 경쟁을 하지 않기로 하는 것이 보통이고 통상 당해 시장의 유력사업자 간에 이루어지기 때문에 합의가 일단 성립하면 경쟁을 제한하는 효과가 크게 나타난다. 따라서 일정한 거래분야를 획정하고 실질적 경쟁제한성이라는 엄격한 요건을 요구할 필요성이 크지 않다.

이러한 이유로 부당공동행위의 성립요건을 완화할 필요가 있어 개별사안마다 일정한 거래분야를 획정하는 번거로움을 없애고 실질적 경쟁제한성이라는 엄격한 요건을 삭제하고 단순히 "부당하게 경쟁을 제한하는" 것으로 그 요건을 개정한 것이다. 법 제19조 제1항 본문에 일정한 거래분야라는 요건이 명시적으로 삭제되었고 부당공동행위가 성립하기 위해서 실질적 경쟁제한성까지 요구하고 있지 않기 때문에 일정한 거래분야는 실질적 경쟁제한성을 판단하기 위한 전제인 점을 감안하면 일정한 거래분야의 획정은 필요하지 않다.

95 「공동행위심사기준」, 공정거래위원회 예규 제235호 2015.10.23. 개정 참조.

그러나 공정거래위원회에서는 연성 공동행위(공동생산, 공동연구·개발, 공동마케팅, 공동구매 등)의 경우 일정한 거래분야를 획정하고 있다. 즉 연성 공동행위의 경쟁제한 효과를 심사하기 위해서 우선 관련 시장을 획정하고 당해 공동행위에 참여하고 있는 사업자들의 시장 점유율을 산정하고 있다.[96]

Ⅱ. 합의추정제도

1. 제도의 취지

공동행위가 법률상 금지되고 이에 대한 규제가 강화됨에 따라 사업자들은 합의의 증거를 남기지 않거나 은폐하려는 경향이 있기 때문에 실제로는 합의의 존재를 입증하기가 매우 어렵다. 이에 따라 부당한 공동행위에 대한 규제의 실효성을 확보하기 위하여 공정거래위원회가 부담하는 합의의 입증책임을 완화하여 합의의 추정조항을 신설하였다. 따라서 일정요건에 해당하는 경우 사업자가 합의가 없었음을 입증해야 한다. 그런데 직접증거가 없는 상황에서 의사의 연락이 없었음을 사업자가 입증하는 것이 쉬운 일이 아니어서 입증책임전환을 인정한 합의의 추정제도에 문제가 있다는 지적도 있다.

2. 합의추정제도의 내용

(1) 추정규정

2개 이상의 사업자가 제1항 각호의 어느 하나에 해당하는 행위를 하는 경우로서 해당 거래분야 또는 상품·용역의 특성, 해당 행위의 경제적 이유 및 파급효과, 사업자 간 접촉의 횟수·양태 등 제반사정에 비추어 그 행위를 그 사업자들이 공동으로 한 것으로 볼 수 있는 상당한 개연성이 있는 때에는 그 사업자들 사이에 공동으로 법 제19조 제1항 각호의 어느 하나에 해당하는 행위(9가지 유형의 부당한 공동행위)를 할 것을 합의한 것으로 추정한다(법 제19조 제5항).

(2) 입증책임

합의의 추정제도는 명시적이든 묵시적이든 합의를 입증한다는 것이 매우 어려운 일이므로,

---

96 「공동행위심사기준」, 공정거래위원회 예규 제235호 2015.10.23. 개정 참조.

공정거래위원회로 하여금 사업자들의 합의를 입증하는 것에 갈음하여 두 가지 간접사실만을 입증하도록 함으로써, 부당한 공동행위에 대한 규제의 실효성을 확보하고자 함에 있다.

법 제19조 제5항은 사실상 추정규정이 아니라 법률상 추정규정이다.[97] 따라서 법 제19조 제5항에 의하여 합의가 추정되는 경우, 사업자는 그 행위가 합의에 기한 것이 아님을 입증함으로써 추정을 복멸할 수 있다. 이에 대하여 합의 추정은 행정법상의 추정으로서 추정요건이 충족된 경우에 공정거래위원회가 규제절차를 착수해야한다는 견해가 있다.[98] 행정법상의 추정이란 입증책임의 전환을 인정하지 않고 실질적인 증명책임은 공정거래위원회가 부담하되, 성실한 증명 노력에도 불분명한 부분이 남아 있는 경우에는 사업자가 그 추정을 깨뜨릴 책임을 진다는 것이다. 법 제19조 제5항의 해석 범위를 넘는 것이라 생각한다.

(3) 추정요건

추정이 발생하기 위해서는 ① 복수 사업자들 사이에 행위의 외형적 일치와 ② 공동행위로 볼 수 있는 상당한 개연성의 두 가지 요건을 필요로 한다. 법개정 전에는 사업자들의 합의를 추정하기 위해서는 '행위의 외형상 일치'와 '경쟁제한성'의 입증만으로써 족한 것이지, 이에 추가하여 사업자들의 합의 내지 암묵적인 양해를 추정케 할 정황사실이 입증되어야만 하는 것이 아니다.[99] 개정법은 경쟁제한성의 입증을 삭제하고 공동행위의 개연성만으로 추정이 가능하도록 추정요건을 더욱 완화하였다.

그럼에도 공정거래위원회는 추정제도의 가혹함을 완화하기 위해 공동행위 심사기준(예규 제235호 2015.10.23. 개정)에서 추정을 보강하기 위한 정황증거를 예시하고 있다.[100]

---

97 정호열, 앞의 책, 312面; 신현윤, 앞의 책, 246面, 이호영, 『독점규제법』, 홍문사, 2005, 150面; 대법원 2002.3.15. 선고 99두6514 , 6521 판결.

98 권오승, 앞의 책, 302面.

99 대법원 2002.3.15. 선고 99두6514 , 6521 판결.

100 ① 직·간접적인 의사연락이나 정보교환 등의 증거가 있는 경우(예 1. 해당 사업자 간 가격인상, 산출량 감축 등 비망록 기입내용이 일치하는 경우, 2. 모임을 갖거나 연락 등을 하고 그 이후 행동이 통일된 경우, 3. 특정 기업의 가격, 산출량 등 결정을 위한 내부 업무보고 자료에 다른 경쟁기업의 가격, 산출량 등에 대한 향후 계획 등 일반적으로 입수할 수 없는 비공개 자료가 포함된 경우 4. 특정기업이 가격인상 또는 산출량 감축 의도를 밝히고 다른 경쟁기업들의 반응을 주시한 후 그 반응에 따라 가격인상 또는 산출량 감축을 단행한 경우)

(4) 추정의 대상과 복멸

사업자는 그 추정을 깨뜨리기 위해서 그들 행동의 일치가 합의에 기인한 것이 아니라 "개별 사업자의 독자적인 경영판단의 결과"라는 사실을 입증하여야 한다.

추정의 대상이 부당행위 그 자체인지, 사업자들의 합의 자체인지, 아니면 부당성인지가 문제될 수 있다. 현행법상 추정되는 것은 '합의'이다. 따라서 ① 외형적 일치와 ② 공동행위의 개연성이라는 추정요건 두 가지가 주장·입증되면 당사자의 합의가 있는 것으로 추정되고 입증책임은 사업자에게 전환된다. 다만 부당성은 공정거래위원회가 입증하여야 한다.

부당한 공동행위의 합의추정을 받는 사업자들로서는 외부적으로 드러난 동일 또는 유사한 행위가 실제로는 아무런 합의 없이 각자의 경영판단에 따라 독자적으로 이루어졌음에도 마침 우연한 일치를 보게 되는 등 부당한 공동행위의 합의가 없었다는 사실을 입증하거나, 외부적으로 드러난 동일 또는 유사한 행위가 합의에 따른 공동행위가 아니라는 점을 수긍할 수 있는 정황을 입증하여 그 추정을 복멸시킬 수 있다. 합의의 추정을 복멸시킬 수 있는 사정을 판단함에 있어서는 당해 상품 거래분야 시장의 특성과 현황, 상품의 속성과 태양, 유통구조, 가격결정 구조, 시장가격에 영향을 미치는 제반 내외부적 영향, 각 개별업체가 동종 거래분야 시장에서 차지하고 있는 지위, 가격의 변화가 개별사업자의 영업이익, 시장점유율 등에 미치는 영향, 사업자의개별적 사업여건에 비추어 본 경영판단의 정당성, 사업자 상호 간의 회합 등 직접적 의사교환의 실태, 협의가 없었더라도 우연의 일치가 이루어질 수도 있는 개연성의 정도, 가격모방의 경험과 법위반 전력, 당시의 경제정책적 배경 등을 종합적으로 고려하여 거래 통념에 따라 합리적으로 판단하여야 한다.[101]

(5) 의식적 동조행위(인식 있는 병행행위)의 문제

주로 과점시장에서 사업자 간에 의사의 연락은 없지만, 경쟁사업자의 행동을 인식하고 경쟁사업자들이 하는 대로 따라서 행동하는 것을 의식적 동조행위(인식 있는 병행행위)라고 한다. 의식적 동조행위는 의사의 연락이 없으므로 이를 공동행위로 볼 것인가 하는 것이 문제가 된다.

---

101 대법원 1999.2.23. 선고 98두15849 판결.

미국에서는 단순한 동조적 행위 이외에 합의를 추단해 낼 수 있는 정황증거 즉, 추가적 요소[102]가 존재하거나, 상호의존적인 의식적 병행행위를 수행하는 등 동조행위에 의한 경쟁제한 효과가 입증되는 경우 위법을 인정하는 경향이다.[103]

일본에서는 의식적 병행행위 만으로는 공동행위로 인정하기에 불충분하고 묵시적이더라도 어떠한 의사의 연락이 있어야 한다는 입장이다.[104] 즉 다른 사람이 어떤 행동을 취할 것인가를 알 수 있는 정보가 사업자 간의 회합과 앙케트 실시결과의 공표 등으로 제공되고, 그 후 행동의 일치가 이루어지는 경우 묵시적 합의가 성립되었다고 보아 독점금지법 위반으로 인정하고 있다.

우리는 의식적 병행행위 이외에 적어도 암묵적 요해가 있어야 한다는 취지의 하급심이 있다.[105] 「과점적 시장구조하에서 시장점유율이 높은 선발 업체가 독자적인 판단에 따라 가격을 결정한 뒤 후발업체가 일방적으로 이를 모방하여 가격을 결정하는 경우에는, 선발업체가 종전의 관행 등 시장의 현황에 비추어 가격을 결정하면 후발업체들이 이에 동조하여 가격을 결정할 것으로 예견하고 가격 결정을 하였다는 등의 특별한 사정이 없는 한 공동행위의 합의추정은 번복되고, 과점적 공급시장하에서 후발업체들이 시장점유율이 높은 선발업체의 가격을 일방적으로 모방한 결과 그 공장도 가격이 동일하게 된 경우,

102 ① 공동행위를 할 합리적인 동기나 이유가 있는 경우.
② 공동행위가 아니면 취하지 않았을 자신의 이익에 배치되는 행동이 있는 경우.
③ 시장현상이 공동행위의 결과라고 설명하는 것 이외에 달리 합리적으로 설명할 수 있는 방법이 없는 경우.
④ 과거 독점금지법을 위반한 전례가 있는 경우.
⑤ 혐의를 받고 있는 당사자들 사이에 회의나 직접적인 교신이 존재하는 경우.
⑥ 피고가 공동행위를 조장하는 행위를 한 경우(상호 간의 정보교환과 사업자단체를 통한 자료의 교환, 단일한 가격공식을 채택하거나 가격을 공개하는 경우 등).
⑦ 산업구조의 특성이 경쟁의 회피를 어렵게 하는 경우(경쟁의 회피가 용이한 경우에는 명시적인 합의의 증거가 있어야 할 것이다).
⑧ 시장의 성과가 합의의 추정을 가능하게 하는 경우(시장점유율 장기간 지속, 사업자 상당한 수익을 얻고 있으며, 산업전반에 걸쳐 초경쟁적인 이윤이 존재하는 경우 등); 권오승, 앞의 책, 300-301面

103 사법연수원, 앞의 책, 105面.

104 사법연수원, 앞의 책, 105面.

105 서울고등법원 1996.2.13. 선고 94구36751 판결.

부당한 공동행위의 합의추정이 번복될 뿐만 아니라 후발업체들 상호 간에 부당한 공동행위의 합의를 한 것으로 추정할 수도 없다」는 판례[106]도 같은 취지이다.

제3절 부당한 공동행위의 유형

법 제19조(부당한 공동행위의 금지) ① 사업자가 계약·협정·결의 기타 어떠한 방법으로도 다른 사업자와 공동으로 부당하게 경쟁을 제한하는 다음 각호의 1에 해당하는 행위를 할 것을 합의(이하 "부당한 공동행위"라 한다)를 하거나 다른 사업자로 하여금 이를 행하도록 하여서는 아니 된다.

1. 가격을 결정·유지 또는 변경하는 행위
2. 상품 또는 용역의 거래조건이나, 그 대금 또는 대가의 지급조건을 정하는 행위
3. 상품의 생산·출고·수송 또는 거래의 제한이나 용역의 거래를 제한하는 행위
4. 거래지역 또는 거래상대방을 제한하는 행위
5. 생산 또는 용역의 거래를 위한 설비의 신설 또는 증설이나 장비의 도입을 방해하거나 제한하는 행위
6. 상품 또는 용역의 생산·거래 시에 그 상품 또는 용역의 종류·규격을 제한하는 행위
7. 영역의 주요부문을 공동으로 수행·관리하거나 수행·관리하기 위한 회사 등을 설립하는 행위
8. 입찰 또는 경매에 있어 낙찰자, 경락자(競落者), 투찰(投札)가격, 낙찰가격 또는 경락가격, 그 밖에 대통령령으로 정하는 사항을 결정하는 행위
9. 제1호부터 제8호까지 외의 행위로서 다른 사업자(그 행위를 한 사업자를 포함한다)의 사업활동 또는 사업내용을 방해하거나 제한함으로써 일정한 거래분야에서 경쟁을 실질적으로 제한하는 행위

106 대법원 2002.5.28. 2000두1386판결.

공정거래법에서 열거한 9가지 유형의 행위를 예시적인 열거라고 보는 견해[107]도 있으나, 엄격하게 해석하여 제한적인 열거규정이라고 보아야 한다.[108]

Ⅰ. 가격공동행위

1. 내용

사업자는 계약·협정·결의 기타 어떠한 방법으로도 다른 사업자와 공동으로 부당하게 경쟁을 제한하는 가격을 결정·유지 또는 변경하는 행위를 할 것을 합의하거나 다른 사업자로 하여금 이를 행하도록 하여서는 아니 된다(법 제19조 제1항 제1호).

'가격'이란 사업자가 거래의 상대방에게 상품 또는 용역을 제공하고 반대급부로 받는 일체의 경제적 대가를 의미하며, 권고가격, 기준가격, 표준가격, 수수료, 임대료, 이자 등 명칭 여하를 불문한다. 사업자가 소비자나 다른 사업자에게 제공하는 상품 또는 용역의 대가에 대해서뿐만 아니라 사업자가 다른 사업자로부터 받는 상품 또는 용역의 대가에 관해서도 공동행위가 성립할 수 있다.[109] 가격협정은 직접 각 당사자에게 이익을 주는 경우가 많으므로 성립하기도 쉽고 가장 빈번하게 행해지는 전형적인 공동행위이다. 가격협정은 경쟁제한적 효과가 가장 강한 것이기 때문에 가격에 관하여 합의한 것이라면 그 가격결정의 형태에 불문하고 규제대상이 된다. 가격협정으로 정한 가격인상이 실현될 수 없는 경우에도 협정의 결과로서 어느 정도의 인상효과가 나타나면 부당한 공동행위가 된다.

가격을 '결정·유지 또는 변경'하는 행위에는 가격을 인상하는 행위뿐만 아니라 가격을 인하하거나 현행가격을 유지하는 행위, 최고가격이나 최저가격을 설정하는 행위도 포함된다. 인상률, 할인율, 할증률, 이윤율 등과 같이 가격에 영향을 미치는 요소를 결정·유지·변경하는 행위, 일률적인 원가계산 방법을 따르도록 함으로써 실질적으로 가격을 결정·유지·변경하는 행위 등과 같이 가격에 영향을 미치는 행위도 포함된다. 공동행위 당사자 간의 거래처의 가격(재판매가격)에 대한 협정, 구입가격에 대한 협정도 포함되며, 협정으로 정한

107 신현윤, 앞의 책, 249面.

108 사법연수원, 앞의 책, 116面.

109 대법원 2001.5.8. 선고 2000두7872 판결.

가격의 인상이 현실적으로 실현될 수 없는 경우에도 포함된다.

판례는 장기간 지속된 가격협정을 전체적으로 하나의 부당한 공동행위로 보았다.[110]

2. 입찰담합의 문제

입찰담합은 직접적으로 수주예정자의 결정이라는 형태를 취하고 있지만, 입찰참가자 사이에 입찰가격을 사전에 조정한다고 하는 과정을 필연적으로 수반하기 때문에 가격공동행위의 유형의 하나로 취급되었다. 그러나 법령개정으로 입찰 등은 별도의 부당공동행위로 취급되어(법 제19조 제1항 제8호) 더 이상 가격공동행위가 아니다.

3. 부당한 가격공동행위로 본 사례

① 석도강판의 운송을 사업자가 담당하여 판매할 경우에 판매되는 석도강판의 가격은 판매가격과 운송비를 합한 인도가격이라고 보아야 할 것이고, 따라서 이러한 운송비에 대한 합의는 석도강판의 가격을 사업자들의 의도대로 결정하는 행위에 해당한다.[111]

② 피심인들이 케이블TV의 설치비, 시청료 등의 가격을 동일하게 결정·유지하기로 합의한 행위.[112]

③ 7개 신용카드사들이 신용카드가맹점 수수료율을 공동으로 결정한 행위.[113]

④ 17개 은행들이 공공기관이 요구하는 제증명서에 대한 발급수수료를 부과할 것을 공동으로 합의한 행위.[114]

---

110 대법원 2006.3.24. 선고 2004두11275 판결;「'독점규제 및 공정거래에 관한 법률' 제49조 제4항 본문은 "공정거래위원회는 이 법의 규정에 위반하는 행위가 종료한 날부터 5년을 경과한 경우에는 당해 위반행위에 대하여 이 법에 의한 시정조치를 명하지 아니하거나 과징금 등을 부과하지 아니 한다"고 규정하고 있는바, 사업자들이 경쟁을 제한할 목적으로 공동하여 향후 계속적으로 가격의 결정, 유지 또는 변경행위 등을 하기로 하면서, 그 결정주체, 결정방법 등에 관한 일정한 기준을 정하고, 향후 이를 실행하기 위하여 계속적인 회합을 가지기로 하는 등의 기본적 원칙에 관한 합의를 하고, 이에 따라 위 합의를 실행하는 과정에서 수회에 걸쳐 회합을 가지고 구체적인 가격의 결정 등을 위한 합의를 계속하여 온 경우, 그 회합 또는 합의의 구체적 내용이나 구성원에 일부 변경이 있더라도, 그와 같은 일련의 합의는 전체적으로 하나의 부당한 공동행위로 봄이 상당하므로, 위 조항의 '법의 규정에 위반하는 행위가 종료한 날'을 판단함에 있어서도 각각의 회합 또는 합의를 개별적으로 분리하여 판단할 것이 아니라 그와 같은 일련의 합의를 전체적으로 하나의 행위로 보고 판단하여야 할 것이고, 또한 가격 결정 등의 합의 및 그에 기한 실행행위가 있었던 경우 부당한 공동행위가 종료한 날은 그 합의가 있었던 날이 아니라 그 합의에 기한 실행행위가 종료한 날을 의미한다.」

111 대법원 2001.5.8. 선고 200두7872 판결.

112 공정거래위원회 2002.12.24. 의결 제2002-370호.

113 공정거래위원회 2000.1.14. 의결 제2000-11호.

114 공정거래위원회 2002.12.3. 의결(약) 제2002-189호.

⑤ 니폰카본 등 6개 외국사업자가 대한민국 시장에 흑연전극봉을 판매함에 있어서 공동으로 흑연전극봉의 판매가격을 결정한 행위.[115]

Ⅱ. 거래조건공동행위

1. 내용

사업자는 계약·협정·결의 기타 어떠한 방법으로도 다른 사업자와 공동으로 부당하게 경쟁을 제한하는 상품 또는 용역의 거래조건이나 그 대금 또는 대가의 지급조건을 정하는 행위를 할 것을 합의하거나 다른 사업자로 하여금 이를 행하도록 하여서는 아니 된다(법 제19조 제1항 제2호).

가격을 제외한 나머지 거래조건 즉, 경품제공, 대금지급방법, 어음할인기간, 하자보수기간, 할부기간, 제품인도조건 등에 대해 합의하는 것을 말한다. '거래조건'이란 상품 또는 용역의 품질, 거래의 장소, 거래의 방법, 운송조건 등과 같이 상품 또는 용역의 거래와 관련된 조건을 의미한다. '대금 또는 대가의 지급 조건'이란 지급 수단, 지급 방법, 지급 기간 등과 같이 대금 또는 대가의 지급과 관련된 조건을 의미한다.

2. 부당한 거래조건공동행위로 본 사례

① 사고차량 긴급견인 등의 5개 무료서비스를 유료화하기로 한 10개 손해보험회사들 사이의 합의.[116]

② 국민신용카드, 비씨신용카드 등 5개 신용카드회사가 할부구매 최저금액의 단가를 5만원에서 20만원으로 인상하고, 할부기간을 최장 36개월에서 24개월로 단축하며, 수수료율을 연 1.5%에서 13.5%로 인상하는 것 등을 공동으로 합의한 행위.[117] 여기서 수수료율 인상 건은 '가격협정(제1호)'이 적용되었다. 왜냐하면 수수료는 카드회사의 서비스 판매가격이기 때문이다.

③ 광주지역 40개 주유소가 유류를 판매하면서 일정금액 이상의 주유를 한 이용고객에

115 공정거래위원회 2002.4.4. 의결 제2002-077호.

116 대법원 2005.1.28. 선고 2002두12052 판결.

117 공정거래위원회 1988.12.21 시장권고 제88-34호.

게 무료세차를 유료화하되 1,000원씩을 받기로 합의한 행위.[118]

④ 롯데리아 등 4개 패스트푸드 사업자들이 탄산음료 리필서비스 중단을 공동으로 결정하여 실행한 행위.[119]

Ⅲ. 공급제한공동행위

1. 내용

사업자는 계약·협정·결의 기타 어떠한 방법으로도 다른 사업자와 공동으로 부당하게 경쟁을 제한하는 상품의 생산·출고·운송 또는 거래의 제한이나 용역의 거래를 제한하는 행위를 할 것을 합의하거나 다른 사업자로 하여금 이를 행하도록 하여서는 아니 된다(법 제19조 제1항 제3호).

공급제한공동행위는 상품 또는 용역이 시장에서 공급 또는 수요되는 물량을 직접적으로 제한(예컨대 물량할당 등)하거나 또는 공급 또는 수요되는 방식을 제한(예컨대 특정회사를 통해서만 공급키로 하거나 공동 판매키로 하는 경우 등)함으로써 시장에 공급 또는 수요 있는 물량을 조절하여 상품 또는 용역의 가격을 유지·인상하려는 공동행위를 말한다. 후술하는 시장분할공동행위와의 구별에 주의를 요한다.

공급제한공동행위에는 상품 또는 용역의 거래에서 생산량, 판매량, 출고량, 거래량, 수송량 등을 일정한 수준 또는 비율로 제한하거나 사업자별로 할당하는 행위가 포함된다. 또 가동률, 가동시간, 원료구입 여부 또는 비율 등을 제한함으로써 실질적으로 생산·출고·수송을 제한하는 행위도 포함된다.

참가사업자 간에 이익이 대립하기 쉽고 가격에 미치는 효과도 간접적이므로 가격협정보다 성립하거나 유지하기가 어렵다.

2. 부당한 공급제한공동행위로 본 사례

① 동부제강 등 4개사가 석도강판에 대한 시장점유율을 각각 일정비율로 정한 합의행위

118 공정거래위원회 1997.5.23 시장권고 제97-139호.

119 공정거래위원회 2003.1.13 의결 제2003-020호.

는 석도 강판의 생산·출고·또는 거래의 제한하는 행위이다.[120]

② 외국법에 의해 설립된 로슈, 바스프 등 6개 비타민 제조 사업자는 대한민국에 비타민 A, E, B5, D3, Beta Carotene을 판매함에 있어 공동으로 판매가격의 인상·유지 및 판매량 할당을 합의(역외적용사건).[121]

③ 녹십자수의약품(주) 등 5개사가 2차에 걸친 회의를 갖고 10개 전염병 예방약을 대한수의사회 및 산하지부에서 출자설립한 한수약품(주)을 통해서만 공급키로 합의한 행위.[122]

Ⅳ. 시장분할공동행위

1. 내용

사업자는 계약·협정·결의 기타 어떠한 방법으로도 다른 사업자와 공동으로 부당하게 경쟁을 제한하는 거래지역 또는 거래상대방을 제한하는 행위를 할 것을 합의하거나 다른 사업자로 하여금 이를 행하도록 하여서는 아니 된다(법 제19조 제1항 제4호).

사업자별로 거래지역을 정하는 행위, 특정 지역에서는 거래하지 않도록 하거나 특정 지역에서만 거래하도록 하는 행위 등과 같이 거래지역을 제한하는 행위가 포함된다. 사업자별로 거래상대방을 정하는 행위, 특정사업자와는 거래하지 않도록 하거나 특정사업자와만 거래하도록 하는 행위 등과 같이 거래상대방을 제한하는 행위가 포함된다.

시장분할공동행위는 공급제한공동행위와 거래를 제한한다는 측면에서 중복되는 면이 있지만 시장분할공동행위는 공급제한공동행위 중 거래지역 또는 거래상대방 제한이 한정되는 보다 좁은 개념으로서 사업자 간에 시장을 분할하려는 의도가 있는 공동행위에 주로 적용되고 공급제한공동행위는 공급물량조절을 통해 가격을 유지·인상하려는 의도가 있는 공동행위에 주로 적용된다(예컨대 모든 사업자가 A지역에서만 거래하기로 담합하면 시장분할은 없으므로 주로 공급제한공동행위가 적용되고, 갑은 A지역·을은 B지역·병은 C지역에서만 거래하기로 하면 주로 시장분할공동행위가 적용된다).

---

120 대법원 2001.5.8. 선고 2000두10212 판결.

121 공정거래위원회 2003.4.29. 의결 제2003-98호.

122 공정거래위원회 1988.8.12 시정권고 제88-30호.

가격수준에 직접 영향을 미치지 않고 가격협정의 보조수단으로 사용되는 경우가 많지만 시장의 개방성을 제약하게 되기 때문에 규제하고 있다.

2. 부당한 시장분할공동행위로 본 사례

① 프로야구구단들이 고교졸업생에 대해 지역연고권을 갖도록 합의한 행위.[123]

② 8개 빙과류 도매업자가 경쟁사업자의 기존 거래처를 침범하지 않기로 하는 내용의 약정서를 체결한 행위.[124]

③ 남원지역 주류도매업자 5개사 중 4개사가 남원지역을 4개 지역으로 나누고 1개사가 한 구역을 15일의 주기로 순환판매하기로 한 합의.[125]

④ 11개 손해보험회사가 공동으로 영업용자동차계약은 당초계약사가 2년간 계속 계약하는 것을 원칙으로 하되 당초 계약사에서 이탈된 계약을 인수하는 경우 새로 인수하는 회사가 보험계약액의 10%를 보유하고 나머지 90%는 10개사가 각 9%씩 배분하도록 한 행위.[126]

V. 설비제한(투자조정)공동행위

사업자는 계약·협정·결의 기타 어떠한 방법으로도 다른 사업자와 공동으로 부당하게 경쟁을 제한하는 생산 또는 용역의 거래를 위한 설비의 신설 또는 증설이나 장비의 도입을 방해하거나 제한하는 행위를 할 것을 합의하거나 다른 사업자로 하여금 이를 행하도록 하여서는 아니 된다(법 제19조 제1항 제5호).

생산설비를 제한하여 생산량이나 판매량을 제한하고 이로써 가격에 영향을 미치고자 하는 공동행위를 말한다. 설비의 신설 또는 증설이나 장비의 도입을 방해하는 행위, 설비의 신설 또는 증설이나 장비의 도입 여부, 범위, 규모, 자금 등을 제한하는 행위가 포함된다.

설비제한공동행위는 가격이나 생산량에 직접적인 제한을 가하는 공동행위가 아니기

---

123 서울지방법원 1996.5.16. 선고 96가합3697 판결.

124 공정거래위원회 1998.7.22. 의결 제98-8호.

125 공정거래위원회 1993.8.25. 의결 제93-169호.

126 공정거래위원회 1990.8.24. 의결 제90-48호.

때문에 통상 합의 그 자체만으로 부당공동행위가 성립되지는 않고 부당하게 경쟁을 제한할 경우에만 규제된다. 설비제한 공동행위를 하더라도 유휴설비가 많아 가까운 장래의 수요증가에 대하여 충분히 공급을 만족시킬 수 있는 경우에는 합리적 이유가 있는 경우로서 통상 부당하게 경쟁을 제한하는 것으로 보지 않는다. 사업자를 위한 합의가 규제대상일 뿐, 소비자를 위한 합의는 규제되지 않는다.

아직 공정거래위원회의 심결사례는 없다.

Ⅵ. 상품의 종류·규격제한 공동행위

1. 내용

사업자는 계약·협정·결의 기타 어떠한 방법으로도 다른 사업자와 공동으로 부당하게 경쟁을 제한하는 상품의 생산 또는 거래 시에 그 상품의 종류 또는 규격을 제한하는 행위를 할 것을 합의하거나 다른 사업자로 하여금 이를 행하도록 하여서는 아니 된다(법 제19조 제1항 제6호).

상품의 종류 또는 규격을 제한함으로써 간접적으로 상품의 가격이나 거래조건을 제한하고자 하는 공동행위를 말한다. 특정 종류 또는 규격의 상품 또는 용역을 생산 또는 거래하지 않도록 하는 행위, 사업자별로 상품 또는 용역의 종류 또는 규격을 할당하는 행위, 새로운 종류 또는 규격의 상품 또는 용역의 생산 또는 공급을 제한하는 행위가 포함된다.

이 공동행위는 가격이나 거래조건을 직접 제한하는 것이 아니므로 합의 그 자체만으로 부당한 공동행위가 되지 않고 부당하게 경쟁을 제한하기 위한 것인 경우에 주로 규제된다. 상품의 종류·규격제한 공동행위가 가격유지의 수단으로 악용되지 않고 경쟁의 합리화·소비자이익에 기여하기 위한 것인 경우에는 규제의 대상에서 제외된다.

2. 부당한 상품의 종류·규격제한공동행위로 본 사례

① 동아출판사 등 고등학교 영어 부교재 시장을 전부 지배하고 있는 6개 출판사가 공동으로 한국영어교재발행조합을 설립한 후, 동 조합에서 영어부교재의 규격과 체계·가격

및 유통업자와의 판매계약에 관한 사항 일괄 처리하도록 한 행위.[127]

② 엘지건설과 대우건설이 사천시청 신축공사의 입찰과 관련하여 기계설비분야에서 특정한 공법 및 설비를 적용하지 않기로 한 합의.[128]

③ 종이박스형 소주의 생산을 중단하기로 한 무학소주 및 대선주조의 합의.[129]

④ 3개 건조제 포장업체가 특정 건조제 외는 사용·제조·판매하지 못한다는 약정을 체결한 행위.[130]

Ⅶ. 회사의 설립공동행위

1. 내용

사업자는 계약·협정·결의 기타 어떠한 방법으로도 다른 사업자와 공동으로 부당하게 경쟁을 제한하는 영업의 주요부문을 공동으로 수행하거나 관리하기 위한 회사 등을 설립하는 행위를 할 것을 합의하거나 다른 사업자로 하여금 이를 행하도록 하여서는 아니 된다 (법 제19조 제1항 제7호).

다수의 사업자들이 상품 또는 용역의 공동판매 혹은 원자재의 공동구매 등을 위한 회사를 공동으로 설립하는 경우가 여기에 해당된다. 상품 또는 용역의 생산, 판매, 거래, 원자재의 구매, 기타 영업의 주요 부분을 공동으로 수행하거나 관리하는 행위, 이를 위해 회사 등을 설립하는 행위가 포함된다.

법 제7조(기업결합의 제한) 제1항에서 새로운 회사의 설립과 중복되는데 엄밀히 따지면 위법성 성립요건에 있어서 차이가 있다. 즉 회사설립공동행위는 부당하게 경쟁을 제한하는 정도이면 되는데 기업결합에서 새로운 회사설립은 일정한 거래분야에서 실질적 경쟁제한성이 있을 것을 요구한다.

---

127 대법원 1992.11.13. 선고 92누8040 판결.

128 공정거래위원회 2004.2.2. 의결 제2004-033호.

129 공정거래위원회 2000.3.13. 의결 제2000-043호.

130 공정거래위원회 1992.7.22. 의결 제92-96호.

2. 부당한 회사의 설립공동행위로 본 사례

① 동아출판사 등 고등학교 영어 부교재 시장을 전부 지배하고 있는 6개 출판사가 공동으로 한국영어교재발행조합을 설립하여 고등학교 영어교재 자습서와 카세트 테이프 등의 포장·운송 및 유통업자와의 판매계약에 관한 사항을 처리하게 한 행위.[131]

② 서울시 중구관내 7개 액화석유가스(LPG)판매업자들이 중구소재 LPG판매업소를 사실상 통합하여 공동판매업소인 강서가스산업상사를 설립하여 운영하기로 합의한 행위.[132]

③ 목포권 10개 시멘트 가공업체가 영업의 주요부문인 콘크리트 벽돌 및 시멘트 블록의 판매를 위하여 서남유통(주)를 설립하기로 한 행위.[133]

④ 경상남도 사천시지역 5개 서점이 영업의 주요부문인 서적의 판매 및 집하장을 공동으로 운영하기 위하여 (주)사천도서유통을 설립하기로 한 행위.[134]

Ⅷ. 입찰 등 공동행위

1. 내용

사업자는 계약·협정·결의 기타 어떠한 방법으로도 다른 사업자와 공동으로 부당하게 경쟁을 제한하는 입찰 또는 경매에 있어 낙찰자, 경락자, 투찰(投札)가격, 낙찰가격 또는 경락가격, 그 밖에 대통령령으로 정하는 사항을 결정하는 행위를 할 것을 합의하거나 다른 사업자로 하여금 이를 행하도록 하여서는 아니 된다(법 제19조 제1항 제8호).

낙찰예정자 또는 경락예정자를 사전에 결정하고 그 사업자가 낙찰 또는 경락받을 수 있도록 투찰여부나 투찰가격 등을 결정하는 행위, 낙찰가격 또는 경락가격을 높이거나 낮추기 위하여 사전에 투찰여부나 투찰가격 등을 결정하는 행위가 포함된다. 다수의 입찰 또는 경매에서 사업자들이 낙찰 또는 경락받을 비율을 결정하는 행위, 입찰 또는 경매에서 사전에 설계 또는 시공의 방법을 결정하는 행위, 그 밖에 입찰 또는 경매의 경쟁요소를

131 대법원 1992.11.13. 선고 92누8040 판결.

132 공정거래위원회 2000.3.14. 의결 제2000-44호.

133 공정거래위원회 1997.9.30. 시정권고 제97-218호.

134 공정거래위원회 1996.6.18. 의결 96-98호.

결정하는 행위가 포함된다.

대통령령으로 정하는 사항이란 ① 낙찰 또는 경락의 비율, ② 설계 또는 시공의 방법, ③ 그 밖에 입찰 또는 경매의 경쟁 요소가 되는 사항 중 어느 하나를 말한다(령 제33조).

공정거래법은 2009년 법개정을 통하여 공공부문 입찰 관련 공동행위를 방지하기 위한 조치에 관한 규정을 신설하였다. 즉 공정거래위원회는 국가·지방자치단체 또는 「공공기관의 운영에 관한 법률」에 따른 공기업이 발주하는 입찰과 관련된 부당한 공동행위를 적발하거나 방지하기 위하여 중앙행정기관·지방자치단체 또는 「공공기관의 운영에 관한 법률」에 따른 공기업의 장에게 입찰 관련 자료의 제출과 그 밖의 협조를 요청할 수 있다. 또 대통령령으로 정하는 공공기관의 장은 입찰공고를 하거나 낙찰자가 결정된 때에는 입찰 관련 정보를 공정거래위원회에 제출하여야 한다(법 제19조의2). 입찰 관련 정보의 제출은 해당 입찰에 참가한 사업자의 수가 20개 이하이고, 추정가격이 ① 「건설산업기본법」 제2조(정의)제4호에 따른 건설공사 입찰 : 50억원, ② 제1호 이외의 공사 입찰 : 5억원, ③ 물품구매 또는 용역 입찰 : 5억원 이상에 해당하는 경우에 한한다(령 제34조 제2항).

공정거래위원회에 제출하여야 하는 입찰 관련 정보의 범위 및 제출 절차에 관하여는 대통령령으로 정한다(법 제19조의2). 입찰 관련 정보는 ① 발주기관과 수요기관, ② 입찰의 종류와 방식, ③ 입찰공고의 일시와 내용, ④ 추정가격·예정가격과 낙찰하한율, ⑤ 입찰참가자의 수, ⑥ 입찰참가자별 투찰내역, ⑦ 낙찰자에 관한 사항, ⑧ 낙찰금액, ⑨ 유찰횟수와 예정가격 인상횟수, ⑩ 그 밖에 입찰 담합 징후 분석을 위하여 공정거래위원회가 요청하는 정보를 말한다(령 제34조 제3항). 공공기관의 장은 낙찰자 결정 후 30일 이내에 입찰 관련 정보를 국가종합전자조달시스템을 통하여 공정거래위원회에 제출하여야 한다. 다만, 공공기관의 장이 조달청장에게 계약체결을 의뢰하지 아니한 경우에는 해당 정보를 공정거래위원회가 운영하는 정보처리장치에 직접 입력하는 방식으로 제출할 수 있다(령 제34조 제4항).

2. 부당한 입찰 등 공동행위로 본 사례

① 정부종합청사 개축공사의 입찰과 관련하여 국제종합토건 등의 담합 행위.[135]

② 입찰담합에서 담합의 의사가 없는 자가 진의 아닌 의사표시로 담합을 하거나 심지어

135 대법원 1999.2.23. 선고 98두15849 판결.

담합과 다른 가격으로 입찰하여 담합을 좌초시키고 자신이 낙찰된 경우에도 가격카르텔은 성립한다.[136]

③ 한국지역난방공사의 민영화 관련 고정자산 감정평가에 18개 감정평가법인이 입찰에 응하지 않기로 한 담합행위.[137]

Ⅸ. 기타 다른 사업자의 사업활동방해 공동행위

1. 내용

사업자는 계약·협정·결의 기타 어떠한 방법으로도 다른 사업자와 공동으로 부당하게 경쟁을 제한하는 기타 다른 사업자(그 행위를 한 사업자를 포함한다)의 사업활동 또는 사업내용을 방해하거나 제한함으로써 일정한 거래분야에서 경쟁을 실질적으로 제한하는 행위를 할 것을 합의하거나 다른 사업자로 하여금 이를 행하도록 하여서는 아니 된다(법 제19조 제1항 제9호).

여기서 다른 사업자라 함은 공동행위에 참여하지 않은 사업자 즉 아웃사이더를 의미한다. 기존 의약품 소매상들이 담합해서 신규 의약품소매상과 거래를 제한하거나 특정 의약품도매상에 대해 불매운동을 전개하는 경우 등이 이에 해당한다.

영업장소의 수 또는 위치를 제한하는 행위, 특정한 원료의 사용비율을 정하거나 직원의 채용을 제한하는 행위, 자유로운 연구·기술개발을 제한하는 행위 등과 같이 제1호부터 제8호까지에 해당하지 않는 행위로서 다른 사업자의 사업활동 또는 사업내용을 방해하거나 제한하는 행위가 포함된다. 공동행위 참여 사업자들이 공동행위에 참여하지 않은 다른 사업자의 사업활동 또는 사업내용을 방해하거나 제한하는 경우뿐만 아니라, 공동행위에 참여한 사업자 자신들의 사업활동 또는 사업내용을 제한하는 경우도 포함된다.

2. 부당한 기타 다른 사업자의 사업활동방해공동행위로 본 사례

① 롯데쇼핑, 현대백화점, 신세계 등 백화점사업자가 신용카드사들의 가맹점 수수료율 인

---

136 대법원 1992.11.23. 선고 92누8040 판결.

137 공정거래위원회 2000.6.9. 의결 제2003-101호.

하를 끌어내기 위해 백화점 매장에서 삼성 및 엘지 카드의 취급을 제한하기로 합의한 행위.[138]

② 부산권 24개 레미콘 제조업체가 공동으로 레미콘 가격인상 합의에 참여하지 아니한 경쟁업체에 차량을 진입시켜 레미콘의 출하를 방해한 행위.[139]

③ 제천시 13개 서점이 서울문화사에 대해 총판계약을 다른 서점으로 변경하거나 전 총판인 이문서점으로 환원하지 않으면 서울문화사에서 발행되는 잡지 등 간행물을 제천시지역에서 일체 취급하지 않겠다고 합의한 행위.[140]

제4절 공동행위의 인가

Ⅰ. 내용

공정거래법은 부당한 공동행위를 원칙적으로 금지하고 있지만 부당한 공동행위가 일정한 목적을 위하여 행하여지는 경우로서 공정거래위원회의 인가를 받은 경우에는 이를 예외적으로 허용하고 있다. 그러나 우리나라의 경우에는 공정거래위원회가 예외적으로 인가한 공동행위보다는 개별법에 의해서 인가받은 공동행위(적용제외 카르텔)가 훨씬 많은 실정이다. 최근에 「독점규제 및 공정거래에 관한 법률의 적용이 제외되는 부당한 공동행위 등의 정비에 관한 법률」을 제정(1999. 2. 5.)하여 변호사법 분야 등 18개 분야의 일부 적용제외 카르텔을 정비한 바 있다.

공정거래위원회가 실제로 공동행위를 인가한 예는 극히 드물며 현재 인가받은 공동행위는 없다.

---

138 공정거래위원회 2002.11.28. 의결 제2002-340호.

139 공정거래위원회 1997.11.3. 시정권고 제97-272호.

140 공정거래위원회 1999.10.16. 의결 제99-229호.

Ⅱ. 공동행위 인가사유

부당한 공동행위가 다음에 해당하는 목적을 위하여 행하여지는 경우로서 일정한 요건에 해당하고 공정거래위원회의 인가를 받은 경우에는 법 제19조 제1항(부당한 공동행위 금지)을 적용하지 아니한다(법 제19조 제2항, 령 제24조의2-제28조).

인가사유는 부당공동행위 심사 시 고려사항은 아니다. 즉 인가사유는 부당공동행위를 판단하는 데 있어서 합리의 원칙을 채택하는 근거가 될 수 없다. 그 외 소비자보호, 국제경쟁력 강화 등은 인가사유가 아님을 주의하여야 한다.

(1) 산업합리화

① 공동행위에 의한 기술향상·품질개선·원가절감 및 능률증진 등의 효과가 명백한 경우

② 공동행위 외의 방법으로는 산업합리화의 달성이 곤란한 경우

(2) 연구·기술개발

① 당해 연구·기술개발이 산업경쟁력 강화를 위하여 긴요하며 그 경제적 파급효과가 클 경우

② 연구·기술개발에 소요되는 투자금액이 과다하여 한 사업자가 조달하기 어려운 경우

③ 연구·기술개발성과의 불확실에 따른 위험분산을 위하여 필요한 경우

④ 경쟁을 제한하는 효과보다 연구·기술개발의 효과가 클 경우

(3) 불황극복

① 특정한 상품 또는 용역의 수요가 상당기간 계속하여 감소하고 수요에 비하여 공급이 크게 초과하는 상태가 계속되며 앞으로도 그 상태가 계속될 것이 명백한 경우

② 당해 상품 또는 용역의 거래가격이 상당기간 평균생산비를 하회하고 있는 경우

③ 당해 사업분야의 상당수의 기업이 불황으로 사업활동을 계속하기가 곤란하게 될 우려가 있는 경우

④ 기업의 합리화에 의하여는 ① 내지 ③의 사항을 극복할 수 없는 경우

(4) 산업구조의 조정

① 국내외 경제여건의 변화로 특정산업의 공급능력이 현저하게 과잉상태에 있거나, 생산시설·생산방법의 낙후로 인하여 생산능률이나 국제경쟁력이 현저하게 저하되어 있는 경우

② 기업의 합리화에 의하여는 ①의 사항을 극복할 수 없는 경우

③ 경쟁을 제한하는 효과보다 산업구조를 조정하는 효과가 클 경우

(5) 거래조건의 합리화

① 거래조건의 합리화로 생산능률의 향상, 거래의 원활화 및 소비자의 편익증진에 명백하게 기여하는 경우

② 거래조건의 합리화 내용이 당해 사업분야의 대부분의 사업자들에 의하여 기술적·경제적으로 가능한 경우

③ 경쟁을 제한하는 효과보다 거래조건의 합리화의 효과가 클 경우

(6) 중소기업의 경쟁력향상

① 공동행위에 의한 중소기업의 품질·기술 향상 등 생산성 향상이나 거래조건에 관한 교섭력 강화 효과가 명백한 경우

② 참가사업지 모두가 중소기업자인 경우

③ 공동행위 외의 방법으로는 대기업과의 효율적인 경쟁이나 대기업에 대항하기 어려운 경우

Ⅲ. 인가의 한계

공동행위를 인가하는 시행령 제24조의 2 내지 제28조의 규정에도 불구하고 부당한 공동행위가 ① 당해 공동행위의 목적을 달성하기 위하여 필요한 정도를 초과할 경우, ② 수요자 및 관련 사업자의 이익을 부당하게 침해할 우려가 있는 경우, ③ 당해 공동행위 참가사업자 간에 공동행위의 내용에 부당한 차별이 있는 경우, ④ 당해 공동행위에 참가하거나 탈퇴하는 것을 부당하게 제한하는 경우 중 어느 하나에 해당하는 경우에는 이를 인가할 수 없다(령 제29조).

Ⅳ. 인가절차

1. 인가신청서 제출

공동행위의 인가를 받고자 하는 자는 소정의 사항을 기재한 신청서를 공정거래위원회에

제출하여야 한다(령 제30조 제1항).

2. 필요시 공시

공정거래위원회는 필요하다고 인정하는 경우에는 인가를 하기 전에 당해 신청내용을 공시하여 이해관계인의 의견을 들을 수 있다. 인가내용을 변경하는 경우에도 또한 같다(령 제31조 제1항). 공시내용에는 ① 신청사업자의 명칭 및 주소, ② 공동행위의 내용, ③ 공동행위를 하고자 하는 사유, ④ 공동행위를 하고자 하는 기간, ⑤ 변경신청의 경우에는 당초 인가내용의 변경사항 및 사유 등을 포함시켜야 한다(령 제31조 제2항). 공시기간은 30일 이내로 한다(령 제31조 제3항).

3. 이해관계인의 의견서 제출

공시내용에 대하여 의견이 있는 이해관계인은 공시기간 내에 ① 의견진술인의 성명 또는 명칭 및 주소, ② 의견내용 및 의견제출사유, ③ 기타 의견진술에 필요한 사항을 기재한 의견서를 공정거래위원회에 제출할 수 있다(령 제31조 제4항).

4. 인가여부 결정

(1) 결정기간

공정거래위원회는 인가신청을 받은 경우에는 그 신청일부터 30일(인가신청내용을 공시하는 경우에는 30일에 공시기간을 합산한 기간)이내에 이를 결정하여야 한다. 다만, 공정거래위원회는 필요하다고 인정할 때에는 30일을 초과하지 아니하는 범위 안에서 그 기간을 연장할 수 있다. 인가결정 시 관계행정기관의 장과의 사전협의는 필요 없다.

(2) 인가증 교부

공정거래위원회는 신청을 받아 인가하는 경우에는 당해 신청인에게 인가증을 교부하여야 한다(령 제30조 제3항). 이는 의무사항이다.

(3) 인가변경신청

공동행위의 인가를 받은 자가 인가사항을 변경하고자 할 때에는 그 변경사항과 관련된 서류에 인가증을 첨부하여 공정거래위원회에 변경신청을 하여야 한다(령 제30조 제4항).

V. 인가된 공동행위의 폐지

공동행위의 인가를 받은 사업자가 당해 공동행위를 폐지한 경우에는 그 사실을 지체 없이 공정거래위원회에 신고하여야 한다(령 제32조).

VI. 행정지도와 부당한 공동행위

1. 행정지도의 개념

행정지도란 행정주체가 스스로 의도하는 바를 실현하기 위하여 상대방의 임의적 협력을 기대하여 행하는 비권력적 사실행위이다. 행정지도는 그 성질상 반드시 법적 근거를 요하지는 않는다. 사업자가 행정지도의 내용대로 이행하지 않더라도 법적 제재가 가해지지 않고, 행정지도의 이행여부는 완전히 사업자의 자유재량에 달려 있다.

2. 행정지도에 의한 카르텔의 위법성 판단기준

행정지도가 있는 경우 사업자는 독자적으로 법위반여부를 판단하여 행동해야 한다. 법령에 근거가 없는 행정지도에 따른 사업자의 행위가 공정거래법상 부당공동행위에 해당될 경우에 주무부처의 행정지도에 의한 것이라고 하더라도 원칙적으로 공정거래법에 위반된다.

즉 행정지도는 비권력적 사실행위에 불과한 것이어서 그에 따름이 강제되는 것이 아니므로 사업자단체로서는 독자적으로 독점규제 및 공정거래에 관한 법률 위반 여부를 판단하여 행동하여야 하고, 위법의 운영은 행정부 내에서 독립된 지위를 가진 공정거래위원회의 권한으로 되어 있으므로 사업자단체가 주무관청인 상공부의 행정지도에 따라 시정명령의 대상이 되는 행위를 하게 된 것이라 하더라도 그것만으로 위법성이 조각된다거나 또는 그 시정을 명함이 금반언의 원칙에 반한다고 할 수는 없다.[141]

3. 사전협의 의무

경쟁제한적인 행정지도를 하는 경우 관계행정기관의 장은 미리 공정거래위원회와 협의하여야 하는 의무가 있다.

---

141 서울고등법원 1992.1.29. 선고 91구2030 판결.

제5절 부당한 공동행위의 효력과 제재 등

Ⅰ. 부당한 공동행위의 사법상의 효력

부당한 공동행위를 할 것을 약정하는 계약 등은 사업자 간에 있어서는 이를 무효로 한다(법 제19조 제4항). 공정거래법 위반의 사법상 효과에 대한 유일한 규정이다. 부당한 공동행위를 할 것을 약정하는 계약 등은 사업자 간에 있어서 무효이며 따라서 그러한 약정위반을 청구원인으로 하는 손해배상청구는 할 수 없다.[142]

여기서 "사업자 간"이라 함은 부당한 공동행위에 참여한 참여사업자만을 의미하고 부당한 공동행위에 참여하지 아니한 사업자는 포함되지 않는다. 따라서 부당한 공동행위는 공동행위에 참여한 사업자에 대해서만 무효이므로 공동행위의 당사자는 다른 당사자가 합의내용을 준수하지 않는다고 하여 그 합의이행을 강제하거나 채무불이행에 따른 손해배상책임을 물을 수 없다.[143] 또한 부당한 공동행위는 공동행위에 참여하지 아니한 제3자에 대해서는 무효가 아니므로 공동행위 당사자가 합의내용대로 제3자와 후속계약을 체결한 경우 그 계약은 유효하다. 부당공동행위로 소비자 또는 다른 사업자가 손해를 입은 경우에는 소비자 또는 다른 사업자는 공동행위 참가사업자에 대해 손해배상청구가 가능하다.

Ⅱ. 위반행위에 대한 제재

1. 시정조치

(1) 내용

제19조(부당한 공동행위의 금지) 제1항의 규정을 위반하는 행위가 있을 때에는 당해 사업자에 대하여 당해행위의 중지, 시정명령을 받은 사실의 공표 기타 시정을 위한 필요한 조치를 명할 수 있다(법 제21조).

여기에는 합의파기, 시정명령을 받은 사실의 거래처통지, 합의파기 이후의 가격 등의 보고, 가격의 자율적 결정 등의 조치를 할 수 있다.

142 대법원 1987.7.7. 선고 86다카706 판결.

143 대법원 1987.7.7. 선고 86다카706 판결.

합의파기란 부당한 공동행위에 참가했던 사업자들이 그와 같은 합의가 없었던 것으로 하고 각자의 자율적인 판단에 의해 가격을 인상하든지 인하하든지 종전대로 요금을 환원하든지를 결정하여야 된다는 것이다. 따라서 가격인상합의의 파기는 반드시 종전의 가격대로 인하하라는 의미는 아니다. 즉 가격을 재결정하라는 것이지 가격을 원상회복하라는 것이 아니다.

공정거래위원회는 가격을 협정전의 가격으로 인하하라는 원상회복명령을 내릴 수 있는가. 만약 부당한 공동행위 금지제도가 가격인상을 억제하기 위한 것이라면 가격인상을 내용으로 하는 가격협정은 금지하고 가격고정이나 가격인하를 내용으로 하는 가격협정은 금지하지 않았을 것이다. 따라서 공동행위에 의하여 가격이 인상된 경우에 당해 공동행위를 중지하라는 명령을 발할 수는 있지만 가격을 인하하라는 명령은 내릴 수 없다고 보아야 할 것이다.

(2) 입찰참가 자격제한 등의 요청 문제

입찰담합 등으로 시정조치를 받은 사업자에 대해 공정거래위원회는 시정조치의 이행을 확보하기 위하여 필요하다고 인정하는 경우에는 관계행정기관 기타 기관 또는 단체의 장에게 필요한 협조를 의뢰할 수 있다(법 제64조 제3항). 이에 따라 입찰 공동행위자에 대하여 향후 입찰참가자격제한(이것이 과징금 부과보다 사업자에게 실질적으로 더 가혹하다), 영업정지 등을 관계기관 등의 장에게 요청한다는 내용을 주문하는 경우가 많다. 이러한 주문의 내용은 의사의 통지에 해당하는 행정기관 상호 간의 행위에 불과하므로 이의신청이나 행정소송의 대상이 되는 처분에 해당되지 않는 것으로 보는 것이 일반적이다.[144]

2. 과징금

공정거래위원회는 제19조(부당한 공동행위의 금지)제1항의 규정을 위반하는 행위가 있을 때에는 당해 사업자에 대하여 관련매출액에 100분의 10을 곱한 금액을 초과하지 아니하는 범위 안에서 과징금을 부과할 수 있다. 다만, 매출액이 없는 경우 등에는 20억원을 초과하지 아니하는 범위 안에서 과징금을 부과할 수 있다(법 제22조).

사업자가 다른 사업자와 공동으로 이른바 부당한 공동행위를 한 경우에 공정거래위원

---

144 대법원 1998.3.24. 선고 97다33867 판결.

회는 그 사업자에 대하여 당해 위반행위 기간 동안에 있어서의 매출액을 기준으로 하여 산정한 과징금을 부과할 수 있고, 과징금 산정의 기준이 되는 매출액을 산정함에 있어서 그 전제가 되는 부당한 공동행위와 관련된 상품 또는 용역의 범위는 부당한 공동행위를 한 사업자 간의 합의의 내용에 포함된 상품 또는 용역의 종류와 성질·거래지역·거래상대방·거래단계 등을 고려하여 개별적·구체적으로 판단하여야 한다.[145] 과징금 산정기준의 요소를 밝혀야 한다는 법의 규정이 없으므로 과징금 산정기준의 요소를 밝히지 않은 공정거래위원회의 처분은 자유재량행위에 해당하므로 위법하지 않다.[146]

부당한 공동행위가 법의 개정 전후에 걸쳐 이루어진 경우, 달리 법이 신·구 법령의 적용에 관한 경과규정을 두고 있지 아니하다면 그 행위 종료 시에 시행되던 법과 시행령을 적용하여 과징금을 산정한 것을 위법하다고 볼 수는 없다.[147]

Ⅲ. 카르텔 자진신고자감면(Leniency)제도

1. 의의

공동행위는 통상 은밀하게 이루어지고 있기 때문에 이를 적발하는 것은 매우 어렵다. 이러한 문제점을 해결하기 위하여 카르텔을 자진신고하거나 조사도중에 증거제출 등의 협조를 한 자에 대하여 시정조치나 과징금을 감면하는 제도를 두고 있다. 담합 적발에 대단히 유용한 제도이다.

2. 내용

(1) 감면대상자

① 부당한 공동행위의 사실을 자진신고한 자이거나, ② 증거제공 등의 방법으로 조사에 협조한 자에 대하여는 제21조(시정조치)의 규정에 의한 시정조치 또는 제22조(과징금)의 규정에 의한 과징금을 감경 또는 면제할 수 있고, 제71조(고발)에 따른 고발을 면제할 수 있

145 대법원 2003.1.10. 선고 2001두10387 판결.

146 대법원 2003.5.27. 선고 2002두4648 판결.

147 대법원 2001.5.8. 선고 200두7872 판결.

다(법 제22조의2 제1항).

"자진신고자"라 함은 공동행위에 참여한 사업자로서 당해 공동행위에 대한 공정거래위원회의 조사 개시 이전에 당해 공동행위를 입증하는 데 필요한 증거를 위원회에 제공하는 사업자를 말한다.

"조사협조자"라 함은 공동행위에 참여한 사업자로서 당해 공동행위에 대한 위원회의 조사 개시 이후에 당해 공동행위를 입증하는 데 필요한 증거를 위원회에 제공하는 사업자를 말한다.

감경 또는 면제되는 자는 부당공동행위에 참여한 사업자 중에서 공정위가 그 부당한 공동행위의 입증에 필요한 증거를 확보하기 전(조사 전후)에 그 입증에 필요한 증거를 제공한 첫 번째 및 두 번째 사업자만 해당된다. 즉 ① 공정거래위원회가 조사를 시작하기 전에 자진신고한 자의 경우에는 과징금 및 시정조치를 면제한다. ② 공정거래위원회가 조사를 시작한 후에 조사에 협조한 자의 경우에는 과징금을 면제하고, 시정조치를 감경하거나 면제한다. ③ 공정거래위원회가 조사를 시작하기 전에 자진신고하거나 공정거래위원회가 조사를 시작한 후에 조사에 협조한 자로서 부당한 공동행위임을 입증하는 데 필요한 증거를 단독으로 제공한 두 번째의 자에 해당하는 경우에는 과징금의 100분의 50을 감경하고, 시정조치를 감경할 수 있다(령 제35조 제1항).

(2) 감경 또는 면제요건

공동으로 또는 연명으로 신청한 경우에는 인정되지 않는다. 신고자 등에 대한 구체적인 감면정도, 감면제도의 세부운영절차 및 증거제출방법 등에 관한 사항은 공정거래위원회가 정하여 고시한다(령 제35조 제4항).[148]

(3) 감면의 내용

제21조(시정조치)의 규정에 의한 시정조치, 제22조(과징금)의 규정에 의한 과징금을 감경 또는 면제할 수 있다. 감경 또는 면제되는 자의 범위와 감경 또는 면제의 기준·정도 등과 정보 및 자료의 제공·누설 금지에 관한 세부사항은 대통령령으로 정한다(법 제22조의2 제

148 공정거래위원회「부당한 공동행위 자진신고자 등에 대한 시정조치 등 감면제도」운영고시 제2017-20호 개정 2017.11.14. 개정.

4항).[149] 다만 담합을 강요한 자는 감면의 대상이 아니다(령 제35조 제1항 제5호). 시정조치 또는 과징금을 감경 또는 면제받은 자가 그 감경 또는 면제받은 날 이후에 새롭게 제19조제1항을 위반하는 경우에는 시정조치 또는 과징금을 감경 또는 면제받은 날부터 5년 이내에는 제1항에 따른 시정조치 또는 과징금의 감경 또는 면제를 하지 아니한다(법 제22조의2 제2항).

법에는 임의적 감면규정으로 되어 있지만 시행령에는 의무적 감면규정으로 되어 있다(령 제35조). 그러나 법령상 벌칙에 대한 감면규정은 없다. 그러나 공정거래위원회 내부지침에는 일정한 경우 고발을 면제한다는 규정도 있다. 이에 대해서는 법에 규정하지 않은

---

149 공정거래법 시행령 제35조(자진신고자 등에 대한 감경 또는 면제의 기준 등)

① 법 제22조의2(자진신고자 등에 대한 감면 등) 제4항의 규정에 따른 시정조치 또는 과징금의 감경 또는 면제에 대한 기준은 다음 각호와 같다.

1. 공정거래위원회가 조사를 시작하기 전에 자진신고한 자로서 다음 각 목의 모두에 해당하는 경우에는 과징금 및 시정조치를 면제한다.
   가. 부당한 공동행위임을 입증하는 데 필요한 증거를 단독으로 제공한 최초의 자일 것. 다만, 공동행위에 참여한 2개 이상의 사업자가 공동으로 증거를 제공하는 경우에도 이들이 실질적 지배관계에 있는 계열회사이거나 회사의 분할 또는 영업양도의 당사회사로서 공정거래위원회가 정하는 요건에 해당하면 단독으로 제공한 것으로 본다.
   나. 공정거래위원회가 부당한 공동행위에 대한 정보를 입수하지 못하였거나 부당한 공동행위임을 입증하는데 필요한 증거를 충분히 확보하지 못한 상태에서 자진신고하였을 것
   다. 부당한 공동행위와 관련된 사실을 모두 진술하고, 관련 자료를 제출하는 등 조사가 끝날 때까지 성실하게 협조하였을 것
   라. 그 부당한 공동행위를 중단하였을 것
2. 공정거래위원회가 조사를 시작한 후에 조사에 협조한 자로서 다음 각 목의 모두에 해당하는 경우에는 과징금을 면제하고, 시정조치를 감경하거나 면제한다.
   가. 공정거래위원회가 부당한 공동행위에 대한 정보를 입수하지 못하였거나 부당한 공동행위임을 입증하는 데 필요한 증거를 충분히 확보하지 못한 상태에서 조사에 협조하였을 것
   나. 제1호가목, 다목 및 라목에 해당할 것
   다. 삭제 <2008.6.25.>
3. 공정거래위원회가 조사를 시작하기 전에 자진신고하거나 공정거래위원회가 조사를 시작한 후에 조사에 협조한 자로서 다음 각 목의 모두에 해당하는 경우에는 과징금의 100분의 50을 감경하고, 시정조치를 감경할 수 있다.
   가. 부당한 공동행위임을 입증하는 데 필요한 증거를 단독으로 제공한 두 번째의 자일 것. 다만, 공동행위에 참여한 2개 이상의 사업자가 공동으로 증거를 제공하는 경우에도 이들이 실질적 지배관계에 있는 계열회사이거나 회사의 분할 또는 영업양도의 당사회사로서 공정거래위원회가 정하는 요건에 해당하면 단독으로 제공한 것으로 본다.
   나. 제1호다목 및 라목에 해당할 것
   다. 삭제 <2008.6.25.>
   라. 삭제 <2008.6.25.>
4. 부당한 공동행위로 인하여 과징금 부과 또는 시정조치의 대상이 된 자가 그 부당한 공동행위 외에 그 자가 관련되어 있는 다른 부당한 공동행위에 대하여 제1호 각 목 또는 제2호 각 목의 요건을 충족하는 경우에는 그 부당한 공동행위에 대하여 다시 과징금을 감경 또는 면제하고, 시정조치를 감경할 수 있다.
5. 제1호부터 제4호까지의 규정에 해당하는 자라도 다른 사업자에게 그 의사에 반하여 해당 부당한 공동행위에 참여하도록 강요하거나 이를 중단하지 못하도록 강요한 사실이 있는 경우 또는 일정 기간 동안 반복적으로 법 제19조제1항을 위반하여 부당한 공동행위를 한 경우에는 시정조치와 과징금의 감면을 하지 아니한다.
6. 제3호에 해당하는 자로서 다음 각 목의 어느 하나에 해당하는 경우에는 과징금 및 시정조치를 감경하지 아니한다.
   가. 2개 사업자가 부당한 공동행위에 참여하고 그중의 한 사업자인 경우
   나. 제1호 또는 제2호에 해당하는 자가 자진신고하거나 조사에 협조한 날부터 2년이 지나 자진신고하거나 조사에 협조한 사업자인 경우

혜택을 주는 것은 위법하다는 견해가 유력하다.

(4) 누설금지

공정거래위원회 및 그 소속공무원은 소송수행을 위하여 필요한 경우 등 대통령령으로 정하는 경우를 제외하고는 자진신고자 또는 조사에 협조한 자의 신원·제보내용 등 자진신고나 제보와 관련된 정보 및 자료를 사건 처리와 관계없는 자에게 제공하고나 누설하여서는 아니 된다(법 제22조의2 제3항).

공정거래위원회는 자진신고자나 조사에 협조한 자의 신청이 있으면 자진신고자 등의 신원이 공개되지 아니하도록 해당 사건을 분리 심리하거나 분리 의결할 수 있다(령 제35조 제3항).

(5) Amnesty Plus 제도 신설

부당한 공동행위로 인하여 과징금의 부과 또는 시정조치의 대상이 된 자가 그 부당한 공동행위 이외에 그 자가 관련되어 있는 다른 부당한 공동행위에 대하여 감경 또는 면제의 요건을 충족하는 경우에는 그 부당한 공동행위에 대하여 다시 과징금을 감경 또는 면제하고, 시정조치를 감경할 수 있다(령 제35조 제1항 제4호).

제7장 불공정거래행위의 금지

제1절 개설

기업의 경쟁수단이나 경쟁방법이 부당하거나 불공정한 경우를 일반적으로 불공정거래라고 한다. 불공정거래행위 금지제도는 ① 시장지배력의 여부와 관계없이 개별적인 거래단계에서 발생할 수 있는 불공정거래행위를 규제하고 공정한 거래를 유시하기 위한 제도이다. 공정거래법은 불공정거래행위를 유형별로 구체적인 구성요건을 제시하는 제한적 열거주의 방식을 채택하고 있다. 불공정거래행위로 인해 침해되는 법익을 기준으로 크게 경쟁사업자의 이익침해행위, 수요자(소비자)의 이익침해행위, 공익침해행위의 3유형으로 나눌 수 있다.

② 경쟁의 자유보다는 경쟁의 공정성 보호를 우선하는 점, 경쟁 그 자체뿐만 아니라 경쟁자도 보호하고 나아가 소비자의 보호를 그 직접적인 목적으로 한다는 점, 경쟁수단의 불공정성뿐만 아니라 사업수행일반에 있어서의 불공정성까지 규제한다는 점 등에서 규제범위가 광범위하다.

③ 불공정거래행위 규제제도는 시장전체의 경쟁에 대한 구체적인 영향은 판단하지 않아도 되기 때문에 위법성의 입증이 상대적으로 용이하다.

제2절 불공정거래행위의 금지의 내용

Ⅰ. 불공정거래행위의 개념

1. 의의

사업자는 법 제23조 제1항 각호의 1에 해당하는 29가지 행위로서 공정한 거래를 저해할 우려가 있는 행위를 하거나 계열회사 또는 다른 사업자로 하여금 이를 행하도록 하여서는 아니 된다(법 제23조 제1항). 공정거래법은 불공정거래행위의 개념을 직접적으로 규정하고 있지 않기 때문에 불공정거래행위 금지규정인 법 제23조 제1항을 통해 간접적으로 불공정거래행위의 개념을 유추할 수 있다.

2. 개념요소

(1) 공정한 거래를 저해하는 행위

법 제23조 제1항에 열거된 개별행위 유형이 법위반에 해당되는지 여부를 판단하는 기준은 당해 행위가 '공정한 거래를 저해할 우려'(공정거래저해성)가 있는지 여부이다.

'공정거래저해성'은 법 제23조 제1항 각호에 규정된 '부당하게'와 그 의미가 동일한 것으로 본다. 공정거래저해성이란 경쟁제한성과 불공정성(unfairness)을 포함하는 개념으로 본다. 경쟁제한성이란 당해 행위로 인해 시장 경쟁의 정도 또는 경쟁사업자(잠재적 경쟁사업자 포함)의 수가 유의미한 수준으로 줄어들거나 줄어들 우려가 있음을 의미한다. 불공정성(unfairness)이란 경쟁수단 또는 거래내용이 정당하지 않음을 의미한다. 경쟁수단의 불공정성은 상품 또는 용역의 가격과 질 이외에 바람직하지 않은 경쟁수단을 사용함으로써 정당한 경쟁을 저해하거나 저해할 우려가 있음을 의미한다. 거래내용의 불공정성이라 함은 거래상대방의 자유로운 의사결정을 저해하거나 불이익을 강요함으로써 공정거래의 기반이 침해되거나 침해될 우려가 있음을 의미한다.

(2) 추상적 위험성

공정한 거래를 저해할 '우려'란 공정한 거래를 저해하는 효과가 실제로 구체적인 형태로 나타나는 경우뿐만 아니라 나타날 가능성이 큰 경우를 의미한다. 또한, 현재는 그 효과가 없거나 미미하더라도 미래에 발생할 가능성이 큰 경우를 포함한다. 불공정거래행위는 실제로 공정한 거래를 저해한 사실이 있어야 할 필요는 없고 그러한 위험성이 있는 것만으로 충분하다. 즉, 추상적인 위험성만으로 충분하고 구체적인 위험성까지 요구하는 것은 아니다.

(3) 행위의 주체

사업자가 불공정거래행위를 스스로 행하는 것은 물론이고 다른 사업자나 계열회사로 하여금 이를 행하도록 하는 것도 불공정거래행위에 포함된다.

(4) 위법성의 판단

원칙적으로 공정거래저해성은 당해 행위의 효과를 기준으로 판단한다. 사업자의 의도나 거래상대방의 주관적 예측은 공정거래저해성을 입증하기 위한 정황증거로서의 의미를 갖는다.

3. 안전지대(Safety Zone)의 설정

안전지대란 사업자의 시장점유율 등에 비추어 통상적으로 공정거래저해성이 미미할 것으로 인정되는 경우 불공정거래행위의 외형에 해당되는 행위가 있다고 하더라도 공정거래저해성이 없는 것으로 보아 공정거래위원회가 원칙적으로 심사절차를 개시하지 않는 '심사면제 대상'을 의미한다.[150]

안전지대는 법 제23조 제1항의 불공정거래행위(제7호의 부당한 지원행위는 제외)에 한정된다. 안전지대에 해당되는 사업자의 행위라도 공정거래위원회가 동법의 적용을 위한 심사를 개시할 수 없는 것은 아니다. 또한, 안전지대에 해당되지 않는 사업자의 행위라고 하여 자동적으로 위법성이 추정되는 것은 아니다.

안전지대는 경쟁제한성 위주로 심사하는 불공정거래행위 유형에 대해서 적용된다. 이 행위유형에 대해 안전지대를 적용하는 이유는 사업자의 시장점유율이나 매출액 등이 작을 경우 시장경쟁 상황에 미치는 효과가 미미하기 때문이다. 반면, 불공정성(unfairness) 위주로 심사하는 행위유형에 대해서는 안전지대가 적용되지 아니한다.

4. 관련시장 범위획정

법 제23조 제1항에 규정된 불공정거래행위의 경쟁제한효과를 분석함에 있어 관련시장 범위획정은 중요한 의미를 갖는다. 관련시장의 범위가 적정수준보다 넓게 획정될 경우 행위

---

150 「불공정거래행위 심사지침」, 공정거래위원회 예규 제241호, 2015.12.31. 개정.

효과가 과소한 것으로 평가될 수 있으며, 반대로 관련시장 범위가 적정수준보다 좁게 획정될 경우에는 행위효과가 과대하게 평가될 수 있기 때문이다. 또한, 안전지대에 속하는지 여부를 판단하기 위해 시장점유율을 산정할 때도 시장범위 획정은 중요한 의미를 갖는다.

관련시장 범위는 거래대상(상품 또는 용역)의 특성, 거래지역, 거래단계, 거래상대방에 따라 획정될 수 있다. 이때, 거래대상의 특성에 의한 시장획정은 대상 상품 또는 용역의 수요대체성과 공급대체성을 종합적으로 고려하여 판단한다. 또한, 거래지역에 의한 시장획정은 대상 상품 또는 용역에 대해 지역적으로 수요대체성(타 지역으로 수요를 전환할 수 있는지 여부)과 공급대체성(공급이 타 지역에서 당해 지역으로 전환될 수 있는지 여부)이 있는지 여부를 종합적으로 고려하여 판단한다. 시장범위 획정 시 구체적으로 고려하는 사항은 「기업결합 심사기준」의 '일정한 거래분야 판단기준'을 준용한다.

Ⅱ. 불공정거래행위금지의 규정체계

1. 일반불공정거래행위

(1) 개념

법 제23조 제1항에 열거된 불공정거래행위의 유형(제1호에서 8호까지)을 근거로 하여 시행령 제36조 제1항 <별표 1의2>에 열거된 9가지 유형(부당한 표시광고 제외)의 28가지 행위를 말한다.

(2) 일반불공정거래행위의 유형

<일반불공정거래행위의 유형>

공정거래법상 유형 (법 제23조 제1항)	일반불공정거래행위 (시행령 제36조 제1항 별표 1의2)	
1. 부당하게 거래를 거절하거나 거래의 상대방을 차별하여 취급하는 행위	(1)거래거절(전단)	1) 공동의 거래거절 2) 기타의 거래거절
	(2)차별적 취급 (후단)	3) 가격차별 4) 거래조건차별 5) 계열회사를 위한 차별 6) 집단적 차별
2. 부당하게 경쟁자를 배제하는 행위	(3)경쟁사업자 배제	7) 부당염매 8) 부당고가매입

<table>
<tr><th>공정거래법상 유형
(법 제23조 제1항)</th><th colspan="2">일반불공정거래행위
(시행령 제36조 제1항 별표 1의2)</th></tr>
<tr><td rowspan="2">3. 부당하게 경쟁자의 고객을 자기와 거래하도록 유인하거나 강제하는 행위</td><td>(4)부당한 고객유인(전단)</td><td>9) 부당한 이익에 의한 고객유인
10) 위계에 의한 고객유인
11) 기타의 부당한 고객유인</td></tr>
<tr><td>(5)거래강제(후단)</td><td>12) 끼워팔기
13) 사원판매
14) 기타의 거래강제</td></tr>
<tr><td>4. 자기의 거래상의 지위를 부당하게 이용하여 상대방과 거래하는 행위</td><td>(6)거래상 지위의 남용</td><td>15) 구입강제
16) 이익제공 강요
17) 판매목표 강제
18) 불이익제공
19) 경영간섭</td></tr>
<tr><td rowspan="2">5. 거래상대방의 사업활동을 부당하게 구속하는 조건으로 거래하거나 다른 사업자의 사업활동을 방해하는 행위</td><td>(7)구속조건부거래(전단)</td><td>20) 배타조건부거래
21) 거래지역 또는 거래상대방의 제한</td></tr>
<tr><td>(8)사업활동방해(후단)</td><td>22) 기술의 부당이용
23) 인력의 부당유인·채용
24) 거래처 이전방해
25) 기타의 사업활동방해</td></tr>
<tr><td><삭제>
6.사업자, 상품 또는 용역에 관하여 허위 또는 소비자를 기만하거나 오인시킬 우려가 있는 표시·광고(상호의 사용을 포함한다)를 하는 행위</td><td><삭제>
(9)부당한 표시·광고</td><td><삭제>
. 허위 또는 과장의 표시광고
. 기만적인 표시광고
. 부당하게 비교하는 표시광고
. 비방적인 표시광고</td></tr>
<tr><td>7. 부당하게 다음 행위로 특수관계인 또는 다른 회사를 지원하는 행위
가. 특수관계인 또는 다른 회사에 대하여 가지급금·대여금·인력·부동산·유가증권·상품·용역·무체재산권 등을 제공하거나 상당히 유리한 조건으로 거래하는 행위
나. 다른 사업자와 직접 상품·용역을 거래하면 상당히 유리함에도 불구하고 거래상 실질적인 역할이 없는 특수관계인이나 다른 회사를 매개로 거래하는 행위</td><td>(10)부당한 지원행위</td><td>26) 부당한 자금지원
27) 부당한 자산·상품 등 지원
28) 부당한 인력지원
29) 부당한 거래단계 추가 등</td></tr>
<tr><td>8. 제1호 내지 제7호 이외의 행위로서 공정한 거래를 저해할 우려가 있는 행위</td><td>세부유형 없음</td><td></td></tr>
</table>

(3) 법 제23조 제1항의 직접 적용문제

사업자의 불공정거래행위가 시행령에 규정된 29가지 행위유형에 해당하지 않는 경우 법 제23조 제1항의 각호를 직접 적용할 수 있느냐 하는 문제이다. 법 제23조 제1항 제1호부터 제7호는 불공정거래행위의 예시에 지나지 않고,[151] 법 제23조 제1항 제8호에 포괄조항의 성격을 가진 규정이 있으므로 법 제23조 제1항 각호의 직접 적용이 가능하다고 보는 입장이 있다.

하지만, 시행령에 규정되어 있지 않는 행위에 대하여는 법 제23조 제1항 각호를 직접 적용하여 규제할 수는 없다. 공정거래법은 불공정거래행위를 유형별로 구체적인 구성요건을 제시하는 제한적 열거주의 방식을 채택하고 있다고 보면,[152] 시행령에 규정되어 있지 않는 행위에 대하여는 법 제23조 제1항 제8호를 직접 적용하여 규제할 수는 없다고 보는 것이 옳다.

2. 특수불공정거래행위

(1) 의미

공정거래위원회는 필요하다고 인정하는 경우에는 불공정거래행위의 유형 또는 기준을 특정분야 또는 특정행위에 적용하기 위하여 세부기준을 정하여 고시할 수 있다. 이 경우 공정거래위원회는 미리 관계행정기관의 장의 의견을 들어야 한다(령 제36조 제2항). 공정거래위원회가 29가지 일반불공정거래행위의 유형 또는 기준을 특정분야 또는 특정행위에 적용하기 위하여 세부기준을 정한 고시에 열거된 행위를 특수불공정거래행위라고 한다.

(2) 특수불공정거래행위에 관한 고시의 종류(5가지)

1) 특정분야에 적용하기 위한 것

① 「병행수입에 있어서의 불공정거래행위의 유형 고시」[153]는 불공정거래행위에 해당되어 금지되는 부당한 병행수입 저지행위의 대표적인 유형을 구체적으로 밝혀 이를 사전에 예방하는 데 그 목적이 있다.

151 신현윤, 앞의 책, 269面.

152 정호열, 앞의 책, 351面.

153 공정거래위원회 고시 제2015-15호, 2015.10.23. 개정.

② 「신문업에 있어서의 불공정거래행위 및 시장지배적 지위남용 행위의 유형 및 기준」[154]은 법집행의 일관성 및 객관성을 제고하고 신문업 사업자의 법위반행위를 예방함과 동시에 당해 사업자단체 등의 자율적인 법준수활동을 지원하여 신문업 시장의 공정한 거래질서 확립을 도모함을 목적으로 한다.

2) 특정행위에 적용하기 위한 것

「부당한 지원행위의 심사지침」[155]은 제23조(불공정거래행위의 금지) 제1항 제7호 및 동법 시행령 제36조(불공정거래행위의 지정) 제1항의 규정에 의한 "불공정거래행위의 유형 및 기준" 제10호(부당한 지원행위) 규정의 운영과 관련하여 객관적이고 구체적인 심사기준을 마련하는 데 그 목적이 있다.

「경품류 제공에 관한 불공정거래행위의 유형 및 기준 지정고시」는 2016. 6. 30.에 폐지되었다.

3) 특정분야와 특정행위에 적용하기 위한 것

① 「대규모소매점업에 있어서의 특정불공정거래행위의 유형 및 기준 지정고시」[156]는 제23조(불공정거래행위의 금지) 제1항 제4호(자기의 거래상의 지위를 부당하게 이용하여 상대방과 거래하는 행위) 및 같은 법 시행령 제36조(불공정거래행위의 지정) 제1항 관련 별표1의2 「불공정거래행위의 유형 및 기준」제6호의 규정에 의한 대규모소매점업에 있어서 거래상 지위 남용행위에 해당되어 금지되는 불공정거래행위의 유형 및 기준을 정함을 목적으로 한다.

② 「계속적 재판매거래 등에 있어서의 거래상 지위 남용행위 세부유형 지정고시」[157]는 제23조(불공정거래행위의 금지) 제1항 제4호(자기의 거래상의 지위를 부당하게 이용하여 상대방과 거래하는 행위) 및 같은 법 시행령 제36조(불공정거래행위의 지정) 제1항 관련 별표1의2 「불공정거래행위의 유형 및 기준」제6호의 규정에 의한 거래상 지위의 남용행위에 해당되어 금지되는 불공정거래행위의 유형 및 기준을 정함을 목적으로 한다.

(4) 시행령과 고시의 관계

시행령과 위 5가지 고시는 일반법과 특별법의 관계에 있다고 볼 수 있으므로 고시에 열거

154 공정거래위원회 고시 제2015-15호, 2015.10.23. 개정.

155 공정거래위원회 예규 제288호, 2017.12.12. 개정.

156 공정거래위원회 고시 제2017-20회, 2017.11.14. 개정.

157 공정거래위원회 고시 제2017-6호, 2017.6.2. 개정.

되지 않는 특정분야의 행위 또는 특정행위에 대하여 일반법인 시행령을 적용하여 규제할 수 있다.

Ⅲ. 일반불공정거래행위의 구분

1. 의의

일반불공정거래행위는 그 행위유형에 따라 "정당한 이유 없이", "부당하게", "정상적인 거래관행에 비추어 부당하게"라는 서로 다른 수식어가 삽입되어 있다.

2. "정당한 이유 없이"라는 요건으로 하는 행위유형

"정당한 이유 없이"를 요건으로 하는 행위에 대해서는 당해 행위의 외형이 있는 경우에는 원칙적으로 공정거래저해성이 인정된다. 1)공동의 거래사절, 5)계열회사를 위한 차별, 7)부당염매의 3가지가 이 유형에 해당한다. 따라서 그러한 요건에 해당되는 행위가 있으면 일단 위법한 행위로 추정되고, 정당한 이유가 있는 경우에는 그 위법성이 조각된다(당연위법원칙 적용, 원칙위법행위).

불공정한 행위를 한 사업자에게 정당한 이유가 있는지에 대해 입증할 책임이 있는 것으로 본다.[158]

"정당한 이유"라 함은 전적으로 공정한 경쟁질서 유지라는 관점에서 평가되어야 하고 사업경영상의 필요 또는 거래상의 합리성 내지 필요성만으로는 "정당한 이유"가 인정되지 아니한다 할 것이다.[159]

3. "부당하게"를 요건으로 하는 행위유형

"부당하게"를 요건으로 하는 행위유형은 당해 행위의 외형이 있다고 하여도 그 사실만으로 공정거래저해성이 있다고 인정되는 것은 아니며, 원칙적으로 경쟁제한성·불공정성(unfairness)과 효율성 증대효과·소비자후생 증대효과 등을 비교 형량하여 경쟁제한성·불공정성의 효과가 보다 큰 경우에 위법한 것으로 본다(합리의 원칙 적용, 조리위법행위). 2)기

158 대법원 2001.12.11. 선고 2000두833 판결.

159 대법원 1990.4.10. 선고 89다카29075 판결.

타의 거래거절, 3)가격차별, 4)거래조건 차별, 6)집단적 차별, 8)부당고가매입 등 대부분의 일반불공정거래행위가 여기에 해당한다.

"부당하게"를 요건으로 하는 행위에 대해서는 공정거래위원회가 그 행위의 부당성을 입증하여야 한다.

4. "정상적인 거래관행에 비추어 부당하게"를 요건으로 하는 행위유형

동 업계의 정상적인 거래관행을 기준으로 부당성을 판단하게 된다. 이는 반드시 당해 업계에서 실제로 행해지고 있는 관행을 말하는 것은 아니며, 공정경쟁의 관점에서 객관적으로 인정되는 관행이면 충분하다고 할 수 있다(합리의 원칙이 적용된다). 업계에서 관행적으로 행해진다고 해서 정당성이 부여되는 것이 아니라, 공정거래질서 관점에서 정당성이 부여된다.

9)부당한 이익에 의한 고객유인, 12)끼워팔기, 14)기타의 거래강제, 29)부당한 거래단계 추가의 4가지가 이에 해당한다. 공정거래위원회가 부당성을 입증하여야 한다.

5. 당연위법의 원칙과 합리의 원칙의 비교

당연위법의 원칙(원칙위법행위)은 일정한 경쟁제한행위가 존재하기만 하면 위법성을 인정하는 원칙을 말한다. 합리의 원칙(조리위법행위)은 경쟁제한행위가 존재하더라도 합리적인 이유의 존재여부에 따라 위법성을 판단하는 원칙을 말한다. 당연위법의 원칙보다 구체적 타당성의 확보는 용이하지만 위법성 여부의 판단에 관한 행정기관의 부담이 가중된다.

공정거래법상 "정당한 이유 없이"라는 문언이 포함되어 있는 행위는 행위자가 정당한 이유를 입증하지 않는 한 위법한 것으로 하고, "부당하게"라는 문언이 포함된 행위는 공정거래위원회가 그 부당성을 적극적으로 입증해야 한다고 해석하는 것이 타당하다. 따라서 "정당한 이유 없이"라는 문언이 포함되어 있는 경우에는 "부당하게"라는 문언이 포함되어 있는 경우보다 위법성이 인정될 가능성이 높다.

Ⅳ. 불공정거래행위 금지제도의 법체계상 지위

1. 시장지배적 지위남용행위와의 관계

시장지배적사업자가 불공정거래행위를 하면 우선적으로 법 제3조의2를 적용하고 법 제3조의2에 해당되는 행위유형이 없는 경우에는 법 제23조 제1항을 적용한다.

법 제3조의2에만 있는 행위유형에는 가격남용행위, 출고조절행위, 사업활동방해행위, 신규진입방해행위, 경쟁사업자배제행위, 소비자이익저해행위 등이 있고, 법 제23조 제1항에는 사업자의 불공정한 영업행태를 광범위하게 금지하고 있다. 이 조항의 특이한 행위유형으로는 부당한 자금·자산·상품·인력지원행위와 부당한 거래단계 추가 등이 있다. 시장지배적 지위남용행위가 일반불공정거래행위보다 실질적 경쟁제한의 가능성이 더 크다. 또한 양자는 특별규정과 일반규정의 관계에 있으므로 전자의 위법성 판단이 후자보다 더욱 용이하다고 볼 수 있다. 양자 모두 수직적 거래제한행위에 해당하는 것이 많다.

법 제3조의2를 적용한 실적보다 법 제23조를 적용한 실적이 월등히 많다. 법 제3조의2를 적용하여야 함에도 불구하고 법 제23조를 적용한 사례도 많이 있다.

2. 「부정경쟁방지 및 영업비밀보호에 관한 법률」과의 관계

이법에서 "부정경쟁"이란 사기·협박 등과 같은 방법으로 다른 기업의 신용을 악용하여 자기의 이익을 도모하는 행위를 말한다. 양법이 경합하는 경우 공정거래법이 우선적으로 적용된다.

<양법의 비교>

구분	일반불공정거래행위	부정경쟁방지법
보호법익	공공의 이익	사적이익
법의 성격	사회법의 일종	시민법의 일종
과실유무	무과실책임	고의·과실책임
규제 방법	행정적 규제	사법적 규제
운영주체	공정거래위원회	특허청

3. 기타

「하도급거래의공정화에관한법률」 제28조에 따라 하도급거래에 관하여 이 법의 적용을 받는 사항에 대하여는 공정거래법 제23조 제1항 제4호의 규정(거래상 지위남용)을 적용하지 아니한다.

「표시·광고의공정화에관한법률」에 따라 부당한 표시광고행위에 대해서는 공정거래법의 규정(법 제23조 제1항 제6호)이 실효하게 되었다.

제3절 일반불공정행위

Ⅰ. 거래거절행위

1. 의의

사업자가 부당하게 거래를 거절하는 행위로서 공정한 거래를 저해할 우려가 있는 행위를 말한다(법 제23조 제1항 제1호 전단).

자유시장경제에서 사업자는 원칙적으로 자유롭게 거래거절을 할 수 있다(거래처선택의 자유). 원칙적으로 사업자는 거래를 개시 또는 계속할 것인지 여부와 누구와 거래할 것인지를 자유로이 결정할 수 있다고 할 것이다. 그러나 거래의 개시나 계속을 거절함으로써 다른 사업자의 사업활동을 현저히 곤란하게 하고 그 결과 당해 시장에서 경쟁의 정도가 감소하거나, 거래거절이 공정거래법상 금지된 행위의 실효성을 확보하기 위한 수단으로 활용될 경우, 이는 관련시장에서 경쟁을 제한하고 시장의 효율성 저하를 초래하게 되므로 금지된다.

거래거절의 내용으로는 상품이나 용역의 공급·구입 등 매매뿐만 아니라 임대차 등 그 형태를 불문한다.

2. 종류

(1) 공동의 거래거절행위

1) 개념

정당한 이유 없이 자기와 경쟁관계에 있는 다른 사업자와 공동으로 특정사업자에 대하여 거래의 개시를 거절하거나 계속적인 거래관계에 있는 특정사업자에 대하여 거래를 중단하거나 거래하는 상품 또는 용역의 수량이나 내용을 현저히 제한하는 행위를 말한다(령 별표1의2 제1호 가목).

2) 대상행위

거래상대방에 대하여 공동으로 거래를 거절하는 행위가 대상이 된다. 당연위법행위이다.

거래거절에는 공급거절과 구입거절, 거래개시의 거절과 거래계속의 거절이 포함된다. 또한, 거래상대방에게 현저히 불리한 거래조건을 제시하거나 거래하는 상품·용역의 수량 또는 내용을 현저히 제한하여 사실상 거래를 거절하는 행위도 포함된다.

거래거절의 상대방은 특정사업자이다. 따라서 자기의 생산 또는 판매정책상 합리적 기준을 설정하여 그 기준에 맞지 않는 불특정다수의 사업자와 거래를 거절하는 행위는 원칙적으로 대상이 되지 아니한다. 사업자가 아닌 거래상대방, 즉 소비자에 대한 거래거절은 대상이 되지 아니한다.

3) 위법성의 판단기준

공동의 거래거절이 관련 시장에서 경쟁을 제한하는지 여부를 위주로 판단한다. "관련시장"이라 함은 행위자가 속한 시장 또는 거래거절의 상대방이 속한 시장을 말한다.

공동의 거래거절을 당한 사업자는 여러 사업자와의 거래개시 또는 계속이 제한되므로 사업활동에 어려움을 겪게 되고 그 결과 정상적인 경쟁이 저해될 가능성이 높다. 따라서 공동의 거래거절은 원칙적으로 경쟁제한성이 있는 것으로 본다.

사업자들이 '정당한 이유'를 소명하였을 경우 그 타당성을 판단하되, 다음과 같이 정당한 이유가 있다고 인정될 경우에는 공정거래저해성이 없는 것으로 볼 수 있다.

① 재고부족이나 거래상대방 사업자의 부도 등 채무불이행 가능성 등으로 인해 공동의 거래거절이 합리적이라고 인정되는 경우.

② 특정사업자가 공동의 거래거절을 당하더라도 대체 거래선을 용이하게 찾을 수 있는 경우.

③ 사업자들이 사전에 당해 사업영위에 합리적이라고 인정되는 거래자격 기준을 정하여 그 기준에 미달되는 사업자와의 거래개시를 거절하는 경우.

④ 공동의 거래거절로 인해 발생하는 효율성 증대효과나 소비자후생 증대효과가 경쟁제한효과를 현저히 상회하는 경우.

⑤ 공동의 거래거절에 기타 합리적인 사유가 있다고 인정되는 경우 등.

4) 정당한 이유가 될 수 있는 예

① 외설적 광고를 억제하기 위하여 광고업자들이 공동으로 그 광고의 게재를 거절하는 행위

② 사업자들이 미풍양속에 반하는 상품의 취급을 하지 않도록 합의하는 경우

③ 공정거래법상 위법 또는 부당한 요구에 대처하기 위하여 사업자들이 공동으로 거래거절하는 행위(끼워팔기를 강요하는 사업자에 대해 대리점이 공동으로 제품취급을 거절하는 경우 등)

5) 안전지대의 설정

상기의 규정에도 불구하고, 공동의 거래거절을 한 사업자들의 시장점유율 합계가 10% 미만인 경우에는 당해 시장에서의 경쟁제한효과가 미미하다고 보아 원칙적으로 심사면제 대상으로 한다. 다만 시장점유율 산정이 사실상 불가능하거나 현저히 곤란한 경우에는 당해 사업자들의 연간 매출액 합계액이 20억원 미만인 경우를 심사면제 대상으로 한다.

6) 공동행위와의 비교

사업자 간에 합의가 없는 점에서 공동행위와 차이가 있다. 공동의 거래거절에 해당하는 행위가 법 제19조 제1항에 규정된 부당한 공동행위의 요건을 충족하는 경우에는 부당한 공동행위 관련 규정을 우선적으로 적용한다.

(2) 기타의 거래거절행위

1) 개념

부당하게 특정사업자에 대하여 거래의 개시를 거절하거나 계속적인 거래관계에 있는 특정사업자에 대해 거래를 중단하거나 거래하는 상품 또는 용역의 수량이나 내용을 현저히 제한하는 행위를 말한다. "단독의 거래거절행위"라고도 한다(령 별표1의2 제1호 나목).

2) 대상행위

사업자가 단독으로 특정사업자와의 거래를 거절하는 행위가 대상이 된다. 거래거절이라는 행위 자체로 바로 불공정거래행위에 해당하는 것은 아니고, 그 거래거절이 특정사업자의 거래기회를 배제하여 그 사업활동을 곤란하게 할 우려가 있거나 오로지 특정사업자의 사업활동을 곤란하게 할 의도를 가진 유력 사업자에 의하여 그 지위 남용행위로서 행하여지거나 혹은 같은 법이 금지하고 있는 거래강제 등의 목적달성을 위하여 그 실효성을 확보하기 위한 수단으로 부당하게 행하여진 경우라야 불공정거래행위에 해당한다.[160]

거래거절에는 공급거절과 구입거절, 거래개시의 거절과 거래계속의 거절이 포함된다. 또한, 거래상대방에게 현저히 불리한 거래조건을 제시하거나 거래하는 상품·용역의 수량 또는 내용을 현저히 제한하여 사실상 거래를 거절하는 행위도 포함된다.

거래거절의 상대방은 특정사업자이다. 따라서 자기의 생산 또는 판매정책상 합리적 기

160 대법원 2001.1.5. 선고 98두17869 판결.

준을 설정하여 그 기준에 맞지 않는 불특정다수의 사업자와의 거래를 거절하는 행위는 원칙적으로 대상이 되지 아니한다. 사업자가 아닌 거래상대방, 즉 소비자에 대한 거래거절은 대상이 되지 아니한다.

3) 위법성의 판단기준

단독의 거래거절이 관련 시장에서 경쟁을 제한하는지 여부를 위주로 판단한다. “관련시장”이라 함은 행위자가 속한 시장 또는 거래거절의 상대방이 속한 시장을 말한다. 이때 경쟁제한성이 있는지 여부는 다음 사항을 종합적으로 고려하여 판단한다.

① 거래거절 대상이 되는 물품·용역이 거래상대방의 사업영위에 필수적인지 여부. 대상이 되는 물품·용역이 사업영위에 필수적이지 않다면 경쟁제한성이 낮다고 볼 수 있다.

② 거래거절을 당한 특정사업자가 대체거래선을 용이하게 찾을 수 있는지 여부. 대체거래선을 큰 거래비용 없이 용이하게 찾을 수 있는 경우에는 거래거절의 경쟁제한성이 낮다고 볼 수 있다.

③ 거래거절로 인해 특정사업자의 사업활동이 곤란하게 되고 그 결과 당해 시장에서 경쟁의 정도를 실질적으로 감소시키게 되는지 여부.

④ 거래거절로 인해 경쟁사업자(잠재적 경쟁사업자 포함)의 시장진입이 곤란하게 되는지 여부.

⑤ 거래거절이 공정거래법에 금지된 행위(재판매가격유지행위, 부당공동행위 등)를 강요하기 위한 수단으로 활용되었는지 여부 등.

경쟁제한성이 있다고 판단되는 경우에도 다음과 같이 거래거절의 합리성이 있다고 인정되는 경우에는 법위반으로 보지 않을 수 있다.

① 생산 또는 재고물량 부족으로 인해 거래상대방이 필요로 하는 물량을 공급할 수 없는 경우.

② 거래상대방의 부도 등 신용결함, 명백한 귀책사유, 자신의 도산위험 등 불가피한 사유가 있고 거래거절 이외에 다른 대응방법으로 대처함이 곤란한 경우.

③ 당해 거래거절로 인해 발생하는 효율성 증대효과나 소비자후생 증대효과가 경쟁제한효과를 현저히 상회하는 경우.

④ 단독의 거래거절에 기타 합리적인 사유가 있다고 인정되는 경우 등.

사업자가 거래상대방에 대해 거래상 지위가 있음을 이용하여 불이익의 일환으로 합리적 이유 없이 '거래거절'을 하거나 거래상대방의 사업활동을 곤란하게 할 목적으로 '거래거절'을 하는 경우에는 거래상 지위남용(불이익제공) 또는 사업활동방해(기타의 사업활동방해)에 해당될 수 있다. 이 경우에는 경쟁제한성 분석이 요구되지 않는다.

4) 안전지대의 설정

상기의 규정에도 불구하고, 기타의 거래거절을 한 사업자의 시장점유율이 10% 미만인 경우에는 당해 시장에서의 경쟁제한효과가 미미하다고 보아 원칙적으로 심사면제 대상으로 한다. 다만 시장점유율 산정이 사실상 불가능하거나 현저히 곤란한 경우에는 당해 사업자의 연간 매출액이 20억원 미만인 경우를 심사면제 대상으로 한다.

5) 법위반에 해당될 수 있는 행위(예시)

① 합리적 이유 없이 거래거절이 행해지고 그 결과 당해 시장에서 사업자의 사업활동이 곤란하게 되고 경쟁의 정도가 실질적으로 감소되는 경우.

② 자기 또는 자기와 밀접한 관계에 있는 사업자와 독점적으로 거래하는 사업자와는 거래하면서 경쟁사업자와도 거래하는 사업자에 대하여는 합리적 이유 없이 거래를 중단하거나 제한함으로써 관련시장에서 경쟁의 감소를 초래하는 행위(배타조건부거래).

③ 합리적 이유 없이 자기로부터 원재료를 공급받는 판매업자나 대리점에게 후방시장에서 자기와 경쟁관계에 있는 사업자에 대해 원재료공급을 거절하게 함으로써 관련시장에서 경쟁의 감소를 초래하는 행위.

④ 자신이 활동하는 시장에 새로이 진입하고자 하는 특정사업자에 대하여 합리적 이유 없이 원재료 공급을 중단하거나 중단하도록 강요함으로써 관련시장에서 경쟁의 감소를 초래하는 행위.

⑤ 자기가 공급하는 원재료를 사용하여 완성품을 제조하는 자기와 밀접한 관계가 있는 사업자의 경쟁자를 당해 완성품시장에서 배제하기 위해, 당해 경쟁자에 대하여 종래 공급하고 있던 원재료의 공급을 중단하는 행위.

⑥ 합리적 이유 없이 원재료 제조업자가 자신의 시장지위를 유지·강화하기 위하여 원재료를 직접 생산·조달하려는 완성품 제조업자에 대해 원재료 공급을 거절하는 행위.

⑦ 합리적 이유 없이 할인점이나 온라인 판매업자 등 특정한 유형의 판매업자에 대하여 거래를 거절함으로써 거래거절을 당한 사업자가 오프라인 판매업자 등에 비해 경쟁상 열위에 처하게 되는 경우.

⑧ 자기와 거래하기 위해서는 자기가 지정하는 사업자의 물품·용역을 구입할 것을 의무화 하고 그에 응하지 않음을 이유로 거래개시를 거절함으로써 당해 물품·용역 시장에서의 경쟁에 영향을 미치는 행위.

6) 부당한 거래거절로 본 사례

① 대학병원의 총액입찰에서는 타 도매상으로부터의 구입·공급이 불가피하다는 점 등을 감안할 때 의약품도매업을 하고 있는 한일사가 계속적인 거래관계에 있던 (주)동아약품과의 거래를 중단한 행위는 경쟁업체를 경쟁에서 제압 또는 배제할 목적으로 이루어진 것으로 인정하기에 충분하므로 이 사건 공급거절행위는 자유경제체제에서 거래처선택의 자유의 범위를 벗어난 행위로서 부당한 거래거절행위에 해당한다.[161]

② (주)태창이 계속적인 거래관계에 있는 거래상대방이 전문점으로 전환하지 아니하거나 또는 전문점이 아니라는 이유로 적절한 사전 통보 없이 물품공급을 중단한 행위.[162]

Ⅱ. 차별적 취급

1. 의의

사업자가 부당하게 거래의 상대방을 차별하여 취급하는 행위로서 공정한 거래를 저해할 우려가 있는 행위를 말한다(법 제23조 제1항 제1호 후단).

원칙적으로 사업자는 가격 등 거래조건, 거래내용을 자유로이 설정할 수 있다. 그러나 사업자가 단독으로 또는 공동으로 거래지역이나 거래상대방에 따라 가격 등 거래조건·거래내용을 차별적으로 설정함으로써 자기가 속한 시장 또는 거래상대방이 속한 시장에서의 정상적인 경쟁을 저해할 경우에는 시장의 효율성 저하를 초래할 수 있으므로 금지된다. 즉 부당한 차별에 대해서만 불공정거래행위의 문제가 발생한다. 거래의 성립자체를 차별하는 것은 부당한 거래거절의 문제가 된다. 다만 다량구매에 할인혜택을 주는 등의 합리적인 차별 취급은 가능하다.

---

161 서울고등법원 1995.12.4. 선고 94구34120 판결.

162 공정거래위원회 1997.5.3. 의결 제97-63호.

2. 종류

(1) 가격차별

1) 개념

부당하게 거래지역 또는 거래상대방에 따라 현저하게 유리하거나 불리한 가격으로 거래하는 행위를 말한다(령 별표1의2 제2호 가목).

2) 대상행위

거래지역이나 거래상대방에 따른 가격차별이 대상이 된다. 이때, 가격이란 상품 또는 용역의 제공에 대하여 상대방이 실제 지불하는 모든 대가를 말한다. 여기에는 할인율 등 가격에 직접 영향을 미치는 거래조건이 포함된다. 거래의 대상인 상품 또는 용역은 실질적으로 동일한 것이어야 한다.

거래상대방은 차별대가의 대상이 되면 사업자뿐만 아니라 일반 소비자도 포함될 수 있다.

시장지배적 지위남용행위 중 가격남용행위와는 서로 다르다.

3) 위법성의 판단기준

가격차별이 행위자가 속한 시장 또는 거래상대방이 속한 시장에서의 경쟁을 제한하는지 여부를 위주로 판단한다. 경쟁제한성이 있다고 판단되는 경우에도 다음과 같이 가격차별의 합리성이 있다고 인정되는 경우에는 법위반으로 보지 않을 수 있다.

① 가격차별이 거래수량의 다과, 운송비, 거래상대방의 역할, 상품의 부패성 등 요소에 근거하여 한계비용 차이나 시장상황을 반영하는 경우.

② 당해 가격차별로 인해 발생하는 효율성 증대효과(가격할인을 받는 사업자의 이익, 경제적 효율성 증대 등)나 소비자후생 증대효과가 경쟁제한효과를 현저히 상회하는 경우.

③ 가격차별을 함에 있어 기타 합리적인 사유가 있다고 인정되는 경우 등.

4) 안전지대의 설정

상기의 규정에도 불구하고, 가격차별을 한 사업자의 시장점유율이 10% 미만인 경우에는 당해 시장에서의 경쟁제한효과가 미미하다고 보아 원칙적으로 심사면제 대상으로 한다. 다만 시장점유율 산정이 사실상 불가능하거나 현저히 곤란한 경우에는 당해 사업자의 연간 매출액이 20억원 미만인 경우를 심사면제 대상으로 한다.

5) 법위반에 해당될 수 있는 행위(예시)

① 사업자가 경쟁이 심한 지역에서 자신의 시장지위를 강화하기 위해 합리적 이유 없이 타 지역에 비해 현저히 낮은 가격을 설정함으로써 당해 지역에서 경쟁사업자를 배제할 우려가 있는 경우.

② 자신의 시장지위를 강화하기 위하여 자기가 공급하는 2가지 이상의 상품·용역 중 시장점유율이 높은 상품·용역과 그렇지 않은 상품·용역을 동시에 구매하는 거래상대방(사업자 및 소비자)에 대해 가격 면에서 현저히 유리한 취급을 함으로써 그렇지 않은 상품·용역시장에서의 경쟁을 저해하는 행위.

③ 유력한 사업자가 합리적인 이유 없이 특정사업자를 가격 면에서 현저히 우대한 결과 특정사업자가 그의 경쟁사업자보다 경쟁상 우위에 서게 되어 정상적인 경쟁이 저해되는 경우.

④ 과점적 시장구조하에서 용역서비스를 제공하는 사업자가 거래상대방에게 수수료를 부과함에 있어서 매출액 규모, 원가요소 등을 고려하지 않은 채 특정업태에 종사한다는 이유만으로 현저하게 유리 또는 불리한 취급을 하여 경쟁업태에 종사하는 사업자에 비해 경쟁상 우위 또는 열위에 서게 하는 행위.

⑤ 시장점유율이 상당한 사업자가 대부분의 거래상대방에 대해서는 구입량에 따라 누진적으로 할인율을 적용하는 반면, 소수의 거래상대방에 대해서는 합리적 이유 없이 구입량과 관계없이 통상 적용하는 최대할인율보다 더 높은 할인율을 획일적으로 적용함으로써 사업자들 간의 경쟁력 차이를 초래하는 행위.

(2) 거래조건 차별

1) 개념

부당하게 특정사업자에 대해 수량·품질 등의 거래조건이나 거래내용에 관하여 현저하게 유리하거나 불리한 취급을 하는 행위를 말한다(령 별표1의2 제2호 나목).

2) 대상행위

가격 이외의 거래조건을 차별하는 행위가 대상이 된다. 이는 가격이나 가격에 직접 영향을 미치는 조건(예컨대 수량할인 등)을 제외한 계약의 이행방법, 대금의 결제조건 등 거래내용면에서의 차별을 말한다. 거래조건이란 가격을 제외한 나머지 거래에 관한 제반조건으로서 거래대상이 되는 상품 등의 품질, 규격, 거래수량, 결제조건, 지불조건, 거래시기, 운송조건, 리베이트 등을 가리킨다.

거래조건 차별은 특정사업자를 대상으로 하므로 소비자에 대한 차별은 포함되지 않는다. 다만, 차별대상 사업자가 엄격하게 특정될 것을 요하지 않으며, 특정기준을 충족하는 모든 사업자 또는 특정지역에 소재한 모든 사업자에 대한 차별도 특정성이 있는 것으로 본다.

3) 위법성의 판단기준

거래조건 차별이 당해 사업자가 속한 시장 또는 거래상대방이 속한 시장에서의 경쟁을 제한하는지 여부를 위주로 판단한다. 이때 경쟁제한성이 있는지 여부 및 법위반으로 보지 않을 수 있는 경우는 가격차별에 준하여 판단한다.

4) 안전지대의 설정

상기의 규정에도 불구하고, 거래조건 차별을 한 사업자의 시장점유율이 10% 미만인 경우에는 당해 시장에서의 경쟁제한효과가 미미하다고 보아 원칙적으로 심사면제 대상으로 한다. 다만 시장점유율 산정이 사실상 불가능하거나 현저히 곤란한 경우에는 당해 사업자의 연간 매출액이 20억원 미만인 경우를 심사면제 대상으로 한다.

5) 법위반에 해당될 수 있는 행위(예시)

① 사업자가 경쟁이 심한 지역에서는 합리적 이유 없이 타 지역에 비해 현저히 유리한 대금결제 조건을 설정함으로써 당해 시장에서 경쟁사업자를 배제할 우려가 있는 경우.

② 사업자가 경쟁사업자의 상품·용역 또는 수입품을 병행 취급하는 대리점(판매업자)에 한하여 합리적 이유 없이 자기의 상품·용역의 제공시기, 배송회수, 결제방법 등을 현저하게 불리하게 취급함으로써 당해 대리점의 사업활동을 곤란하게 하거나 대리점 간 경쟁을 저해하는 행위.

6) 부당한 거래조건 차별행위로 본 심결사례

라미화장품이 전직 직원의 신규 특약점이라는 등의 이유로 부당하게 특정사업자에 대하여 수량·품질 등의 거래조건이나 거래내용에 관하여 현저하게 유리하게 취급을 한 행위.[163]

163 공정거래위원회 1999.1.7. 의결 제99-12호.

(3) 계열회사를 위한 차별적 취급

1) 개념

정당한 이유 없이 자기의 계열회사를 유리하게 하기 위하여 가격·수량·품질 등의 거래조건이나 거래내용에 관하여 현저하게 유리하거나 불리하게 하는 행위를 말한다(령 별표1의 2 제2호 다목). 여기에는 가격차별, 거래조건차별이 모두 포함되어 있다.

2) 대상행위

계열회사를 유리하게 하는 가격 등 거래조건·거래내용 등의 차별행위가 대상이 된다. 여기서 계열회사라 함은 상호출자제한기업집단 소속회사에 한정되는 것은 아니고, 다른 사업자의 실제 이익 침해여부는 위법행위 성립요건이 아니다. 즉 추상적 위험성만 있어도 제재한다. 차별의 상대방에는 소비자도 포함된다. 차별의 현저성을 판단함에 있어서 관련시장의 범위에 관련 없는 별도의 거래분야까지 포함할 수 없다.[164]

'가격차별', '거래조건차별', '집단적 차별'에 대하여는 그러한 행위가 '부당하게' 행하여진 경우에 한하여 불공정거래행위가 되는 것으로 규정하면서도 '계열회사를 위한 차별'의 경우에는 정당한 이유가 없는 한 불공정거래행위가 되는 것으로 문언을 달리하여 규정하고 있는 취지는, 이러한 행태의 차별은 경쟁력이 없는 기업집단 소속 계열회사들을 유지시켜 경제의 효율을 떨어뜨리고 경제력집중을 심화시킬 소지가 커서 다른 차별적 취급보다는 공정한 거래를 저해할 우려가 많으므로 외형상 그러한 행위유형에 해당하면 일단 공정한 거래를 저해할 우려가 있는 것으로 보되 공정한 거래를 저해할 우려가 없다는 점에 대해 입증책임을 행위자에게 부담하도록 하겠다는 데에 있다.[165]

'계열회사를 위한 차별'의 요건으로서 계열회사를 유리하게 하기 위한 의도는, 특정 사업자가 자기의 이익을 위하여 영업활동을 한 결과가 계열회사에 유리하게 귀속되었다는 사실만으로는 인정하기에 부족하고, 차별행위의 동기, 그 효과의 귀속주체, 거래의 관행, 당시 계열회사의 상황 등을 종합적으로 고려하여 사업자의 주된 의도가 계열회사가 속한 일정한 거래분야에서 경쟁을 제한하고 기업집단의 경제력집중을 강화하기 위한 것이라고

164 대법원 2004.12.9. 선고 2002두12076 판결.

165 대법원 2001.12.11. 선고 2000두833 판결.

판단되는 경우에 한하여 인정된다.[166] 의도적으로 계열회사를 유리하게 하기 위한 의사가 있었다는 객관적 의사가 있음을 공정거래위원회가 입증해야 한다.

3) 위법성의 판단기준

경쟁제한성 또는 경제력 집중 우려를 위주로 위법성을 판단하되, 가격 등 거래조건·거래내용 등에 관하여 계열회사에 대해 현저하게 유리하거나 계열회사의 경쟁사업자에 대해 현저하게 불리하게 취급하였을 경우에는 계열회사를 유리하게 하기 위한 행위로 인정하여 원칙적으로 경쟁제한성 또는 경제력집중 우려가 있는 것으로 본다.

그러나, 계열회사를 위한 차별취급을 한 사업자가 '정당한 이유'를 소명하였을 경우 그 타당성을 판단하되, 다음과 같이 정당한 이유가 있다고 인정될 경우에는 법위반으로 보지 않을 수 있다.

① 당해 행위로 인한 효율성 증대효과나 소비자후생 증대효과가 경쟁제한효과를 현저히 상회하는 경우.

② 차별취급을 함에 있어 기타 합리적 사유가 있다고 인정되는 경우 등.

4) 안전지대의 설정

상기의 규정에도 불구하고, 유리한 취급을 받은 계열회사의 시장점유율이 10% 미만인 경우(시장점유율 산정이 사실상 불가능하거나 현저히 곤란한 경우에는 당해 계열회사의 연간 매출액이 20억원 미만인 경우)에는 당해 시장에서의 경쟁제한효과가 미미하다고 보아 원칙적으로 심사면제 대상으로 한다. 다만, 경제력집중의 우려가 있는 경우에는 심사면제 대상이 되지 아니한다.

5) 법위반에 해당될 수 있는 행위(예시)

① 계열회사와 비계열회사의 제품 간에 품질이나 거래조건에 있어서 차이가 없음에도 불구하고 정당한 이유 없이 계열회사의 제품을 비계열회사의 견적단가보다 현저히 비싸게 구입한 행위.

② 사업자가 자기의 계열회사와 비계열회사를 동시에 거래하면서 정당한 이유 없이 계열회사에 비해 비계열회사에 대한 결제조건(현금비율, 어음만기일 등)을 현저히 불리하게

166 대법원 2004.12.9. 선고 2002두12076 판결.

하는 행위.

③ 사업자가 자기의 계열회사와 비계열회사에 동시에 임가공을 의뢰하면서 정당한 이유 없이 계열회사에 지급하는 임가공단가를 비계열회사의 경우에 비해 현저히 유리하게 지급하는 행위.

④ 계열회사가 경쟁입찰에서 유리한 지위에 설 수 있도록 하기 위해 계열회사의 경쟁사업자에게는 보다 불리한 가격이나 거래조건으로 원재료를 공급하는 행위.

6) 계열회사를 위한 차별적 위급행위로 본 심결사례

(주)롯데햄·롯데우유가 탈지분유와 햄제품을 판매하거나 시설물공사를 발주함에 있어 판매가격이나 담보조건 등에 관하여 정당한 이유 없이 비계열회사보다 자기의 계열회사를 유리하게 하는 행위.[167]

(4) 집단적 차별취급

1) 개념

집단으로 특정사업자를 부당하게 차별적으로 취급하여 그 사업자의 사업활동을 현저하게 유리하거나 불리하게 하는 행위를 말한다(령 별표1의2 제2호 라목).

2) 대상행위

여러 사업자가 공동으로 특정사업자에 대하여 행해지는 차별취급이 대상이 된다. 부당한 공동행위와 달리 집단적 차별취급은 합의가 없더라도 성립될 수 있으며 차별취급에 참가하는 사업자가 반드시 현실적 또는 잠재적 경쟁관계에 있을 필요는 없다. 또한 실제로 차별행위가 행해져야 한다. 조리위법행위이다. 차별취급에는 가격 등 거래조건, 거래내용 등의 차별이 포함된다.

집단적 차별취급은 사업자들이나 사업자단체의 행위에 의해 특정 사업자가 불이익을 받고 그 결과 경쟁이 침해되는 것을 규제하기 위한 것이다. 차별취급의 상대방은 특정사업자이다. 따라서 불특정다수의 사업자와 소비자는 대상이 되지 아니한다.

3) 위법성의 판단기준

집단적 차별행위의 위법성은 가격차별 및 거래조건 차별의 경우에 준하여 판단한다. 다만,

167 공정거래위원회 1994.11.23. 의결 제94-334호.

집단적 차별은 여러 사업자에 의해서 행해지므로 원칙적으로 가격차별 및 거래조건 차별의 경우에 비해 위법성이 인정될 가능성이 큰 것으로 본다.

4) 안전지대의 설정

상기의 규정에도 불구하고, 집단적 차별을 한 사업자들의 시장점유율 합계가 10% 미만인 경우에는 당해 시장에서의 경쟁제한효과가 미미하다고 보아 원칙적으로 심사면제 대상으로 한다. 다만 시장점유율 산정이 사실상 불가능하거나 현저히 곤란한 경우에는 당해 사업자들의 연간 매출액 합계액이 20억원 미만인 경우를 심사면제 대상으로 한다.

5) 법위반에 해당될 수 있는 행위(예시)

① 복수의 사업자가 특정사업자에 대해 동시에 합리적인 이유 없이 가격차별 또는 거래조건 차별 등을 행하는 경우.

② 합리적 이유 없이 복수의 판매업자와 제조업자가 공동으로 판매단계에서 경쟁관계에 있는 특정사업자에 대하여 차별적으로 높은 가격을 책정함으로써 그의 사업활동을 곤란하게 하고 그 결과 당해 시장에서의 경쟁에 영향을 미치는 행위.

③ 복수의 제조업자가 공동으로 덤핑판매를 하거나 온라인판매를 한다는 이유만으로 특정판매업자에 대하여 공급가격을 다른 판매업자에 비하여 비싸게 책정함으로써 사업활동을 현저히 불리하게 하고 다른 판매업자를 경쟁상 우위에 서게 하는 행위.

Ⅲ. 경쟁사업자의 배제행위

1. 의의

사업자가 부당하게 경쟁을 배제하는 행위로서 공정한 거래를 저해할 우려가 있는 행위를 말한다(법 제23조 제1항 제2호).

사업자가 상품 또는 용역을 현저히 낮은 가격으로 공급함으로써 경쟁사업자를 시장에서 배제시킨 후 독점적 지위를 구축하여 독점가격 책정이 가능해질 경우, 이는 경쟁을 저해하고 궁극적으로 소비자후생 수준의 저하로 귀결될 수 있으므로 금지된다. 또한, 사업자가 경쟁사업자를 당해 시장에서 배제할 목적으로 경쟁사업자가 필요로 하는 상품·원재료의 상당량을 고가로 매입할 경우 이는 시장에서의 정상적인 경쟁을 저해하게 되므로 금지된다.

합리적인 경쟁자배제행위는 허용되지만 부당한 경쟁자 배제효과가 있는 행위는 공정거래법상 규제된다.

2. 종류

(1) 부당염매

1)개념

자기의 상품 또는 용역을 공급함에 있어서 정당한 이유 없이 그 공급에 소요되는 비용보다 현저히 낮은 대가로 계속하여 공급하거나 기타 부당하게 상품 또는 용역을 낮은 대가로 공급함으로써 자기 또는 계열회사의 경쟁사업자를 배제시킬 우려가 있는 행위를 말한다(령 별표1의2 제3호 가목). 약탈적 가격설정이라 할 수 있다.

2) 종류

① 계속적 부당염매(령 별표1의2 제3호 가목 전단)

계속적 염매란 상당기간에 걸쳐 반복해서 공급비용보다 현저히 낮은 수준으로 상품 또는 용역의 공급이 이루어짐을 말한다. 따라서 원가공급은 부당염매가 아니다. 자기의 상품 또는 용역을 공급함에 있어서 정당한 이유 없이 그 공급에 소요되는 비용보다 현저히 낮은 대가로 계속하여 공급함으로써 자기 또는 계열회사의 경쟁사업자를 배제시킬 우려가 있는 행위를 계속적 부당염매라고 한다. 당연위법행위이다.

공급비용보다 현저히 낮은 수준인지 여부는 제조원가나 매입원가를 기준으로 한다. 제조원가는 재료비, 인건비, 기타 제조경비, 일반관리비를 포함하여 산정한다. 매입원가는 실제 구입가격을 기준으로 하되, 계열회사관계나 제휴관계와 같은 특수한 사정이 존재하는 경우에는 일반사업자 간 거래가격을 고려하여 수정된 가격을 기준으로 할 수 있다. 따라서 원가로 공급하는 행위는 부당염매행위가 아니다.

② 일시적 부당염매(령 별표1의2 제3호 가목 후단)

일시적 염매란 일회 또는 단기간(1주일 이내)에 걸쳐 현저히 낮은 대가로 상품 또는 용역의 공급이 이루어짐을 의미한다. 계속적 부당염매는 아니지만 부당하게 상품 또는 용역을 낮은 대가로 공급함으로써 자기 또는 계열회사의 경쟁사업자를 배제시킬 우려가 있는 행위를 말한다. 조리위법행위이다.

현저히 낮은 대가에 해당되는지 여부는 계속적 염매의 경우와 마찬가지로 제조원가나 매입원가를 기준으로 한다.

2) 대상행위

부당염매는 자기의 경쟁사업자뿐만 아니라 자기 계열회사의 경쟁사업자를 배제시키는 경우까지 포함한다. 염매의 상대방은 소비자도 포함된다.

부당염매는 유인염매 또는 할인특매와는 구별된다. 유인염매란 사업자가 자신이 취급하는 상품 또는 용역 중 소비자에게 잘 알려진 일부 품목에 대해서만 덤핑판매를 하고 나머지 품목에 대해서는 마진율을 종전과 같이 하거나 상향조정하여 판매하는 것을 말한다. 이는 판촉전략의 하나로 경쟁사업자 배제행위와는 구별된다. 한편, 할인특매는 다음과 같은 점에서 부당염매와 구별된다. 첫째, 할인특매는 공시의 방법으로 실시기간이 확정되는 등 기간이 확정적인 점 둘째, 할인특매는 경쟁사업자 배제의도보다는 계절상품의 처리, 불경기 등 시장상황 변화에 대응하기 위한 경우가 많은 점 등이다.

부당염매를 약탈적 가격설정행위라고도 하는데 그 규제근거는 약탈적 가격설정으로 경쟁자를 배제시켜 독점적 지위를 확보한 후 가격을 인상하여 초과독점이윤을 얻을 수 있다고 보기 때문이다.

부당염매행위에 의해 실제로 경쟁자가 경영상 위기에 처해 있을 필요는 없고 객관적으로 보아 배제시킬 우려가 있으면 충분하다.

3) 위법성의 판단기준

ⅰ) 경쟁제한성 여부 위주 판단

염매행위가 당해 상품 또는 용역이 거래되는 시장에서 자기 또는 계열회사의 경쟁사업자를 배제시킬 우려(경쟁제한성)가 있는지 여부를 위주로 판단한다. '경쟁사업자를 배제시킬 우려'란 당해 염매행위로 인해 경쟁사업자가 시장에서 배제될 가능성이 있으면 족하고 실제 경쟁사업자가 시장에서 배제될 것을 요구하지 않는다.

ⅱ) 계속적 염매의 경우

원칙적으로 경쟁사업자를 배제시킬 우려가 있는 것으로 본다. 그러나, 계속적 염매를 한 사업자들이 '정당한 이유'를 소명하였을 경우 그 타당성을 판단하되, 다음과 같이 정당한 이유가 있다고 인정될 경우에는 법위반으로 보지 않는다.

① 당해 시장에 진입장벽(예컨대 규모의 경제, 사업영위 인허가, 거래비용 등)이 없어 계속적 염매로 인해 현재의 경쟁사업자들이 배제되더라도 신규 진입자가 잠재적 경쟁사업자로 대두될 수 있는 경우.

② 하자가 있는 상품, 유통기한이 임박한 물건, 계절상품 및 재고의 처리를 위하여 제한된 물량의 범위 내에서 염매를 하는 경우.

③ 수요보다 공급이 현저히 많아 이를 반영하여 염매로 판매하는 경우.

④ 신규개점 또는 신규 시장진입에 즈음하여 홍보목적으로 한정된 기간에 걸쳐 염매를 하는 경우.

⑤ 파산이나 지급불능사태를 막기 위해 염매를 하거나 파산 또는 지급불능상태에 있는 사업자가 염매를 하는 경우.

⑥ 계속적 염매로 인한 효율성 증대효과나 소비자후생 증대효과가 경쟁제한효과를 현저히 상회하는 경우.

⑦ 계속적 염매를 함에 있어 기타 합리적인 사유가 있다고 인정되는 경우 등.

iii) 일시적 염매의 경우

당해 상품 또는 용역이 거래되는 시장에서 경쟁사업자를 배제시킬 우려가 있는지 여부를 위주로 판단한다. 이때 경쟁사업자 배제 우려가 있는지 여부는 다음 사항을 종합적으로 고려하여 판단한다.

① 염매행위를 하는 동기가 경쟁사업자를 배제하고 시장에서 독과점적 지위를 구축하는데 있는지 여부.

② 당해 염매행위로 인해 경쟁사업자가 사업활동을 유지하기에 현저히 어려움이 있거나 부도 등의 위기에 처할 우려가 있는지 여부.

③ 당해 시장의 경쟁구조. 당해 시장에서의 사업자 수가 적고, 집중도가 높을 경우에는 경쟁사업자 배제우려가 클 수 있다.

④ 진입장벽 유무 등 규모의 경제·사업영위 인허가 등 요소가 없어 당해 시장에 진입하는데 실질적인 어려움이 없다면 현재의 경쟁사업자가 배제되더라도 신규 진입자가 잠재적 경쟁사업자로 대두되므로 경쟁사업자 배제 우려가 없거나 미미하게 된다.

iv) 일시적 염매의 경우 합리성 인정 예외

경쟁사업자 배제 우려가 있다고 판단되는 경우에도 다음과 같이 합리성이 있다고 인정되는 경우에는 법위반으로 보지 않을 수 있다.

① 하자가 있는 상품, 유통기한이 임박한 물건, 계절상품 및 재고의 처리를 위하여 제한된 물량의 범위 내에서 염매를 하는 경우.

② 수요보다 공급이 현저히 많아 이를 반영하여 판매하는 경우.

③ 신규개점 또는 신규 시장진입에 즈음하여 홍보목적으로 한정된 기간에 걸쳐 염매를 하는 경우.

④ 파산이나 지급불능사태를 막기 위해 염매를 하거나 파산 또는 지급불능상태에 있는 사업자가 염매를 하는 경우.

⑤ 일시적 염매로 인한 효율성 증대효과나 소비자후생 증대효과가 경쟁제한효과를 현저히 상회하는 경우.

⑥ 일시적 염매를 함에 있어 기타 합리적인 사유가 있다고 인정되는 경우 등.

4) 안전지대의 설정

상기의 규정에도 불구하고, 부당염매를 한 사업자의 시장점유율이 10% 미만인 경우에는 당해 시장에서의 경쟁제한효과가 미미하다고 보아 원칙적으로 심사면제 대상으로 한다. 다만 시장점유율 산정이 사실상 불가능하거나 현저히 곤란한 경우에는 당해 사업자의 연간 매출액이 20억원 미만인 경우를 심사면제 대상으로 한다.

5) 법위반에 해당될 수 있는 행위(예시)

① 규모의 경제 등 이유로 당해 시장에의 신규진입이 단기간 내 용이하지 않은 상황하에서 경쟁사업자를 퇴출시키기 위한 목적으로 제조원가에 못 미치는 가격으로 계속하여 상품 또는 용역을 공급하는 행위.

② 시장에서 유력한 사업자가 신규진입을 시도하는 사업자를 저지하기 위해 제조원가를 하회하는 가격으로 상품 또는 용역을 일정기간 계속적으로 판매하는 행위.

③ 합리적 이유 없이 공공기관 물품구매입찰에서 사업자가 자신이 타 사업자로부터 공급받는 가격보다 낮은 가격으로 응찰하여 낙찰됨으로써 다년간 공급계약을 체결하고 동 물품을 공급하는 행위.

6) 부당염매에 해당되지 않는 경우

① 시장가격으로 계속 공급하여 경쟁사업자가 배제되는 경우.

② 상대방 사업자의 덤핑행위에 대항하기 위한 '대항염매행위'인 경우.

③ 계절이 지난 후 계절상품의 염가판매, 유행이 지난 상품의 염가판매, 생선 등 부패식품의 염가판매, 폐업정리상품의 염가판매, 신규개점이후 일정기간 동안의 염가판매 등은 부당염매에 해당되지 않는다.

④ 기술력에 의한 염가판매.

7) 1원 입찰의 문제

1원 입찰은 낮은 대가로 상품 또는 용역을 공급하는 행위이므로 기타의 부당염매에 해당될 소지가 크다. 1원 입찰이라고 하더라도 무조건 위법성이 인정되는 것은 아니고 향후 거래조건의 유리한 지위를 점하기 위하여 경쟁사업자를 배제시킬 목적이 있는지, 독점적 지위를 유지·형성·강화하기 위한 것인지 여부 등을 감안하여 판단한다.

1원 입찰의 부당염매를 인정한 심결사례는 다음과 같다.

① (주)럭키가 국방부의 치약 구매입찰에서 개당 1원으로 응찰하여 낙찰 받아 330만개를 공급한 행위는 부당염매에 해당한다.[168]

② (주)안국상사(석유대리점)가 한국중공업의 화력발전소 시험가동을 위한 터빈용윤활유 경쟁입찰에서 1원에 입찰하여 낙찰 받은 행위는 석유류제품을 공급함에 있어 장기간 동안 상품을 거래하는 계약의 입찰에 참가하여 부당하게 낮은 대가로 계약함으로써 자기의 경쟁사업자를 배제시킬 우려가 있는 행위이다.[169]

③ 주식회사 캐드랜드가 컴퓨터 소프트웨어의 납품계약에 있어 그 계약물량을 6개월 동안 3회에 나누어 공급하면서 입찰예정가가 약 15억여 원 정도인 소프트웨어를 금 1원에 공급하기로 한 당해 회사의 행위는 부당한 염매행위이다.[170]

이에 반하여 정부출연 연구기관인 항공우주연구소가 1996. 2. 15.에 실시한 다목적 인공위성에 탑재될 저해상도 카메라의 제작 및 납품을 위한 경쟁입찰(예정가격: 3억원)에서

---

168 공정거래위원회 1983.6.15. 의결 제83-12호.

169 공정거래위원회 1994.11.9. 의결 제94-328호.

170 서울고등법원 1997.7.31. 선고 96구21388 판결.

삼성우주항공은 1원에 현대우주항공은 8,790만원에 응찰하여 삼성우주항공이 낙찰을 받은 사건에서, 공정거래위원회는 이 사건의 경우 관련시장인 인공위성용 카메라시장이 우리나라에 아직 형성되지도 않았을 뿐 아니라 이전 계약의 결과로 현대우주항공이 미래에 형성될 인공위성용 카메라시장에서 배제되고 삼성항공이 독과점적 위치를 확보한다는 보장이나 가능성도 확실하지 않다는 점, 삼성항공의 1원 입찰이 부당염매에 해당된다면, 현대우주항공의 8,790만원의 입찰도 예정가 3억원에 훨씬 미달하는 부당염매에 해당하며, 따라서 어느 입체에 낙찰되건 낙찰된 업체는 부당염매가 된다는 모순이 발생하게 된다는 점 등을 이유로 동 건은 부당염매에 해당되지 않는다고 판정하였다.[171]

(2) 부당고가 매입

1) 개념

부당하게 상품 또는 용역을 통상거래가격에 비하여 높은 대가로 구입하여 자기 또는 계열회사의 경쟁사업자를 배제시킬 우려가 있는 행위를 말한다(령 별표1의2 제3호 나목). 조리위법행위이다.

2) 대상행위

통상 거래가격에 비하여 높은 가격으로 상품 또는 용역을 구입하는 행위가 대상이 된다. 통상 거래가격이라 함은 당시의 시장에서 사업자 간에 정상적으로 이루어지는 거래에서 적용되는 가격수준을 말한다. 인위적으로 제품이나 원재료의 품귀를 발생시켜 경쟁사업자를 배제할 수 있기 위해서는 매점되는 상품 또는 용역의 물량이 전체 공급량에서 차지하는 비중이 중요하므로, 고가매입이 계속해서 이루어질 필요는 없다.

고가매입의 상대방은 사업자에 한하며 소비자는 포함되지 않는다.

3) 위법성의 판단기준

고가매입이 당해 상품 또는 용역의 품귀를 가져옴으로써 자기 또는 계열회사의 경쟁사업자를 배제시킬 우려(경쟁제한성)가 있는지 여부를 위주로 판단한다. 이때 경쟁사업자 배제 우려(경쟁제한성)가 있는지 여부는 다음 사항을 종합적으로 고려하여 판단한다.

① 고가매입의 대상이 되는 상품 또는 용역이 경쟁사업자(잠재적 경쟁사업자 포함)의 사업

171 권오승, 앞의 책, 349面.

영위에 필수적인지 여부.

② 당해 상품 또는 용역의 수급이 원활한지 여부와 다른 대체재를 용이하게 조달할 수 있는지 여부. 대체재가 존재하더라도 추가비용이 많이 소요되는 경우에는 경쟁사업자 배제우려가 있을 수 있다.

③ 고가매입으로 인해 경쟁사업자들의 사업활동이 곤란하게 되거나 곤란해질 가능성이 있는지 여부 등.

고가매입의 경쟁사업자 배제 우려(경쟁제한성)가 있다고 판단되는 경우에도 다음과 같이 합리성이 있다고 인정되는 경우에는 법위반으로 보지 않을 수 있다.

① 사업자가 원재료 등의 품귀가능성에 대비하거나 제품의 안정적 생산확보 등을 위해 불가피한 경우.

② 고가매입으로 인한 효율성 증대효과나 소비자후생 증대효과가 경쟁제한효과를 현저히 상회하는 경우.

③ 고가매입을 함에 있어 기타 합리적인 사유가 있다고 인정되는 경우 등.

4) 안전지대의 설정

상기의 규정에도 불구하고, 부당고가매입을 한 사업자의 시장점유율이 10% 미만인 경우에는 당해 시장에서의 경쟁제한효과가 미미하다고 보아 원칙적으로 심사면제 대상으로 한다. 다만 시장점유율 산정이 사실상 불가능하거나 현저히 곤란한 경우에는 당해 사업자의 연간 매출액이 20억원 미만인 경우를 심사면제 대상으로 한다.

5) 법위반에 해당될 수 있는 행위(예시)

① 합리적 이유 없이 제품의 생산·판매에 필수적인 요소를 통상거래가격에 비하여 높은 대가로 매점하여 자기 또는 계열회사의 경쟁사업자가 시장에서 배제될 수 있을 정도로 사업활동을 곤란하게 하는 행위.

② 신규로 시장에 진입하려는 사업자를 저지하기 위한 목적으로 그 사업자가 필요로 하는 상품 또는 용역을 통상 거래가격보다 높은 가격으로 매점함으로써 사실상 진입을 곤란하게 하는 행위.

Ⅳ. 부당한 고객유인행위

1. 의의

사업자가 부당하게 경쟁자의 고객을 자기와 거래하도록 유인하는 행위로서 공정한 거래를 저해할 우려가 있는 행위를 말한다(법 제23조 제1항 제3호). 실제로 거래강제행위와 유사하므로 구별에 주의하여야 한다.

소비자가 만족도를 극대화할 수 있기 위해서는 정확한 정보를 바탕으로 저렴하고 품질 좋은 상품 또는 용역을 구입할 수 있어야 할 것이다. 이를 위해 사업자는 자기가 제공하는 상품 또는 용역의 가격과 품질을 경쟁수단으로 삼아야 할 것이다. 사업자가 부당한 이익제공이나 위계, 거래방해 등의 방법으로 경쟁사업자의 고객을 유인하는 것은 그 경쟁수단이 불공정한 것으로서 시장에서의 바람직한 경쟁질서를 저해하고 소비자가 품질 좋고 저렴한 상품 또는 용역을 선택하는 것을 방해하므로 금지된다.

자기의 사업상의 장점인 가격·품질·서비스 등에 의해 경쟁하지 않고 부당한 경쟁수단을 이용하여 경쟁하는 것을 제한하고 있다.

2. 종류

(1) 부당한 이익에 의한 고객유인

1) 개념

정상적인 거래관행에 비추어 부당하거나 과대한 이익을 제공 또는 제공할 제의를 하여 경쟁사업자의 고객을 자기와 거래하도록 유인하는 행위를 말한다(령 별표1의2 제4호 가목). 조리위법행위이다.

2) 대상행위

자기와 거래하도록 하기 위해 경쟁사업자의 고객에게 이익을 제공하거나 제공할 제의를 하는 행위가 대상이 된다. 과다한 이익을 제공하는 행위뿐만 아니라 제공할 것을 제의하는 행위까지 포함된다. 여기서 '이익'이란 경제적 이익이나 경제적 혜택을 의미한다. 널리 거래계에서 사용되고 있는 관행이라는 이유만으로 공정성이 추정되지는 않는다. 부당하게 과다한 이익에 의해 고객을 유인하는 것 자체를 문제 삼는 것이기 때문에 부당한 고객유인 방법에 의해 실제로 고객이 유인되었는지 여부는 불공정거래행위의 성립에 영향을 미치지 않는다. 이때 경쟁사업자의 고객에는 경쟁사업자와 거래를 한 사실이 있거나 현재

거래관계를 유지하고 있는 고객뿐만 아니라 잠재적으로 경쟁사업자와 거래관계를 형성할 가능성이 있는 고객이 포함된다. 이익제공(제의)의 상대방에는 소비자뿐만 아니라 사업자, 사업자의 종업원도 포함된다.

이익제공 또는 제의의 방법에는 제한이 없으며, 표시·광고를 포함한다. 제공되는 이익에는 리베이트의 제공이나 가격할인 등 고객에게 유리하도록 거래조건의 설정·변경, 판촉지원금 내지 판촉물의 지급, 경쟁사업자의 제품을 자사제품으로 교환하면서 덤으로 자사제품의 과다한 제공 등 적극적 이익제공과 원래 부과되어야 할 요금·비용의 감면, 납부기한 연장, 담보제공 의무나 설정료의 면제 등 소극적 이익제공 등 모든 경제적 이익이 포함된다.

신문의 강제투입행위도 거래강제행위가 아니라 부당한 고객유인행위의 일종으로 본다. 그리고 미거래처에 대해 자기제품만을 취급할 것을 조건으로 과다한 판매촉지원금을 지급하여 자기와 거래하도록 유인하는 행위도 포함된다.

3) 위법성의 판단기준

이익제공 또는 제공제의가 가격과 품질 등에 의한 바람직한 경쟁질서를 저해하는 불공정한 경쟁수단에 해당되는지 여부를 위주로 판단한다. 이때 불공정한 경쟁수단에 해당되는지 여부는 다음 사항을 종합적으로 고려하여 판단한다.

① 정상적인 거래관행에 비추어 부당하거나 과대한 이익제공(제의)에 해당되는지 여부. 정상적인 거래관행이란 원칙적으로 해당업계의 통상적인 거래관행을 기준으로 판단하되 구체적 사안에 따라 바람직한 경쟁질서에 부합되는 관행을 의미하며 현실의 거래관행과 항상 일치하는 것은 아니다. 부당한 이익에 해당되는지는 관련 법령에 의해 금지되거나 정상적인 거래관행에 비추어 바람직하지 않은 이익인지 여부로 판단한다. 또한, 과대한 이익에 해당되는지는 정상적인 거래관행에 비추어 통상적인 수준을 넘어서는지 여부로 판단하되, 제공되는 이익이 경품에 해당되는 경우에는 「경품류제공에관한불공정거래행위유형및기준(공정위 고시)」에서 허용되는 범위를 초과하는지 여부로 판단한다.

② 경쟁사업자(잠재적 경쟁사업자 포함)의 고객을 자기와 거래하도록 유인할 가능성이 있는지 여부 등. 이익제공(제의) 사업자가 경쟁사업자의 고객과 실제로 거래하고 있을 필요는 없으며, 객관적으로 고객의 의사결정에 상당한 영향을 미칠 수 있는 가능성이 있으면 유인가능성을 인정할 수 있다.

이익제공(제의)이 불공정한 경쟁수단에 해당된다고 판단되는 경우에도 다음과 같이 합리성이 있다고 인정되는 경우에는 법위반으로 보지 않을 수 있다.

① 이익제공(제의)로 인한 효율성 증대효과나 소비자후생 증대효과가 경쟁수단의 불공정성으로 인한 공정거래저해 효과를 현저히 상회하는 경우.

② 부당한 이익제공(제의)을 함에 기타 합리적인 사유가 있다고 인정되는 경우 등.

4) 법위반에 해당될 수 있는 행위(예시)

① 자기와 거래하도록 하기 위해 자신의 상품 또는 용역을 구입하는 고객에게 음성적인 리베이트를 지급하거나 지급할 제의를 하는 행위.

② 「경품류 제공에 관한 불공정거래행위 유형 및 기준(공정위 고시)」에서 허용된 범위를 초과하는 경품(예컨대 소비자경품의 경우 거래가액의 10%, 소비자현상경품의 경우 경품가액이 경품부 상품 또는 용역의 1%를 초과하거나 소비자현상경품의 가액이 100만원을 초과하는 경우)을 제공하는 행위.

③ 경쟁사업자의 고객을 자기와 거래하도록 소개·의뢰·추천하는 자에게 리베이트 등의 이익을 제공하거나 제공하겠다는 제의를 함으로써 고객을 유인하는 행위.

i) CT 등 특수촬영기기를 갖춘 병원이 기기사용 환자를 의뢰하는 일반 병·의원에게 리베이트를 제공하는 행위.

ii) 출판사가 자사의 서적을 교재로 소개 또는 추천하는 교사에게 리베이트를 제공하는 행위.

iii) 제약회사가 자사의 약품채택이나 처방증대를 위하여 병원이나 의사에게 리베이트 제공, 과다접대 등을 하는 행위.

④ 사업자가 다른 특정사업자로부터 수주하거나 거래를 개시하기 위해 금품 등 음성적인 경제적 이익을 제공하는 행위.

5) 피라미드판매(다단계판매)의 문제

과거에 피라미드식 판매방법을 부당한 이익에 의한 고객유인행위로서 불공정거래행위로 보았다. 지금은 방문판매법에 의해서 규율되고 있으며 동법이 허용하는 범위 내에서는 적법한 판매행위가 된다. 공정거래법과 방문판매법은 그 법의 목적·제정취지 등이 상이하므로 방문판매법을 위반하지 않는 피라미드판매일지라도 경우에 따라서는 공정거래법에 저촉될 수 있다.

6) 부당한 이익에 의한 고객유인으로 본 심결사례

① 6개 손보사들이 보험계약을 유치하면서 보험가입 대가로 리베이트를 지급한 행위.[172]

② (주)데이콤이 시외전화 이용실적과 관계없이 일반소비자를 대상으로 '082'전화기 72,362대, 'ACR(교환기)' 981,497대를 무상임대방식으로 보급한 행위.[173]

(2) 위계에 의한 고객유인

1) 개념

부당한 표시·광고 외의 방법으로 자기가 공급하는 상품 또는 용역의 내용이나 거래조건 기타 거래에 관한 사항에 관하여 실제보다 또는 경쟁사업자의 것보다 현저히 우량 또는 유리한 것으로 고객을 오인시키거나 경쟁사업자의 것이 실제보다 또는 자기의 것보다 현저히 불량 또는 불리한 것으로 고객을 오인시켜 경쟁사업자의 고객을 자기와 거래하도록 유인하는 행위를 말한다(령 별표1의2 제4호 나목). 표시·광고의 방법으로 고객을 유인하는 행위에 대해서는 표시광고법이 적용된다.

2) 대상행위

자기와 거래하도록 하기 위해 경쟁사업자의 고객을 기만 또는 위계의 방법으로 유인하는 행위가 대상이 된다. 이때 경쟁사업자의 고객에는 경쟁사업자와 거래를 한 사실이 있거나 현재 거래관계를 유지하고 있는 고객뿐만 아니라 잠재적으로 경쟁사업자와 거래관계를 형성할 가능성이 있는 고객이 포함된다. 또한, 기만 또는 위계는 표시나 광고(표시·광고의공정화에관한법률 적용) 이외의 방법으로 고객을 오인시키거나 오인시킬 우려가 있는 행위를 말한다.

상품 또는 용역의 내용이나 거래조건 기타 거래에 관한 사항에 대하여 기만 또는 위계의 방법을 사용한 행위가 대상이 된다. 상품 또는 용역의 내용에는 품질, 규격, 제조일자, 원산지, 제조방법, 유효기간 등이 포함된다. 거래조건에는 가격, 수량, 지급조건 등이 포함된다. 기타 거래에 관한 사항에는 국산품 혹은 수입품인지 여부, 신용조건, 업계에서의 지위, 거래은행, 명칭 등이 포함된다.

고객을 오인시키는 여부의 판단에 있어서는 객관적으로 오인시키는 것이라면 충분하며 주관적으로 오인시킬 의도가 있어야 하는 것은 아니다. 고객을 오인시켜 자기와 거래토

172 공정거래위원회 2002.10.16. 의결 제2002-215호.

173 공정거래위원회 1997.11.3. 의결 제97호.

록 유인하는 행위 자체를 문제 삼는 것이기 때문에 그 행위에 의해서 실제로 고객을 획득했는지 여부는 문제가 되지 않는다.

기만 또는 위계의 상대방은 소비자뿐만 아니라 사업자도 포함된다.

3) 위법성의 판단기준

기만 또는 위계가 가격과 품질 등에 의한 바람직한 경쟁질서를 저해하는 불공정한 경쟁수단에 해당되는지 여부를 위주로 판단한다. 이때 불공정한 경쟁수단에 해당되는지 여부는 다음 사항을 종합적으로 고려하여 판단한다.

① 기만 또는 위계가 경쟁사업자(잠재적 경쟁사업자 포함)의 고객을 오인시키거나 오인시킬 우려가 있는지 여부. 오인 또는 오인의 우려는 불특정다수인을 대상으로 하는 표시나 광고의 경우와 달리 거래관계에 놓이게 될 고객의 관점에서 판단하되, 실제로 당해 고객에게 오인의 결과를 발생시켜야 하는 것은 아니며 객관적으로 그의 구매의사결정에 영향을 미칠 가능성이 있으면 충분하다.

② 기만 또는 위계가 고객유인을 위한 수단인지 여부 등. 위계로 인하여 경쟁사업자의 고객이 오인할 우려가 있더라도 그 결과 거래처를 전환하여 자기와 거래할 가능성이 없는 경우에는 단순한 비방에 불과할 뿐 부당한 고객유인에는 해당되지 않는다.

위계에 의한 고객유인은 그 속성상 합리성 등에 의한 예외를 인정하지 않음을 원칙으로 한다.

4) 법위반에 해당될 수 있는 행위(예시)

① 사업자가 타 사업자 또는 소비자와 거래함에 있어 표시광고 이외의 방법으로 사실과 달리 자기가 공급하는 상품 또는 용역의 가격이나 품질, 성능, AS조건 등이 경쟁사업자의 것보다 현저히 우수한 것으로 거래상대방을 오인시켜 자기와 거래하도록 하는 행위.

② 할인판매를 한다고 선전하면서 예상 수요를 충족시키기에 현저히 부족한 수량만을 할인판매 대상으로 하여 고객을 유인하는 행위(미끼 상품).

③ 사업자가 자신과 경쟁사업자의 영업현황, 제품기능, 기술력 등에 대해 사실과 다른 허위의 비교분석 자료를 작성하여 발주자에게 제출함으로써 당해 사업을 수주하는 행위.

④ 경쟁사업자의 부도 임박·정부지원 대상에서 제외 등의 근거 없는 사실을 유포하여 고객을 자기와 거래하도록 유인하는 행위.

⑤ 영업사원들이 경쟁사업자의 제품을 근거 없이 비방하면서 고객을 유인하는 행위.

5) 위계에 의한 고객유인으로 본 사례

① 자기의 중학 영어·수학 학습교재를 판매함에 있어 학습교재에 대해 EBS교육방송교재가 아님에도 불구하고 EBS교육방송교재라고 구두 홍보함으로써 고객을 오인시켜 자기와 거래하도록 유인한 행위.[174]

② 한국오라클(주)가 자기의 의료정보시스템 구축 사업을 수주하는 과정에서 객관적으로 검증되지 않은 자료 등에 의하여 자기가 공급하는 용역의 내용이나 거래조건 기타 거래에 관한 사항이 경쟁사업자의 것보다 현저히 우량 또는 유리한 것으로 고객을 오인시켜 자기와 거래하도록 유인한 행위.[175]

(3) 기타의 부당한 고객유인

1) 개념

경쟁사업자와 그 고객의 거래에 대하여 계약성립의 저지, 계약불이행의 유인 등의 방법으로 거래를 부당하게 방해함으로써 경쟁사업자의 고객을 자기와 거래하도록 유인하는 행위를 말한다(령 별표1의2 제4호 다목).

2) 대상행위

경쟁사업자와 고객의 거래를 방해함으로써 자기와 거래하도록 유인하는 행위가 대상이 된다. 거래방해의 수단에는 제한이 없으며, 부당한 이익제공이나 위계를 제외한 모든 수단이 포함된다. 거래방해에는 거래성립의 방해와 거래계속의 방해가 있다. 거래방해의 상대방은 경쟁사업자 또는 경쟁사업자의 고객이며, 고객에는 사업자와 소비자가 포함된다. 이때 경쟁사업자의 고객에는 경쟁사업자와 거래를 한 사실이 있거나 현재 거래관계를 유지하고 있는 고객뿐만 아니라 잠재적으로 경쟁사업자와 거래관계를 형성할 가능성이 있는 고객이 포함된다.

3) 위법성의 판단기준

거래방해가 바람직한 경쟁질서를 저해하는 불공정한 경쟁수단에 해당되는지 여부를 위주로 판단한다. 이때 불공정한 경쟁수단에 해당되는지 여부는 다음 사항을 종합적으로 고려

---

174 공정거래위원회 2000.3.11. 의결 제2000-41호.

175 대법원 2002.12.26. 선고 2001두4306 판결.

하여 판단한다.

① 거래방해가 고객유인을 위한 수단인지의 여부. 이를 판단하기 위해서는 방해의 동기나 의도, 방해 이후 고객의 거래처 내지 거래량의 변화추이, 경쟁사업자의 시장지위와 경쟁의 정도 등을 고려한다. 거래방해 그 자체가 거래조건의 이점 등 자기의 효율성에 기초할 경우 고객유인의 효과가 있더라도 법위반으로 보지 않는다. 거래방해는 거래를 곤란하게 하는 것으로 족하며, 실제로 경쟁사업자와 고객 간의 거래가 불발로 끝나거나 기존의 거래관계가 종료되었을 것을 요하지 않는다.

② 거래방해에 의해 경쟁사업자와 거래를 중단시킴으로써 자기와 거래할 가능성이 있는지 여부.

기타의 부당한 고객유인이 불공정한 경쟁수단에 해당된다고 판단되는 경우에도 다음과 같이 합리성이 있다고 인정되는 경우에는 법위반으로 보지 않을 수 있다.

① 기타 부당한 고객유인으로 인한 효율성 증대효과나 소비자후생 증대효과가 경쟁수단의 불공정성으로 인한 공정거래저해 효과를 현저히 상회하는 경우.

② 기타의 부당한 고객유인에 합리적인 사유가 있다고 인정되는 경우 등.

4) 법위반에 해당될 수 있는 행위(예시)

① 경쟁사업자와 고객 간의 거래를 방해하기 위한 목적으로 경쟁사업자와 고객 간 계약의 성립을 저지하거나 계약해지를 유도하는 행위. 예컨대 정유회사가 다른 정유회사의 대리점에 대하여 대리점계약의 해지에 따른 해약금을 모두 부담할 테니 자기와 거래하자는 조건으로 계약해지를 유도하는 경우에 이에 해당될 소지가 있다.

② 합리적 이유 없이 자신의 시장지위를 이용하여 판매업자에 대해 경쟁사업자의 제품을 매장 내의 외진 곳에 진열하도록 강요하는 행위.

V. 거래강제행위

1. 의의

(1) 개념

사업자가 부당하게 경쟁자의 고객을 자기와 거래하도록 강제하는 행위로서 공정한 거래를 저해할 우려가 있는 행위를 말한다(법 제23조 제1항 제3호 후단). 이는 거래수단이 부당한 것에 대한 규제이다.

사업자가 거래상대방 또는 자사 직원 등으로 하여금 본인의 의사에 반하여 자기 또는 자기가 지정하는 자의 상품 또는 용역을 구입(판매)하도록 강제하는 행위는 시장에서의 지위를 이용하여 고객을 확보하는 행위로서, 불합리한 수단으로 시장지배력의 확장을 도모하며 소비자의 자율적 선택권을 제약하므로 금지된다. 사업자가 인기상품에 비인기상품을 끼워팔거나, 회사의 임직원으로 하여금 구입·판매토록 하는 등 그 경쟁수단이 불공정하기 때문에 규제된다. 거래강제행위는 계열회사를 위한 부당지원의 수단으로 활용될 수 있다.

2. 종류

(1) 끼워팔기

1) 개념

거래상대방에 대하여 자기의 상품 또는 용역을 공급하면서 정상적인 거래관행에 비추어 부당하게 다른 상품 또는 용역을 자기 또는 자기가 지정하는 사업자로부터 구입하도록 하는 행위를 말한다(령 별표1의2 제5호 가목).

2) 대상행위

서로 다른 별개의 상품 또는 용역을 자기 또는 자기가 지정하는 사업자로부터 구입하도록 하는 행위가 대상이 된다. 이때 끼워팔기의 대상이 '서로 다른 별개의 상품 또는 용역'에 해당되는지 여부는 이들이 시장에서 통상 별도로 거래되는지 여부와 더불어 그 상업적 용도나 기능적 특성, 소비자 인식태도, 경우에 따라서는 제품통합과 기술혁신의 추세 등을 종합적으로 고려하여 판단한다. 통상 거래상대방이 인기상품을 구입하지 않을 수밖에 없는 열위의 지위에 있는 것을 이용하여 인기상품·용역을 판매하는 행위를 말한다. 조리위법행위이다. 미국은 끼워팔기에 대하여 당연위법의 원칙을 적용한다. 통상 거래상대방이 인기상품을 구입할 수밖에 없는 열위의 지위에 있는 것을 이용하여 인기상품·용역을 판매하는 행위를 말한다. 인기상품·용역 시장에서의 시장지배력을 이용하여 비인기상품·용역시장에서의 경쟁질서를 왜곡시키기 때문에 규제된다.

'끼워팔기'에 해당하기 위하여는 자기가 공급하는 상품 또는 용역 중 거래 상대방이 구입하고자 하는 상품 또는 용역(주된 상품)을 공급하는 사업자가 주된 상품을 공급하는 것과 연계하여 거래 상대방이 그의 의사에 불구하고 상대방이 구입하고자 하지 않거나 상대적으로 덜 필요로 하는 상품 또는 용역을 구입하도록 하는 상황을 만들어 낼 정도의 지위를 갖는 것으로 족하고 반드시 시장지배적 사업자일 필요는 없다.[176]

비인기상품·용역의 구입을 거절하면 인기상품·용역도 구입할 수 없게 된다. 거래상대방에는 소비자도 포함된다. 실제로 구입하였을 것을 요건으로 하지 않는다.

끼워팔기를 행하는 주체는 주된 상품(또는 용역)과 종된 상품(또는 용역)을 동시에 공급할 수도 있고, 자기가 지정하는 제3자로 하여금 종된 상품(또는 용역)을 공급하게 할 수 있다. 끼워팔기에는 상품 또는 용역을 판매하는 경우 외에 임대하는 경우도 포함된다.

거래상대방에는 사업자뿐만 아니라 소비자도 포함된다.

두 개의 상품이 별도구입이 가능한 경우, 주된 상품의 기능에 반드시 필요한 경우, 별도공급이 기술적으로 곤란하거나 상당한 비용이 소요되는 경우, 거래관행상 결합되어 판매되는 경우에는 끼워팔기에 해당되지 않을 소지가 크다.

3) 위법성의 판단기준

끼워팔기가 바람직한 경쟁질서를 저해하는 불공정한 경쟁수단에 해당되는지 또는 경쟁을 제한하는지 여부를 위주로 판단한다. 이때 불공정한 경쟁수단에 해당 여부 또는 경쟁제한성 여부는 다음 사항을 종합적으로 고려하여 판단한다.

① 끼워팔기를 하는 사업자가 거래상대방에 대해 주된 상품(또는 용역)과 종된 상품(또는 용역)의 동반 구입을 강제할 수 있는지 여부. 이를 판단하기 위해 당해 상품 또는 용역의 시장지배력, 브랜드 특성, 소비 실태 등을 고려한다.

② 끼워팔기가 정상적인 거래관행에 비추어 부당한지 여부. 정상적인 거래관행에 해당되는지 여부는 당해 시장에서의 통상적인 거래관행을 기준으로 하되, 통상적인 거래관행에 해당된다고 할지라도 끼워팔기에 의해 경쟁제한효과가 발생하거나 소비자의 자율적 선택권이 침해되는 경우에는 부당한 것으로 본다.

i) 끼워팔기가 당해 시장에서의 통상적인 거래관행인 경우에는 특별히 장래의 경쟁을 제한하거나 소비자의 자율적 선택권을 침해하지 않는 한 원칙적으로 정상적인 거래관행에 부합하는 것으로 본다. 반면, 끼워팔기가 당해 시장에서의 통상적인 거

176 대법원 2006.5.26. 선고 2006두3014 판결.

래관행이 아닌 경우에는 장래의 경쟁을 촉진하거나 소비자후생을 증대시키지 않는 한 원칙적으로 정상적인 거래관행에 비추어 부당한 것으로 본다.

> **<정상적인 거래관행에 부합되는 경우 예시>**
>
> · 주된 상품(또는 용역)의 기능에 반드시 필요한 상품을 끼워파는 행위 (프린터와 잉크, 자동차와 타이어 등).
>
> · 두 상품(또는 용역)을 따로이 공급하는 것이 기술적으로 매우 곤란하거나 상당한 비용을 요하는 두 상품을 끼워파는 행위.

ii) 끼워팔기가 발생한 거래에서 통상적인 거래관행이 존재하지 않을 경우에는 경쟁제한효과 또는 소비자 선택권 제한 여부로 판단한다.

③ 주된 상품(또는 용역)과 종된 상품(또는 용역)을 같이 구입하도록 강제하는지 여부 등. 강제성이 있는지 여부는 거래상대방의 입장에서 서로 다른 두 상품(또는 용역)을 따로 구입하는 것이 자유로운지를 기준으로 판단한다. 이때, '강제성'은 주된 상품(또는 용역)에 대한 구매자의 거래처 전환가능성이 적을수록 큰 것으로 보며, 다른 거래처에서 구입할 경우 주된 상품(또는 용역)의 거래거절이나 공급량감소 등 각종 불이익이 예상됨으로 인하여 사실상 거래처를 전환할 수 없는 경우 등에는 강제성이 인정될 수 있다. 이때 거래상대방이 자기 또는 자기가 지정하는 사업자로부터 실제로 구입하였을 것을 필요로 하지 않는다.

끼워팔기가 불공정한 경쟁수단에 해당되거나 경쟁제한성이 있다고 판단되는 경우에도 다음과 같이 합리성이 있다고 인정되는 경우에는 법위반으로 보지 않을 수 있다.

① 끼워팔기로 인한 효율성 증대효과나 소비자후생 증대효과가 경쟁수단의 불공정성으로 인한 공정거래저해 효과나 경쟁제한효과를 현저히 상회하는 경우.

② 끼워팔기를 함에 있어 기타 합리적인 사유가 있다고 인정되는 경우 등.

4) 법위반에 해당될 수 있는 행위(예시)

① 장례식장 등을 운영하는 사업자가 용역거래 시 거래상대방이 자신과 거래할 수밖에 없는 실정임을 이용하여 부대물품이나 부대서비스의 이용을 강제하는 행위.

② 인기 있는 상품 또는 용역을 판매하면서 인기 없는 것을 함께 구입하도록 하거나, 신제

품을 판매하면서 구제품이나 재고품을 함께 구입하도록 강제하는 행위.

③ 고가의 기계나 장비를 판매하면서 합리적 이유 없이 인과관계가 떨어지는 유지·보수 서비스(유료)를 자기로부터 제공받도록 강제하는 행위.

④ 특허권 등 지적재산권자가 라이선스 계약을 체결하면서 다른 상품이나 용역의 구입을 강제하는 행위.

⑤ 합리적 이유 없이 자기와 거래하기 위해서는 자기가 지정하는 사업자의 물품·용역을 구입할 것을 의무화하는 행위.

⑥ 은행에서 대출하려면 예금계약을 해야 하는 경우(속칭 꺾기).

5) 부당한 끼워팔기로 본 심결사례

① 서울시내 7개 예식장이 고객에게 자신이 소유하거나 지정하는 웨딩드레스, 식당, 사진 서비스 등을 이용하지 않으면 예식실을 사용할 수 없다고 함으로써 부대시설이용을 강제한 행위.[177]

② 장례식장을 영위하면서 장례를 치르려는 유족에 대하여 외부장의사로부터 장의용품을 제공받을 경우에는 자기의 장례식장을 이용할 수 없도록 한 행위.[178]

(2) 사원판매

1) 개념

부당하게 자기 또는 계열회사의 임직원으로 하여금 자기 또는 계열회사의 상품이나 용역을 구입 또는 판매하도록 강제하는 행위를 말한다(령 별표1의2 제5호 나목).

2) 대상행위

자기 또는 계열회사의 임직원에게 자기 또는 계열회사의 상품이나 용역을 구입 또는 판매하도록 강제하는 행위가 대상이 된다. 임원이란 이사·대표이사·업무집행사원·감사나 이에 준하는 자 또는 지배인 등 본점이나 지점의 영업전반을 총괄적으로 처리하는 상업사용인을 말한다. 직원이란 계속하여 회사의 업무에 종사하는 자로서 임원 외의 자를 말한다. 임직원에는 정규직, 계약직, 임시직 등 고용의 형태를 묻지 않는다.

---

177 공정거래위원회 1997.5.29. 의결 제97-84호.

178 공정거래위원회 1999.11.30. 의결 제99-246호.

판매영업을 담당하는 임직원에게 판매를 강요하는 행위는 원칙적으로 적용대상이 되지 않는다. 어떤 임직원이 판매영업을 담당하는 자인지 여부는 당해 상품 또는 용역에 관하여 실질적으로 영업 및 그와 밀접하게 관련된 업무를 수행하는지를 기준으로 판단한다. 예컨대 매장 기타 영업소에서 판매를 담당하는 자, 영업소 외의 장소에서 전기통신의 방법으로 판매를 권유하는 자는 원칙적으로 판매영업을 담당하는 자에 해당되는 것으로 본다.

거래 상대방인 임직원의 선택의 자유를 제한함으로써 가격과 품질을 중심으로 한 공정한 거래질서를 침해할 우려가 있다고 인정되어야 하지만, 당해 행위에 의하여 구입, 판매와 같은 거래가 반드시 현실적으로 이루어져야 하거나 혹은 공정한 거래질서에 대한 침해의 우려가 구체적일 것까지 요구되는 것은 아니고, 공정한 거래질서에 대한 침해의 우려가 있는 한 단순한 사업경영상의 필요나 거래상의 합리성 내지 필요성 유무는 불공정거래행위의 성립에 영향을 미칠 수 없다.[179]

강제성이 입증되어야 한다. 단순히 판매목표를 부과·할당하거나 권유·캠페인을 하는 것만으로는 위법한 사원판매가 되지 않는다. 판매영업을 담당하는 임직원에 대한 판매강요행위는 원칙적으로 적용이 제외된다. 사원들에게 판매목표량을 부과하고 그것을 달성하기 위하여 목표 미달 시 그 차액을 월급에서 공제하거나, 판매실적을 계속 평가하고 인사고과 및 승진에 반영하거나, 목표달성을 독촉함으로써 심리적 압박감을 줄 경우에는 사실상 강제성이 인정된다.

3) 위법성의 판단기준

사원판매가 바람직한 경쟁질서를 저해하는 불공정한 경쟁수단에 해당되는지 여부를 위주로 판단한다. 이때 불공정한 경쟁수단에 해당되는지 여부는 다음 사항을 종합적으로 고려하여 판단한다.

① 사업자가 임직원에 대해 자기 또는 계열회사의 상품이나 용역의 구입 또는 판매를 강제하는지 여부. 임직원에게 구입이나 판매를 강제하는 수단에는 제한이 없으며, 사업자 측의 구입·판매목표량의 설정과 할당, 목표 미달 시 제재의 유무와 정도 등을 종합적으로 고려하여 강제성의 유무를 판단한다.

179 대법원 2001.2.9. 선고 2000두6206 판결.

i) 목표량 미달 시 인사고과에서 불이익을 가하거나, 판매목표 미달분을 억지로 구입하도록 하거나, 목표달성 여부를 고용관계의 존속이나 비정규직에서 정규직으로의 전환과 결부시키는 경우에는 원칙적으로 강제성이 인정된다.

ii) 임직원에게 판매목표를 개인별로 설정한 후 이를 달성시키기 위한 방안으로 판매실적을 체계적으로 관리하고 임원이나 최고경영층에 주기적으로 보고하는 경우에는 원칙적으로 강제성이 인정된다.

iii) 그러나 목표량 달성 시 상여금 등 인센티브를 제공하는 경우로서 임직원의 판단에 따라 목표량 미달과 각종 이익 중에서 선택가능성이 있는 때에는 원칙적으로 강제성이 인정되지 않는다.

iv) 임직원에게 불이익(사실상 불이익 포함)을 가하지 않고 단순히 자기회사상품(또는 용역)의 목표를 할당하고 이를 달성할 것을 단순촉구한 행위만으로는 원칙적으로 강제성이 인정되지 않는다. 예컨대 신문사가 부처별로 실적을 집계하여 공고하는 한편 판매목표를 달성한 임직원에게는 상품을 수여하는 등의 신규 구독자 확장계획을 수립 시행한 행위는 사원에 대한 강제판매행위에 해당하지 아니한다.[180]

② 임직원에 대한 구입(또는 판매)강제가 경쟁사업자의 고객(잠재적 고객 포함)을 자기 또는 계열회사와 거래하도록 하기 위한 수단으로 사용되는지 여부 등. 구입(또는 판매)강제로 인하여 임직원이 실제로 상품 또는 용역을 구입하였을 것을 요하지는 않는다.

③ 그밖에 사원판매의 기간이나 목표량의 크기는 위법성 유무에 영향을 미치지 않는다.

사원판매가 불공정한 경쟁수단에 해당된다고 판단되는 경우에도 다음과 같이 합리성이 있다고 인정되는 경우에는 법위반으로 보지 않을 수 있다. 그러나 사원판매의 속성상 제한적으로 해석함을 원칙으로 한다.

① 사원판매로 인한 효율성 증대효과나 소비자후생 증대효과가 경쟁수단의 불공정성으로 인한 공정거래저해 효과를 현저히 상회하는 경우.

② 부도발생 등 사원판매를 함에 있어 불가피한 사유가 있다고 인정되는 경우 등.

4) 법위반에 해당될 수 있는 행위(예시)

① 자기 또는 계열회사의 상품 또는 용역을 임직원에게 일정 수량씩 할당하면서 판매실적

---

180 대법원 1998.3.27. 선고 96누18489 판결.

을 체계적으로 관리하거나 대금을 임금에서 공제하는 행위.

② 비영업직 임직원에게 자기 또는 계열회사의 상품 또는 용역의 판매에 관한 판매목표를 설정하고, 미달성 시 인사상의 불이익을 가하는 행위.

③ 비영업직 임직원에게 자기 또는 계열회사의 상품 또는 용역의 판매에 관한 판매목표를 설정하고 최고경영자 또는 영업담당 이사에게 주기적으로 그 실적을 보고하고 공식적 계통을 통해 판매독려를 하는 경우.

④ 자신의 계열회사에게 자신이 생산하는 상품 또는 용역의 일정량을 판매하도록 할당하고 당해 계열회사는 임직원에게 협력업체에 대해 판매할 것을 강요하는 행위.

5) 부당한 사원판매행위로 본 사례

자기 계열사의 에어컨 사업정리에 따른 재고처리를 위해 에어컨 24대를 대리 이상 관리직 사원 24명에게 소비자가격(2,519천원) 대비 37% 할인된 가격(1,452천원)으로 강제로 할당하고 1998년 11월 말 체불임금에서 상계처리한 행위는 싸게 팔았더라도 강제할당을 하였으므로 위법하다.[181]

(3) 기타의 거래강제

1) 개념

정상적인 거래관행에 비추어 부당한 조건 등 불이익을 거래상대방에게 제시하여 자기 또는 자기가 지정하는 사업자와 거래하도록 강제하는 행위를 말한다(령 별표1의2 제5호 다목).

2) 대상행위

주된 거래관계에서 발생한 거래상 지위를 이용하여 부수적 거래를 강제하는 행위를 말한다. 주된 거래관계에 있는 상품·용역과 부수적 거래관계의 상품·용역을 연계시키지 않는다는 점에서 끼워팔기와 차이가 있지만 통상 부수적 거래를 거부할 경우 주된 거래관계에서도 불이익을 받을 우려는 높다.

자기 또는 자기가 지정하는 사업자와 거래하도록 강요하는 행위가 대상이 된다. 이에는 명시적인 강요와 묵시적인 강요, 직접적 강요와 간접적 강요를 포함한다. 기타의 거래강제는 행위자와 상대방 간 거래관계 없이도 성립할 수 있으나, 거래상 지위남용(구입강제)의

181 공정거래위원회 1999.5.13. 의결 제99-113호.

경우 행위자와 상대방 간 거래관계가 있어야 성립할 수 있다는 점에서 구별된다.

거래상대방에는 사업자뿐만 아니라 소비자도 포함된다.

3) 위법성의 판단기준

거래강제 행위가 바람직한 경쟁질서를 저해하는 불공정한 경쟁수단에 해당되는지 여부를 위주로 판단한다. 이때 불공정한 경쟁수단에 해당되는지 여부는 다음 사항을 종합적으로 고려하여 판단한다.

① 사업자가 거래상대방에 대해 불이익을 줄 수 있는 지위에 있는지 여부.

② 당해 불이익이 정상적인 거래관행에 비추어 부당한지 여부. 정상적인 거래 관행 해당 여부는 당해 업계의 통상적인 거래관행을 기준으로 한다. 정상적인 거래관행에 비추어 부당한 불이익으로는 특별한 사유 없이 주된 거래관계에서 공급량이나 구입량의 축소, 대금지급의 지연, 거래의 중단 또는 미개시, 판매장려금 축소 등이 있다.

③ 거래상대방에 대해 자기 또는 자기가 지정하는 사업자와 거래하도록 강제하는 효과가 있는지 여부 등. 상대방이 행위자의 요구사항을 자유로이 거부할 수 있는지 여부를 기준으로 강제성 여부를 판단한다. 상대방이 주된 거래관계를 다른 거래처로 전환하기가 용이한 경우에는 강제성이 인정되지 않는다. 반면, 자기 또는 자기가 지정하는 사업자와 거래할 경우 일정한 인센티브를 제공하는 것은 강제성이 없는 것으로 본다.

기타의 거래강제가 불공정한 경쟁수단에 해당된다고 판단되는 경우에도 다음과 같이 합리성이 있다고 인정되는 경우에는 법위반으로 보지 않을 수 있다. 그러나 기타의 거래강제 속성상 제한적으로 해석함을 원칙으로 한다.

① 기타의 거래강제로 인한 효율성 증대효과나 소비자후생 증대효과가 경쟁수단의 불공정성으로 인한 공정거래저해 효과를 현저히 상회하는 경우.

② 기타의 거래강제를 함에 있어 기타 합리적인 사유가 있다고 인정되는 경우 등.

4) 법위반에 해당될 수 있는 행위(예시)

① 사업자가 자신의 계열회사의 협력업체에 대해 자기가 공급하는 상품 또는 용역의 판매목표량을 제시하고 이를 달성하지 않을 경우 계열회사와의 거래물량 축소 등 불이익을 가하겠다고 하여 판매목표량 달성을 강제하는 행위.

② 사업자가 자신의 협력업체에 대해 자신의 상품판매 실적이 부진할 경우 협력업체에서

탈락시킬 것임을 고지하여 사실상 상품판매를 강요하는 행위.

5) 기타의 거래강제행위로 본 심결사례

계열회사가 생산한 차량을 이용하지 않는 임직원은 회사주차장을 이용하지 못하도록 하고 계열신문사의 신문을 구독토록 하였으며(사원판매), 납품업체 등 협력업체에 대하여도 계열회사가 생산한 차량을 구입토록 하고 계열신문사의 신문을 구독토록 한 행위(기타의 거래강제).[182]

Ⅵ. 거래상 지위의 남용행위

1. 의의

(1) 개념

사업자가 "자기의 거래상의 지위를 부당하게 이용하여 상대방과 거래하는 행위"로서 공정한 거래를 저해할 우려가 있는 행위를 말한다(법 제23조 제1항 제4호).

사업자가 거래상 우월적 지위가 있음을 이용하여 열등한 지위에 있는 거래상대방에 대해 일방적으로 물품 구입강제 등 각종 불이익을 부과하거나 경영에 간섭하는 것은 경제적 약자를 착취하는 행위로서 거래상대방의 자생적 발전기반을 저해하고 공정한 거래기반을 침해하므로 금지된다. 이 규정을 적용하기 위해서는 누가 우월적 지위에 있는지가 선결되어야 한다.

(2) 민사행위 등과의 구별

거래개시 단계에서 거래상대방이 자신이 거래할 사업자를 선택할 수 있었는지의 여부와 계약내용을 인지한 상태에서 자신의 판단하에 거래를 선택하였는지 여부를 기준으로 한다. 만약 거래상대방이 자신이 거래할 사업자를 여러 사업자 중 선택할 수 있었고 계약내용을 충분히 인지한 상태에서 자신의 판단에 따라 거래를 개시하였고 계약내용대로 거래가 이루어지고 있다면 이는 공정거래법 적용대상(거래상 지위남용)에 해당되지 않는다. 그렇지 아니하고 거래상대방이 특정사업자와 거래할 수밖에 없는 경우에는 공정거래법 적

182 공정거래위원회 1993.9.9. 의결 제93-174.

용대상(거래상 지위남용)에 해당될 수 있다.

거래계속 단계에서는 사업자가 거래상대방에 대해 거래상 지위를 가지고 있는지 여부를 기준으로 한다. 사업자가 거래상대방의 대체거래선 확보의 곤란 등 사유로 인해 거래상 지위가 있고 이를 이용하여 각종 불이익을 가한다면 공정거래법 적용대상이 될 수 있다. 그러나 사업자가 거래상대방에 대해 거래상 지위를 가지지 않는다면 각종 불이익을 가하더라도 이는 공정거래법 적용대상에 해당되지 아니한다.

또한 사업자가 거래상대방에 대해 거래상 지위를 갖는다고 하더라도 양 당사자 간 권리의무 귀속관계, 채권채무관계(예컨대 채무불이행, 손해배상청구, 담보권 설정·해지, 지체상금 등) 등과 관련하여 계약서 및 관련 법령 내용 등의 해석에 대해 다툼이 있는 경우에는 공정거래법 적용대상이 되지 아니한다.

(3) 특징

거래상 지위는 시장지배적 지위와 같은 정도의 강한 지위를 의미하는 것은 아니지만, 최소한 상대방의 거래활동에 상당한 영향을 미칠 수 있는 지위를 가리킨다. 계속적 거래관계에 있다는 사실만으로 거래상 지위가 있다고 보기는 곤란하나, 그러나 통상 제조사와 대리점의 관계, 행위자의 사업능력이나 법률지식이 상대방에 비해 월등한 경우에는 거래상 지위가 인정된다.

거래상 지위남용행위는 주로 거래상대방의 자유의사를 억압하여 자유경쟁의 기반을 침해한다는 점에서 공정거래 저해성을 인정한다. 이에 반해 거래강제는 주로 경쟁수단 그 자체가 불공정하기 때문에 공정거래 저해성을 인정하는 것이다.

2. 종류

(1) 구입강제

1) 개념

거래상대방이 구입할 의사가 없는 상품 또는 용역을 구입하도록 강제하는 행위를 말한다 (령 별표1의2 제6호 가목).

2) 대상행위

사업자가 거래상대방에게 구입의사가 없는 상품 또는 용역을 구입하도록 강제하는 행위가 대상이 된다. 구입요청을 거부하여 불이익을 당하였거나 주위의 사정으로 보아 객관적으로 구입하지 않을 수 없는 사정이 인정되는 경우에는 구입강제가 있는 것으로 본다.

주된 거래관계에 있는 상품 또는 용역을 구입하도록 강제하는 행위이다. 이러한 의미에서 "밀어내기"라고도 한다. 강제성은 거래상대방에게 당해 상품을 구입하지 않을 경우 제재가 있다고 명시하여 구입시키는 것뿐만 아니라, 객관적 사정으로 보아 구입하지 않을 경우 불이익을 받을 가능성이 크다고 거래상대방이 인식할 수 있을 정도면 충분하다. 강요에 의해 구입할 의사가 없는 상품을 실제로 구입하여야만 하는 것은 아니며, 강요를 거절하여 불이익을 당했을 때도 강제행위가 있는 것으로 본다. 행위자가 공급하는 상품이나 역무뿐만 아니라 행위자가 지정하는 사업자가 공급하는 상품이나 역무도 포함한다 할 것이고, 상대방이 구입하지 않을 수 없는 객관적인 상황을 만들어 내는 것을 포함한다.[183]

거래상대방은 주로 사업자가 될 것이나 소비자도 포함된다. 구입이 강제되는 상품 또는 용역은 사업자 자신의 것일 수도 있고, 다른 사업자의 것일 수도 있다.

3) 위법성의 판단기준

구입강제가 거래내용의 공정성을 침해하는 행위에 해당되는지 여부를 위주로 판단한다. 이때 거래내용의 공정성을 침해하는지 여부는 다음 사항을 종합적으로 고려하여 판단한다.

① 사업자가 거래상대방에 대해 거래상 지위를 가지고 있는지 여부. 거래상 지위가 있는지 여부는 거래상대방의 입장에서 사업자가 상품 또는 용역의 구입을 요청할 경우 원치 않더라도 이를 받아들일 수밖에 없는지를 기준으로 한다. 거래상 지위유무는 대체거래선 확보의 용이성, 사업자에 대한 수입 의존도, 사업자의 업무상 지휘감독권 여부, 거래대상인 상품 또는 용역의 특성 등을 종합적으로 고려하여 판단한다.

i) 대체거래선 확보의 용이성이란 낮은 거래비용으로 타 거래선을 찾는 것이 실제 가능한지를 의미하며, 거래처를 전환함으로 인해 거래단절이나 공급량제한, 투자비용의 회수곤란 등 불이익을 감수하여야 하거나, 사업활동이 현저히 곤란해지는 경우에는 대체거래선 확보가 용이하지 않은 것으로 볼 수 있다.

ii) 거래상대방이 사업자에 대한 수입의존도가 높을수록, 업무상 지휘감독을 받을수록 거래상 지위가 있는 것으로 볼 수 있다.

183 대법원 2002.1.25. 선고 2000두9359 판결.

<거래상 지위가 인정될 가능성이 있는 거래관계(예시)>

· 본사와 협력업체 또는 대리점, 대형소매점과 입점업체, 도시가스사와 지역관리소, 제조업체와 부품납품업체, 지역독점적 공공시설 관리업자와 시설임차사업자, 독점적 공공사업자와 계약업체, 방송사와 방송프로그램 공급사업자 등 간 거래관계.

· 거래상대방인 판매업자가 특정 사업자가 공급하는 유명상표품을 갖추는 것이 사업운영에 극히 중요한 경우 특정사업자와 판매업자 간 거래관계.

· 제조업자 또는 판매업자가 사업활동에 필요한 원재료나 부품을 특정사업자로부터 공급받아야 하는 경우 특정사업자와 제조 또는 판매업자 간 거래관계.

· 특정 사업자와의 거래가 장기간 계속되고, 거래관계 유지에 대규모투자가 소요됨으로써 거래상대방이 거래처를 전환할 경우 설비전환이 곤란하게 되는 등 막대한 피해가 우려되는 경우 등.

② 구입강제 행위가 부당한지 여부 등. 당해 행위를 한 목적, 거래상대방의 예측가능성(당초 계약서에 구입의무가 규정되어 있거나 충분히 예측 가능한 경우에는 부당성이 낮은 것으로 볼 수 있음), 당해업종에서의 통상적인 거래관행, 구입강제로 인한 거래상대방의 피해 발생 여부, 관계법령 등을 종합적으로 고려하여 부당성 여부를 판단한다.

구입강제가 거래내용의 공정성을 침해한다고 판단되는 경우에도 다음과 같이 합리성이 있다고 인정되는 경우에는 법위반으로 보지 않을 수 있다. 그러나 구입강제의 속성상 제한적으로 해석함을 원칙으로 한다.

① 구입강제로 인한 효율성 증대효과나 소비자후생 증대효과가 거래내용의 불공정성으로 인한 공정거래저해 효과를 현저히 상회하는 경우.

② 구입강제를 함에 있어 기타 합리적인 사유가 있다고 인정되는 경우 등.

4) 법위반에 해당될 수 있는 행위(예시)

① 합리적 이유 없이 신제품을 출시하면서 대리점에게 재고품 구입을 강요하는 행위.

② 합리적 이유 없이 계속적 거래관계에 있는 판매업자에게 주문하지도 않은 상품을 임의로 공급하고 반품을 허용하지 않는 행위.

③ 합리적 이유 없이 자신과 지속적 거래관계에 있는 사업자에 대해 자기가 지정하는 사업자의 물품·용역을 구입할 것을 강요하는 행위.

④ 합리적 이유 없이 도·소매업자(또는 대리점)에게 과다한 물량을 할당하고, 이를 거부하거나 소화하지 못하는 경우 할당량을 도·소매업자(또는 대리점)가 구입한 것으로 회계처리하는 행위.

5) 구입강제로 본 사례

① 컨테이너를 이용한 육·해상 복합운송의 경우 해상운송업체가 거래상의 우월한 지위를 이용하여 거래상대방인 화주들에게 자기가 지정한 육상운송업체를 이용하도록 안내문을 발송하고 일부 업체에 대하여는 그 이용을 적극적으로 권유하였을 뿐만 아니라 합리적인 이유 없이 다른 육상운송업체를 이용하려는 화주들에게는 컨테이너를 배정하지 않음으로써 화주들로 하여금 어쩔 수 없이 해상운송업체가 지정한 업체로부터 육상운송용역을 제공받도록 사실상 강요한 행위.[184]

② 신상품이 출시될 때 회사에 남아 있는 재고상품을 주문도 하지 않았는데 대리점에게 강제로 할당하고 이를 소진한 경우에만 신상품을 공급하고, 강제 할당된 재고상품의 구입 완료 전에는 신상품의 출고를 중단한 행위.[185]

<끼워팔기, 기타의 거래강제, 구입강제(밀어내기)의 비교>

거래상 지위를 이용하여 상대방이 구입할 의사가 없는 상품·용역을 구입하도록 강제하는 행위라는 점에서 모두 같지만 다음 표와 같은 차이가 있다.

행위유형	내용	예시
끼워팔기	인기(주된)상품에 연계하여 비인기(종된)상품 구입강제	대우전자가 대리점에 대해 세탁기(인기상품)에 연계하여 TV(비인기상품) 구입을 강제
기타의 거래강제	주된 상품과 연계하지 않고 종된 상품 구입강제(부수적 거래)	대우전자가 대리점에 대해 대우차 구입을 강제
구입강제	주된 상품의 구입강제	대우전자가 대리점에 대해 세탁기 구입을 강제

(2) 이익제공 강요

1) 개념

거래상대방에게 자기를 위하여 금전, 물품, 용역 기타의 경제상 이익을 제공하도록 강요하는 행위를 말한다(령 별표1의 제6호 나목).

184 대법원 2002.1.25. 선고 2000두9359 판결.

185 공정거래위원회 1998.2.18. 의결 제98-38호.

2) 대상행위

거래상대방에게 금전·물품 등의 경제상 이익을 제공하도록 강요하는 행위가 대상이 된다. 경제상 이익에는 금전, 유가증권, 물품, 용역을 비롯하여 경제적 가치가 있는 모든 것이 포함된다. 계열회사의 거래상 지위를 이용하여 이익제공을 강요하는 행위도 포함된다. 이익제공 강요에는 거래상대방에게 경제상 이익을 제공하도록 적극적으로 요구하는 행위뿐만 아니라 자신이 부담하여야 할 비용을 거래상대방에게 전가하여 소극적으로 경제적 이익을 누리는 행위도 포함된다.

이익제공 강요의 상대방에는 사업자뿐만 아니라 소비자도 포함된다. 예컨대 병원들이 제약회사들에게 약품납품의 대가로 기부금을 제공토록 강요하는 행위, 과도한 담보의 제공요구 행위 등이 이에 해당한다. 강요하지 않았는데도 경제상 이익을 제공한 사업자는 부당고객유인 행위를 한 것이다.

3) 위법성의 판단기준

이익제공 강요가 거래내용의 공정성을 침해하는 행위에 해당되는지 여부를 위주로 판단한다. 이때 거래내용의 공정성을 침해하는지 여부는 다음 사항을 종합적으로 고려하여 판단한다.

① 사업자가 거래상대방에 대해 거래상 지위를 가지는지 여부. 구입강제의 경우에 준하여 판단한다.

② 이익제공 강요 행위가 부당한지 여부 등. 당해 행위를 한 의도 및 목적, 거래상대방의 예측가능성(당초 계약서에 이익제공의무가 규정되어 있거나 충분히 예측가능한 경우에는 부당성이 낮은 것으로 볼 수 있음), 당해업종에서의 통상적인 거래관행, 당해 이익제공의 내용과 성격, 관계법령 등을 종합적으로 고려하여 부당성 여부를 판단한다.

③ 사업자가 실제로 이익을 제공받았을 것을 요하지 않는다.

이익제공 강요가 거래내용의 공정성을 침해한다고 판단되는 경우에도 다음과 같이 합리성이 있다고 인정되는 경우에는 법위반으로 보지 않을 수 있다. 그러나 이익제공 강요의 속성상 제한적으로 해석함을 원칙으로 한다.

① 이익제공 강요로 인한 효율성 증대효과나 소비자후생 증대효과가 거래내용의 불공정성으로 인한 공정거래저해 효과를 현저히 상회하는 경우.

② 이익제공 강요를 함에 있어 불가피한 사유가 있다고 인정되는 경우 등.

4) 법위반에 해당될 수 있는 행위(예시)

① 합리적 이유 없이 수요측면에서 지배력을 갖는 사업자가 자신이 구입하는 물량의 일정 비율만큼을 무상으로 제공하도록 요구하는 행위.

② 합리적 이유 없이 사업자가 상품(원재료 포함) 또는 용역 공급업체에 대해 거래와 무관한 기부금 또는 협찬금이나 기타 금품·향응 등을 요구하는 행위.

③ 합리적 이유 없이 회원권 시설운영업자가 회원권의 양도양수와 관련하여 실비보다 과다한 명의개서료를 징수하는 행위.

④ 합리적 이유 없이 대형소매점사업자가 수수료매장의 입점업자에 대해 계약서에 규정되지 아니한 입점비, POS 사용료 등의 비용을 부담시키는 행위.

5) 심결사례

자기가 운영하고 있는 영남대학교부속의료원의 의약품 거래도매상들로부터 보험의약품을 구입함에 있어 대학발전기금, 천마의학재단연구기금 등을 지급하는 행위.[186]

(3) 판매목표 강제

1) 개념

자기가 공급하는 상품 또는 용역과 관련하여 거래상대방의 거래에 관한 목표를 제시하고 이를 달성하도록 강제하는 행위를 말한다(령 별표1의2 제6호 다목).

판매목표 달성을 강요받은 거래상대방이 목표달성을 위해 끼워팔기·구입강제·부당염매 등 다른 불공정거래행위를 함으로써 유통시장을 교란시키고 브랜드 간의 건전한 경쟁을 저해할 가능성이 크기 때문에 규제된다.

2) 대상행위

사업자가 거래상대방에게 판매목표를 정해 주고 이를 달성하도록 강제하는 행위가 대상이 된다. 대상상품 또는 용역은 사업자가 직접 공급하는 것이어야 한다. 대체로 상품의 경우 판매량의 할당이, 용역의 경우 일정수의 가입자나 회원확보가 문제된다. 또한 판매목표 강제는 대리점계약서에 명시적으로 규정된 경우뿐만 아니라 계약체결 후 구두로 이루어지는 경우도 포함된다. 단순하게 판매목표를 거래상대방에게 제시하는 것 자체만으로 판

186 공정거래위원회 2000.3.20. 의결 제2000-52호.

매목표 강제행위가 되지 않고 제시한 목표를 강제하였다고 인정되어야만 한다.

판매목표 강제의 상대방은 사업자에 한정되며, 소비자는 포함되지 않는다.

3) 위법성의 판단기준

판매목표 강제가 거래내용의 공정성을 침해하는 행위에 해당되는지 여부를 위주로 판단한다. 이때 거래내용의 공정성을 침해하는지 여부는 다음 사항을 종합적으로 고려하여 판단한다.

① 사업자가 거래상대방에 대해 거래상 지위를 가지는지 여부. 구입강제의 경우에 준하여 판단한다.

② 판매목표의 달성에 강제성이 있는지 여부 등. 판매목표의 달성을 '강제'하기 위한 수단에는 제한이 없으며, 목표가 과다한 수준인지, 실제 거래상대방이 목표를 달성하였는지 여부는 강제성 인정에 영향을 미치지 않는다. 목표불이행 시 실제로 제재수단이 사용되었을 필요는 없다.

목표를 달성하지 못했을 경우 대리점계약의 해지나 판매수수료의 미지급 등 불이익이 부과되는 경우에는 강제성이 인정되나, 거래상대방에게 장려금을 지급하는 등 자발적인 협력을 위한 수단으로 판매목표가 사용되는 경우에는 원칙적으로 강제성이 인정되지 않는다. 다만, 판매장려금이 정상적인 유통마진을 대체하는 효과가 있어 사실상 판매목표를 강제하는 효과를 갖는 경우에는 그러하지 아니하다.

판매목표 강제가 거래내용의 공정성을 침해한다고 판단되더라도 다음과 같이 합리성이 있다고 인정되는 경우에는 법위반으로 보지 않을 수 있다. 그러나 판매목표 강제의 속성상 제한적으로 해석함을 원칙으로 한다.

① 판매목표 강제로 인한 효율성 증대효과나 소비자후생 증대효과가 거래내용의 불공정성으로 인한 공정거래저해 효과를 현저히 상회하는 경우.

② 판매목표 강제를 함에 있어 기타 합리적인 사유가 있다고 인정되는 경우 등.

4) 법위반에 해당될 수 있는 행위(예시)

① 자기가 공급하는 상품을 판매하는 사업자 및 대리점에 대하여 판매목표를 설정하고 미달성 시 공급을 중단하는 등의 제재를 가하는 행위.

② 자기가 공급하는 용역을 제공하는 사업자 및 대리점에 대하여 회원이나 가입자의 수를 할당하고 이를 달성하지 못할 경우 대리점계약의 해지나 수수료지급의 중단 등의

제재를 가하는 행위.

③ 대리점이 판매목표량을 달성하지 못하였을 경우 반품조건부 거래임에도 불구하고 반품을 하지 못하게 하고 대리점이 제품을 인수한 것으로 회계처리하여 추후 대금지급 시 공제하는 행위.

④ 대리점이 판매목표량을 달성하지 못하였을 경우 본사에서 대리점을 대신하여 강제로 미판매 물량을 덤핑 판매한 후 발생손실을 대리점의 부담으로 하는 행위.

⑤ 거래상대방과 상품 또는 용역의 거래단가를 사전에 약정하지 않은 상태에서, 거래상대방의 판매량이 목표에 미달되는 경우에는 목표를 달성하는 경우에 비해 낮은 단가를 적용함으로써 불이익을 주는 행위

5) 심결사례

① 보급소별로 판매목표를 부여한 후 목표미달 하위 5% 보급소에 대해서는 계약해지 등의 제재조치를 취하기로 하고 실제로 목표미달 하위 5%에 해당하는 보급소 중 11개 보급소에 대해서는 계약을 해지하고 5개 보급소에 대해서는 영업구역 분할이라는 제재조치를 한 행위.[187]

② 대리점에서 매월판매목표를 일방적으로 설정하여 통보하고 일정기간 내에 이를 판매하도록 강요한 후 판매목표를 달성하지 못한 대리점에게는 정해진 인센티브를 주지 아니하거나 대리점의 교제 합병 지역분할 공동판매 등의 방안을 강구하겠다는 내용의 통지를 하고 이를 실행한 행위.[188]

(4) 불이익제공

1) 개념

구입강제, 이익제공 강요, 판매목표 강제 외의 방법으로 거래상대방에게 불이익이 되도록 거래조건을 설정 또는 변경하거나 그 이행과정에게 불이익을 주는 행위를 말한다(령 별표1의2 제6호 라목).

사업자의 거래상 지위의 남용행위를 규정하고 있는 것은 현실의 거래관계에서 경제력에 차이가 있는 거래주체 간에도 상호 대등한 지위에서 법이 보장하고자 하는 공정한 거

187 공정거래위원회 1999.3.17. 의결 제99-25호.

188 공정거래위원회 1998.2.18. 의결 제98-38호.

래를 할 수 있게 하기 위하여 사업자가 그 지위를 남용하여 상대방에게 거래상 불이익을 주는 행위를 금지시키고자 하는 데 그 취지가 있다.[189]

2) 대상행위

① 거래상대방에게 불이익이 되도록 거래조건을 설정 또는 변경하는 행위

거래상대방에게 일방적으로 불리한 거래조건을 당초부터 설정하였거나 기존의 거래조건을 불리하게 변경하는 것을 말한다. 거래조건에는 각종의 구속사항, 저가매입 또는 고가판매, 가격(수수료 등 포함) 조건, 대금지급방법 및 시기, 반품, 제품검사방법, 계약해지조건 등 모든 조건이 포함된다.

② 거래상대방에게 거래과정에서 불이익을 주는 행위

거래조건을 불이행함은 물론 거래관계에 있어 사실행위를 강요하여 거래상대방에게 불이익이 되도록 하는 행위를 말한다. 불이익제공은 적극적으로 거래상대방에게 불이익이 되는 행위를 하는 작위뿐만 아니라 소극적으로 자기가 부담해야 할 비용이나 책임 등을 이행하지 않는 부작위에 의해서도 성립할 수 있다. 다만, 불이익을 주는 행위를 하였음을 이유로 시정명령 등 행정처분을 하기 위해서는 거래상대방에게 발생한 '불이익'의 내용이 객관적으로 명확하게 확정되어야 하고, 여기에서의 '불이익'이 금전상의 손해인 경우에는, 법률상 책임 있는 손해의 존재는 물론 그 범위(손해액)까지 명확하게 확정되어야 한다.[190] 그렇지 않을 경우에는 민사절차에 의해 이 문제가 우선적으로 해결되어야 거래상 지위남용 규정을 적용할 수 있다. '불이익제공'에 해당하기 위하여는 그 행위의 내용이 상대방에게 다소 불이익하다는 점만으로는 부족하고, 구입강제, 이익제공 강요, 판매목표 강제 등과 동일시할 수 있을 정도로 일방 당사자가 자기의 거래상의 지위를 부당하게 이용하여 불이익을 준 것으로 인정되어야 한다.[191]

거래상대방에는 사업자뿐만 아니라 소비자도 포함된다.

3) 위법성의 판단기준

거래조건의 설정·변경 및 불이익제공 행위가 거래내용의 공정성을 침해하는 행위에 해당

189 대법원 2003.12.26. 선고 2001두9646 판결.

190 대법원 2002.5.31. 선고 2000두6213 판결.

191 대법원 2002.5.31. 선고 2000두6213 판결.

되는지 여부를 위주로 판단한다. 이때 거래내용의 공정성을 침해하는지 여부는 다음 사항을 종합적으로 고려하여 판단한다.

① 사업자가 거래상대방에 대해 거래상 지위를 가지는지 여부. 구입강제의 경우에 준하여 판단한다.

② 설정·변경된 거래조건과 불이익의 내용이 부당한지 여부 등. 당해 행위를 한 의도 및 목적, 거래상대방의 예측가능성(당초 계약서에 당해 불이익 제공행위가 규정되어 있거나 충분히 예측가능한 경우에는 부당성이 낮은 것으로 볼 수 있음), 당해업종에서의 통상적인 거래관행, 관계법령, 거래대상 상품 또는 용역의 특성, 불이익의 내용과 정도 등을 종합적으로 고려하여 부당성 여부를 판단한다.

거래조건의 설정·변경 및 불이익제공이 거래내용의 공정성을 침해한 다고 판단되는 경우에도 다음과 같이 합리성이 있다고 인정되는 경우에는 법위반으로 보지 않을 수 있다. 그러나 거래조건의 설정·변경 및 불이익제공의 속성상 제한적으로 해석함을 원칙으로 한다.

① 거래조건의 설정·변경 및 불이익제공으로 인한 효율성 증대효과나 소비자후생 증대효과가 거래내용의 불공정성으로 인한 공정거래저해 효과를 현저히 상회하는 경우.

② 거래조건의 설정·변경 및 불이익제공 행위를 함에 있어 기타 합리적인 사유가 있다고 인정되는 경우 등.

4) 법위반에 해당될 수 있는 행위(예시)

①거래조건의 설정·변경

i) 계약서 내용에 관한 해석이 일치하지 않을 경우 '갑'의 일방적인 해석에 따라야 한다는 조건을 설정하고 거래하는 경우.

ii) 원가계산상의 착오로 인한 경우 '갑'이 해당 계약금액을 무조건 환수 또는 감액할 수 있다는 조건을 설정하고 거래하는 경우.

iii) 계약 유효기간 중에 정상적인 거래관행에 비추어 부당한 거래조건을 추가한 새로운 대리점계약을 일방적으로 체결한 행위.

iv) 계약서상에 외부기관으로부터 계약단가가 고가라는 지적이 있을 경우 거래상대방이 무조건 책임을 지도록 한다는 조건을 설정하고 거래하는 경우.

v) 계약서에 규정되어 있는 수수료율, 지급대가 수준 등을 일방적으로 거래상대방에게 불리하게 변경하는 행위.

vi) 계약기간 중에 자기의 점포 장기임차인에게 광고선전비의 부과기준을 일방적으로 상향조정한 행위.

② 불이익 제공

i) 설계용역비를 늦게 지급하고 이에 대한 지연이자를 장기간 지급하지 않아 거래상대방이 사실상 수령을 포기한 경우.

ii) 하자보수보증금율을 계약금액의 2%로 약정하였으나, 준공검사 시 일방적으로 20%로 상향조정하여 징구한 행위.

iii) 반품조건부로 공급한 상품의 반품을 받아 주지 아니하여 거래상대방이 사실상 반품을 포기한 경우.

iv) 사업자가 자기의 귀책사유로 이행지체가 발생한 경우에도 상당기간 지연이자를 지급하지 않아 거래상대방이 사실상 수령을 포기한 경우.

v) 합리적 이유 없이 사업자가 물가변동을 인한 공사비인상 요인을 불인정하거나 자신의 책임으로 인해 추가로 발생한 비용을 불지급하는 행위.

vi) 자신의 거래상 지위가 있음을 이용하여 거래상대방에 대해 합리적 이유 없이 거래거절을 하여 불이익을 주는 행위(거래상 지위남용성 거래거절).

5) 불이익 제공이 아닌 것으로 본 사례

① 계약서의 해석에 이견이 있어 대금 지급을 거절한 행위.[192]

② 지하철공사가 선농자 제삭납품계약을 체결함에 있어 소요되는 외자재의 실제거래가격에 대한 정보가 부족하여 총액으로 확정하되, 후에 감액할 수 있도록 쌍방합의하에 특약한 행위.[193]

③ 신문사가 지국과 "본 계약으로 발생하는 일체의 소송은 신문사의 관할법원에서 행함을 원칙으로 한다"고 약정한 행위는 민사소송법에 반해서 지국에 불리하기는 하지만, 공정한 거래를 저해할 정도의 불이익은 아니다.[194]

---

192 대법원 1993.7.27. 선고 93누4984 판결.

193 대법원 1990.12.23. 선고 90다카3695 판결.

194 대법원 1998.3.27. 선고 96누18489 판결.

(5) 경영간섭

1) 개념

거래상대방의 임직원을 선임· 해임함에 있어 자기의 지시 또는 승인을 얻게 하거나 거래상대방의 생산품목, 시설규모, 생산량, 가격, 거래내용을 제한함으로써 경영활동을 간섭하는 행위를 말한다(령 별표1의2 제6호 마목).

2) 대상행위

임직원을 선임·해임함에 있어서 자기의 지시 또는 승인을 얻게 하거나 거래상대방의 생산품목·시설규모·생산량·거래내용을 제한함으로써 경영활동에 간섭하는 행위가 대상이 된다. 거래상대방에는 소비자가 포함되지 않는다.

3) 위법성의 판단기준

경영간섭이 거래내용의 공정성을 침해하는 행위에 해당되는지 여부를 위주로 판단한다. 이때 거래내용의 공정성을 침해하는지 여부는 다음 사항을 종합적으로 고려하여 판단한다.

① 사업자가 거래상대방에 대해 거래상 지위를 가지는지 여부. 구입강제의 경우에 준하여 판단한다.

② 경영간섭이 부당한지 여부 등. 경영간섭의 의도 및 목적, 관계법령, 거래대상 상품 또는 용역의 특성, 경영간섭의 내용과 정도 등을 종합적으로 고려하여 부당성 여부를 판단한다. 의결권의 행사나 채권회수를 위한 간섭으로서 법적 근거가 있거나 합리적인 사유가 있는 경우로서 투자자 또는 채권자로서의 권리를 보호하기 위해 필요하다고 인정되는 경우에는 법위반으로 보지 않을 수 있으며, 당해 수단의 합목적성 및 대체수단의 유무 등을 함께 고려하여야 한다. 대리점 등 판매업자에게 상품 또는 용역을 공급하면서 현찰판매 또는 직접판매 의무를 부과하거나 사용방법 등에 관한 설명 및 상담의무를 부과하는 행위는 경영효율성의 제고 또는 상품의 안전성확보 등 정당한 사유가 있는 경우 법위반으로 보지 않는다.

경영간섭이 거래내용의 공정성을 침해한다고 판단되는 경우에도 다음과 같이 합리성이 있다고 인정되는 경우에는 법위반으로 보지 않을 수 있다. 그러나 경영간섭의 속성상 제한적으로 해석함을 원칙으로 한다.

① 경영간섭으로 인한 효율성 증대효과나 소비자후생 증대효과가 거래내용의 불공정성으로 인한 공정거래저해 효과를 현저히 상회하는 경우.

② 경영간섭을 함에 있어 기타 합리적인 사유가 있다고 인정되는 경우 등.

4) 법위반에 해당될 수 있는 행위(예시)

① 합리적 이유 없이 대리점의 거래처 또는 판매내역 등을 조사하거나 제품광고 시 자기와 사전 합의하도록 요구하는 행위.

② 금융기관이 채권회수에 아무런 곤란이 없음에도 불구하고 자금을 대출해 준 회사의 임원선임 및 기타 경영활동에 대하여 간섭하거나 특정 임원의 선임이나 해임을 대출조건으로 요구하는 행위.

③ 상가를 임대하거나 대리점계약을 체결하면서 당초 계약내용과 달리 취급품목이나 가격, 요금 등에 관하여 지도를 하거나 자신의 허가나 승인을 받도록 하는 행위.

④ 합리적 이유 없이 대리점 또는 협력업체의 업무용 차량 증가를 요구하는 행위.

5) 경영간섭으로 본 사례

① 대리점에서 판매차량을 증차하도록 하고 대리점이 이에 응하지 않는 경우에는 대리점을 교체하겠다고 통보하는 삼양식품공업(주)의 행위.[195]

② 도로공사가 고속도로 휴게소의 운영업자에게 휴게소에서 취급하는 상품을 사전에 승인받도록 하는 행위.[196]

③ 시설관리공단이 시민회관 내 식당·다방의 운영권을 임대하면서 판매품목별 가격을 승인하여 거래내용을 제한한 행위.[197]

Ⅶ. 구속조건부 거래행위

1. 의의

사업자가 거래의 상대방의 사업활동을 부당하게 구속하는 조건으로 거래하는 행위로서

---

195 공정거래위원회 1991.6.18. 의결 제91-53호.

196 공정거래위원회 2002.1.17. 의결 제2002-30호.

197 공정거래위원회 2002.1.17. 의결 제2002-30호.

공정한 거래를 저해할 우려가 있는 행위를 말한다(법 제23조 제1항 제5호).

사업자가 거래상대방에 대해 자기 또는 계열회사의 경쟁사업자와 거래하지 못하도록 함으로써 거래처선택의 자유를 제한함과 동시에 구매·유통경로의 독점을 통해 경쟁사업자의 시장진입을 곤란하게 한다면 시장에서의 경쟁을 저해하고 궁극적으로 소비자후생의 저하를 초래하게 되므로 금지된다. 또한, 거래상대방에게 거래지역이나 거래처를 제한함으로써 당해 지역 또는 거래처에 대한 독점력을 부여하여 경쟁을 저해하게 된다면 소비자 후생의 저하를 초래할 수 있게 되므로 금지된다.

구속조건부 거래행위를 엄격히 규제할 경우 비용과 노력을 분담하지 않은 자가 각종 편익에 무임승차(Free Riding)하는 문제가 발생하기 때문에 이를 방지하기 위하여 구속조건부 거래행위를 허용하여야 한다는 주장도 있다.

거래상대방에 대해 가격을 구속하는 행위는 법 제29조에서 재판매가격유지행위로 별도로 규제하고 있다.

2. 종류

(1) 배타조건부거래

1) 개념

부당하게 거래상대방이 자기 또는 계열회사의 경쟁사업자와 거래하지 아니하는 조건으로 그 거래상대방과 거래하는 행위를 말한다(령 별표1의2 제7호 가목).

배타조건부 계약의 종류에는 ① 배타적 인수계약, ② 배타적 공급계약, ③ 상호배타조건부 계약이 있다.

2) 대상행위

거래상대방이 자기 또는 계열회사의 경쟁사업자와 거래하지 않는 조건으로 그 거래상대방과 거래하는 행위가 대상이 된다. 자기 또는 계열회사의 경쟁사업자라 함은 현재 경쟁관계에 있는 사업자뿐만 아니라 잠재적 경쟁사업자를 포함한다.

배타조건의 내용에는 거래상대방에 대해 직접적으로 경쟁사업자와의 거래를 금지하거나 제한하는 것뿐만 아니라 자신이 공급하는 품목에 대한 경쟁품목을 취급하는 것을 금지 또는 제한하는 것을 포함한다. 따라서 판매업자의 소요물량 전부를 자기로부터 구입하도록 하는 독점공급계약과 제조업자의 판매물량을 전부 자기에게만 판매하도록 하는 독점판매계약도 배타조건부거래의 내용에 포함된다. 또한 경쟁사업자와의 기존거래를 중단하는 경우뿐만 아니라 신규거래 개시를 하지 않을 것을 조건으로 하는 경우도 포함된다.

배타조건의 형식에는 경쟁사업자와 거래하지 않을 것이 계약서에 명시된 경우뿐만 아니라 계약서에 명시되지 않더라도 경쟁사업자와 거래 시에는 불이익이 수반됨으로써 사실상 구속성이 인정되는 경우가 포함된다. 위반 시 거래중단이나 공급량 감소, 채권회수, 판매장려금 지급중지 등 불이익이 가해지는 경우에는 당해 배타조건이 사실상 구속적이라고 인정될 수 있다.

거래상대방에는 소비자가 포함되지 않으며, 배타조건을 정하는 명칭여하를 불문한다. 배타조건부 계약 그 자체가 위법인 것은 아니다. 다만, 유력한 사업자가 거래상대방과 배타조건부 계약을 체결하여 그 경쟁업체가 거래상대방을 찾을 수 없어 경쟁에서 불리하게 되거나 경쟁에서 배제될 우려가 있는 경우에는 위법의 가능성이 높다.

3) 위법성의 판단기준

배타조건부거래가 관련시장에서의 경쟁을 제한하는지 여부를 위주로 판단한다. 이때 경쟁제한성이 있는지 여부는 다음 사항을 종합적으로 고려하여 배타조건부거래가 물품구입처 또는 유통경로 차단, 경쟁수단의 제한을 통해 자기 또는 계열회사의 경쟁사업자(잠재적 경쟁사업자 포함)를 시장에서 배제하거나 배제할 우려가 있는지 여부를 위주로 판단한다.

① 경쟁사업자가 대체적 물품구입처 또는 유통경로를 확보하는 것이 가능한지 여부. 사업자의 배타조건부거래에도 불구하고 경쟁사업자(신규진입사 등 잠재적 경쟁사업자 포함)가 대체적 물품구입처 및 유통경로를 확보하는 것이 용이한 경우에는 경쟁사업자의 시장배제효과가 낮게 된다.

② 당해 행위로 인해 경쟁사업자가 경쟁할 수 있는 수단을 침해받는지 여부.

③ 행위자의 시장점유율 및 업계순위. 행위자가 선도기업이거나 시장점유율이 높을수록 경쟁사업자의 물품구입처 및 유통경로 차단효과가 커질 수 있다.

④ 배타조건부거래 대상이 되는 상대방의 수 및 시장점유율. 배타조건부거래 상대사업자의 숫자가 많고 그 시장점유율이 높을 경우에는 경쟁사업자의 물품구입처 및 유통경로 차단효과가 커질 수 있다.

⑤ 배타조건부거래 실시기간. 실시기간이 단기인 경우에는 경쟁에 미치는 영향이 미미할 것이나 장기인 경우에는 경쟁에 영향을 미칠 수 있게 된다.

⑥ 배타조건부거래의 의도 및 목적. 배타조건부거래가 사업초기에 시장에의 신규진입목적으로 이루어진 경우에는 경쟁사업자의 물품구입처 및 유통경로 차단효과가 낮을 수 있다.

⑦ 배타조건부거래가 거래지역 제한 또는 재판매가격유지행위 등 타 경쟁제한행위와 동시에 이루어졌는지 여부 등. 동시에 이루어졌을 경우에는 행위자의 시장지위 강화효과가 커질 수 있다.

배타조건부거래의 경쟁제한성이 있다고 판단되는 경우에도 다음과 같이 합리성이 있다고 인정되는 경우에는 법위반으로 보지 않을 수 있다.

① 당해 상품 또는 용역의 기술성·전문성 등으로 인해 A/S활동 등에 있어 배타 조건부거래가 필수 불가피하다고 인정되는 경우.

② 배타조건부거래로 인해 타 브랜드와의 서비스 경쟁촉진 등 소비자후생 증대효과가 경쟁제한효과를 현저히 상회하는 경우.

③ 배타조건부거래로 인해 유통업체의 무임승차(특정 유통업자가 판매촉진노력을 투입하여 창출한 수요에 대하여 다른 유통업자가 그에 편승하여 별도의 판매촉진노력을 기울이지 않고 판로를 확보하는 행위) 방지, 판매 및 조달 비용의 절감 등 효율성 증대효과가 경쟁제한효과를 현저히 상회하는 경우 등.

4) 안전지대의 설정

상기의 규정에도 불구하고, 배타조건부거래를 한 사업자의 시장점유율이 10% 미만인 경우에는 당해 시장에서의 경쟁제한효과가 미미하다고 보아 원칙적으로 심사면제 대상으로 한다. 다만 시장점유율 산정이 사실상 불가능하거나 현저히 곤란한 경우에는 당해 사업자의 연간 매출액이 20억원 미만인 경우를 심사면제 대상으로 한다.

5) 법위반에 해당될 수 있는 행위(예시)

① 경쟁사업자가 유통망을 확보하기 곤란한 상태에서, 시장점유율이 상당한 사업자가 자신의 대리점에 대해 경쟁사업자의 제품을 취급하지 못하도록 함으로써 관련에서의 경쟁을 저해하는 행위.

② 경쟁사업자가 대체거래선을 찾기 곤란한 상태에서, 대량구매 등 수요측면에서 영향력을 가진 사업자가 거래상대방에 대해 자기 또는 계열회사의 경쟁사업자에게는 공급하

지 않는 조건으로 상품이나 용역을 구입함으로써 경쟁의 감소를 초래하는 행위.

③ 시장점유율이 상당한 사업자가 다수의 거래상대방과 업무제휴를 하면서 자기 또는 계열회사의 경쟁사업자와 중복제휴를 하지 않는 조건을 부과함으로써 경쟁의 감소를 초래하는 행위(경쟁사업자가 타 업무제휴 상대방을 찾는 것이 용이하지 않은 경우).

④ 구입선이 독자적으로 개발한 상품 또는 원재료에 대하여 경쟁사업자에게 판매하지 않는다는 조건으로 구입선과 거래함으로써 경쟁사업자의 생산(또는 판매)활동을 곤란하게 하고 시장에서 경쟁의 감소를 초래하는 행위.

⑤ 시장점유율이 상당한 사업자가 거래처인 방문판매업자들에 대해 경쟁사업자 제품의 취급증가를 저지하기 위해 자신의 상품판매를 전업으로 하여 줄 것과 경쟁사업자 제품을 취급 시에는 자신의 승인을 받도록 의무화하고 이를 어길 시에 계약해지를 할 수 있도록 하는 경우.

⑥ 시장점유율이 상당한 사업자가 자신이 공급하는 상품의 병행수입에 대처하기 위해 자신의 총판에게 병행수입업자와 병행수입품을 취급하고 있는 판매(도매 및 소매)업자에 대해서는 자신이 공급하는 상품을 공급하지 말 것을 지시하는 행위.

6) 위법으로 본 심결사례

선양주조(주)가 24개 주류도매상에 대하여 자기가 공급하는 제품만을 판매할 것을 요청하고 이를 지키지 않을 경우에는 대금결제기간 등에 있어 불이익을 주겠다고 한 행위.[198]

(2) 거래지역 또는 거래상대방의 제한

1) 개념

상품 또는 용역을 거래함에 있어서 그 거래상대방의 거래지역 또는 거래상대방을 부당하게 구속하는 조건으로 거래하는 행위를 말한다(령 별표1의2 제7호 나목).

2) 대상행위

거래상대방의 판매지역을 구속하는 행위가 대상이 된다. 판매지역 구속에는 그 구속의 정도에 따라 거래상대방의 판매책임지역을 설정할 뿐 그 지역 외 판매를 허용하는 책임지역제(또는 판매거점제), 판매지역을 한정하지만 복수판매자를 허용하는 개방 지역제한제

198 공정거래위원회 1993.9.15. 의결 제93-199호.

(open territory), 거래상대방의 판매지역을 할당하고 이를 어길 경우에 제재함으로써 이를 강제하는 엄격한 지역제한제(closed territory)로 구분할 수 있다.

거래상대방의 거래상대방을 제한하는 행위도 대상이 된다. 거래상대방의 영업대상 또는 거래처를 제한하는 행위이다. 예를 들면 제조업자나 수입업자가 대리점(또는 판매업자)을 가정용 대리점과 업소용 대리점으로 구분하여 서로 상대의 영역을 넘지 못하도록 하거나 대리점이 거래할 도매업자 또는 소매업자를 지정하는 행위 등이 해당된다.

상기의 구속조건은 사업자가 거래상대방이나 거래지역을 일방적으로 강요할 것을 요하지 않으며, 거래상대방의 요구나 당사자의 자발적인 합의에 의한 것을 포함한다. 조건은 그 형태나 명칭을 묻지 않으며, 거래상대방이 사실상 구속을 받는 것으로 충분하다.

구속의 대상이 되는 거래상대방에는 소비자가 포함되지 아니한다. 거래지역 제한 또는 거래상대방 제한은 수직적 거래관계에 있는 거래상대방에게 가격 이외의 조건을 구속한다는 점에서 재판매가격유지행위와 구별된다.

사업자가 자신의 계산과 위험부담하에 위탁매매인에게 판매대상 등을 지정하는 상법상 위탁매매관계는 거래상대방의 판매지역 또는 거래상대방 제한에 해당되지 않는다.

판매지역 설정행위 자체는 허용되므로 판매책임지역제(또는 판매거점제)는 경쟁저해성이 없는 것으로 인정되나 엄격한 지역제한제, 지역 외 고객에의 판매제한제는 경쟁을 저해할 우려가 있어 불공정거래행위에 해당될 소지가 크다.

직영유통점, 피용자인 판매원에 대한 엄격한 지역제한제, 지역할당제 등은 허용되며, 판매실적에 따라 수당을 받는 판매원(독립자영업자로 본다)들에 대한 지역제한제 등은 위법의 소지가 있다.

3) 위법성의 판단기준

거래지역 또는 거래상대방 제한이 관련시장에서의 경쟁을 제한하는지 여부를 위주로 판단한다. 이때 경쟁제한성이 있는지 여부는 다음 사항을 감안하여 브랜드 내 경쟁제한효과와 브랜드 간 경쟁촉진효과를 비교형량한 후 판단한다.

① 거래지역 또는 거래상대방 제한의 정도. 책임지역제 또는 개방 지역제한제와 지역제한을 위반하여도 제재가 없는 등 구속성이 엄격하지 않은 지역제한의 경우 원칙적으로 허용된다. 지역제한을 위반하였을 때 제재가 가해지는 등 구속성이 엄격한 지역제한제는 브랜드 내 경쟁을 제한하므로 위법성이 문제될 수 있다. 또한 거래상대방 제한의 경

우도 거래지역제한의 경우에 준하여 판단한다.

② 당해 상품 또는 용역시장에서 브랜드 간 경쟁이 활성화되어 있는지 여부. 타 사업자가 생산하는 상품 또는 용역 간 브랜드 경쟁이 활성화되어 있다면 지역제한 및 거래상대방 제한은 유통업자들의 판촉활동에 대한 무임승차 경향 방지와 판촉서비스 증대 등을 통해 브랜드 간 경쟁촉진효과를 촉진시킬 수 있다.

③ 행위자의 시장점유율 및 경쟁사업자의 숫자와 시장점유율. 행위자의 시장점유율이 높고 경쟁사업자의 수 및 시장점유율이 낮을수록 브랜드 내 경쟁제한효과가 유발되는 정도가 커질 수 있다.

④ 지역제한이 재판매가격유지행위 등 타 불공정행위와 병행하여 행해지거나 재판매가격유지의 수단으로 사용되는지 여부. 병행하여 사용될 경우 경쟁제한효과가 클 수 있다.

⑤ 당해 행위로 인해 소비자의 선택권을 침해하거나 서비스 질 제고 및 가격인하 유인이 축소되는지 여부 등.

경쟁제한성이 있다고 판단되는 경우에도 다음과 같이 거래지역 및 거래상대방 제한의 합리성이 있다고 인정되는 경우에는 법위반으로 보지 않을 수 있다.

① 상기 요인 이외에 거래지역 및 거래상대방 제한의 효율성 증대효과나 소비자후생 증대 효과가 경쟁제한효과를 현저히 상회하는 경우.

② 거래지역 및 거래상대방 제한에 기타 합리적인 사유가 있다고 인정되는 경우 등.

4) 안진지대의 설징

상기의 규정에도 불구하고, 행위 사업자의 시장점유율이 10% 미만인 경우에는 당해 시장에서의 경쟁제한효과가 미미하다고 보아 원칙적으로 심사면제 대상으로 한다. 다만 시장점유율 산정이 사실상 불가능하거나 현저히 곤란한 경우에는 당해 사업자의 연간 매출액이 20억원 미만인 경우를 심사면제 대상으로 한다.

5) 법위반에 해당될 수 있는 행위(예시)

① 독과점적 시장구조하에서 시장점유율이 상당한 제조업자가 대리점마다 영업구역을 지정 또는 할당하고, 그 구역 밖에서의 판촉 내지 판매활동을 금지하면서 이를 위반할 경우 계약해지를 할 수 있도록 하는 경우.

② 독과점적 시장구조하에서 시장점유율이 상당한 제조업자가 대리점을 가정용과 업소용으로 엄격히 구분하고 이를 어길 경우에 대리점 계약을 해지할 수 있도록 하는 행위.

③ 제조업자가 재판매가격유지의 실효성 제고를 위해 도매업자에 대해 그 판매선인 소매업자를 한정하여 지정하고 소매업자에 대해서는 특정 도매업자에게서만 매입하도록 하는 행위.

6) 위법으로 본 심결사례

① (주)미원이 대리점별로 판매지역을 설정하고 정해진 판매지역을 벗어나 판매하였을 경우 벌칙을 부과한 행위.[199]

② 대한도시가스엔지니어링이 도시가스 배관설비 판매업자와 정압기 등을 거래함에 있어서 자신에게만 정압기를 공급하도록 한 행위[200](배타조건부거래를 잘못 판단하여 법적용에 있어서 오류를 보인 사례이다.).

③ DPK인터내셔널(주)는 도미노피자판매체인점인 도미노피자 사당점과 도미노피자 방배점이 각각 자신의 배달구역을 넘어 다른 지역에 배달하였다는 이유로 서면으로 경고하여 판매지역을 제한한 행위.[201]

Ⅷ. 사업활동의 방해행위

1. 의의

사업자가 부당하게 다른 사업자의 사업활동을 방해하는 행위로서 공정한 거래를 저해할 우려가 있는 행위를 말한다(법 제23조 제1항 제5호 후단).

사업자가 다른 사업자의 기술을 부당하게 이용하거나 인력을 부당하게 유인·채용하거나 거래처의 이전을 부당하게 방해하는 등의 방법으로 다른 사업자의 사업활동을 심히 곤란하게 할 정도로 방해할 경우 가격과 질, 서비스에 의한 경쟁을 저해하는 경쟁수단이 불공정한 행위에 해당되므로 금지된다. 여기서 "다른 사업자"란 자신의 거래상대방뿐만 아니라 자신 또는 계열회사의 경쟁사업자 등을 포함하는 자신 이외의 사업자를 의미한다.

---

199 공정거래위원회 1993.8.25. 의결 제93-161호.

200 공정거래위원회 2002.12.23. 의결 제2002-356호.

201 공정거래위원회 2000.11.15. 의결 제2000-163호.

2. 종류

(1) 기술의 부당이용

1) 개념

다른 사업자의 기술을 부당하게 이용하여 다른 사업자의 사업활동을 심히 곤란하게 할 정도로 방해하는 행위를 말한다(령 별표1의2 제8호 가목).

2) 대상행위

다른 사업자의 기술을 이용하는 행위가 대상이 된다. 사업자가 자기에게 원재료나 중간재 또는 완제품을 생산하여 납품하는 거래선이나 하청업체의 기술을 그 회사 직원에게 돈을 주고 빼어 낸다든지, 기타 부당한 방법으로 도용하거나 알아내 이를 자기가 직접 생산하여 사용하고 나아가 다른 수요업체에게 판매함으로써 기술을 도용당한 거래상대방의 사업활동이 방해되는 경우가 이에 해당될 수 있다.

이때 다른 사업자는 경쟁사업자에 한정되지 않는다. 또한, 다른 사업자의 '기술'이란 특허법 등 관련 법령에 의해 보호되거나 상당한 노력에 의하여 비밀로 유지된 생산방법·판매방법·영업에 관한 사항 등을 의미한다.

3) 위법성의 판단기준

기술의 부당이용이 바람직한 경쟁질서를 저해하는 불공정한 경쟁수단에 해당되는지 여부를 위주로 판단한다. 이때 불공정한 경쟁수단에 해당되는지 여부는 다음 사항을 종합적으로 고려하여 판단한다.

① 기술이용의 부당성 여부. 이를 판단하기 위해 기술이용의 목적 및 의도, 당해 기술의 특수성, 특허법 등 관련 법령 위반 여부, 통상적인 업계 관행 등이 고려된다.

② 사업활동이 심히 곤란하게 되는지 여부. 단순히 매출액이 감소되었다는 사실만으로는 부족하며 부도발생 우려, 매출액의 상당한 감소, 거래상대방의 감소 등으로 인해 현재 또는 미래의 사업활동이 현저히 곤란하게 되거나 될 가능성이 있는 경우를 말한다.

기술의 부당이용이 불공정한 경쟁수단에 해당된다고 판단되더라도 이를 함에 있어 합리적인 사유가 있거나 효율성 증대 및 소비자후생 증대효과가 현저하다고 인정되는 경우에는 법위반으로 보지 않을 수 있다.

4) 법위반에 해당될 수 있는 행위(예시)

다른 사업자의 기술을 무단으로 이용하여 다른 사업자의 생산이나 판매활동에 심각한 곤란을 야기하는 행위.

(2) 인력의 부당유인·채용

1) 개념

다른 사업자의 인력을 부당하게 유인·채용하여 다른 사업자의 사업활동을 심히 곤란하게 할 정도로 방해하는 행위를 말한다(령 별표1의2 제8호 나목).

2) 대상행위

다른 사업자의 인력을 유인·채용하는 행위가 대상이 된다. 이때 다른 사업자는 경쟁사업자에 한정되지 않는다. 사업자가 거래상대방의 기술인력에게 그 회사의 중요한 기술이나 제조비법이 담긴 서류나 설계도 등을 갖고 오면 높은 직급을 주겠다는 조건을 제시하고 이런 서류나 설계도를 갖고 온 기술인력을 채용하여 자기가 직접 생산·판매함으로써 거래상대방의 사업활동에 중대한 타격을 주는 경우가 이에 해당될 수 있다.

3) 위법성의 판단기준

인력의 부당유인·채용이 바람직한 경쟁질서를 저해하는 불공정한 경쟁수단에 해당되는지 여부를 위주로 판단한다. 이때 불공정한 경쟁수단에 해당되는지 여부는 다음 사항을 종합적으로 고려하여 판단한다.

① 인력 유인·채용의 부당성 여부. 이를 판단하기 위해 인력유인 채용의 목적 및 의도, 해당 인력이 사업활동에서 차지하는 비중, 인력유인·채용에 사용된 수단, 통상적인 업계의 관행, 관련 법령 등이 고려된다.

② 사업활동이 심히 곤란하게 되는지 여부. 단순히 매출액이 감소되었다는 사실만으로는 부족하며 부도발생 우려, 매출액의 상당한 감소, 거래상대방의 감소 등으로 인해 현재 또는 미래의 사업활동이 현저히 곤란하게 되거나 될 가능성이 있는 경우를 말한다.

인력의 부당유인·채용이 불공정한 경쟁수단에 해당된다고 판단되더라도 이를 함에 있어 합리적인 사유가 있거나 효율성 증대 및 소비자후생 증대효과가 현저하다고 인정되는 경우에는 법위반으로 보지 않을 수 있다.

4) 법위반에 해당될 수 있는 행위(예시)

① 다른 사업자의 핵심인력 상당수를 과다한 이익을 제공하거나 제공할 제의를 하여 스카우트함으로써 당해 사업자의 사업활동이 현저히 곤란하게 되는 경우.

② 경쟁관계에 있는 다른 사업자의 사업활동 방해 목적으로 자기의 사업활동에는 필요하지도 않는 핵심인력을 대거 스카우트하여 당해 사업자의 사업활동을 현저히 곤란하게 하는 행위.

5) 위법으로 본 심결사례

현대자동차(주)가 자동차 설계업체인 리빙인력개발에 소속된 인력의 대부분(50명 중 41명)을 신설회사인 현대오토엔지니어링으로 유인하여 흡수·채용하게 하였고, 현대오토엔지니어링도 현대자동차의 지시에 따라 리빙인력개발의 인력을 유인·채용한 행위는 다른 사업자로 하여금 특정사업자의 인력을 부당하게 유인·채용하도록 함으로써 특정사업자의 사업활동을 심히 곤란하게 방해하는 행위이다.[202]

(3) 거래처 이전방해

1) 개념

다른 사업자의 거래처 이전을 부당하게 방해하여 다른 사업자의 사업활동을 심히 곤란하게 할 정도로 방해하는 행위를 말한다(령 별표1의2 제8호 다목).

2) 대상행위

거래상대방의 거래처 이전을 방해하는 행위가 대상이 된다. 이때 다른 사업자는 경쟁사업자에 한정되지 않는다.

3) 위법성의 판단기준

거래처 이전방해가 바람직한 경쟁질서를 저해하는 불공정한 경쟁수단에 해당되는지 여부를 위주로 판단한다. 이때 불공정한 경쟁수단에 해당되는지 여부는 다음 사항을 종합적으로 고려하여 판단한다.

① 거래처 이전방해의 부당성 여부. 이를 판단하기 위해 거래처 이전방해의 목적 및 의도, 거래처 이전방해에 사용된 수단, 당해 업계에서의 통상적인 거래관행, 이전될 거래처가 사업영위에서 차지하는 중요성, 관련 법령 등이 고려된다.

② 사업활동이 심히 곤란하게 되는지 여부. 단순히 매출액이 감소되었다는 사실만으로는 부족하며 부도발생 우려, 매출액의 상당한 감소, 거래상대방의 감소 등으로 인해 현재

202 공정거래위원회 1997.12.8. 의결 제97-181호.

또는 미래의 사업활동이 현저히 곤란하게 되거나 될 가능성이 있는 경우를 말한다.

거래처 이전방해가 불공정한 경쟁수단에 해당된다고 판단되더라도 이를 함에 있어 합리적인 사유가 있거나 효율성 증대 및 소비자후생 증대효과가 현저하다고 인정되는 경우에는 법위반으로 보지 않을 수 있다.

4) 법위반에 해당될 수 있는 행위(예시)

① 거래처 이전 의사를 밝힌 사업자에 대하여 기존에 구입한 물량을 일방적으로 반품처리하거나 담보해제를 해 주지 않는 행위.

② 대리점이 계약기간이 종료되어 거래선을 이전하려 하자 부동산의 담보해지를 고의로 지연시켜 거래선 이전을 방해하는 경우.

③ 대리점 관계를 청산하려는 거래상대방이 부도가 날 것이라는 근거 없는 소문을 퍼뜨려 그 대리점의 채권자들이 그 대리점에 채무의 이행을 일시에 요구함으로써 그 대리점이 부도가 생긴다든지 하는 경우.

(4) 기타의 사업활동방해

1) 개념

기술의 부당이용, 인력의 부당유인·채용, 거래처 이전방해 외의 부당한 방법으로 다른 사업자의 사업활동을 심히 곤란하게 할 정도로 방해하는 행위를 말한다(령 별표1의2 제8호 라목).

2) 대상행위

기타의 방법으로 다른 사업자의 사업활동을 현저히 방해하는 모든 행위가 대상이 된다. 방해의 수단을 묻지 않으며, 자기의 능률이나 효율성과 무관하게 다른 사업자의 사업활동을 방해하는 모든 행위를 포함한다. 이때 다른 사업자는 경쟁사업자에 한정되지 않는다.

3) 위법성의 판단기준

사업활동방해가 바람직한 경쟁질서를 저해하는 불공정한 경쟁수단에 해당되는지 여부를 위주로 판단한다. 이때 불공정한 경쟁수단에 해당되는지 여부는 다음 사항을 종합적으로 고려하여 판단한다.

① 사업활동방해의 부당성 여부. 이를 판단하기 위해 사업활동방해의 수단, 당해 수단을 사용한 목적 및 의도, 당해 업계에서의 통상적인 거래관행, 관련법령 등이 고려된다.

② 사업활동이 심히 곤란하게 되는지 여부. 단순히 매출액이 감소되었다는 사실만으로는

부족하며 부도발생 우려, 매출액의 상당한 감소, 거래상대방의 감소 등으로 인해 현재 또는 미래의 사업활동이 현저히 곤란하게 되거나 될 가능성이 있는 경우를 말한다.

사업활동방해가 불공정한 경쟁수단에 해당된다고 판단되더라도 이를 함에 있어 합리적인 사유가 있거나 효율성 증대 및 소비자후생 증대효과가 현저하다고 인정되는 경우에는 법위반으로 보지 않을 수 있다.

4) 법위반에 해당될 수 있는 행위(예시)

① 사업영위에 필요한 특정시설을 타 사업자가 이용할 수 없도록 의도적으로 방해함으로써 당해 사업자의 사업활동을 곤란하게 하는 행위.

② 경쟁사업자의 대리점 또는 소비자에게 경쟁사업자의 도산이 우려된다든지 정부지원 대상에서 제외된다는 등의 근거 없는 허위사실을 유포하여 경쟁사업자에게 대리점계약의 해지 및 판매량감소 등을 야기하는 행위.

③ 타 사업자에 대한 근거 없는 비방전단을 살포하여 사업활동을 곤란하게 하는 행위.

5) 위법으로 본 심결사례

① (주)한국케이블TV경기방송자신이 자신의 영업허가구역 중 자신과 지분관계가 없는 중계유선방송사업자의 영업허가구역에서는 시청료 무료행사를 하고 그 밖의 다른 구역에서는 정상가격을 받는 등의 방법으로 다른 사업자의 사업활동을 방해하는 행위.[203]

② 입찰에서 떨어지자 경쟁업체를 복사실 운영경험이 없는 부적격업체라고 비방하면서 낙잘자를 재고해 줄 것을 요정한 행위.[204]

③ 자신의 매장에 납품하거나 입점해 있는 업체들로 하여금 경쟁사업자의 매장에 납품하거나 입점하지 못하게 한 행위.[205]

6) 위법으로 보지 않는 판례

상가 분양계약 또는 수분양자들 상호 간의 약정에 의한 업종 제한은 모두 사적자치의 영역에 속하는 사항으로서 계약자유의 원칙에 따른 것이고, 그 내용 또한 점포 소유자 등이 업종을 변경하고자 할 때에는 그들의 자치적인 모임인 상가자치 관리위원회의 동의를 받

203 공정거래위원회 2002.10.9. 의결 제2002-214호.

204 공정거래위원회 1999.6.16. 의결 제99-99호.

205 공정거래위원회 1998.5.28. 의결 제98-100호.

도록 한 것에 불과하여 영업 활동을 본질적으로 제한하는 것은 아니며, 한편 서로 중복되지 않도록 권장업종을 지정하는 것은 인근 주민들의 생활상의 편의를 도모하고 입주 상인들의 영업상 이익을 존중하여 상호 간의 이해관계를 조정하는 측면에서 현실적인 필요성도 있는 것이므로, 이 사건 업종 제한 약정이 헌법상 직업선택의 자유를 침해하는 것이라거나 불공정거래행위로서 무효라고 볼 수 없다.[206]

Ⅸ. 부당한 자금·자산·인력의 지원행위

1. 의의

(1) 개념

사업자가 부당하게 특수관계인 또는 다른 회사에 대하여 가지급금·대여금·인력·부동산·유가증권·상품·용역·무체재산권 등을 제공하거나 현저히 유리한 조건으로 거래하거나 다른 사업자와 직접 상품·용역을 거래하면 상당히 유리함에도 불구하고 거래상 실질적인 역할이 없는 특수관계인이나 다른 회사를 매개로 거래하는 행위를 하여 특수관계인 또는 다른 회사를 지원하는 행위로서 공정한 거래를 저해할 우려가 있는 행위를 말한다(법 제23조 제1항 제7호). 조리위법행위이다.

부당지원행위를 불공정거래행위의 한 유형으로 규정하여 이를 금지하는 입법취지는 공정한 거래질서의 확립과 아울러 경제력집중의 방지에 있다.[207]

"계열회사를 위한 차별취급"은 상품·용역의 가격·수량·품질 등의 거래조건에 대해 계열회사를 유리하게 하는 것을 규제하는 것인 반면, "부당한 자금·자산·인력의 지원"은 계열·비계열을 구분하지 않고 다른 회사에 대해 상품·용역·자금·자산·인력을 지원함으로써 공정한 경쟁을 저해하는 것을 규제하기 위한 것인 점에서 차이가 있다. 양자는 경제력집중 억제 수단으로서의 기능이 있다는 점에서 동일하다.

(2) 지원주체

부당지원행위의 주체는 사업자이다. 따라서 상호출자제한기업집단 소속 회사에 한정되지

---

206 대법원 1997.12.26. 선고 97다42540 판결.

207 대법원 2004.10.14. 선고 2001두2935 판결.

않고 모든 사업자가 부당지원행위 규정의 수범사업자가 된다.[208]

(3) 지원객체

부당지원행위의 객체는 지원주체의 지원행위로 인한 경제상 이익이 귀속되는 특수관계인 또는 다른 회사를 말한다. 이때 다른 회사는 지원주체의 계열회사에 한정되지 아니한다. 여기서 특수관계인이란 시행령 제11조에서 규정하고 있는 동일인·동일인관련자·동업자를 의미하므로 법령상 사업을 영위하지 않는 비사업자도 지원객체가 될 수 있다. 또한 지원행위의 객체로 다른 회사가 규정되어 있으므로 계열회사뿐만 아니라 비계열회사도 지원행위의 객체가 될 수 있다. 모회사와 자회사 사이의 지원행위도 부당지원행위의 규제대상이 된다.[209] 특수관계인 즉 자연인에 대한 지원행위를 적발한 심결사례도 있다.

(4) 지원행위

지원주체가 지원객체에게 직접 또는 간접으로 제공하는 경제적 급부의 정상가격이 그에 대한 대가로 지원객체로부터 받는 경제적 반대급부의 정상가격보다 높은 경우(무상제공 또는 무상이전의 경우를 포함)에 이루어지는 것으로서 지원주체가 지원객체에게 경제상 이익을 제공하는 작위 또는 부작위를 말한다. 다만, 그러한 작위 또는 부작위의 결과 지원객체가 얻게 되는 이익은 지원행위의 경제상 효과에 불과하므로 법 제23조 제1항 제7호의 규정이 시행(1997. 4. 1.)되기 이전에 지원행위가 있었던 경우에는 그로 인한 경제상 이익의 제공이 동 규정의 시행시점 이후에까지 계속되었다고 하여도 변제기를 연장하거나 금리를 변경하는 것 등과 같이 새로운 지원행위라고 볼만한 다른 특별한 사정이 없는 한 지원행위에 해당하지 아니한다(법 제49조 제4항의 규정에 의한 시정조치 등의 처분가능시점 이전에 지원행위가 있었던 경우에도 이를 준용한다).

상품·용역의 제공 또는 거래라는 이유만으로 부당지원행위의 규제대상에서 제외되는 것은 아니고 그것이 부당지원행위의 요건을 충족하는 경우에는 부당지원행위의 규제대상이 될 수 있다.[210]

---

208 공정거래위원회 예규「부당한지원행위의심사지침」(개정 2009.8.12.).

209 대법원 2006.4.14. 선고 2004두3298 판결.

210 대법원 2005.5.13. 선고 2004두2233 판결.

(5) 부당한 지원의 방법

"지원성 거래규모"라 함은 지원주체와 지원객체 간에 이루어진 자금·자산·인력의 실제거래가격이 정상가격보다 높거나 낮은 것으로 보는 것이 합리적이나 정상가격의 구체적 수준을 합리적으로 산정하기 어려운 경우에 당해 거래(무상제공 또는 무상이전을 포함)의 규모를 말한다.

① 자금·자산·인력을 비정상가격, 예컨대 현저히 낮거나 높게 또는 무상으로 거래하여 지원하는 방법, ② 자금·자산·인력을 정상가격으로 거래하지만 현저한 규모로 거래하여 지원하는 방법이 있다.

"정상가격"이라 함은 지원주체와 지원객체 간에 이루어진 경제적 급부와 동일한 경제적 급부가 시기, 종류, 규모, 기간, 신용상태 등이 유사한 상황에서 특수관계가 없는 독립된 자간에 이루어졌을 경우 형성되었을 거래가격을 말한다. "지원금액"이라 함은 지원주체가 지원객체에게 제공하는 경제적 급부의 정상가격에서 그에 대한 대가로 지원객체로부터 받는 경제적 반대급부의 정상가격을 차감한 금액을 말한다. 지원금액의 산정에 있어서 부가가치세가 수반되는 거래의 경우에는 부가가치세를 포함한다.

(6) 상품·용역의 제공 또는 거래

상품·용역의 제공 또는 거래라는 이유만으로 부당지원행위의 규제대상에서 제외되는 것은 아니고 그것이 부당지원행위의 요건을 충족하는 경우에는 부당지원행위의 규제대상이 될 수 있다.[211]

상품·용역의 제공 또는 거래의 예로 들 수 있는 것은 다음과 같다.

① 지원객체에 대한 매출채권회수를 지연하거나 상각하여 회수불가능 채권으로 처리함으로써 자금을 지원한 경우.

② 외상매출금, 용역대금을 약정기한 내에 회수하지 아니하거나 지연하여 회수하면서 이에 대한 지연이자를 받지 아니한 경우.

③ 지원객체가 생산·판매하는 상품을 구매하는 임직원에 대해 구매대금을 대여하거나 융자금을 알선해 주고 이자의 전부 또는 일부를 임직원소속 계열회사의 자금으로 부담

211 대법원 2005.5.13. 선고 2004두2233 판결.

한 경우.

④ 지원객체가 운영하는 광고매체에 정상광고 단가보다 높은 단가로 광고를 게재하는 방법으로 광고비를 과다 지급한 경우.

⑤ 주택관리업무를 지원객체에게 위탁하면서 해당 월의 위탁수수료 지급일보다 지원객체로부터 받는 해당 월의 임대료 등 정산금의 입금일을 유예해 주는 방법으로 지원객체로 하여금 유예된 기간만큼 정산금 운용에 따른 이자 상당의 수익을 얻게 한 경우.

2. 부당성 판단 기준

(1) 부당성 판단의 기본원칙

지원행위에 대한 부당성은 원칙적으로 지원주체와 지원객체의 관계, 지원행위의 목적과 의도, 지원객체가 속한 시장의 구조와 특성, 지원성거래규모와 지원행위로 인한 경제상 이익, 지원기간, 지원횟수, 지원시기, 지원행위 당시 지원객체의 경제적 상황, 중소기업 및 여타 경쟁사업자의 경쟁능력과 경쟁여건의 변화정도, 지원행위 전후의 지원객체의 시장점유율 추이 및 신용등급의 변화정도, 시장개방의 정도 등을 종합적으로 고려하여 당해 지원행위로 인하여 지원객체의 관련시장에서 경쟁이 저해되거나 경제력 집중이 야기되는 등으로 공정한 거래를 저해할 우려가 있는지 여부에 따라 판단한다.[212] 이러한 지원행위의 부당성은 공정한 거래질서라는 관점에서 판단되어야 하며, 지원행위에 단순한 사업경영상의 필요 또는 거래상의 합리성 내지 필요성이 있다는 사유만으로는 부당성이 부정되지 아니한다.

여기서 말하는 '부당하게'는 지원객체가 직접 또는 간접적으로 속한 시장에서 경쟁이 저해되거나 경제력이 집중되는 등으로 공정한 거래를 저해할 우려가 있다는 의미로 해석하여야 할 것이며, 이렇게 해석할 경우 지원객체가 일정한 거래분야에서 시장에 직접 참여하고 있는 사업자일 것을 요건으로 하는 것은 아니다. 지원행위를 둘러싼 일련의 과정 중 관계 법령이 정한 방법이나 절차의 위배가 있다고 하여 바로 부당지원행위에 해당한다고는 할 수 없고, 이러한 관계 법령의 면탈 또는 회피가 지원행위의 부당성에 직접 관련된 것으로서 지원객체가 직접 또는 간접적으로 속한 시장에서 경쟁을 저해하거나 경제력 집

212 대법원 2005.2.27. 선고 2004두6099 판결.

중을 야기하는 등으로 공정한 거래를 저해할 우려가 있는 경우에 비로소 부당지원행위에 해당한다.[213]

(2) 부당한 지원행위에 해당하는 경우

① 지원객체가 당해 지원행위로 인하여 일정한 거래분야에 있어서 유력한 사업자의 지위를 형성·유지 또는 강화할 우려가 있는 경우. 예컨대 중소기업들이 합하여 1/2 이상의 시장점유율을 갖는 시장에 참여하는 계열회사에 대하여 동일한 기업집단에 속하는 회사들이 정당한 이유 없이 자금·자산·인력 지원행위를 하여 당해 계열회사가 시장점유율 5% 이상이 되거나 시장점유율 기준 3위 이내의 사업자에 들어가게 되는 경우를 들 수 있다.

② 지원객체가 속하는 일정한 거래분야에 있어서 당해 지원행위로 인하여 경쟁사업자가 배제될 우려가 있는 경우. 예컨대 지원객체가 지원받은 경제상 이익으로 당해 상품 또는 용역의 가격을 경쟁사업자보다 상당기간 낮게 설정하여 경쟁사업자가 당해 시장에서 탈락할 우려가 있는 경우를 들 수 있다.

③ 지원객체가 당해 지원행위로 인하여 경쟁사업자에 비하여 경쟁조건이 상당히 유리하게 되는 경우. 예컨대 지원객체가 당해 지원행위로 인하여 자금력, 기술력, 판매력, 제품이미지 개선 등 사업능력이 증대되어 사업활동을 영위함에 있어서 경쟁사업자에 비하여 유리하게 되는 경우를 들 수 있다.

④ 지원객체가 속하는 일정한 거래분야에 있어서 당해 지원행위로 인하여 지원객체의 퇴출이나 타 사업자의 신규진입이 저해되는 경우. 예컨대 대규모기업집단 소속회사가 자기의 계열회사에 대하여 지원행위를 함으로써 당해 계열회사가 속하는 일정한 거래분야에 있어서 신규진입이나 퇴출이 어려워지게 되는 경우를 들 수 있다.

⑤ 관련법령을 면탈 또는 회피하는 등 불공정한 방법 또는 절차를 통해 지원행위가 이루어지고, 이로 인하여 지원객체가 속하는 일정한 거래분야에서 경쟁이 저해되거나 경제력집중이 야기되는 등으로 공정한 거래가 저해될 우려가 있는 경우. 예컨대 증권회사가「유가증권인수업무규정」상 계열증권사의 회사채인수 금지규정을 면탈하기 위해 다

213 대법원 2004.9.24. 선고 2001두6364 판결.

른 증권사를 주간사회사로 내세우고 자신은 하인수회사가 되어 수수료를 받는 방법으로 경제상 이익을 얻고 이로 인하여 다른 증권회사와의 공정하고 자유로운 경쟁을 저해한 경우를 들 수 있다.

(3) 부당한 지원행위에 해당하지 않는 경우

① 대규모기업집단 계열회사가 기업구조조정을 하는 과정에서 구조조정 대상회사나 사업부문에 대하여 손실분담을 위해 불가피한 범위 내에서 지원하는 경우. 예컨대 지원객체에 대하여 기존에 채무보증을 하고 있는 계열회사가 그 채무보증금액의 범위 내에서 지원객체의 채무를 인수하는 경우, 지원객체에 대하여 기존에 지분을 보유하고 있는 계열회사가 지분비율에 따라 지원객체가 실시하는 유상증자에 참여하는 경우를 들 수 있다.

② 중소기업의사업영역보호및기업간협력증진에관한법률에 의하여 위탁기업체가 사전에 공개되고 합리적이고 비차별적인 기준에 따라 수탁기업체(계열회사 제외)를 지원하는 경우.

③ 기업구조조정과정에서 일부사업부문을 임직원 출자형태로 분사화하여 설립한 중소기업기본법상의 중소기업에 대하여 당해회사 설립일로부터 3년 이내의 기간동안 자생력 배양을 위하여 지원하는 것으로서 다른 중소기업의 기존거래관계에 영향이 적은 경우. 예컨대 소요부품을 자체 생산하던 사업부문을 분사화한 회사에 대한 지원으로서, 분사화된 회사와 경쟁관계에 있는 다른 중소기업의 기존거래선을 잠식하지 않는 경우, 제품을 생산하여 다른 회사에 공급하던 사업부문을 분사화한 회사에 대한 지원으로서, 분사화된 회사가 기존거래선과의 공급관계만을 계속하여 유지하는 경우, 생산한 제품의 대부분(예: 70% 이상)을 수출하던 사업부문을 분사화한 회사에 대한 지원으로서, 분사화된 회사가 제품의 대부분을 계속하여 수출하는 경우를 들 수 있다.

④ 정부투자기관·정부출자기관이 공기업 민영화 및 경영개선계획에 따라 일부 사업부문을 분사화하여 설립한 회사에 대하여 분사 이전의 시설투자자금 상환·연구기술인력 활용 및 분사 후 분할된 자산의 활용 등과 관련하여 1년 이내의 기간 동안 자생력 배양을 위하여 불가피하게 지원하는 경우로서 기존 기업의 거래관계에 영향이 적은 경우.

⑤ 금융지주회사법에 의한 완전지주회사가 완전자회사에게 자신의 조달금리 이상으로 자금지원을 하는 경우.

⑥ 개별 지원행위 또는 일련의 지원행위로 인한 지원금액이 1천만원 이하로서 공정거래저해성이 크지 않다고 판단되는 경우.

⑦ 「장애인고용촉진 및 직업재활법」 제28조 제1항에 따른 장애인 고용의무가 있는 사업주가 같은 법 제2조 제8호에 해당되는 장애인 표준사업장의 발행주식 총수 또는 출자총액의 50%를 초과 소유하여 실질적으로 지배하고 있는 장애인 표준사업장 중 「중소기업기본법」 시행령 제3조 1호의 별표 1 기준에 해당하는 장애인 표준사업장에 대하여 설립일로부터 3년 이내의 기간 동안 자생력 배양을 위하여 불가피한 범위 내에서 지원하는 경우.

3. 종류

(1) 부당한 자금지원

1) 개념

부당하게 특수관계인 또는 다른 회사에 대하여 가지급금·대여금 등 자금을 현저히 낮거나 높은 대가로 제공 또는 거래하거나 현저한 규모로 제공 또는 거래하여 과다한 경제상 이익을 제공함으로써 특수관계인 또는 다른 회사를 지원하는 행위를 말한다(령 별표1의2 제10호 가목).

부당한 자금지원행위라 함은 '사업자가 부당하게 특수관계인 또는 다른 회사에 대하여 가지급금·대여금 등 자금을 현저히 낮거나 높은 대가로 제공 또는 거래하거나 현저한 규모로 제공 또는 거래하여 과다한 경제상 이익을 제공함으로써 특수관계인 또는 다른 회사를 지원하는 행위로서 공정한 거래를 저해할 우려가 있는 행위'로서 자금의 제공 또는 거래방법이 직접적이든 간접적이든 묻지 아니하므로, 지원주체가 지원객체를 지원하기 위한 목적으로서 지원행위를 하되 지원주체와 지원객체와 사이의 직접적이고 현실적인 상품거래나 자금거래행위라는 형식을 회피하기 위한 방편으로 제3자를 매개하여 상품거래나 자금거래행위가 이루어지고 그로 인하여 지원객체에게 실질적으로 경제상 이익이 귀속되는 경우에는 자금지원행위에 해당하고, 또한 대규모기업집단 소속 계열회사들이 기업집단 전체의 이익을 위해 계속적으로 서로 지원을 주고받으면서 계열의 유지·확장을 위한 수단으로 부당지원행위를 이용함으로써 중·장기적으로 볼 때 부당지원행위는 경제력집중을 통하여 결국 지원주체에게도 상당한 부당이득을 발생시키게 된다는 점에 비추어 보면,

위와 같은 경우 지원객체가 받은 경제상 이익은 지원주체가 제3자에게 준 금융상 이익과 같다고 볼 수 있다.[214]

2) 부당한 자금지원 행위의 기준 및 지원금액 산정원칙

부당한 자금지원 행위의 전형은 가지급금 또는 대여금 등 자금을 거래한 경우이다. 예로서 8개사가 그룹계열사 자동차를 구입하는 소속 임직원들에게 그 구입비를 자신들의 자금으로 무이자로 대여해 주고 이에 대한 이자를 자신들이 부담하는 방법으로 계열회사에게 과다한 경제상 이익을 제공한 행위를 들 수 있다.

가지급금 또는 대여금 등에 의한 지원행위는 회계처리상 계정과목을 가지급금 또는 대여금으로 분류하고 있는 경우에 국한하지 아니하고, 지원주체가 지원객체의 금융상 편의를 위하여 직접 또는 간접으로 현금 기타 자금을 이용할 수 있도록 경제상 이익을 제공하는 일체의 행위를 말한다. 예를 들면 다음과 같다.

① 지원객체의 금융회사로부터의 차입금리보다 저리로 자금을 대여해 준 경우.

② 계열금융회사에게 콜자금을 시중 콜금리보다 저리로 대여해 준 경우.

③ 계열부신운용회사가 고객의 신탁재산으로 특수관계인 등에게 저리의 콜자금 등을 제공하는 경우.

④ 상품·용역거래와 무관하게 「선급금 명목으로」 지원객체에게 무이자 또는 저리로 자금을 제공한 경우.

⑤ 계열금융회사가 특수관계가 없는 독립된 자의 예탁금에 적용하는 금리보다 낮은 금리로 계열금융회사에 자금을 예치한 경우.

⑥ 단체퇴직보험을 금융회사에 예치하고 이를 담보로 지원객체에게 저리로 대출하도록 한 경우.

⑦ 계열금융회사가 지원객체에게 대여한 대여금의 약정 연체이자율을 적용하지 않고 일반 대출이자율을 적용하여 연체이자를 수령하는 경우.

⑧ 주식매입을 하지 않으면서 증권예탁금 명목으로 계열증권회사에 일정기간 자금을 저리로 예탁한 경우.

---

214 대법원 2004.10.14. 선고 2001두2881 판결.

⑨ 보유하고 있는 지원객체 발행주식에 대한 배당금을 정당한 사유없이 회수하지 않거나 회수를 태만히 한 경우.

⑩ 지원객체소유 부동산에 대해 장기로 매매계약을 체결하고 계약금 및 중도금을 지급한 뒤 잔금지급전 계약을 파기하여 계약금 및 중도금 상당액을 변칙 지원한 경우.

⑪ 지원객체 소유 건물·시설을 이용하면서 특수관계가 없는 독립된 자와 동일하게 이용료를 지불함에도 불구하고 임차보증금 또는 임차료를 추가적으로 지급한 경우.

⑫ 임대료를 약정납부기한보다 지연하여 수령하면서 지연이자를 받지 않거나 적게 받는 경우.

지원주체와 지원객체 간의 가지급금 또는 대여금 기타 자금의 거래(자금거래)에 의한 지원행위는 실제 적용된 금리(실제적용금리)가 당해 자금거래와 시기, 종류, 규모, 기간, 신용상태 등의 면에서 유사한 상황에서 당해 지원객체와 그와 특수관계가 없는 독립된 금융기관 간에 지원주체의 지원 없이 자금거래가 이루어졌다면 적용될 금리(개별정상금리)보다 낮은 경우에 성립한다.

개별정상금리는 원칙적으로 아래의 방법으로 산출한 금리 중 순차적으로 우선 산출가능한 금리를 말한다.

① 지원객체가 지원받은 방법과 동일한 수단을 통해 동일한 시점에 독립적인 방법으로 차입한 금리.

② 지원객체가 지원을 받은 방법과 동일한 수단을 통해 유사한 시점에 독립적인 방법으로 차입한 금리. 여기서 유사한 시점이란 사안별로 지원규모, 지원시점의 금리변동의 속도 등을 종합적으로 고려하여 결정하되, 해당일 직전·직후 또는 전후의 3개월 이내의 기간을 말한다. 다만, 유사한 시점에 독립적인 방법으로 차입한 금리는 없으나 그 이전에 변동금리 조건으로 차입한 자금이 있는 경우에는 지원받은 시점에 지원객체에게 적용되고 있는 그 변동금리를 유사한 시점에 차입한 금리로 본다.

③ 신용평가기관에 의한 신용등급 등에 비추어 신용상태가 지원객체와 유사하다고 인정할 수 있는 회사가 해당방법과 동일한 수단을 이용하여 동일한 시점에 독립적인 방법으로 차입한 금리.

④ 지원객체가 지원받은 방법과 유사한 수단을 통해 동일 또는 유사한 시점에 독립적인 방법으로 차입한 금리. 여기서 유사한 수단이란 사안별로 차입기간, 금액, 장단기 금리

수준 등을 종합적으로 고려하여 유사하다고 인정할 수 있는 수단을 말한다.

⑤ 지원객체가 동일 또는 유사한 시점에 다른 수단으로 차입한 경우에는 그 금리.

공사대금 미회수, 기간이 특정되어지지 않은 단순대여금 등 지원시점에 만기를 정하지 않은 경우에는 지원객체의 월별평균차입금리를 개별정상금리로 본다. 여기서 월별평균차입금리는 지원객체가 당해 월에 독립적으로 차입한 자금의 규모를 가중하여 산정한 금리를 말한다. 다만 상기 원칙에 따라 정해진 금리를 개별정상금리로 볼 수 없거나, 적용순서를 달리할 특별한 사유가 있다고 인정될 경우, 또는 지원주체의 차입금리가 지원객체의 차입금리보다 높은 경우 등 다른 금리를 개별정상금리로 보아야 할 특별한 사유가 있는 경우에는 그 금리를 개별정상금리로 본다.

개별정상금리를 전항에 규정된 방법에 의해 산정하기 어렵고, 또한 지원객체의 재무구조, 신용상태, 차입방법 등을 감안할 때 개별정상금리가 한국은행이 발표하는 예금은행의 가중평균 당좌대출금리(일반정상금리)를 하회하지 않을 것으로 보는 것이 합리적인 경우에는 당해 자금거래의 실제적용금리와 일반정상금리를 비교하여 지원행위 여부를 판단한다.

다만 지원객체의 재무구조, 신용상태, 차입방법 등을 감안할 때 지원객체의 개별정상금리가 일반정상금리보다 높은 수준인 것으로 보는 것이 합리적인 상황에서 일반정상금리 수준으로 상당한 규모의 자금거래를 하는 것은 지원행위에 해당한다.

지원주체가 지원객체를 지원하려는 의도하에 제3자를 매개하여 자금거래를 하고 그로 인하여 지원객체에게 실질적으로 경제상 이익을 제공하는 경우에는 자금지원행위에 해당한다. 이 경우 지원금액은 지원주체가 지원과정에서 부수적으로 제3자에게 지출한 비용을 제외하고 지원객체가 받았거나 받은 것과 동일시할 수 있는 경제상 이익만을 고려하여 산정한다(유가증권 등 자산거래, 부동산 임대차, 인력제공 등에 의한 지원행위의 경우에도 이를 준용한다).

자금거래에 의한 지원행위가 지원객체에게 현저히 유리한 조건의 거래인지 여부는 실제적용금리와 개별정상금리 또는 일반정상금리 사이의 차이는 물론 지원성 거래규모와 지원행위로 인한 경제상 이익, 지원기간, 지원횟수, 지원시기, 지원행위 당시 지원객체가 처한 경제적 상황 등을 종합적으로 고려하여 구체적·개별적으로 판단한다(유가증권 등 자산거래, 부동산 임대차, 인력제공 등에 의한 지원행위의 현저성 판단에도 이를 준용한다). 다만 지원주체와 지원객체 간의 자금거래에 의한 실제적용금리와 개별정상금리 또는 일반정상금리와의 차이가 개별정상금리 또는 일반정상금리의 10% 미만으로서 개별 지원행위 또는 일련의 지원행위로 인한 지원금액이 1억원 미만인 경우에는 지원행위가 성립하지 아니하는 것으로 판단할 수 있다.

(2) 부당한 자산·상품 등 지원

1) 개념

부당하게 특수관계인 또는 다른 회사에 대하여 부동산·유가증권·상품·용역·무체재산권 등 자산을 현저히 낮거나 높은 대가로 제공 또는 거래하거나 현저한 규모로 제공 또는 거래하여 과다한 경제상의 이익을 제공함으로써 특수관계인 또는 다른 회사를 지원하는 행위를 말한다(령 별표1의2 제10호 나목).

판례는 "현저한 규모로 제공 또는 거래"한 사례로 현대차·기아차·현대모비스·현대제철 등 4개사가 글로비스에 대한 (운송)사업물량 몰아주기는 부당지원 행위에 해당한다고 판시하였다.[215]

2) 부당한 자산·상품 등 지원 행위의 기준 및 지원금액 산정원칙

A. 유가증권·부동산·무체재산권 등 자산을 거래한 경우

지원주체가 지원객체에게 유가증권·부동산·무체재산권이나 기타 자산(자산)을 무상으로 또는 정상가격보다 낮은 가격으로 제공하거나 정상가격보다 높은 가격으로 제공받는 것은 지원행위에 해당한다.

다음과 같은 예시를 들 수 있다.

① 지원객체가 발행한 기업어음을 비계열사가 매입한 할인율보다 낮은 할인율로 매입한 경우(기업어음 고가매입).

② 지원객체의 신용등급에 적용되는 할인율보다 낮은 할인율을 적용하여 발행한 기업어음을 매입한 경우(기업어음 고가매입).

③ 역외펀드를 이용하여 특수관계인 등이 발행한 주식을 고가로 매입하거나 기업어음 등을 저리로 매입하는 경우(기업어음 또는 주식 고가매입).

④ 계열투신운용회사가 고객의 신탁재산으로 특수관계인 등의 기업어음이나 회사채를

215 서울고등법원 2009.8.19. 선고 2007누30903 판결

저리로 매입하는 경우(기업어음 또는 회사채 고가매입).

⑤ 금융회사의 특정금전신탁에 가입하고 동 금융회사는 동 자금을 이용하여 위탁자의 특수관계인 등이 발행한 기업어음 또는 사모사채를 저리로 인수하는 경우(기업어음 또는 사모사채 고가매입).

⑥ 특수관계가 없는 독립된 자가 인수하지 않을 정도의 낮은 금리수준으로 발행된 후순위사채를 특수관계인이나 친족독립경영회사(특수관계인 등)가 인수한 경우(후순위사채 고가매입). 후순위사채의 정상가격 산정이 어려울 때에는 지원주체가 매입한 후순위사채의 액면금액을 지원성 거래규모로 본다.

⑦ 제3자 배정 또는 실권주 인수 등의 방식을 통해 유상증자에 참여하면서 특수관계가 없는 독립된 자가 인수하지 않을 정도의 고가로 발행한 주식을 지분을 전혀 보유하고 있지 않은 특수관계인 등이 인수한 경우(주식 고가매입). 유상증자 시 발행된 주식의 정상가격 산정이 어려울 때에는 지원주체의 주식 매입액을 지원성 거래규모로 본다.

⑧ 제3자 배정 또는 실권주 인수 등의 방식을 통해 유상증자에 참여하면서 특수관계가 없는 독립된 자가 인수하지 않을 정도의 고가로 발행한 주식을 기존 주주인 특수관계인 등이 인수하여 증자 후의 지분율이 증자 전의 지분율의 50/100 이상 증가하는 경우(다만, 증자 전 제1대 주주이거나 증자 후 제1대 주주가 되는 주주가 유상증자에 참여한 경우는 제외하며, 의결권이 제한되는 계열 금융사 등은 제1대 주주로 보지 아니함)(주식 고가매입).

⑨ 금융관련 법규위반을 회피하기 위해 금융회사를 통하여 실권주를 현저히 높은 가격으로 우회인수하거나 기타 탈법적인 방법으로 인수하는 경우(주식 우회인수).

⑩ 전환권행사가 불가능할 정도로 전환가격이 높고 현저히 낮은 이자율로 발행된 전환사채를 특수관계인 등이 인수한 경우(전환사채의 고가매입).

⑪ 경영권 방어목적 등 특별한 사유 없이 전환권행사로 인해 포기되는 누적이자가 전환될 주식의 시세총액과 총 전환가액의 차액보다도 큼에도 불구하고 전환권을 행사한 경우(전환사채의 저가주식 전환).

⑫ 시가보다 현저히 낮은 가격으로 신주인수권부사채를 발행하여 특수관계인 등에 매각하는 경우(신주인수권부사채 저가매각).

⑬ 비계열금융회사에 후순위대출을 해 주고, 동 금융회사는 특수관계인 등이 발행한 저리의 회사채를 인수하는 경우(회사채 고가매입).

⑭ 부동산을 시가에 비하여 저가로 지원객체에 매도하거나, 고가로 지원객체로부터 매수한 경우(부동산 저가매도 또는 부동산 고가매수).

⑮ 계열회사가 단독으로 또는 지원객체와 공동으로 연구개발한 결과를 지원객체에 무상양도하여 지원객체가 특허출원을 할 수 있도록 한 경우(무체재산권 무상양도).

⑯ 계열금융회사가 지원객체가 보유한 부도난 회사채 및 기업어음 등 유가증권을 고가에 매입한 경우(부도 유가증권 고가매입).

정상가격은 원칙적으로 거래 당시의 특수관계가 없는 독립된 자 간에 형성될 시가에 의한다. 다만, 상기 방법에 의하여 시가를 산정하기 어려운 경우에는 당해 자산의 종류, 규모, 거래상황 등을 참작하여 상속세 및 증여세법 제4장(재산의 평가) 및 동법시행령 제4장(재산의 평가)에서 정하는 방법을 준용할 수 있다.

B. 부동산을 임대차한 경우

지원주체가 지원객체에게 당해 부동산을 무상으로 사용하도록 제공하거나, 정상임대료보다 낮은 임대료로 임대하거나 정상임차료보다 높은 임차료로 임차하는 것은 지원행위에 해당한다.

다음과 같은 예시를 들 수 있다.

① 지원객체에게 공장·매장·사무실을 무상 또는 낮은 임대료로 임대한 경우(부동산 저가임대).

② 지원객체로부터 부동산을 임차하면서 고가의 임차료를 지급한 경우(부동산 고가임차).

정상임대료는 당해 부동산의 종류, 규모, 위치, 임대시기, 기간 등을 참작하여 유사한 부동산에 대하여 특수관계가 없는 독립된 자 간에 형성되었을 임대료로 하되, 이를 합리적으로 산정하기 어려운 경우에는 다음 산식에 의한다. 산식을 적용함에 있어 정기예금이자율은 임대인이 정한 이자율이 없거나 정상이자율로 인정하기 어려운 때에는 부가가치세법 시행규칙 제15조제1항의 규정에 의하여 국세청장이 고시한 정기예금이자율을 기준으로 한다(부동산 정상가격의 50/100)×임대일수×정기예금이자율/365= 당해기간의 정상임대료).

임대보증금을 포함하는 임대차계약의 경우에는 임대보증금을 다음 산식에 의해 환산한 금액을 임대료로 본다(당해기간의 임대보증금×임대일수×정기예금이자율/365= 임대료).

(3) 부당한 인력지원

1) 개념

부당하게 특수관계인 또는 다른 회사에 대하여 인력을 현저히 낮거나 높은 대가로 제공하거나 현저한 규모로 제공하여 과다한 경제상 이익을 제공함으로써 특수관계인 또는 다른 회사를 지원하는 행위를 말한다(령 별표1의2 제10호 다목).

2) 부당한 인력지원 행위의 기준 및 지원금액 산정원칙

인력을 제공한 경우 지원주체가 제공하는 인력과 관련하여, 지원객체가 지원주체 또는 당해 인력에 대하여 지급하는 일체의 급여·수당 등(실제지급급여)이 당해 인력이 근로제공의 대가로서 지원주체와 지원객체로부터 지급받는 일체의 급여·수당 등(정상급여)보다 적은 때에는 지원주체가 지원객체에게 인력지원을 한 경우에 해당한다.

다음과 같은 예시를 들 수 있다.

① 업무지원을 위해 인력을 제공한 후 인건비는 지원주체가 부담한 경우.

② 인력파견계약을 체결하고 인력을 제공하면서 퇴직충당금 등 인건비의 전부 또는 일부를 미회수한 경우.

당해 인력이 지원객체와 지원주체 양자에게 근로제공을 하고 있는 경우에는 그 양자에 대한 근로제공 및 대가지급의 구분관계가 합리적이고 명확한 때에는 당해 인력이 지원객체와 지원주체로부터 지급받는 일체의 급여·수당 등의 금액에서 당해 인력의 지원주체에 대한 근로제공의 대가를 차감한 금액을 위의 정상급여로 간주한다. 그 구분관계가 합리적이지 아니하거나 명확하지 아니한 때에는 당해 인력이 지원객체와 지원주체로부터 지급받는 일체의 급여·수당 등에서 지원객체와 지원주체의 당해 사업연도 매출액 총액 중 지원객체의 매출액이 차지하는 비율에 의한 분담금액을 위의 정상급여로 간주한다. 다만, 인력제공과 관련된 사업의 구분이 가능한 경우에는 그 사업과 관련된 매출액을 지원객체와 지원주체의 매출액으로 할 수 있다.

(4) 부당한 거래단계 추가

2013. 8. 13. 법개정에서 주목되는 것 중 하나는 대기업집단이 소속 특정 회사로 하여금 소위 통행세를 받는 관행을 통제하는 것이었다. 구법에서 규제의 대상이 되는 부당지원행위는 현저히 유리한 조건의 거래를 통해 특수관계인 또는 다른 회사를 지원하고 이로써 공

정한 거래를 저해할 우려가 있는 경우로 한정되어 있어 문제가 있었다. 법개정으로 부당지원행위의 성립요건을 종전의 현저히 유리한 조건에서 상당히 유리한 조건의 거래로 변경하였고(법 제23조 제1항 제7호 가목), 부당지원행위의 한 유형으로서 실질적인 역할이 없는 특수관계인이나 다른 회사를 매개로 거래하는 행위를 신설하였다(법 제23조 제1항 제7호 나목).

기업집단이 소속 계열회사들이 필요로 하는 관련소모품의 조달을 특정한 계열회사를 통해 일원화하는 것은 기업집단 차원의 효율성을 제고하지만, 계열회사를 끼워넣어 과도한 통행세를 징수하는 것은 지배주주에 의한 소수주주의 이익을 침해하고, 회사법상 대리인문제, 배임 등의 문제를 내포한다.[216] 이 문제를 해결하기 위하여 법 제23조 제1항 제7호의 나목으로 "다른 사업자와 직접 상품·용역을 거래하면 상당히 유리함에도 불구하고 거래상 실질적인 역할이 없는 특수관계인이나 다른 회사를 매개로 거래하는 행위"를 부당지원행위의 두 번째 유형으로 추가하였다.

시행령 별표1의2에서는 다시 세목으로 ① 다른 사업자와 직접 상품·용역을 거래하면 상당히 유리함에도 불구하고 거래상 역할이 없거나 미미한 특수관계인이나 다른 회사를 거래단계에 추가하거나 거쳐서 거래하는 행위, ② 다른 사업자와 직접 상품·용역을 거래하면 상당히 유리함에도 불구하고 특수관계인이나 다른 회사를 거래단계에 추가하거나 거쳐서 거래하면서 그 특수관계인이나 다른 회사에 거래상 역할이 비하여 과도한 대가를 지급하는 행위를 규정하고 있다.

거래분야에서 활발하게 일고 있는 사외위탁이나 아웃소싱에 대해서 공정거래법에서 정상적인 거래행위인지 공정거래를 저해하는 행위인지 여부를 판단하는 것이다. 이를 위해서 업계에 직거래관행이 있는지, 보편적인 관행인지, 추가의 거래단계가 실질적인 역할을 수행하는지, 통로의 회사는 그 영업활동을 수행할 역량을 가지고 있는지, 특수관계인의 사익을 추구하는 통로가 되고 있는 것은 아닌지에 대해 제반사정을 포괄적으로 고려하여 정상적인 기업활동인지 혹은 공정거래를 저해하는 남용행위인지 여부를 판단하여야 할 것이다.[217]

---

216 정호열, 『경제법』, 박영사, 2016, 428-429面.

217 정호열, 위의책, 429面.

X. 기타 불공정거래행위

사업자가 제1호 내지 제7호 이외의 행위로서 공정한 거래를 저해할 우려가 있는 행위로서 공정한 거래를 저해할 우려가 있는 행위를 말한다(법 제23조 제1항 제8호).

포괄조항으로서의 성격을 가지고 법 제23조 제1항에 열거되지 않은 새로운 유형의 불공정거래행위나 경제시장의 변동으로 종래에는 위법성이 인정되지 않던 행위를 규제하는 법적 근거를 제공하여 탄력적으로 대응하기 위하여 마련된 조항이다.

그러나 시행령 제36조나 동조 관련 별표에 세부유형 및 기준이 아직 마련되어 있지 않아 공정거래위원회가 새로운 유형의 불공정거래행위에 동 규정에 의거하여 불공정거래로 직접 규제하는 것은 곤란할 것이다.[218]

제4절 특수관계인에 대한 이익제공 금지

I. 개설

1. 규제의 취지

이는 대기업집단이 자신의 특수관계인에게 부당한 사익을 추구하도록 하는 불공정행위를 규제하기 위한 것이다. 소위 일감몰아주기를 통해 특수관계인이 사실상 지배하는 비상장 계열회사의 규모를 키우고 이후 상장을 통해 거둔 차익으로 당해 기업집단의 소유지배구조의 승계를 도모하던 일부 행태와 관련되어 있다.

구법상 규제의 대상이 되는 부당지원행위는 현저히 유리한 조건의 거래를 통해 특수관계인 또는 다른 회사를 지원하고 이로써 공정한 거래를 저해할 우려가 있는 경우로 한정되어 있었다. 그 지원행위가 사업자가 아닌 특수관계인 개인을 지원하는 경우에는 사실상 공정거래 저해성을 입증하는 것이 곤란하여 규제가 어려웠고, 이러한 부당지원을 통해 실질적으로 이득을 얻는 수혜자에 대해서는 별도의 제재수단이 없어 부당지원행위를 억제

218 정호열, 앞의 책, 429面.

하는 데 한계가 있었다.

2013. 8. 13. 법개정으로 부당지원행위의 성립요건을 완화하고, 부당지원을 통해 실제 이득을 얻은 수혜자에 대해서도 과징금을 부과하는 한편, 공정한 거래를 저해하는지 여부가 아닌 특수관계인에게 부당한 이익을 제공하였는지 여부를 기준으로 위법성을 판단하는 특수관계인에 대한 부당이익제공 금지규정을 신설하였다.

2. 규제의 내용

일정규모 이상의 기업집단에 속하는 회사에 대해 특수관계인이나 특수관계인이 대통령령이 정하는 비율 이상의 주식을 보유한 계열회사와의 거래 등을 통해 특수관계인에게 부당한 이익을 제공하는 행위를 금지하고(법 제23조의2 제1항), 특수관계인에게 부당한 이익을 제공하는 거래 등의 상대방에 대해 그러한 이익을 제공할 우려가 있음에도 불구하고 해당 거래를 하는 등의 행위를 하지 못하도록 하며(법 제23조의2 제3항), 특수관계인에게 부당한 이익을 제공한 자와 당해 거래 등의 상대방에 대해 대통령령이 정하는 매출액의 100분의 5 이내에서 과징금을 부과할 수 있도록 하고(법 제24조의2제2항), 특수관계인에게 부당한 이익을 제공한 자와 당해 거래 등을 지시하거나 이에 관여한 자를 3년 이하의 징역 또는 2억원 이하의 벌금에 처하도록 한다(법 제66조 제1항 제9호의2).

Ⅱ. 규제의 세부유형

공정거래법 제23조의2 제1항은 특수관계인에 대한 부당이익제공행위와 관련하여 상당히 유리한 조건의 거래(제1호), 사업기회의 제공(제2호), 현금과 금융상품의 상당히 유리한 조건의 거래(제3호), 합리적 고려나 비교가 없는 상당한 규모의 거래(제4호) 등 4가지 유형을 열거하며, 시행령 제38조 제3항 관련 별표1의3은 4가지 유형을 다시 세목으로 나누거나 보다 구체화하고 있다.[219]

1. 상당히 유리한 조건의 거래

법 제23조의2(특수관계인에 대한 부당한 이익제공 등 금지)제1항제1호에 따른 정상적인 거래

219 정호열, 앞의 책, 431-432面.

에서 적용되거나 적용될 것으로 판단되는 조건보다 상당히 유리한 조건으로 거래하는 행위는 다음 각 목의 어느 하나에 해당하는 행위로 한다.

가. 상당히 유리한 조건의 자금 거래: 가지급금·대여금 등 자금을 정상적인 거래에서 적용되는 대가보다 상당히 낮거나 높은 대가로 제공하거나 거래하는 행위.

나. 상당히 유리한 조건의 자산·상품·용역 거래: 부동산·유가증권·무체재산권 등 자산 또는 상품·용역을 정상적인 거래에서 적용되는 대가보다 상당히 낮거나 높은 대가로 제공하거나 거래하는 행위.

다. 상당히 유리한 조건의 인력 거래: 인력을 정상적인 거래에서 적용되는 대가보다 상당히 낮거나 높은 대가로 제공하거나 거래하는 행위.

다만, 시기, 종류, 규모, 기간, 신용상태 등이 유사한 상황에서 법 제7조제1항에 따른 특수관계인이 아닌 자와의 정상적인 거래에서 적용되거나 적용될 것으로 판단되는 조건과의 차이가 100분의 7 미만이고, 거래당사자 간 해당 연도 거래총액이 50억원(상품·용역의 경우에는 200억원) 미만인 경우에는 상당히 유리한 조건에 해당하지 않는 것으로 본다.

2. 사업기회의 제공

법 제23조의2(특수관계인에 대한 부당한 이익제공 등 금지) 제1항 제2호에 따른 회사가 직접 또는 자신이 지배하고 있는 회사를 통하여 수행할 경우 회사에 상당한 이익이 될 사업기회를 제공하는 행위는 회사가 직접 또는 자신이 지배하고 있는 회사를 통하여 수행할 경우 회사에 상당한 이익이 될 사업기회로서 회사가 수행하고 있거나 수행할 사업과 밀접한 관계가 있는 사업기회를 제공하는 행위로 한다. 다만, 다음 각 목의 어느 하나에 해당하는 경우는 제외한다.

가. 회사가 해당 사업기회를 수행할 능력이 없는 경우.

나. 회사가 사업기회 제공에 대한 정당한 대가를 지급받은 경우.

다. 그 밖에 회사가 합리적인 사유로 사업기회를 거부한 경우.

3. 현금, 그 밖의 금융상품의 상당히 유리한 조건의 거래

법 제23조의2(특수관계인에 대한 부당한 이익제공 등 금지) 제1항 제3호에 따른 특수관계인과 현금, 그 밖의 금융상품을 상당히 유리한 조건으로 거래하는 행위는 특수관계인과 현금, 그 밖의 금융상품을 정상적인 거래에서 적용되는 대가보다 상당히 낮거나 높은 대가로 제공하거나 거래하는 행위로 한다. 다만, 시기, 종류, 규모, 기간, 신용상태 등이 유사한 상황에서 법 제7조 제1항에 따른 특수관계인이 아닌 자와의 정상적인 거래에서 적용되거나 적용될 것으로 판단되는 조건과의 차이가 100분의 7 미만이고, 거래당사자 간 해당 연도 거래총액이 50억원 미만인 경우에는 상당히 유리한 조건에 해당하지 않는 것으로 본다.

4. 합리적 고려나 비교 없는 상당한 규모의 거래

법 제23조의2(특수관계인에 대한 부당한 이익제공 등 금지) 제1항 제4호에 따른 사업능력, 재무상태, 신용도, 기술력, 품질, 가격 또는 거래조건 등에 대한 합리적인 고려나 다른 사업자와의 비교 없이 상당한 규모로 거래하는 행위는 거래상대방 선정 및 계약체결 과정에서 사업능력, 재무상태, 신용도, 기술력, 품질, 가격, 거래규모, 거래시기 또는 거래조건 등 해당 거래의 의사결정에 필요한 정보를 충분히 수집·조사하고, 이를 객관적·합리적으로 검토하거나 다른 사업자와 비교·평가하는 등 해당 거래의 특성상 통상적으로 이루어지거나 이루어질 것으로 기대되는 거래상대방의 적합한 선정과정 없이 상당한 규모로 거래하는 행위로 한다. 다만, 거래당사자간 상품·용역의 해당 연도 거래총액(2개 이상의 회사가 동일한 거래상대방과 거래하는 경우에는 각 회사의 거래금액의 합계액으로 한다)이 200억원 미만이고, 거래상대방의 평균매출액의 100분의 12 미만인 경우에는 상당한 규모에 해당하지 않는 것으로 본다.

기업의 효율성 증대, 보안성, 긴급성 등 거래의 목적을 달성하기 위하여 불가피한 경우로서 대통령령으로 정하는 거래는 제1항 제4호를 적용하지 아니한다(법 제23조의2 제2항).

제5절 기타

I. 사업자 준수지침

공정거래위원회는 법 제23조 제1항의 규정에 위반하는 행위를 예방하기 위하여 필요한 경우 사업자가 준수하여야 할 지침을 제정·고시할 수 있다(법 제23조 제4항). 현재까지 고시는 제정되지 않았다.

Ⅱ. 공정경쟁규약

사업자 또는 사업자단체는 부당한 고객유인을 방지하기 위하여 자율적으로 규약을 정할 수 있다(법 제23조 제5항).

사업자 또는 사업자단체는 공정경쟁규약의 제정과 관련하여 신고의무, 사후보고의무, 인가의무, 심사요청의무, 제정의무 등의 구속을 받지 않는다. 사업자 또는 사업자단체는 공정경쟁규약이 법 제23조 제1항 제3호(부당한 고객유인)에 위반하는지 여부에 대한 심사를 공정거래위원회에 요청할 수 있다(법 제23조 제6항). 공정거래위원회는 심사요청을 받은 날부터 60일 이내 심사결과를 신청인에게 통보하여야 한다(령 제37조).

Ⅲ. 보복조치의 금지

사업자는 제23조(불공정거래행위의 금지)제1항의 불공정거래행위와 관련하여 분쟁조정 신청, 위반행위의 신고, 공정거래위원회의 조사에 대한 협조를 한 사업자에게 그 행위를 한 것을 이유로 거래의 정지 또는 물량의 축소, 그 밖에 불이익을 주는 행위를 하거나 계열회사 또는 다른 사업자로 하여금 이를 행하도록 하여서는 아니 된다.

Ⅳ. 위반행위에 대한 제재

1. 시정조치

법 제23조(불공정거래행위의 금지) 제1항 또는 제2항, 제23조의2(특수관계인에 대한 부당한 이익제공 등 금지) 또는 제23조의3(보복조치의 금지)을 위반하는 행위가 있을 때에는 당해 사업자(해당 특수관계인 또는 회사)에 대하여 해당 불공정거래행위 또는 특수관계인에 대한 부당한 이익제공행위의 중지 및 재발방지를 위한 조치, 해당 보복조치의 중지, 계약조항의 삭제, 시정명령을 받은 사실의 공표 기타 시정을 위한 필요한 조치를 명할 수 있다(법 제24조).

2. 과징금

공정거래위원회는 제23조(불공정거래행위의 금지) 제1항(제7호는 제외한다) 또는 제23조의 3(보복조치의 금지)을 위반하는 행위가 있을 때에는 당해 사업자에 대하여 관련매출액에 100분의 2를 곱한 금액을 초과하지 아니하는 범위 안에서 과징금을 부과할 수 있다. 다만, 매출액이 없는 경우 등에는 5억원을 초과하지 아니하는 범위 안에서 과징금을 부과할 수 있다(법 제24조의2 제1항).

제23조(불공정거래행위의 금지) 제1항 제7호 또는 같은 조 제2항, 제23조의2(특수관계인에 대한 부당한 이익제공 등 금지)제1항 또는 제3항을 위반하는 행위가 있을 때에는 해당 특수관계인 또는 회사에 대하여 관련매출액에 100분의 5를 곱한 금액을 초과하지 아니하는 범위에서 과징금을 부과할 수 있다. 다만, 매출액이 없는 경우 등에는 20억원을 초과하지 아니하는 범위에서 과징금을 부과할 수 있다(법 제24조의2 제2항).

위 과징금은 부당내부거래의 억지에 그 주된 초점을 두고 있는 것이므로 반드시 부당지원을 받은 사업자에 대하여 과징금을 부과하는 것만이 입법목적 달성을 위한 적절한 수단이 된다고 할 수 없고, 부당지원을 한 사업자의 매출액을 기준으로 하여 그 2% 범위 내에서 과징금을 책정토록 한 것은, 부당내부거래에 있어 적극적·주도적 역할을 하는 자본력이 강한 대기업에 대하여도 충분한 제재 및 억지의 효과를 발휘하도록 하기 위한 것인데, 부당내부거래의 실효성 있는 규제를 위하여 형사처벌의 가능성과 병존하여 과징금 규정을 둔 것 자체나 지원기업의 매출액을 과징금의 상한기준으로 삼은 것을 두고 비례성원칙에 비하여 과잉제재를 하는 것이라고 할 수 없다.[220]

220 헌법재판소 2003.07.24. 선고 2001헌가25 결정.

제8장 사업자단체 규제

제1절 개설

Ⅰ. 규제의 취지

통상 사업자단체는 일정한 조직을 갖추고 당해 업계에 종사하는 사업자의 대부분이 참가하는 경우가 많다.

사업자단체는 그 구성사업자에게 미치는 영향력이 크다. 단체통제력을 이용하여 구성사업자의 자유로운 사업활동을 제약하고, 경쟁제한행위를 하는 경우가 많다. 즉 구성사업자의 공동이익을 위해 가격인상·유지담합, 공급물량제한담합 등 부당한 공동행위를 함으로써 소비자 이익에 역행하는 행위를 할 개연성이 크다. 개별사업자에 의한 경우보다 사업자 단체의 활동이 자국민의 경제활동에 미치는 영향력이 더 나쁜 경우가 많다. 이에 따라 공정거래법에서는 사업자단체의 일정한 행위를 규제하고 있다.

Ⅱ. 사업자단체

1. 의의

사업자단체라 함은 그 형태 여하를 불문하고 2인 이상의 사업자가 공동의 이익을 증진할 목적으로 조직한 결합체 또는 그 연합체를 말한다(법 제2조 제4호).

(1) 명칭이나 형태 불문

단체를 조직한 자들이 사업자이기만 하면 그 조직구성원은 법인이든 조합이든 법적 형태를 묻지 않는다. 통상 조합, 협회, 협의회, 연합회, 중앙회 등의 명칭을 갖지만, 그 형태나 명칭은 사업자단체로 보는 데 아무런 문제가 되지 않는다.

사업자단체의 지부, 부회 등 사업자단체와는 별도로 그 하부기관구성사업자들의 공동이익을 증진할 목적으로 어떤 행위를 한 경우에는 그 지부, 부회 등도 사업자 단체로 본다.

자유업(의사·공인회계사·건축사·법무사·관세사·변호사 등)을 영위하는 자는 '기타 사업을 행하는 자'로서 사업자에 해당되고 이들의 단체도 사업자단체에 해당된다. 자유업자들 간의 요금협정, 경쟁제한 등을 규제할 필요성이 있다. 이러한 업종은 제3차 산업의 중요한 일부이며, 자유업자들 간의 요금협정·경쟁제한 등을 규제할 필요성이 있다.

대한소아과학회 서울특별시지회는 소아과학에 관한 학술연구 및 소아보건의 향상 등을 주목적으로 하여 설립된 단체이나, 동 단체의 회원은 소아과 병·의원을 개원하고 있는 사업자들이 대부분을 차지하고 있고, 본건행위에 비추어 보아 학술연구나 소아보건의 향상 등을 주목적으로 설립되었다고 하더라도 수년간에 걸쳐 구성사업자인 소아과개원의들의 공동의 이익을 도모하는 행위를 사실상 수행하여 왔다는 점 등을 감안할 때 구성사업자들의 공동의 이익을 증진할 목적으로 조직된 결합체로 보아야 할 것이므로 독점규제 및 공정거래에 관한 법률 제2조제 4호의 규정에 의한 사업자단체로 인정된다.[221]

(2) 2인 이상의 사업자의 결합체 또는 그 연합체

사업자단체의 구성원 중 2인 이상은 반드시 독립된 사업자이어야 한다. 일부만 사업자이면 되고 반드시 전부가 사업자일 필요는 없다. 동업자가 아니라, 예컨대 제조업자와 판매업자가 구성사업자로 되어 있는 경우라도 사업자단체에 해당된다.

(3) 공동의 이익을 증진할 목적

공동의 이익이란 구성사업자의 경제활동 상의 이익을 의미한다. 그 이익이 구성원 전원에 대하여 공동일 필요는 없고 일부에 대하여만 이익이 되는 것으로 족하다.[222]

명칭이나 정관에 기재된 목적에 관계없이 사실상 그러한 목적이 있으면 충분하다. 예컨

221 공정거래위원회 1992.5.12. 의결 제92-57호.

222 사법연수원, 앞의 책, 247面.

대 학술단체·사회사업단체·종교단체·친목단체 들은 사업자로서의 이익증진목적이 없으므로 사업자단체가 아니다. 그러나 친목단체라 하더라도 공동이익증진을 위한 어떤 행위를 한 때에는 그 범위 내에서 사업자단체에 해당하게 된다.

2. 사업자의 의제

사업자단체에 관한 규정을 적용함에 있어서는 사업자의 이익을 위한 행위를 하는 임원·종업원·대리인 기타의 자는 이를 사업자로 본다(법 제2조 제1호).

사장회나 부장회 등의 구성원으로 활동하면서 각종 경쟁제한적인 활동을 하는 경우가 많다. 이 경우 임원 등은 자연인에 불과하므로 사업자단체에 관한 규정을 적용할 수 없다. 이를 해결하기 위하여 사업자의 이익을 위한 임원 등도 사업자로 의제하게 되었다. 임원·종업원·대리인 기타의 자가 사업자의 이익을 위하여 사업자단체의 구성원으로 활동하거나 임의단체를 구성하여 활동하는 경우에는 그 임원 등을 사업자로 보고 사업자단체에 관한 규정을 적용한다.

임원 등이 사업자로 의제되는 것은 사업자단체에 관한 규정에 있어서만 적용된다. 그 외 부당한 공동행위나 불공정거래행위 등의 규정 적용에 있어 임원 등을 사업자로 의제하는 경우는 없다.

건설회사들의 과장급 이상이 건설자재구매·관리정보의 교환, 관련업무의 원활한 수행 등 공동의 이익을 증진할 목적으로 조직한 결합체인 '건설회사 자재직 협의회' 구성원은 건설회사의 구매과장들로서 사업자인 소속회사의 이익을 위한 행위를 하는 종업원으로 볼 수 있으므로 '건설회사 자재직 협의회'는 사업자들의 조직체로서 법 제2조제4호의 규정에 의한 사업자단체에 해당된다.[223]

2. 원칙적으로 위반이 되지 않는 사업자단체의 행위[224]

사업자단체는 업계의 전문적인 지식과 경험을 정부시책에 반영시키고, 환경의 변화에 부응하는 새롭고 유익한 정보가 관련업계에서 널리 활용되도록 하는 등 전문화·고도화되어 가는 산업사회에서 국민경제 발전에 이바지하도록 노력하여야 한다.

---

223 공정거래위원회 1995.6.5. 의결 제95-99호.

224 공정거래위원회 「사업자단체활동지침」 고시 제2002-14호, 2002.12.26. 개정.

이와 같은 기능을 수행하는 과정에서 합리적이고 필요한 범위를 벗어나 사업자 간의 경쟁을 실질적으로 제한하거나 공정한 거래질서를 저해하는 행위를 하지 않도록 유의하여야 한다. 원칙적으로 위반되지 않는 행위를 제시하면 다음과 같다.

① 정부기관, 민간의 조사기관 등이 제공하는 당해 산업에 관련한 국내 및 해외시장, 경제동향, 경영지식, 시장환경, 입법·행정의 동향 등에 대한 일반적인 정보를 수집·제공하는 행위.

② 경영 및 기술의 발전을 위한 조사연구와 정부에의 시책건의 및 평가.

③ 경영에 관한 일반적인 지식의 보급 및 기능의 훈련을 하는 행위.

④ 당해 산업의 활동실적을 전반적으로 알리기 위해 단순히 과거의 생산, 판매, 설비투자 등에 관한 수량과 금액 등 구성사업자의 사업활동에 관계되는 과거의 사실에 관한 개괄적인 정보를 통계처리하고 공표하는 행위(단, 각 구성사업자의 수량과 금액 등을 명시하는 행위는 제외).

⑤ 구성사업자의 활동을 구속하지 않으면서 공동서비스 센터의 설치 등 수요자에 대한 효율적인 서비스 제공을 목적으로 하는 행위.

⑥ 공해 또는 위해의 사전예방을 위하여 합리적으로 필요하고 구성사업자를 구속하지 않는 범위 내에서 거래방법, 운송수단 등에 대한 일정한 기준을 설정하는 행위.

⑦ 고객의 편리를 위한 공동 주차장과 산업전체의 판매증진을 위한 공동 전시시설을 설치하는 행위.

⑧ 당해 사업 전체에 대한 이해증진을 위한 홍보, 선전활동, 복리후생활동, 사회문화활동 등 시장에 있어서의 경쟁에 영향을 미치지 않는 공동사업을 하는 행위.

⑨ 과다한 경품류 제공 등 고객유인을 방지하기 위하여 자율적으로 규약을 정하는 행위(단 그 이행을 강제하여서는 안 되며, 공정거래법상 심사 요청 가능).

⑩ 부당한 표시광고행위를 방지하고, 소비자의 올바른 상품선택을 용이하게 하기 위하여 자율적으로 표시·광고에 관한 규약을 정하는 행위(단, 그 이행을 강제하여서는 안 되며, 표시·광고의공정화에관한법률상 심사요청 가능).

⑪ 소비자를 위하여 상품 또는 용역에 대한 올바른 사용방법 등의 정보를 제공하는 행위.

⑫ 산업능률향상 등을 위한 규격·품질에 대한 자율적인 기준을 설정하는 행위(단, 그 이행을 강제하여서는 안 되며 강제하는 경우 공정거래법상 사전인가 필요).

⑬ 사업자단체가 그 설립의 목적과 사업내용 등에 비추어 합리적인 내용의 가입자격요건과 제명사유 등을 설정하는 행위.

⑭ 사업자단체가 사회통념상 합리적인 금액의 가입비와 합리적인 계산근거에 기초를 둔 회비(분담금, 출자금 등)를 징수하는 행위.

⑮ 가입조건과 관계되는 행위로서 가입비와 회비(분담금, 출자금 등)에 관하여 구성사업자 간 기업규모 등에 따라 합리적인 격차를 마련하는 행위.

⑯ 총회의 의결사항, 의결방법, 선거권·피선거권의 제한, 의결정족수 등 총회 및 이사회 운영에 관한 정관 및 제규정을 정하거나 변경하고 운영하는 행위.

⑰ 소비자보호 및 업계 일반의 이익을 보호하기 위하여 상담실 등을 설치하고 분쟁사항에 대하여 조정이나 중재업무를 하는 행위.

⑱ 구성사업자의 편의를 위하여 각종 서류의 대행접수 등 서비스를 제공하는 행위.

제2절 사업자단체의 금지행위

Ⅰ. 개설

사업자단체는 다음 각호의 1에 해당하는 행위를 하여서는 아니 된다(법 제26조 제1항).

1. 제19조(부당한 공동행위의 금지) 제1항 각호의 행위에 의하여 부당하게 경쟁을 제한하는 행위.
2. 일정한 거래분야에 있어서 현재 또는 장래의 사업자 수를 제한하는 행위.
3. 구성사업자(사업자단체의 구성원인 사업자를 말한다)의 사업내용 또는 활동을 부당하게 제한하는 행위.
4. 사업자에게 제23조(불공정거래행위의 금지) 제1항 각호의 1의 규정에 의한 불공정거래행위 또는 제29조(재판매가격유지행위의 제한)의 규정에 의한 재판매가격유지행위를 하게 하거나 이를 방조하는 행위.

원칙적으로 금지되는 행위는 가격, 수량, 거래조건, 거래상대방의 결정 등 모든 사업활동은 개별 사업자가 스스로의 자유의사에 의해 결정할 때 사업자 간의 자유롭고 공정한 경쟁이 촉진될 수 있다. 따라서 법률에 특별한 규정이 있거나 법률에 근거한 행정처분 등 명백한 근거가 있는 경우를 제외하고는 사업자단체가 문서·구두 등의 수단과 강요·요청·권고 등을 통해 구성사업자의 사업활동을 제한하거나 부당하게 구속하는 행위는 사업자 간의 공정한 경쟁을 저해하는 행위로써 원칙적으로 공정거래법 제26조 제1항의 규정에 위반된다.

이와 같은 위반행위에는 사업자단체가 구성사업자의 사업활동에 관하여 직접적으로 구속하거나 구성사업자로 하여금 이에 관한 공동행위를 하게 하는 행위뿐만 아니라 사업자단체가 타 사업자단체 또는 구성사업자 이외의 사업자와 계약체결 등을 통하여 구성사업자의 사업활동을 실질적으로 제약하는 경우도 포함된다.

Ⅱ. 규제유형

(1) 경쟁제한행위

사업자단체는 법 제19조(부당한 공동행위의 금지) 제1항 각호(공동행위 7가지)행위에 의하여 부당하게 경쟁을 제한하는 행위를 하여서는 안 된다(법 제26조 제1항 제1호). 조리위법행위이다.

사업자단체의 공동행위가 성립하기 위한 요건으로 ① 사업자단체의 의사결정이 있을 것(묵시의 의사합의 포함), ② 그 의사가 구성사업자에게 전달되어 준수하도록 하였을 것을 필요로 한다. 사업자단체의 의사결정은 공식적인 의사결정기구나 절차를 통해 명시적으로 결정될 필요는 없으며, 비공식적·묵시적으로 형성된 의사에 의해 행하여진 경우에도 사업자단체의 공동행위가 성립한다.

사업자단체를 설립하지 않고 법 제19조(부당한 공동행위의 금지) 제1항 각호(공동행위 7가지)행위를 한 경우에는 부당한 공동행위에 해당하고, 사업자단체를 설립하여 법 제19조(부당한 공동행위의 금지) 제1항 각호(공동행위 7가지)행위를 한 경우에는 사업자단체 금지행위에 해당한다.

구체적인 행위는 다음과 같다.

1) 가격을 결정·유지 또는 변경하는 행위

① 구성사업자로 하여금 일정한 수준으로 가격을 결정 또는 유지하게 하거나 공동으로 가격의 인상·인하율(폭)을 결정하는 행위.

② 평균가격, 표준가격, 기준가격, 최고·최저가격 등 명칭여하를 불문하고 구성사업자에게 가격설정의 기준을 제시하거나 이를 정하여 준수하도록 하는 행위.

③ 할인율, 이윤율 등 가격의 구성요소에 대해 그 수준이나 한도를 정하거나 일률적인 원가계산방법을 따르도록 함으로써 실질적으로 가격을 동일하게 결정·유지·변경하게 하는 행위.

④ 과당경쟁방지, 정부고시가격 준수 등을 이유로 할인판매를 하지 못하게 하거나 일정가격 이하로 응찰하지 못하도록 하는 행위.

⑤ 다른 사업자단체 또는 구성사업자 이외의 사업자와 계약 등의 방법에 의해 구성사업자의 가격을 실질적으로 결정·유지 또는 변경하게 하는 행위.

⑥ 국내외 자료를 통하여 원가분석표 등을 작성하고 이를 구성사업자에게 제시하여 구성사업자가 이에 따라 가격결정을 하거나 이를 준수하도록 하는 행위.

⑦ 구성사업자에게 원재료 등의 구입가격을 제시하거나 이를 정하여 준수하도록 하는 행위.

사업자단체에 의한 가격결정행위가 일정한 거래분야의 경쟁이 감소하여 사업자단체의 의사에 따라 어느 정도 자유로이 가격의 결정에 영향을 미치거나 미칠 우려가 있는 상태를 초래하는 행위, 즉 법 제26조 제1항 제1호, 제19조 제1항 제1호의 '사업자단체의 가격을 결정·유지 또는 변경하는 행위에 의하여 일정한 거래분야의 경쟁을 실질적으로 제한하는 행위'에 해당하더라도, 이로 인하여 경쟁이 제한되는 정도에 비하여 법 제19조 제2항 각호에 정해진 목적 등에 이바지하는 효과가 상당히 커서 소비자를 보호함과 아울러 국민경제의 균형 있는 발전을 도모한다는 법의 궁극적인 목적에 실질적으로 반하지 아니하는 예외적인 경우에 해당한다면, 부당한 가격제한행위라고 할 수 없다.[225]

광역시의 치과의사회가 같은 광역시의 치과기공사회와 사이에 각 실무협의회 소속 회원을 통하여 치과기공물의 가격에 관한 가이드라인을 정한 다음 대표자의 추인을 받아 대표자 명의로 회원들에게 위 가이드라인에 대한 안내문을 발송한 것이, 그 안내문에 위

225 대법원 2005.9.9. 선고 2003두11841 판결.

가이드라인을 자율적으로 참고하라는 취지가 기재되어 있기는 하나, 이전의 치과기공물의 가격 결정에 관한 관행, 위 가이드라인의 작성 경위 및 통보과정 등에 비추어 독점규제 및 공정거래에 관한 법률 제26조 제1항 제1호에서 정한 '사업자단체에 의한 가격결정행위'에 해당한다.[226]

2) 상품 또는 용역의 거래조건그 대금 또는 대가의 지급조건을 정하는 행위

① 대금지급방법을 제한하거나 구성사업자로 하여금 이를 공동으로 결정하게 하는 행위.

② 상품인도일로부터 대금지급기일까지의 기간을 정하거나 어음의 만기일등을 정함으로써 실질적으로 대금지급기간을 공동으로 결정하게 하는 행위.

③ 수요자의 편익이 증대되지 않는데도 상품 등의 인도장소, 방법 등을 제한하거나 공동으로 결정하게 하는 행위.

④ 수요자의 편익이 증대되지 않는데도 상품 등에 대한 에프터서비스의 기간, 내용, 방법 등을 제한하거나 공동으로 결정하게 하는 행위.

3) 상품의 생산·출고·수송 또는 거래의 제한이나 용역의 거래를 제한하는 행위

① 구성사업자별로 생산량, 출고량, 판매량을 할당하거나, 그 수준을 결정하는 행위.

② 최고·최저생산량, 필요재고량 등 명칭여하를 불문하고 구성사업자의 생산량 등 수량의 기준을 제시하는 행위.

③ 구성사업자의 상품 생산을 위한 가동률, 가동시간, 원료구입, 시설의 신·증설 및 개체 등을 제한하거나 공동으로 결정하게 함으로써 실질적으로 생산·출고·판매수량을 제한하는 행위.

④ 구성사업자의 수출입 추천 또는 원재료 구입 등을 부당하게 제한하거나 차별적으로 취급하는 행위.

⑤ 생산, 출고, 판매에 관한 자료나 정보를 제공함으로써 구성사업자가 생산·출고·판매량을 결정하도록 유인하는 행위.

4) 거래지역 또는 거래상대방을 제한하는 행위

① 구성사업자에게 거래처 또는 거래지역을 할당하거나, 이를 공동으로 정하여 상호 간

---

226 대법원 2005.8.19. 선고 2003두9251 판결.

에 침범하지 않게 하는 행위.

② 구성사업자로 하여금 특정한 사업자와는 거래하지 않도록 하거나 특정사업자와만 거래하도록 거래상대방을 제한하는 행위.

③ 구성사업자별 수주활동을 제한하고, 공동 수주하도록 하거나 입찰 또는 수주의 순위, 자격 등을 제한함으로써 구성사업자의 자유로운 수주활동을 제한하는 행위.

④ 객관적이고 합리적인 기준 없이 특정의 사업자를 우량업자 또는 불량업자로 구분하는 등의 방법으로 거래상대방을 제한하는 행위.

5) 생산·용역 거래를 위한 설비신설·증설이나 장비도입 방해·제한 행위

① 구성사업자별로 생산·판매시설 등 설비의 규모를 할당하거나 공동으로 결정하게 하는 행위.

② 구성사업자에게 설비의 신·증설 또는 개체를 제한하게 하거나 폐기하도록 하는 행위.

③ 시설이나 장비의 도입처, 도입자금, 도입경로 등을 부당하게 제한함으로써 시설의 신·증설 또는 장비의 도입을 제한하는 행위.

6) 상품의 생산 또는 거래 시에 그 상품의 종류 또는 규격을 제한하는 행위

① 구성사업자별로 상품의 종류 또는 규격별로 생산품목을 할당하거나 공동으로 결정하게 하는 행위.

② 새로운 상품의 개발·생산·판매 등을 제한하거나 공동으로 결정하게 하는 행위.

7) 영업의 주요부문을 공동으로 수행·관리 회사 등을 설립하는 행위

① 상품의 생산·구매·판매 등의 업무를 수행하는 공동회사를 설립하여 모든 구성사업자들로 하여금 이 회사를 통해서만 거래하도록 하는 행위.

② 구성사업자의 제품판매수익을 공동으로 관리하는 회사를 설립하여 제반경비를 공제하고 남은 이익을 판매수익에 관계없이 배분하는 행위.

8) 기타 다른 사업자의 사업활동 또는 사업내용을 방해하거나 제한함으로써 일정한 거래분야에서 경쟁을 실질적으로 제한하는 행위

① 정당한 이유 없이 단체에의 가입을 강제하거나 거부함으로써 비구성사업자의 사업활동이 부당하게 제약되는 결과를 초래하는 행위.

② 구성사업자의 상품이나 용역의 가격을 일정수준으로 유지하기 위하여 비구성사업자

에게 회원가입을 강제하거나 구성사업자와 가격을 동일하게 받도록 강요하는 행위.

③ 구성사업자로 하여금 다른 사업자의 제품에 대한 불매운동 등을 하거나 정상적인 영업활동을 하지 못하도록 압력을 행사하는 행위.

④ 비구성사업자라는 이유로 사업수행에 필요한 사업 관련 정보망 등의 이용을 부당하게 제한하여 비구성사업자의 사업활동을 방해하는 행위.

⑤ 비구성사업자의 저가 판매행위를 저지할 목적으로 비구성사업자를 비방하는 전단을 작성하여 배포하거나 집단적인 시위를 통해 영업을 방해 하는 행위.

⑥ 구성사업자로 하여금 다른 사업자가 생산·판매하는 제품을 일정한 용도 이외로는 사용하지 못하게 하는 행위.

일정한 거래 분야에 해당하는 약국업 분야에서 사업자단체인 약사회가 보건사회부의 약사법 개정안에 반대하여 전국의 약국을 무기한 폐문하기로 결의하고 이를 시·도지부에 통보하여 그 구성사업자인 약국들로 하여금 폐문실행에 들어가도록 함으로써, 내심으로나마 폐문에 반대하는 구성사업자들에게 결과적으로 자기의 의사에 반하여 집단폐문에 따를 수밖에 없도록 하여 구성사업자들에게 집단폐문기간 중 의약품을 판매할 수 없도록 제한한 이상, 이러한 행위는 구 「독점규제 및 공정거래에 관한 법률(1994. 12. 22. 법률 제4790호로 개정되기 전의 것)」제19조 제1항 제3호 소정의 '판매를 제한하는 행위'에 해당되고, 한편 위와 같은 집단폐문결의가 당초 정부의 약사법개정안에 반대하여 그 항의의 표시로써 나온 행위라고 하더라도 모든 약사들이 약사회의 구성사업자이어서 위 결의에 반대하는 사업자들에 대하여까지 약국의 폐문을 강제하여 의약품의 판매를 제한한 결과 의약품판매시장인 약국업 분야에서 사업자단체인 약사회가 그 의사대로 시장지배력을 형성한 것으로 보이므로 약사회의 위와 같은 행위는 약국업 분야에서의 경쟁을 실질적으로 제한하는 행위에 해당한다.[227]

(2) 사업자 수의 제한행위

사업자단체는 일정한 거래분야에 있어서 현재 또는 장래의 사업자 수를 제한하는 행위를 하여서는 안 된다(법 제26조 제1항 제2호). 당연위법행위이다.

---

227 대법원 1995.5.12. 선고 94누13794 판결.

이 행위는 기존사업자의 휴·폐업 강제, 신규사업자의 개업방해 등의 행태로 나타난다. 그 수단은 사업자 단체에의 가입을 제한하는 것이다. "사업자단체"인 전라북도 사진앨범 인쇄협동조합이 조합원들의 개별계약을 지양하고 조합명의의 단체수의계약이나 조달요청 방식에 의한 계약을 추진하고 이를 실행하여 오던 중, 조합원을 제명한 조치가 그에게 너무 가혹하여 부당한 경우 같은 법 제18조 제1항 제2호에 해당한다고 본 판례가 있다.[228]

구체적인 행위는 다음과 같다.

① 단체에 가입하지 않으면 사업수행이 곤란한 경우 일정한 영업기간 등 가입조건을 어렵게 하거나, 신규가입자에 대해 기존 회원의 동의를 받도록 함으로써 사실상 가입을 제한하는 행위.

② 신규 창업을 저지하거나 기존 사업자를 배제하는 등의 방법으로 당해 사업분야에 있어서 사업자 수의 증가를 제한하는 행위.

③ 신규가입 시 일정한 거리제한을 두거나 특정한 장소 내에 또는 매매 후 일정한 기간 내에 신규 개설·이전·승계 등을 금지하는 행위.

④ 신규가입 또는 탈퇴를 제한할 목적으로 또는 그와 동일한 효과를 가질 정도로 높은 수준의 가입비를 징수하는 행위.

(3) 구성사업자의 사업활동제한 행위

사업자단체는 구성사업자(사업자단체의 구성원인 사업자를 말한다.)의 사업내용 또는 활동을 부당하게 제한하는 행위를 하여서는 안 된다(법 제26조 제1항 제3호). 조리위법행위이다.

독점규제 및 공정거래에 관한 법률 제26조 제1항 제3호에서 사업자단체의 금지행위로서 구성사업자의 사업내용 또는 활동을 부당하게 제한하는 행위를 규정하고 있는 취지는, 원래 사업자단체는 구성사업자의 공동의 이익을 증진하는 것을 목적으로 하는 단체이므로 그 목적 달성을 위하여 단체의 의사결정에 의하여 구성사업자의 사업활동에 대하여 일정한 범위의 제한을 하는 것이 어느 정도 예정되어 있다고 하더라도 그 결의의 내용이 구성사업자의 사업내용이나 활동을 과도하게 제한하여 구성사업자 사이의 공정하고 자유로운 경쟁을 저해할 정도에 이른 경우에는 이를 허용하지 않겠다는 데에 있다.[229]

---

228 대법원 1991.2.12. 선고 90누6248 판결

229 대법원 2005.1.27. 선고 2002다42605 판결.

사업자의 구성사업자에 대한 '부당한' 제한행위만을 규제한다. '부당한'지의 여부는 공정하고 자유로운 경쟁의 유지·촉진의 관점에서 판단한다. 예컨대 사업자단체가 구성사업자에 대하여 과하는 가격·수량·설비·제품·기술·거래방법·영업방법 등에 대한 제한 등이 이에 해당한다.

사업자단체가 구성사업자의 사업내용이나 사업활동에 일정한 제한을 가함으로써 '일정한 거래분야에 있어서 경쟁을 실질적으로 제한'하는 경우에는 법 제26조 제1항 제1호가 적용되고, 법 제26조 제1항 제3호는 일정한 거래분야에 있어서 경쟁을 실질적으로 제한하는 데까지는 이르지 못하여도 경쟁에 무시할 수 없을 정도의 영향을 미치는 경우를 규제대상으로 하고 있다. 즉 법 제26조 제1항 제3호는 법 제26조 제1항 제1호의 보완규정이다.

구체적인 행위는 다음과 같다.

① 각종 증명서의 교부나 추천을 거부하거나 지연함으로써 구성사업자의 사업활동을 부당하게 제한하는 행위.

② 영업장소의 수 또는 위치를 제한하거나 일정한 기간 동안 조업을 단축하도록 하거나 영업을 하지 못하도록 함으로써 구성사업자의 활동을 부당하게 제한하는 행위.

③ 구성사업자에게 공동사업의 이용을 강제하거나 부당하게 구성사업자를 차별적으로 취급하는 행위.

④ 구성사업자에게 특정한 원료의 사용비율을 정하여 강제하거나 직원의 채용 또는 자유로운 기술 개발·이용을 부당하게 제한하는 행위.

⑤ 구성사업자의 광고내용, 광고회수, 광고매체 등을 부당하게 제한하거나 공동으로 결정하게 하는 행위.

⑥ 단체로부터의 탈퇴를 강요하거나 거부함으로써 구성 사업자의 사업활동을 부당하게 제한하는 행위.

이와 관련된 대법원 판례는 다음과 같다.

① 대한법무사협회가 집단등기사건수임업무처리규정을 통하여 집단등기사건의 범위를 정해 두고서 집단등기사건의 위촉기관과 협의를 거쳐 위촉기관의 추천의뢰에 따라 소속 법무사로 하여금 순차적으로 집단등기사건을 수임하도록 할 뿐만 아니라, 대한법무사협회와 협의를 거치지 아니한 입주자대표회 등의 단체에서 자체 법무사 선임을 원하는 경우에도 소속 법무사가 이를 임의로 수임할 수 없도록 하고, 더욱이 지방법무사회

가 운영경비 조달의 범위를 넘어서 집단등기사건의 보수액 중 일부를 징수하여 공동분배하도록 한 것은 소속 법무사들의 집단등기사건의 자유로운 수임을 제한함으로써 공정하고 자유로운 경쟁을 저해하는 결과를 가져온다고 할 것이므로, 대한법무사협회가 단체의 의사결정으로 위 규정을 제정하고 소속 지방법무사회로 하여금 그 운영세칙을 제정하여 시행하도록 한 것은 독점규제법 제26조 제1항 제3호에 규정된 '구성사업자의 사업내용 또는 활동을 부당하게 제한하는 행위'에 해당한다.[230]

② 대한의사협회가 비록 구성사업자인 의사들 모두의 이익을 증진하기 위한 목적에서라고 하더라도 구성사업자들에게 본인의 의사 여하를 불문하고 일제히 휴업하도록 요구하였고 그 요구에 어느 정도 강제성이 있었다고 한다면, 이는 구성사업자인 의사들의 자유의 영역에 속하는 휴업 여부 판단에 사업자단체가 간섭한 것이고, 그 결과 사업자 각자의 판단에 의하지 아니한 사유로 집단휴업 사태를 발생시키고 소비자 입장에 있는 일반 국민들의 의료기관 이용에 큰 지장을 초래하였으니, 그와 같은 집단휴업 조치는 의사들 사이의 공정하고 자유로운 경쟁을 저해하는 것이라고 보지 않을 수 없으므로, 대한의사협회의 행위는 독점규제 및 공정거래에 관한 법률 제26조 제1항 제3호 소정의 '부당한 제한행위'에 해당한다.[231]

(4) 불공정거래행위 및 재판매가격유지행위의 사주 및 방조행위

사업자단체는 사업자에게 불공정거래행위 또는 재판매가격유지행위를 하게 하거나 이를 방조하는 행위를 하여서는 아니 된다(법 제26조 제1항 제4호).

사업자단체가 직접 불공정거래를 하거나 재판매가격유지행위를 하는 경우에는 법 제26조가 적용되지 않고 법 제23조(불공정거래행위의 금지)나 제29조(재판매가격유지행위의 제한)가 적용된다.

'하게 하는 행위'의 상대방인 사업자는 구성사업자 이외의 사업자도 포함된다.

'하게 하는'이라는 것은 부추기거나 강요하는 행위를 말하며, 상대방이 이에 따라 실행했는지 여부는 위법행위의 성립에 영향을 미치지 않는다.

방조행위는 직접 불공정거래행위 또는 재판매가격유지행위를 하지는 않더라도 합의를

230 대법원 1997.5.16. 선고 96누150 판결.

231 대법원 2003.2.20. 선고 2001두5347 전원합의체 판결.

위해 사무실을 빌려주거나 배후에서 조장하는 행위 등을 말한다.

구성사업자 또는 다른 사업자에게 상품의 판매가격을 지정하여 주거나 일정률 이하 또는 그 이상으로 거래하지 못하게 하는 행위가 이에 해당한다.

출판사의 사업자단체가 출판물의 재판매가격유지계약 체결권한을 위임하지 아니한 출판사들에 대하여 도서정가제가 더욱 공고히 확립될 수 있도록 최대한 협조하여 줄 것을 요청하는 공문을 발송한 행위는 위법한 것이다.[232]

(5) 기타 행정지도 등에 관한 행위

① 법령에 근거가 없는 부당한 행정지도(지도, 지시, 권고, 요망, 주의, 경고 등 용어 불문)에 따른 사업자단체의 행위가 사업자단체의 금지행위에 해당될 경우에는 원칙적으로 공정거래법에 위반된다.

② 사업자단체가 회칙 등을 제정하여 주무부처의 승인·인가 등을 받은 경우라 하더라도, 그 회칙 등에 의한 사업자단체의 행위가 인가 등을 이유로 공정거래법의 규제대상에서 배제되는 것은 아니다.

제3절 기타

Ⅰ. 사업자단체의 준수 지침 제정

공정거래위원회는 제1항(사업자단체의 금지행위)의 규정에 위반하는 행위를 예방하기 위하여 필요한 경우 사업자단체가 준수하여야 할 지침을 제정·고시할 수 있다(법 제26조 제3항). 공정거래위원회는 이 지침을 제정하고자 할 경우에는 관계행정기관의 장의 의견을 들어야 한다(법 제26조 제4항). 이에 의거하여 1986. 6. 26.에 제정되고 2013. 12. 24.에 개정된 고시 제2013-9호 공정거래위원회 '사업자단체활동지침'이다.

232 대법원 1997.6.13. 선고 96누5834 판결.

Ⅱ. 사업자단체에 대한 공정거래법상의 특례제도

1. 공정거래법의 적용이 제외되는 행위

(1) 법령에 따른 정당한 행위

사업자단체가 다른 법률 또는 그 법률에 의한 명령에 따라 행하는 정당한 행위에 대하여는 공정거래법의 적용이 제외된다(법 제58조). 그러나 다른 법령에 근거한 행위라 할지라도 그 법령에 규정된 내용을 일탈하여 구성사업자를 부당하게 구속하는 경우에는 위법이 될 수 있다.

(2) 일정한 조합의 행위

다음의 요건을 갖추어 설립된 조합(조합의 연합회를 포함)의 행위에 대하여는 공정거래법을 적용하지 아니한다. 다만 불공정거래행위 또는 부당하게 경쟁을 제한하여 가격을 인상하게 되는 경우에는 그러하지 아니한다(법 제60조).

① 소규모의 사업자 또는 소비자의 상호부조를 목적으로 할 것.

② 임의로 설립되고, 조합원이 임의로 가입 또는 탈퇴할 수 있을 것.

③ 각 조합원이 평등한 의결권을 가질 것.

④ 조합원에 대하여 이익배분을 행하는 경우에는 그 한도가 정관에 정하여져 있을 것.

조합원의 상호부조를 목적으로 공동사업을 경영하고, 조합 고유의 재산을 관리하기 위해 설립한 조합이라 하더라도 조합에 대규모사업자가 하나라도 포함되거나 조합원의 가입·탈퇴에 제한이 있는 경우에는 "일정한 조합의 요건"에 해당되지 않는다.

2. 공정거래법상 예외적으로 허용되는 사업자단체의 경쟁제한행위

공정거래법상 부당하게 경쟁을 제한하는 공동행위는 원칙적으로 금지되어 있으나, 공정거래법 제26조 제1항 제1호에 규정된 경쟁제한행위가 ① 산업합리화, ② 연구·기술개발, ③ 불황의 극복, ④ 산업구조의 조정, ⑤ 거래조건의 합리화, ⑥ 중소기업의 경쟁력향상 등의 목적을 위하여 행하여지는 경우로서 공정거래법 시행령 제24조의2 내지 제28조 규정의 요건에 해당하고, 공정거래법 시행령 제30조(공동행위의 인가절차 등)의 규정에 따라 인가를 받은 경우에는 예외적으로 허용된다.

Ⅲ. 위반행위에 대한 제재

1. 시정조치

공정거래위원회는 제26조(사업자단체의 금지행위)의 규정에 위반하는 행위가 있을 때에는 당해 사업자단체(필요한 경우 관련 구성사업자를 포함한다)에 대하여 당해행위의 중지, 시정명령을 받은 사실의 공표 기타 시정을 위한 필요한 조치를 명할 수 있다(법 제27조). 시정명령을 받은 사실의 공표를 명하는 경우 ① 위반행위의 내용 및 정도, ② 위반행위의 기간 및 횟수를 참작하여 공표의 내용, 매체의 종류·수 및 지면의 크기 등을 정하여 이를 명하여야 한다(령 제8조).

법위반사실의 공표명령이 위헌이라는 헌법재판소의 결정(2002. 1. 31. 선고 2001헌바43 결정)은 '법위반사실의 공표'부분이 형사재판이 개시되기도 전에 '법위반사실을 행위자가 스스로 인정하고 이를 공표한다'는 의미로 해석·운영되기 때문에 헌법에 위반되지만, '법위반사실의 공표'와 개념상 구분되는 '법위반으로 공정거래위원회로부터 시정명령을 받은 사실의 공표'는 입법목적을 달성하면서도 행위자에 대한 기본권 침해의 정도를 현저히 감소시키고 재판 후 발생 가능한 무죄로 인한 혼란과 같은 부정적 효과를 최소화할 수 있어 허용될 수 있다는 취지인 점, 공정거래위원회는 법 제23조 제1항의 규정에 위반하는 행위가 있을 때에는 당해 불공정거래행위의 중지, 계약조항의 삭제, 정정광고, 법위반사실의 공표 기타 시정을 위한 필요한 조치를 명할 수 있다고 한 법 제24조의 규정형식에 비추어 '법위반사실의 공표'는 '기타 시정을 위하여 필요한 조치'의 예시라 할 것이므로 '법위반사실의 공표'부분이 위헌결정으로 효력을 상실하였다 하더라도 '기타 시정을 위하여 필요한 조치'로서 '법위반사실의 공표'와 성격을 달리하는 '시정명령을 받은 사실의 공표'와 같은 처분을 하는 것이 배제된다고 볼 수 없는 점 등을 종합적으로 고려하여 보면, 공정거래위원회는 법 제24조 소정의 '법위반사실의 공표'부분이 위헌결정으로 효력을 상실하였다 하더라도 '기타 시정을 위하여 필요한 조치'로서 '법위반을 이유로 공정거래위원회로부터 시정명령을 받은 사실의 공표'명령을 할 수 있다고 할 것이다.[233]

---

233 대법원 2003.2.28. 선고 2002두6170 판결.

2. 과징금부과

공정거래위원회는 제26조(사업자단체의 금지행위) 제1항 각호의 1의 규정에 위반하는 행위가 있을 때에는 당해 사업자단체에 대하여 5억원의 범위 안에서 과징금을 부과할 수 있다(법 제28조 제1항).

공정거래위원회는 제26조(사업자단체의 금지행위) 제1항 제1호를 위반하는 행위에 참가한 사업자에 대하여는 관련매출액의 100분의 10을 곱한 금액을 초과하지 아니하는 범위 안에서 과징금을 부과할 수 있다. 다만, 매출액이 없는 경우 등에는 20억원을 초과하지 아니하는 범위 안에서 과징금을 부과할 수 있다(법 제28조 제2항).

3. 벌칙

제26조(사업자단체의 금지행위) 제1항 제1호의 규정에 위반하여 사업자단체의 금지행위를 한 자에 대해서는 3년 이하 징역 또는 2억원 이하의 벌금에 처한다(법 제66조 제1항 제10호). 징역형과 벌금형은 이를 병과할 수 있다(법 제66조 제2항).

제26조(사업자단체의 금지행위) 제1항 제2호 내지 제5호의 규정에 위반한 자에 대해서는 2년 이하 징역 또는 1억5천만원 이하의 벌금에 처한다(법 제67조 제3호).

제27조(시정조치)의 규정에 의한 시정조치 또는 금지명령에 응하지 아니한 자에 대해서는 2년 이하 징역 또는 1억5천만원 이하의 벌금에 처한다(법 제67조 제6호).

제9장 / 재판매가격유지행위의 제한

제1절 개설

I. 재판매가격유지행위의 개념

1. 의의

재판매가격유지행위(Resale Price Maintenance)란 사업자가 상품 또는 용역을 거래함에 있어서 거래상대방인 사업자 또는 그 다음 거래관계별 사업자에 대하여 거래가격을 정하여 그 가격대로 판매 또는 제공할 것을 강제하거나 이를 위하여 규약 기타 구속조건을 붙여 거래하는 행위를 말한다(법 제2조 제6호).

'거래상대방인 사업자'라 함은 사업자로부터 상품 또는 용역을 직접 구입하는 다른 사업자를 말한다. '그 다음 거래단계별 사업자'라 함은 일련의 거래과정에서 사업자로부터 상품 또는 용역을 구입한 '거래상대방인 사업자'로부터 해당 상품 또는 용역을 구입하는 다른 사업자를 말한다. 예컨대 제조업자A·도매업자B·소매업자C·소비자D라고 할 때, A가 B에게 상품을 판매하면서 B가 C에게 판매할 가격과 C가 D에게 판매할 가격을 미리 정하여 주고 B·C가 그 지정된 가격대로 판매하도록 강제하는 행위가 전형적인 재판매가격유지행위이다.

재판매가격유지행위의 주체는 주로 상품의 제조·판매사업자이지만 때로는 용역의 제조·판매사업자도 포함된다. 재판매를 하는 사업자이기만 하면 사업자단체, 도매업자, 수입업자 등도 재판매가격유지행위의 주체가 된다. 재판매가격유지행위는 재판매를 하는 사업자를 대상으로 하는 것이기 때문에 최종소매업자는 재판매가격유지행위의 주체가 될 수 없다. 다만 도매업자가 일부 유명상품에 대하여 결손유인 판매를 하는 경우, 대형판매점의 염매저지를 위해 소매업자들이 생산업자에게 재판매가격유지행위를 요구하는 경우는 있다.

재판매가격유지행위는 다음단계에 있는 독립적인 사업자들의 자유로운 판매 가격결정을 구속하고, 결과적으로 그들 간의 가격경쟁을 제한하므로 금지할 필요가 있다.

2. 다른 행위와의 구별

부당한 공동행위는 일정한 사업자들이 동일상품가격 등에 대한 수평적 결합의 형태가 많은데, 재판매가격유지행위는 수직적 가격협정이 대부분이다. 불공정거래행위 중 구속조건부 거래행위는 수직적 비가격제한이라는 점에서 재판매가격유지행위와 구별된다. 도·소매업자 단체가 개별제조업자나 제조업자단체에 재판매가격유지를 요구하는 경우 수평적 결합이 이루어지기도 한다.

거래하는 상품이나 용역 이외의 상품·용역의 가격을 강제하거나 구속조건을 붙이는 행위는 불공정거래행위 중 경영간섭에 해당될 여지가 있다.

Ⅱ. 재판매가격유지행위의 실시방법과 종류

1. 재판매가격유지행위의 방법

(1) 계약체결

생산(판매)업자와 재판매사업자가 합의로 재판매가격을 설정하는 방법으로 재판매가격유지행위가 성립한다. 합의위반에 대한 제재 내용이 계약 조항에 포함되어 있지 않더라도 재판매가격유지행위가 성립한다. 쌍방합의에 의해서 재판매가격유지행위가 성립될 수 있다는 점에서 이러한 재판매가격유지행위를 '수직적 카르텔'이라고 부른다.

(2) 강요

생산(판매)업자가 재판매사업자에게 거래단계별 가격을 미리 정하여 그 가격대로만 판매할 것을 일방적으로 지시하거나 가격표를 일방적으로 통지하는 행위만으로는 재판매가격유지행위가 성립하지 않는다. 사업자(남양유업)가 재판매업자에게 상품을 판매함에 있어 일방적으로 재판매가격을 지정하여 그 가격대로 판매할 것을 지시·통지하는 행위는, 그것이 단지 참고가격 내지 희망가격으로 제시되어 있는 것에 그치는 정도인 경우에는 이를 위법하다 할 수 없고, 거기에서 그치지 아니하고 재판매업자로 하여금 그 지시·통지에 따르도록 하는 것에 대하여 현실로 그 실효성을 확보할 수 있는 수단이 부수되어 있는 경우에만, 법 제2조 제6호에서 규정하는 '그 가격대로 판매할 것을 강제하거나 이를 위하여 규약 기타 구속조건을 붙여 거래하는 행위'로서 법 제29조 제1항에 의하여 금지되는 '재판매가격유지행위'에 해당하므로 위법하다 할 것이다.[234]

2. 거래가격의 범위(종류)

사업자가 정하는 '거래가격'이라 함은 사업자가 지정하는 재판매(공급)가격뿐만 아니라 최고가격, 최저가격, 기준가격을 포함한다. 또한 사업자가 재판매(공급)가격의 범위를 지정하면서 거래상대방인 사업자 또는 그 다음 거래단계별 사업자에게 그 범위 내에서 구체적인 판매가격을 지정할 수 있게 하는 경우도 포함한다.

(1) 지정가격유지행위

재판매업자에게 특정가격을 지정하고 지정된 가격으로만 판매하게 하는 방법이다.

(주)남양알로에는 지사 및 대리점에게 자기의 상품을 공급함에 있어 판매가격을 미리 정하여 주고 그 가격대로 판매하도록 하면서, 이를 지키지 아니한 경우에는 제재조치를 취한 것은 재판매가격유지행위로 인정된다.[235]

(2) 최고가격유지행위

최고가격유지행위란 대리점 등 유통업체들로 하여금 당해 상품 또는 용역 을 판매(공급) 할 때 지정된 가격수준을 초과하지 아니하도록 강제하거나 규약 또는 구속조건을 붙이는 행위를 말한다.

거래상대방인 사업자 또는 그 다음 거래단계별 사업자에 대하여 최고가격을 설정하는 행위가 대상이 된다.

최고가격유지행위의 경우 정당한 이유가 존재하는 경우 위법하지 아니하다. 정당한 이

---

234 대법원 2001.12.24. 선고 99두11141 판결.

235 공정거래위원회 1993.10.21. 의결 제93-231호.

유의 존재 여부는 경쟁 제한효과와 효율성 증대효과·소비자후생 증대효과를 비교·형량하여 경쟁 제한효과가 효율성 증대효과나 소비자후생 증대효과를 상회하는 경우 위법으로 본다. 정당한 이유가 존재한다고 인정되는 경우를 예시하면 다음과 같다.

① 시장지배력이 없는 사업자가 유통업자와 전속적 판매계약을 체결하면서 유통업자가 지나치게 높은 이윤을 추구하는 행위를 방지하기 위하여 가격을 일정한 수준 이상으로 올리지 못하도록 하는 경우.

② 제조업자가 자사상품을 판매하는 유통업체가 소수이고 유통업체 간 담합 등을 통해 가격인상 가능성이 높아 경쟁사에 비해 자사상품의 경쟁력이 저하될 것을 우려하여 일정한 범위 내에서 최고가격을 설정하는 경우.

(3) 최저가격유지행위

최저가격유지행위란 거래상대방인 사업자 또는 그 다음 거래단계별 사업자로 하여금 당해 상품 또는 용역을 판매(공급)할 때 최저가격을 준수하도록 강제하거나 규약 또는 구속조건을 붙이는 행위를 말한다.

거래상대방인 사업자 또는 그 다음 거래단계별 사업자에 대하여 최저가격을 설정하는 행위가 대상이 된다.

사업자가 설정된 최저가격을 유지하기 위해 강제력을 사용하거나 규약 및 계약 등의 구속조건을 붙이는 행위가 있는지 여부를 위주로 위법성을 판단한다. 최저가격유지행위에 해당되면 유통단계에서의 가격 경쟁을 제한하고 사업자의 자율성을 침해하므로 경쟁 제한성이나 불공정성에 대한 분석 없이 당연위법으로 본다. 이에 해당될 수 있는 경우를 예시하면 다음과 같다.

① 특정 제품의 독점제조업자가 거래상대방인 사업자 또는 그 다음 거래단계별 사업자에 대하여 판매가격을 지정하여 판매하도록 강제하는 경우.

② 제조업체가 제조업체 간에 합의된 카르텔 가격을 유지하기 위하여 거래상대방인 사업자 또는 그 다음 거래단계별 사업자에게 동 가격으로 판매하도록 강제하는 경우.

현대전자산업(주)는 총판대리점이 판매하는 가격의 하한선을 미리 정하여 주고 그 가격 범위 내에서 판매하도록 하였으며, 이를 준수하지 않을 경우에는 출하 중지할 수 있도록 함으로써 피심인이 지정하는 가격에 따르도록 하는 행위는 독점규제 및 공정거래에 관

한 법률 제2조제6호에서 규정한 재판매가격유지행위에 해당한다.[236]

Ⅲ. 재판매가격유지행위와 유사한 개념

1. 권장소비자가격(표준소비자가격)의 문제

(1) 개념

공급업자가 상품을 판매업자에게 매도할 때 그 재판매할 가격을 표시하고 그 가격으로 판매할 것을 단순히 권고하는 경우가 있다. 제품 등에 표시된 권장소비자가격이 거래상대방인 사업자 또는 그 다음 거래단계별 사업자에게 단순 참고사항에 불과하여 강제성이 없을 경우 재판매가격유지행위에 해당되지 않는다.

(2) 필요성

권장소비자가격을 정해주면 다종다양한 상품을 취급하는 소매업자가 판매가격을 결정하는 기준이 되고, 소비자 측에서는 당해 상품에 대한 가격수준을 알 수 있다. 또한 소매점에 의한 편승적인 소매가격 인상을 저지할 수 있다.

(3) 위법한 경우

권장소비자가격을 준수하지 아니함을 이유로 불이익 등 제재조치를 취하거나 권장소비자가격을 준수하도록 하는 규약이나 의무가 부과된 경우에는 재판매가격유지행위에 해당된다.

① 삼성항공산업㈜가 대리점 계약서 제5조(판매가격)에 대리점이 판매할 표준소비자가격을 별도로 정하여 권장할 수 있다고 규정하고, 권장사항을 위배할 경우 제재조치를 할 수 있도록 한 행위는 위법이다.[237]

② ㈜세라젬의료기는 대리점들(지사 및 지점)과 거래약정을 체결하면서 대리점들에게 자기가 제시한 공급가격과 소비자권장가격을 준수하도록 하면서 이를 위반하였을 경우 제품공급의 중단 또는 약정을 해지할 수 있도록 한 사실은 재판매가격유지행위에 해당된다.[238]

---

236 공정거래위원회 1993.7.22. 의결 제93-103호.

237 공정거래위원회 1994.3.29. 의결 제94호.

238 공정거래위원회 2002.12.21. 의결 제2002-354호.

그 권고가격이 실제 소매가격보다 현저하게 높게 설정된 때에는 소비자의 오인을 유발하게 되어 부당하게 고객을 유인하는 수단으로 사용되므로 불공정거래행위의 유형 중 고객유인행위로써 규제된다.

2. 관련문제

(1) 위탁매매

1) 개념

위탁판매라 함은 "수탁자가 위탁자의 계산으로 자기 명의로써 상품 또는 용역을 판매하고 그 법적 효과는 위탁자에게 귀속"하는 법률행위를 의미한다. 위탁자는 위탁판매 시 자기 소유의 상품 또는 용역의 거래가격을 수탁자에게 당연히 지정할 수 있다는 점에서 수탁자에게 판매가격을 지정하더라도 재판매가격유지행위에 해당되지 아니한다.

2) 위탁판매 해당 여부 판단기준

위탁판매로 보기 위한 요건으로는 ① 수탁자는 자신의 명의로 판매할 것, ② 판매로 인한 손익은 상품·용역 소유자인 위탁자에게 귀속될 것, ③ 상품을 판매하는 자는 수수료만 수령하는 등 주선행위를 업으로 하는 자일 것 등을 들 수 있다. 예컨대 수탁자(판매대리점 등)가 위탁자(제조업체)를 대신하여 위탁자의 상품을 판매하고 그 대가로 수수료를 받는데 불과한 경우 위탁판매로 본다.

위탁판매 해당 여부는 당해 상품 또는 용역의 '실질적인 소유권의 귀속주체'와 당해 상품 또는 용역의 판매·취급에 따르는 '실질적인 위험의 부담주체'가 위탁자인지 또는 수탁자인지 여부에 따라 결정된다.

① 위탁계약이 상품 또는 용역의 대량 유통방식에 적용되고 상품의 실질적인 소유권이 수탁자에게 있는 경우에는 위탁판매 형식을 취하고 있다고 하더라도 위탁판매가 아닐 가능성이 크다. 이에 해당될 수 있는 경우를 예시하면 다음과 같다.

㉠ 폐기상품비용을 가맹점이 부담하는 경우.

㉡ 상품소유권이 대리점에 있음을 계약서에 명시하는 경우.

㉢ 본사가 대리점에 대한 상품 공급 시 외상매출로 처리하고, 가맹대리점에 대한 매출 시 가맹점계정에 매출 처리하는 경우.

㉣ 대리점에서 판매되지 않은 재고품에 대한 반품이 자유롭지 않은 경우.

② 수탁자가 당해 상품 또는 용역의 보유·취급 등에 따른 멸실·훼손의 책임을 지거나 보험료를 부담할 경우에는 위탁판매가 아닐 가능성이 크다. 이에 해당될 수 있는 경우를 예시하면 다음과 같다.

㉠ 대리점 계약서에 출고된 상품의 판매에 관한 일체의 비용 및 손실을 대리점의 부담으로 규정한 경우.

㉡ 계약서에 매장상품의 화재 및 도난에 대비하여 대리점이 일정액 이상의 보험에 가입하도록 규정함으로써 상품의 보관·관리책임 및 소유권을 전적으로 대리점에게 맡기는 경우.

(2) 방문판매

방문판매란 방문판매원을 통하여 최종단계의 소비자를 직접 방문하여 상품을 판매하는 것을 말한다. 재판매가격유지행위가 독립적인 사업자 사이에 이루어지는 위법행위인 데 비하여, 방문판매원은 방문판매사업자의 조직원에 불과하므로 재판매가격유지행위가 성립하지 않는다. 현실적으로 방문판매가 재판매가격유지행위를 하기 위한 수단으로 이용될 수는 있다.

(3) 다단계판매

다단계판매란 다단계판매조직(판매원의 단계가 3단계 이상인 조직)을 통한 상품의 판매 또는 용역의 제공을 말한다. 다단계판매원은 별도의 독립한 사업자이기 때문에 다단계판매업자는 다단계판매원에게 재판매가격유지행위를 해서는 아니 된다.

제2절 재판매가격유지행위의 금지

Ⅰ. 내용

사업자는 재판매가격유지행위를 해서는 아니 된다(법 제29조 제1항).

사업자단체는 사업자에게 재판매가격유지행위를 하게 하거나 이를 방조하는 행위를 해서는 아니 된다(법 제26조 제1항).

재판매가격유지행위는 불공정거래행위의 일종으로 구속조건부거래행위에 가깝다. 법문상으로 보면 부당하거나 정당한 이유가 없더라도 원칙적으로 금지하는 행위이다. 그러나 실무적으로는 재판매가격유지행위를 당연위법행위로 보아 위법성이 추정되고 사업자가 정당한 이유를 입증해야 면책되는 것으로 처리하고 있다.

Ⅱ. 재판매가격유지행위의 성립

1. 요건

재판매가격유지행위가 성립하기 위해서는 사업자가 거래상대방인 사업자 또는 그 다음 거래단계별 사업자에 대하여 ① 거래가격을 지정하였다는 사실과 ② 이를 준수하도록 강제하는 행위가 있어야 한다.

2. 강제성 판단기준

강제성 유무는 거래상대방인 사업자 또는 그 다음 거래단계별 사업자의 자유로운 의사에 반하여 지정된 거래가격을 준수하도록 하고 그 위반에 대해 거래상대방인 사업자 또는 그 다음 거래단계별 사업자에게 불이익을 주었는지 여부를 기준으로 판단하되, 강제행위에 해당될 수 있는 유형을 예시하면 다음과 같다.

① 거래단계별 가격표를 통보하면서 할인판매를 하는 대리점에 대해 출고정지·해약 등 조치를 하는 경우.

② 지정한 가격을 준수하지 않는 대리점에 대해 배상에 관한 서약을 강제하는 경우.

③ 유통업체들의 가격준수를 담보하기 위해 지급보증증권을 제출하게 하거나 기타 담보물을 제공하게 하는 경우.

④ 유통업체들이 지정된 가격을 준수하지 않을 경우 판촉활동비, 인테리어 설치비용 등 통상적인 지원을 중단하는 경우.

⑤ 가격을 준수하지 않는 대리점에 대해 연간 사업계획 및 영업전략 등에서 제재조치 방침을 정한 후 직접 제재조치를 실행한 경우.

⑥ (준)정찰제를 시행하면서 미준수 시 출고정지 등 불이익을 부과하는 경우.

직접적인 강제행위가 없더라도 재판매가격 유지를 위해 다음과 같은 내용이 약정서 또는 계약서에 규정되어 있을 경우에는 강제성이 있는 것으로 본다.

① 희망가격을 준수하도록 하고 위반 시 계약 해지조항을 규정한 경우.

② 제시된 가격을 준수하지 않을 경우 제재조치를 취할 수 있는 조항을 규정한 경우.

3. 예외

상품이나 용역을 일정한 가격이상으로 거래하지 못하도록 하는 최고가격유지행위로서 정당한 이유가 있는 경우에는 그 최고가격유지를 위한 재판매가격유지행위는 가능하다(법 제29조 제1항 단서). 최고가격유지행위를 하면 일단 위법성이 추정되지만 사업자가 정당한 이유가 있음을 입증하면 면책된다.

제3절 재판매가격유지행위 금지 규정의 적용제외

Ⅰ. 적용제외의 필요성

경쟁에 익숙하지 않은 예술작품이나 문학작품 등에 대해서 가격경쟁을 요구하는 것은 바람직하지 않다. 저작물의 문화상품적 특수성을 인정하고 창작활동 도모하기 위하여 재판매가격행위유지행위를 자유롭게 인정하고 있다. 또한 경쟁제한의 효과가 적은 일정한 상품에 대해서도 사전에 재판매가격행위유지행위를 허용하고 있다.

Ⅱ. 저작물

1. 법규정

저작권법 제2조(정의)의 저작물 중 관계중앙행정기관의 장과의 협의를 거쳐 공정거래위원회가 정하는 출판된 저작물(전자출판물을 포함한다)의 경우에는 예외적으로 재판매가격유지행위가 허용된다(법 제29조 제2항).

2. 재판매가격유지행위 허용범위

<재판매가격유지행위 허용범위>

기간	2003.1.1.부터 2004.12.31.까지	2005.1.1.부터 2006.12.31.까지	2007.1.1.부터 2007.10.19.까지	2007.10.20.부터
허용범위	· 모든 간행물 (단, 발행일로부터 1년이 경과된 간행물은 제외) · 일간신문	· 실용도서를 제외한 모든 간행물 (단, 발행일로부터 1년이 경과된 간행물은 제외) · 일간신문	· 실용도서와 학습참고서II를 제외한 모든 간행물 (단, 발행일로부터 1년이 경과된 간행물은 제외) · 일간신문	· 실용도서와 학습참고서II를 제외한 모든 간행물 (단, 발행일로부터 18개월이 경과된 간행물은 제외) · 일간신문

다만 사업자단체가 자유경쟁가격제도를 택하려는 사업자에게 재판매가격유지행위를 하게 하는 행위는 같은 법 제26조 제1항 제4호에 위반되는 것이고, 따라서 출판사의 사업자단체가 출판물의 재판매가격유지계약 체결권한을 위임하지 아니한 출판사들에 대하여 도서정가제가 더욱 공고히 확립될 수 있도록 최대한 협조하여 줄 것을 요청하는 공문을 발송한 행위는 위법한 것이다.[239]

Ⅲ. 공정거래위원회가 사전지정한 상품

1. 요건

① 당해상품의 품질이 동일하다는 것을 용이하게 식별할 수 있고, ② 당해상품이 일반소비자에 의하여 일상 사용되는 것이며, ③ 당해상품에 대하여 자유로운 경쟁이 행하여지고 있을 요건을 갖춘 상품으로서 사업자가 당해상품에 대하여 재판매가격유지행위를 할 수 있도록 공정거래위원회로부터 미리 지정을 받은 경우에는 예외적으로 재판매가격유지행위가 허용된다(법 제29조 제2항).

2. 신청

재판매가격유지행위를 위한 상품의 지정을 받고자하는 사업자는 ① 사업내용, ② 최근 1

239 대법원 1997.6.13. 선고 96누5834 판결.

년간의 영업실적, ③ 대상상품의 내용, ④ 대상상품의 유통경로 및 최근 1년간의 유통단계별 판매가격동향, ⑤ 대상상품에 대한 판매업자의 조직상황, ⑥ 지정신청사유 등을 기재한 신청서를 공정거래위원회에 제출하여야 한다(령 제44조 제1항).

신청서에는 ① 당해상품의 재판매가격유지행위가 일반소비자의 이익을 부당하게 해치지 아니함을 증명하는 서류, ② 법 제29조(재판매가격유지행위의 제한) 제2항 각호의 요건에 해당함을 증명하는 서류를 첨부하여야 한다(령 제44조 제2항).

3. 지정·고시

공정거래위원회가 재판매가격유지행위를 할 수 있는 상품을 지정한 때에는 이를 고시하여야 한다(법 제29조 제4항). 「재판매가격 유지행위가 허용되는 저작물의 범위」[240]가 그것이다.

4. 수정명령

공정거래위원회는 제29조(재판매가격유지행위의 제한) 제4항의 규정에 의하여 공정거래위원회가 지정·고시한 상품을 생산 또는 판매하는 사업자가 당해상품의 재판매가격을 결정하고 유지하기 위하여 체결한 계약이 소비자의 이익을 현저히 저해할 우려가 있는 경우에는 계약내용의 수정을 명할 수 있다(법 제30조).

수정명령에 불응한 자에 대해서는 2년 이하의 징역 또는 1억 5천만원 이하의 벌금에 처한다(법 제67조 제6호).

제4절 위반행위에 대한 제재

1. 시정조치

공정거래위원회는 제29조(재판매가격유지행위의 제한) 제1항의 규정에 위반하는 행위가 있

240 공정거래위원회고시 제2016-17호, 2016.11.30., 일부개정

는 때에는 당해 사업자에 대하여 당해 행위의 중지, 시정명령을 받은 사실의 공표 기타 시정을 위한 필요한 조치를 명할 수 있다(법 제31조).

2. 과징금징수

공정거래위원회는 제29조(재판매가격유지행위의 제한)의 규정에 위반하는 재판매가격유지행위가 있는 경우에는 당해 사업자에 대하여 관련매출액의 100분의 2를 곱한 금액을 초과하지 아니하는 범위 안에서 과징금을 부과할 수 있다. 다만, 매출액이 없는 경우 등에는 5억원을 초과하지 아니하는 범위 안에서 과징금을 부과할 수 있다(법 제31조의2).

3. 벌칙

제29조(재판매가격유지행위의 제한) 제1항의 규정에 위반하여 재판매가격유지행위를 한 자에 대하여는 2년 이하의 징역 또는 1억 5천만원 이하의 벌금에 처한다(법 제67조 제4호).

제31조(시정조치)의 규정에 의한 시정조치 또는 금지명령에 응하지 아니한 자에 대하여는 2년 이하의 징역 또는 1억 5천만원 이하의 벌금에 처한다(법 제67조 제6호).

제10장 국제계약의 체결제한

2016. 3. 29. 법개정에서 부당한 공동행위, 불공정거래행위 및 재판매가격유지행위에 해당하는 국제계약의 체결을 제한하고 있으나, 1998년부터 현재까지 해당 조항에 근거한 시정조치가 전혀 이루어지고 있지 않고, 현행법의 국외행위에 대한 적용 규정으로 이 문제를 해결할 수 있어 국제계약의 체결제한 조항은 실익이 없으므로 이를 삭제하기로 하여 부당한 국제계약 체결제한과 관련한 조항을 삭제하였다(제8장 삭제).

제11장 전담기구

제1절 전담기구의 설치

1. 공정거래위원회의 설치

공정거래법의 운영에 있어서 정치적 영향이나 행정부의 자의적인 결정이 개입되지 않아야 하며 엄격한 공정성이 확보되어야 한다. 또한 공정거래제도의 운영에 있어서 전문적인 지식과 경험이 필요하다. 이런 업무를 수행하는 전담기구로 공정거래위원회를 두고 있다.

공정거래법에 의한 사무를 독립적으로 수행하기 위하여 국무총리 소속하에 공정거래위원회를 둔다(법 제35조 제1항).

공정거래위원회는 「정부조직법」 제2조(중앙행정기관의 설치와 조직)의 규정에 의한 중앙행정기관으로서 그 소관사무를 수행한다(법 제35조 제2항).

2. 공정거래위원회의 성격

공정거래위원회는 중앙행정기관으로서 합의제 행정관청이다. 독립된 규제위원회로서 각종 고시, 규정·규칙 제정권을 갖는 준입법기관이다. 이의신청에 대한 재결 등의 업무를 수행하는 준사법기관이다.

3. 공정거래위원회의 권한

(1) 소관사무(법 제36조)

공정거래위원회의 소관사무는 다음과 같다(법 제36조).

① 시장지배적 지위의 남용행위규제에 관한 사항.

② 기업결합의 제한 및 경제력집중의 억제에 관한 사항.

③ 부당한 공동행위 및 사업자단체의 경쟁제한행위규제에 관한 사항.

④ 불공정거래행위 및 재판매가격유지행위의 규제에 관한 사항.

⑤ 삭제.

⑥ 경쟁제한적 법령 및 행정처분의 협의 조정 등 경쟁촉진에 관한 사항.

⑦ 기타 법령에 의하여 공정거래위원회의 소관으로 규정된 사항.

(2) 규칙 및 시행세칙제정권

공정거래위원회의 운영 등에 관하여 운영 등에 관하여 필요한 사항은 공정거래위원회의 규칙으로 정한다(법 제48조). 아울러 공정거래위원회는 공정거래법시행령의 시행에 관한 시행세칙제정권도 갖고 있다.

(3) 공정거래위원회의 국제협력

정부는 대한민국의 법률 및 이익에 반하지 않는 범위 안에서 외국정부와 이 법의 집행을 위한 협정을 체결할 수 있다. 공정거래위원회는 체결한 협정에 따라 외국정부의 법집행을 지원할 수 있다. 공정거래위원회는 협정이 체결되어 있지 않은 경우에도 외국정부의 법집행 요청 시 동일 또는 유사한 사항에 관하여 대한민국의 지원요청에 응한다는 요청국의 보증이 있는 경우에는 지원할 수 있다(법 제36조의2).

제2절 공정거래위원회의 조직

1. 공정거래위원회의 구성

(1) 위원회의 구성

공정거래위원회는 위원장 1인 및 부위원장 1인을 포함한 9인의 위원으로 구성하며, 그중 4인은 비상임위원으로 한다. 공정거래위원회의 위원장과 부위원장은 국무총리의 제청으로 대통령이 임명하고 기타 위원은 위원장의 제청으로 대통령이 임명 또는 위촉한다. 위원장은 국회의 인사청문을 거쳐야 한다.

위원장과 부위원장은 정무직으로 하고, 기타 상임위원은 고위공무원단에 속하는 일반직공무원으로서 「국가공무원법」 제26조의5에 따른 임기제공무원으로 보한다. 위원장·부위원장 및 제47조(사무처의 설치)의 규정에 의한 사무처의 장은 「정부조직법」 제10조(정무위원)의 규정에 불구하고 정무위원이 된다(법 제37조).

(2) 위원장의 직무

위원장은 공정거래위원회를 대표한다. 위원장은 국무회의에 출석하여 발언할 수 있다. 위원장이 사고로 인하여 직무를 수행할 수 없을 때에는 부위원장이 그 직무를 대행하며, 위원장과 부위원장이 모두 사고로 인하여 직무를 수행할 수 없을 때에는 선임상임위원 순으로 그 직무를 대행한다(법 제38조).

(3) 위원의 임기·자격·신분보장

1) 위원의 임기

공정거래위원회의 위원장, 부위원장 및 다른 위원의 임기는 3년으로 하고, 1차에 한하여 연임할 수 있다(법 제39조).

2) 위원의 자격

공정거래위원회의 상임위원과 비상임위원(이하 "위원"이라 한다)은 공정거래 또는 소비자분야에 경험 또는 전문지식이 있는 자로서 다음의 어느 하나에 해당하는 자이어야 한다(법 제37조 제2항).

① 2급 이상 공무원(고위공무원단에 속하는 일반직공무원을 포함한다)의 직(職)에 있던 자.

② 판사·검사 또는 변호사의 직에 15년 이상 있던 자.

③ 법률·경제·경영 또는 소비자 관련 분야 학문을 전공하고 대학이나 공인된 연구기관에서 15년 이상 근무한 자로서 부교수 이상 또는 이에 상당하는 직에 있던 자.

④ 기업경영 및 소비자보호활동에 15년 이상 종사한 경력이 있는 자.

3) 위원의 신분보장·정치운동 금지

위원은 ① 금고 이상의형의 선고를 받은 경우, ② 장기간의 심신쇠약으로 직무를 수행할 수 없게 된 경우에 해당하는 경우를 제외하고는 그 의사에 반하여 면직되지 아니한다(법 제40조). 공정거래위원회의 비상임위원에 대하여는 예산의 범위 안에서 수당 기타 필요한 경비를 지급할 수 있다(령 제53조).

위원은 정당에 가입하거나 정치운동에 관여할 수 없다(법 제41조).

2. 사무처의 설치

공정거래위원회의 사무를 처리하기 위하여 공정거래위원회에 사무처를 둔다(법 제47조). 공정거래위원회는 공정거래기능의 지역적 사무를 처리하기 위하여 따로 대통령령이 정하는 바에 따라 지방사무기구를 둘 수 있다(령 제52조).

3. 한국공정거래조정원의 설립 및 분쟁조정

(1) 한국공정거래조정원의 설립 등

①제23조(불공정거래행위의 금지) 제1항을 위반한 혐의가 있는 행위와 관련된 분쟁의 조정, ② 다른 법률에서 조정원으로 하여금 담당하게 하는 분쟁의 조정, ③ 시장 또는 산업의 분석 및 사업자의 거래관행과 행태의 조사 또는 분석, ④ 그 밖에 공정거래위원회로부터 위탁받은 사업을 수행하기 위하여 한국공정거래조정원(조정원)을 설립한다(법 제48조의2 제1항).

조정원은 법인으로 한다. 조정원의 장은 제37조(공정거래위원회의 구성등) 제2항 공정거래위원회의 위원 자격에 해당하는 자 중에서 공정거래위원회 위원장이 임명한다. 정부는 조정원의 설립과 운영에 필요한 경비를 예산의 범위 안에서 출연하거나 보조할 수 있다. 조정원에 관하여 이 법에서 규정한 것 외에는 「민법」 중 재단법인에 관한 규정을 준용한다(법 제48조의2 제2항-제5항).

(2) 공정거래분쟁조정협의회의 설치 및 구성

제23조(불공정거래행위의 금지) 제1항을 위반한 혐의가 있는 행위와 관련된 분쟁을 조정하기 위하여 조정원에 공정거래분쟁조정협의회(이하 "협의회"라 한다)를 둔다. 협의회는 협의회 위원장 1인을 포함한 7인 이내의 협의회 위원으로 구성한다. 협의회 위원장은 조정원의 장이 겸임한다.

협의회 위원은 독점규제 및 공정거래 또는 소비자분야에 경험 또는 전문지식이 있는 자로서 ① 4급 이상의 공무원의 직에 있던 자, ② 판사·검사 또는 변호사의 직에 7년 이상 있던 자, ③ 법률·경제·경영 또는 소비자 관련 분야 학문을 전공하고 대학이나 공인된 연구기관에서 7년 이상 근무한 자로서 부교수 이상 또는 이에 상당하는 직에 있던 자, ④기업경영 및 소비자보호활동에 7년 이상 종사한 경력이 있는 자 중에서 조정원의 장의 제청으로 공정거래위원회 위원장이 임명 또는 위촉한다. 이 경우 위 ①-④의 어느 하나에 해당하는 자가 1인 이상 포함되어야 한다. 협의회 위원의 임기는 3년으로 하되, 연임할 수 있다. 협의회 위원 중 결원이 생긴 때에는 제4항에 따라 보궐위원을 위촉하여야 하며, 그 보궐위원의 임기는 전임자의 남은 임기로 한다(이상 법 제48조의3).

협의회의 조직·운영·조정절차 등에 관하여 필요한 사항은 대통령령으로 정한다(법 제48조의9). 협의회의 운영 및 조직에 필요한 사항은 공정거래위원회의 승인을 받아 협의회가 정한다(령 제53조의9).

(3) 협의회의 회의

협의회 위원장은 협의회의 회의를 소집하고 그 의장이 된다. 위원장이 협의회의 회의를 소집하려면 협의회의위원들에게 회의개최 7일 전까지 회의의 일시·장소 및 안건을 서면으로 통지하여야 한다. 다만 긴급을 요하는 경우에는 그러하지 아니하다. 협의회의 회의는 공개하지 아니한다. 다만 협의회의 위원장이 필요하다고 인정하는 때에는 분쟁당사자, 그 밖의 이해관계인이 방청하게 할 수 있다.

협의회는 재적위원 과반수의 출석으로 개의하고, 출석위원 과반수의 찬성으로 의결한다. 협의회 위원장이 사고로 직무를 수행할 수 없는 때에는 공정거래위원회 위원장이 지명하는 협의회 위원이 그 직무를 대행한다. 조정의 대상이 된 분쟁의 당사자인 사업자(분쟁당사자)는 협의회에 출석하여 의견을 진술할 수 있다(법 제48조의4).

(4) 협의회 위원의 제척·기피·회피

1) 협의회 위원의 제척

협의회 위원은 다음의 어느 하나에 해당하는 경우에는 해당 분쟁조정사항의 조정에서 제척된다(법 제48조의5 제1항).

① 협의회 위원 또는 그 배우자나 배우자이었던 자가 해당 분쟁조정사항의 분쟁당사자가 되거나 공동권리자 또는 의무자의 관계에 있는 경우.

② 협의회 위원이 해당 분쟁조정사항의 분쟁당사자와 친족관계에 있거나 있었던 경우.

③ 협의회 위원 또는 협의회 위원이 속한 법인이 분쟁당사자의 법률·경영 등에 대하여 자

문이나 고문의 역할을 하고 있는 경우.

④ 협의회 위원 또는 협의회 위원이 속한 법인이 해당 분쟁조정사항에 대하여 분쟁당사자의 대리인으로 관여하거나 관여하였던 경우 및 증언 또는 감정을 한 경우.

2) 협의회 위원의 기피

분쟁당사자는 협의회 위원에게 협의회의 조정에 공정을 기하기 어려운 사정이 있는 때에 협의회에 그 협의회 위원에 대한 기피신청을 할 수 있다(법 제48조의5 제2항).

3) 협의회 위원의 회피

협의회 위원이 제척 또는 기피 사유에 해당하는 경우에는 스스로 해당 분쟁조정사항의 조정에서 회피할 수 있다(법 제48조의5 제3항).

(5) 조정의 신청 등

1) 분쟁조정신청

제23조(불공정거래행위의 금지) 제1항을 위반한 혐의가 있는 행위로 인하여 피해를 입은 사업자는 대통령령으로 정하는 사항을 기재한 서면(분쟁조정신청서)을 공정거래위원회 또는 협의회에 제출함으로써 분쟁조정을 신청할 수 있다(법 제48조의6 제1항).

다만, ① 위반혐의가 있는 행위의 내용·성격 및 정도 등을 고려하여 제24조(시정조치) 또는 제51조(위반행위의 시정권고)에 따라 처리하는 것이 적합한 경우로서 대통령령으로 정하는 기준에 해당하는 행위, ② 분쟁조정의 신청이 있기 전에 공정거래위원회가 제49조(위반행위의 인지·신고 등)에 따라 조사 중인 사건 중 어느 하나에 해당하는 경우에는 분쟁조정을 신청할 수 없다(법 제48조의6 제1항 단서).

공정거래위원회는 분쟁조정의 신청을 받은 경우에는 법 제48조의6 제1항 단서 각호의 행위 또는 사건에 해당하는지 여부를 검토하고 이를 분쟁조정신청서에 첨부하여 그 접수일부터 10일 이내에 협의회에 통보하여야 한다. 협의회는 분쟁조정신청서를 접수한 때에는 즉시 그 접수사실 등을 공정거래위원회 또는 분쟁당사자에게 통지하여야 한다(법 제48조의6 제2항-제3항). 협의회는 법 제48조의7(조정 등) 제2항에 따라 분쟁당사자에 대하여 출석을 요구하려는 때에는 시기 및 장소를 정하여 출석요구일 7일 전까지 분쟁당사자에게 통지하여야 한다. 다만, 긴급을 요하거나 출석의 통지를 받은 자가 동의하는 경우에는 그러하지 아니하다. 통지를 받은 분쟁당사자는 협의회에 출석할 수 없는 부득이한 사유가 있는 경우에는 미리 서면으로 의견을 제출할 수 있다(령 제53조의6 제1항, 제2항).

분쟁당사자는 분쟁조정 신청 후 해당 사건에 대하여 소를 제기한 때에는 지체 없이 이를 협의회에 알려야 한다(령 제53조의7).

(6) 조정 등

협의회는 분쟁당사자에게 분쟁조정사항에 대하여 스스로 합의하도록 권고하거나 조정안을 작성하여 제시할 수 있다. 협의회는 해당 분쟁조정사항에 관한 사실을 확인하기 위하여 필요한 경우 조사를 하거나 분쟁당사자에 대하여 관련 자료의 제출이나 출석을 요구할 수 있다. 협의회는 제48조의6(조정의 신청 등) 제1항 단서 각호에 해당하는 행위 또는 사건에 대하여는 조정신청을 각하하여야 한다. 공정거래위원회가 제48조의6(조정의 신청 등) 제1항 단서 각호의 행위 또는 사건에 해당하는 것으로 통보한 분쟁에 대하여도 또한 같다(법 제48조의7 제1항-제3항). 협의회는 조정신청을 각하하거나 조정절차를 종료한 경우에는 대통령령으로 정하는 바에 따라 공정거래위원회에 조정의 경위, 조정신청 각하 또는 조정절차 종료의 사유 등을 관계 서류와 함께 지체 없이 서면으로 보고하여야 하고 분쟁당사자에게 그 사실을 통보하여야 한다(법 제48조의7 제5항). 공정거래위원회는 분쟁조정사항에 관하여 조정절차가 종료될 때까지 해당 분쟁당사자에게 제24조(시정조치)에 따른 시정조치 및 제51조(위반행위의 시정권고) 제1항에 따른 시정권고를 하여서는 아니 된다(법 제48조의7 제6항).

협의회는 ① 분쟁당사자가 협의회의 권고 또는 조정안을 수락하거나 스스로 조정하는 등 조정이 성립된 경우, ② 분쟁조정신청서를 공정거래위원회로부터 통보받은 날부터 60일이 경과하여도 조정이 성립하지 아니한 경우, ③ 분쟁당사자의 일방이 조정을 거부하거나 해당 분쟁조정사항에 대하여 법원에 소(訴)를 제기하는 등 조정절차를 진행할 실익이 없는 경우의 어느 하나에 해당되는 경우에는 조정절차를 종료하여야 한다(법 제48조의7 제4항).

(7) 조정조서의 작성과 그 효력

협의회는 분쟁조정사항에 대하여 조정이 성립된 경우 조정에 참가한 위원과 분쟁당사자가 기명날인한 조정조서를 작성한다. 이 경우 분쟁당사자 간에 조정조서와 동일한 내용의 합의가 성립된 것으로 본다. 협의회는 분쟁당사자가 조정절차를 개시하기 전에 분쟁조정사항을 스스로 조정하고 조정조서의 작성을 요청하는 경우에는 그 조정조서를 작성할 수 있다. 분쟁당사자는 조정에서 합의된 사항을 이행하여야 하고, 이행결과를 공정거래위원회에 제출하여야 한다. 공정거래위원회는 제1항에 따라 합의가 이루어지고, 그 합의된 사항을 이행한 경우에는 제24조(시정조치)에 따른 시정조치 및 제51조(위반행위의 시정권고) 제1항에 따른 시정권고를 하지 아니한다(법 제48조의8 제1항-제4항).

제3절 공정거래위원회의 회의·운영

1. 회의의 구분

공정거래위원회의 회의는 위원전원으로 구성하는 회의(전원회의)와 상임위원 1인을 포함한 위원 3인으로 구성하는 회의(소회의)로 구분한다(법 제37조의2).

2. 소관사항

(1) 전원회의 소관사항

전원회의는 다음의 사항을 심의·의결한다(법 제37조의3 제1항).

① 공정거래위원회 소관의 법령이나 규칙·고시 등의 해석적용에 관한 사항

② 제53조(이의신청)의 규정에 의한 이의신청

③ 소회의에서 의결되지 아니하거나 소회의가 전원회의에서 처리하도록 결정한 사항

④ 규칙 또는 고시의 제정 또는 변경

⑤ 경제적 파급효과가 중대한 사항 기타 전원회의에서 스스로 처리하는 것이 필요하다고 인정하는 사항

(2) 소회의의 소관사항

소회의는 전원회의의 소관사항 외의 사항을 심의·의결한다(법 제37조의3 제2항).

공정거래위원회에 5개 이내의 소회의를 둔다. 공정거래위원회의 위원장은 각 소회의의 구성위원을 지정하고 필요한 경우에는 구성위원을 변경할 수 있다. 위원장은 각 소회의의 구성위원에게 특정사건에 대하여 법 제44조(위원의 제척·기피·회피)의 규정에 의한 제척·기피·회피에 해당되는 사유가 있는 경우에는 당해 사건을 다른 소회의에서 심의하도록 하거나 당해

사건에 한하여 다른 소회의의 위원을 그 소회의의 위원으로 지정할 수 있다(령 제49조).

위원장은 각 소회의의 분장업무를 지정하고 필요한 경우에는 분장업무를 변경할 수 있다(령 제50조).

3. 회의의 운영

(1) 회의의사 및 의결정족수

전원회의의 의사는 위원장이 주재하며 재적위원 과반수의 찬성으로 의결한다. 소회의의 의사는 상임위원이 주재하며 구성위원 전원의 출석과 출석위원 전원의 찬성으로 의결한다(법 제42조).

(2) 심의·의결의 공개 및 합의의 비공개

공정거래위원회의 심리와 의결은 공개한다. 다만, 사업자 또는 사업자단체의 사업상의 비밀을 보호할 필요가 있다고 인정할 때에는 그러하지 아니하다. 공정거래위원회의 심리는 구술심리를 원칙으로 하되, 필요한 경우 서면심리로 할 수 있다(법 제43조 제1항, 제2항).

공정거래위원회의사건에 관한 의결의 합의는 공개하지 아니한다(법 제43조 제3항).

(3) 의결서 작성 및 경정

공정거래위원회가 공정거래법의 규정에 위반되는 사항에 대하여 의결하는 경우 의결 내용 및 그 이유를 명시한 의결서로 하여야 하고, 의결에 참여한 위원이 그 의결서에 서명·날인하여야 한다(법 제45조 제1항).

공정거래위원회는 의결서 등에 오기(誤記), 계산착오, 그 밖에 이와 유사한 오류가 있는 것이 명백한 때에는 신청에 의하거나 직권으로 경정(更正)할 수 있다(법 제45조 제2항).

4. 심판정의 질서유지

전원회의 및 소회의의 의장은 심판정에 출석하는 당사자·이해관계인·참고인 및 참관인 등에 대하여 재판정의 질서유지를 위하여 필요한 조치를 명할 수 있다(법 제43조의2).

5. 위원의 제척·기피·회피

(1) 제척사유

위원은 다음에 해당하는 사건에 대한 심의·의결에서 제척된다(법 제44조 제1항).

① 자기나 배우자 또는 배우자이었던 자가 당사자이거나 공동권리자 또는 공공의무자인 사건.
② 자기가 당사자와 친족관계에 있거나 자기 또는 자기가 속한 법인이 당사자의 법률·경영 등에 대한 자문·고문 등으로 있는 사건.
③ 자기 또는 자기가 속한 법인이 증언이나 감정을 한 사건.
④ 자기 또는 자기가 속한 법인이 당사자의 대리인으로서 관여하거나 관여하였던 사건.
⑤ 자기 또는 자기가 속한 법인이 사건의 대상이 된 처분 또는 부작위에 관여한 사건.
⑥ 자기가 공정거래위원회 소속공무원으로서 당해 사건의 조사 또는 심사를 행한 사건.

(2) 기피신청

당사자는 위원에게 심의·의결의 공정을 기대하기 어려운 사정이 있는 경우에는 기피신청을 할 수 있다(법 제44조 제2항). 기피를 신청하고자 하는 자는 위원장에게 그 원인을 명시하여 신청하여야 한다. 기피사유는 기피를 신청한 날부터 3일 이내에 서면으로 소명하여야 한다. 기피신청을 받은 위원은 지체 없이 기피신청에 대한 의견서를 위원장에게 제출하여야 한다(령 제51조 제1항-제3항).

위원장은 이 기피신청에 대하여 위원회의 의결을 거치지 아니하고 결정한다(법 제44조 제2항).

(3) 회피

위원 본인이 제척 또는 기피 사유에 해당하는 경우에는 스스로 그 사건의 심의·의결을 회피할 수 있다(법 제44조 제3항). 회피하고자 할 때에는 위원장의 허가를 받아야 한다(령 제51조 제4항).

제12장 / 사건 조사 등의 절차

제1절 개설

1. 조사 등의 절차의 의의

공정거래법에 위반되는 사건의 인지, 조사 및 심사·공정거래위원회의 심판, 이의신청·행정소송, 벌칙을 가하기 위한 고발 등 공정거래위 내부의 행정적·준사법적 절차를 말한다.

조사 등의 절차는 공정거래법·동시행령, 공정거래위원회 회의운용 및 사건절차 등에 관한 규칙에 근거를 두고 있다.

법위반사업자 등의 권리 의무 관계에 영향을 미치므로 절차 흠결 시에는 당해 처분의 취소사유가 될 수 있다.

2. 공정거래사건의 개념 및 당사자

(1) 공정거래사건의 개념

공정거래사건은 신고 또는 직권 인지된 사실에 대하여 공정거래위원회가 공정거래법의 적용대상이라고 판단하여 이를 심사하기로 한 사건을 말한다.

(2) 공정거래사건의 당사자

공정거래사건의 당사자는 공정거래위원회와 법위반사업자이다. 신고인이나 피해자는 당사자가 아니므로 공정거래위원회의 처분에 대하여 이의신청이나 행정소송을 제기하지 못한다.

제2절 공정거래사건에 대한 조사 등의 절차

1. 사건의 인지 및 시효

(1) 사건의 인지·신고

공정거래위원회는 공정거래법의 규정에 위반한 혐의가 있다고 인정할 때에는 직권으로 필요한 조사를 할 수 있다(법 제49조 제1항). 직권에 따른 인지 조사가 원칙이지만, 실제로는 신고에 의한 조사가 일반적이다.

누구든지 공정거래법의 규정에 위반되는 사실이 있다고 인정할 때에는 그 사실을 공정거래위원회에 신고할 수 있다(법 제49조 제2항). 신고를 하고자 하는 자는 ① 신고인의 성명·주소, ② 피신고인의 주소·대표자성명 및 사업내용, ③ 피신고인의 위반행위내용, ④ 기타 위반행위의 내용을 명백히 할 수 있는 사항을 기재한 서면을 공정거래위원회에 제출하여야 한다. 다만, 신고사항이 긴급을 요하거나 부득이한 경우에는 전화 또는 구두로 신고할 수 있다(령 제54조). 신고인의 범위는 제한이 없다. 따라서 사건과 이해관계가 없는 자도 신고할 수 있다. 신고가 있더라도 공정거래위원회는 법위반 혐의가 있다고 인정되는 경우에 한해 조사를 하면 된다. 신고에 따른 법적이 처리기간이나 통지의무기간도 없다. 또 신고가 취하되더라도 조사진행에 영향을 주지 않는다.

판례도 「신고는 공정거래위원회에 대하여 같은 법에 위반되는 사실에 관한 조사의 직권발동을 촉구하는 단서를 제공하는 것에 불과하고 신고인에게 그 신고 내용에 따른 적당한 조치를 취하여 줄 것을 요구할 수 있는 구체적인 청구권까지 있다고 할 수는 없고, 같은 조 제3항에서 "공정거래위원회는 제1항 또는 제2항의 규정에 의하여 조사를 한 경우에는 그 결과(조사결과 시정조치명령 등의 처분을 하고자 하는 경우에는 그 처분의 내용을 포함한다)를 서면으로 당해 사건의 당사자에게 통지하여야 한다"라고 규정하고 있다 하더라도 이는 신고인이 아닌 당사자에 대한 통지의무를 규정한 것으로서 신고인에 대한 통지와는 그 근거나 성질을 달리하는 것이므로 이러한 규정이 있다고 하여 달리 볼 수도 없으므로, 공정거래위원회가 신고 내용에 따른 조치를 취하지 아니하고 이를 거부하는 취지로 무혐의 또는 각하 처리한다는 내용의 회시를 하였다 하더라도 이는 그 신고인의 권리의무에 아무런 영향을 미치지 아니하는 것이어서 그러한 조치를 가리켜 항고소송의 대상이 되는 행정처분에 해당한다고는 할 수 없다」[241]고 판시하고 있다.

(2) 사건의 시효

공정거래위원회는 ① 이 법 위반행위에 대하여 조사를 개시한 경우 조사 개시일부터 5년, ② 공정거래위원회가 이 법 위반행위에 대하여 조사를 개시하지 아니한 경우 해당 위반행위의 종료일부터 7년의 기간이 경과한 경우에는 이 법 위반행위에 대하여 이 법에 따른 시정조치를 명하지 아니하거나 과징금을 부과하지 아니한다(법 제49조 제4항). 따라서 직권조사나 신고도 이 기간 내에 하여야 한다.

다만 시정조치 또는 과징금 부과처분이 법원의 판결로 취소됨으로써 그 판결이유에 따라 새로운 처분을 하는 경우에는 기간이 경과한 경우에도 그 시정조치를 명하거나 과징금을 부과할 수 있다(법 제49조 제4항 단서).

2. 사건의 조사

(1) 조사처분권

공정거래위원회는 필요하다고 인정할 때에는 ① 당사자·이해관계인·참고인의 출석 및 의견의 청취, ② 감정인의 지정 및 감정의 위촉, ③ 사업자·사업자 단체 또는 이들의 임직원에 대해 원가 및 경영상황에 관한 보고 기타 필요한 자료나 물건의 제출을 명하거나 제출된 자료나 물건의 영치 등의 처분을 할 수 있다(법 제50조 제1항).

당사자 등을 출석하게 하여 의견을 듣고자 하는 경우에는 사건명, 상대방의 성명, 출석일시 및 장소 등의 사항을 기재한 출석요구서를 발부하여야 한다(령 제55조 제1항). 감정인의 지정은 사건명, 감정인의 성명, 감정기간, 감정의 목적 및 내용 등의 사항을 기재한 서면으로 하여야 한다(령 제55조 제2항). 원가 및 경영상황에 관한 보고 기타 필요한 자료의 제출명령은 사건명, 제출일시, 보고 또는 제출자료 등을 기재한 서면으로 하여야 한다. 다만, 공정거래위원회의 회의에 출석한 사업자 등에 대하여는 구두로 할 수 있다(령 제55조 제3항).

(2) 현지조사

공정거래위원회는 필요하다고 인정할 때에는 그 소속공무원(위임을 받은 기관의 소속공무

241 대법원 2000.4.11. 선고 98두5682 판결.

원 포함)으로 하여금 사업자 또는 사업자단체의 사무소 또는 사업장에 출입하여 업무 및 경영상황, 장부·서류, 전산자료·음성녹음자료·화상자료 그 밖에 대통령령이 정하는 자료나 물건을 조사하게 할 수 있으며, 대통령령이 정하는 바에 의하여 사업자 또는 사업자단체의 사무소나 사업장과 공정거래위원회의 출석요구서에 지정된 장소에서 당사자, 이해관계인 또는 참고인의 진술을 듣게 할 수 있다(법 제50조 제2항).

조사를 하는 공무원은 그 권한을 표시하는 증표를 관계인에게 제시하여야 한다(법 제50조 제4항).

조사를 하는 공무원은 증거인멸의 우려가 있는 경우에 한하여 사업자, 사업자단체 또는 이들의 임직원에 대하여 조사에 필요한 자료나 물건의 제출을 명하거나 제출된 자료나 물건의 영치를 할 수 있다(법 제50조 제3항).

(3) 금융거래분야정보요구권

공정거래위원회는 제15조(탈법행위의 금지)를 위반하여 제9조(상호출자의 금지등) 제1항의 적용을 면탈하는 행위를 한 상당한 혐의가 있는 자의 조사와 관련하여 ① 금융거래 관련 정보 또는 자료(금융거래정보)에 의하지 아니하고는 그 탈법행위 여부를 확인할 수 없다고 인정되는 경우 또는 ② 제23조(불공정거래행위의 금지) 제1항 제7호를 위반한 상당한 혐의가 있는 공시대상기업집단의 조사와 관련하여 금융거래정보에 의하지 아니하고는 자금 등의 지원 여부를 확인할 수 없다고 인정되는 경우에는 「금융실명거래 및 비밀보장에 관한 법률」 제4조의 규정에 불구하고 제37조의3(전원회의 및 소회의 관장사항)에 규정된 회의의 의결을 거쳐 ① 거래자의 인적 사항, ② 요구대상 거래기간, ③ 요구의 법적 근거, ④ 사용목적, ⑤ 요구하는 금융거래정보의 내용(제9조의 적용을 면탈하려는 행위 또는 부당지원행위와 관련된 혐의가 있다고 인정되는 자의 금융기관과의 제9조의 적용을 면탈하려는 행위 또는 부당지원행위와 관련된 금융거래정보에 한한다), ⑥ 요구하는 기관의 담당자 및 책임자의 성명과 직책 등 인적 사항을 기재한 문서에 의하여 금융기관의 특정점포의 장에게 금융거래정보의 제출을 요구할 수 있으며, 그 특정점포의 장은 이를 거부하지 못한다(법 제50조 제5항). 요건에 해당하지 아니함에도 불구하고 그 직권을 남용하여 금융기관의 특정점포의 장에게 금융거래정보의 제출을 요구한 자는 5년 이하의 징역 또는 3천만원 이하의 벌금에 처한다(법 제69조 제1항).

(4) 조사권의 남용금지

조사공무원은 필요한 최소한의 범위 안에서 조사를 행하여야 하며, 다른 목적 등을 위하여 조사권을 남용하여서는 아니 된다(법 제50조의2).

(5) 조사 등의 연기신청

공정거래위원회로부터 처분 또는 조사를 받게 된 사업자 또는 사업자단체가 천재·지변 그 밖에 대통령령이 정하는 사유로 인하여 처분을 이행하거나 조사를 받기가 곤란한 ① 합병·인수, 화의 또는 법정관리신청 또는 파산 그 밖에 이에 준하는 절차가 진행되고 있는 경우, ② 권한 있는 기관에 장부·증거서류가 압수 또는 영치된 경우, ③ 화재 등으로 인하여 사업자 및 사업자단체의 사업수행에 중대한 장애가 발생한 경우에는 공정거래위원회에 처분 또는 조사를 연기하여 줄 것을 신청할 수 있다(법 제50조의3 제1항).

공정거래위원회는 제1항의 규정에 따라 처분 또는 조사의 연기신청을 받은 때에는 그 사유를 검토하여 타당하다고 인정되는 경우에는 처분 또는 조사를 연기할 수 있다(법 제50조의3 제2항).

(6) 조사결과통지

공정거래위원회는 서면으로 조사결과(시정조치명령처분을 하는 경우에는 그 처분내용을 포함)를 사건당사자에게 통지하여야 한다(법 제49조 제3항).

3. 조사결과의 처리

(1) 위반행위의 시정권고

공정거래위원회는 위반하는 행위가 있는 경우에 당해 사업자 또는 사업자단체에 대하여 시정방안을 정하여 이에 따를 것을 권고할 수 있다(법 제51조 제1항). 시정권고는 ① 법위반내용, ② 권고사항, ③ 시정기한, ④ 수락여부통지기한, ⑤ 수락거부시의 조치사항을 명시한 서면으로 하여야 한다(령 제58조).

권고를 받은 자는 시정권고를 통지받은 날부터 10일 이내에 당해 권고를 수락하는지의 여부에 관하여 공정거래위원회에 통지하여야 한다(법 제51조 제2항). 시정권고를 받은 자가 당해 권고를 수락한 때에는 시정조치가 명하여진 것으로 본다(법 제51조 제3항).

(2) 동의의결

공정거래위원회는 해당 행위의 사실관계에 대한 조사를 마친 후 해당 행위의 중지, 원상회복 등 경쟁질서의 회복이나 거래질서의 적극적 개선을 위하여 필요하거나, 소비자, 다른 사업자 등의 피해를 구제하거나 예방하기 위하여 필요한 시정방안이 다음 각호의 요건을 모두 충족한다고 판단되는 경우에는 해당 행위 관련 심의 절차를 중단하고 시정방안과 같은 취지의 동의의결을 할 수 있다. 이 경우 신청인과의 협의를 거쳐 시정방안을 수정할 수 있다(법 제51조의2 제3항).

1. 해당 행위가 이 법을 위반한 것으로 판단될 경우에 예상되는 시정조치, 그 밖의 제재와 균형을 이룰 것
2. 공정하고 자유로운 경쟁질서나 거래질서를 회복시키거나 소비자, 다른 사업자 등을 보호하기에 적절하다고 인정될 것

공정거래위원회의 조사나 심의를 받고 있는 사업자 또는 사업자단체는 당해 조사나 심의의 대상이 되는 행위로 인한 경쟁제한상태 등의 자발적 해소, 소비자 피해구제, 거래질서의 개선 등을 위하여 제3항에 따른 동의의결을 하여 줄 것을 공정거래위원회에 신청할 수 있다(법 제51조의2 제1항).

공정거래위원회는 신속한 조치의 필요성, 소비자 피해의 직접 보상 필요성 등을 종합적으로 고려하여 동의의결 절차의 개시 여부를 결정하고 제37조의3(전원회의 및 소회의 관장사항)의 구분에 따른 회의의 심의·의결을 거쳐 동의의결을 하거나 이를 취소한다(법 제51조의3).

공정거래위원회는 정당한 이유 없이 상당한 기한 내에 동의의결을 이행하지 아니한 자에게 동의의결이 이행되거나 취소되기 전까지 1일당 200만원 이하의 이행강제금을 부과할 수 있다(법 제51조의5).

(3) 의견진술권의 부여

공정거래위원회는 시정조치 또는 과징금 납부명령을 하기 전에 당사자 또는 이해관계인에게 의견을 진술할 기회를 주어야 한다(법 제52조 제1항). 당사자 또는 이해관계인은 공정거래위원회의 회의에 출석하여 그 의견을 진술하거나 필요한 자료를 제출할 수 있다(법 제52조 제2항).

(4) 자료의 열람요구 등

당사자 또는 이해관계인은 공정거래위원회에 대하여 처분과 관련된 자료의 열람 또는 복사를 요구할 수 있다. 이 경우 공정거래위원회는 자료를 제출한 자의 동의가 있거나 공익상 필요하다고 인정할 때에는 이에 응하여야 한다(법 제52조의2).

제3절 위원회의 처분에 대한 불복

1. 이의신청

공정거래위원회의 처분에 대하여 불복이 있는 자는 그 처분의 통지를 받은 날부터 30일 이내에 그 사유를 갖추어 공정거래위원회에 이의신청을 할 수 있다(법 제53조 제1항). 이의신청을 하고자 하는 자는 이의신청대상 및 내용, 이의신청사유 등을 기재한 신청서에 이의신청의 사유나 내용을 증명하는 데 필요한 서류를 첨부하여 이를 공정거래위원회에 제출하여야 한다(령 제59조 제1항). 공정거래위원회는 제출된 신청서와 관련서류가 미비된 경우에는 기간을 정하여 당해 서류의 보정을 명할 수 있다. 이 경우 보정에 소요되는 기간(보정명령서를 발송하는 날과 보정된 서류가 공정거래위원회에 도달하는 날을 포함한다)은 법 제53조(이의신청) 제2항의 기간에 이를 산입하지 아니한다(령 제59조 제2항).

공정거래위원회는 이의신청에 대하여 60일 이내에 재결을 하여야 한다. 다만, ① 처분의 위법 또는 부당 여부를 판단하기 위하여 시장의 범위·구조·점유율·수출입 동향 등에 관한 조사·검토 등 별도의 경제적 분석이 필요한 경우, ② 처분의 위법 또는 부당 여부를 판단하기 위하여 고도의 법리적 분석·검토가 필요한 경우, ③ 이의신청의 심리과정에서 새로운 주장 또는 자료가 제출되어 이의 조사에 장기간이 소요되는 경우, ④ 당사자 또는 이해관계인 등이 묵비권을 행사하거나 자료를 적시에 제출하지 아니하는 등 조사에 협조하지 아니하는 경우, ⑤ ① 내지 ④에 준하는 경우로서 기간연장이 불가피한 경우 등 부득이한 사정으로 그 기간 내에 재결을 할 수 없을 경우에는 30일의 범위 안에서 결정으로 그 기간을 연장할 수 있다(법 제53조 제2항).

2. 시정조치명령의 집행정지

공정거래위원회는 시정조치명령을 받은 자가 이의신청을 제기한 경우로서 그 명령의 이행 또는 절차의 속행으로 인하여 발생할 수 있는 회복하기 어려운 손해를 예방하기 위하여 필요하다고 인정하는 때에는 당사자의 신청이나 직권에 의하여 그 명령의 이행 또는 절차의 속행에 대한 정지(집행정지)를 결정할 수 있다(법 제53조의2 제1항).

공정거래위원회는 집행정지의 결정을 한 후에 집행정지의 사유가 없어진 경우에는 당사자의 신청이나 직권에 의하여 집행정지의 결정을 취소할 수 있다(법 제53조의2 제2항).

시정조치의 집행정지를 신청하거나 집행정지결정의 취소를 신청하고자 하는 자는 신청의 취지와 원인을 기재한 신청서에 신청의 사유나 내용을 소명하는 데 필요한 서류를 첨부하여 공정거래위원회에 제출하여야 한다(령 제60조).

3. 문서의 송달

문서의 송달은 「행정절차법」 제14조 내지 제16조의 규정을 준용한다(법 제53조의3 제1항). 다만 국외에 주소·영업소 또는 사무소를 두고 있는 사업자 또는 사업자단체에 대해서는 국내에 대리인을 지정하도록 하여 동 대리인에게 송달한다(법 제53조의3 제2항). 국내에 대리인을 지정하여야 하는 사업자 또는 사업자단체가 국내에 대리인을 지정하지 아니한 경우에는 행정절차법에 따른다(법 제53조의3 제3항).

4. 행정소송

(1) 소의 제기

공정거래위원회의 처분에 대하여 불복의 소를 제기하고자 할 때에는 처분의 통지를 받은 날 또는 이의신청에 대한 재결서의 정본을 송달받은 날부터 30일 이내에 이를 제기하여야 한다(법 제54조 제1항). 이 기간은 이를 불변기간으로 한다(법 제54조 제2항).

(2) 불복의 소의 절차

불복의 소는 공정거래위원회의 소재지를 관할하는 서울고등법원을 전속관할로 한다(법 제55조). 공정거래법의 규정에 위반하는 사건의 사건처리절차 등에 관하여 필요한 사항은 공정거래위원회가 정하여 고시한다(법 제55조의2). 「공정거래위원회 조사절차에 관한 규칙」[242], 「공정거래위원회 회의 운영 및 사건절차 등에 관한 규칙」[243], 「경제분석 의견서 등의 제출에 관한 규정」[244]이 있다.

---

242 공정거래위원회고시 제2016-1호, 2016.2.4., 제정.

243 공정거래위원회고시 제2017-2호, 2017.4.14., 일부개정.

244 공정거래위원회고시 제2017-1호, 2017.3.2., 일부개정.

제13장 과징금 부과 및 징수 등

I. 과징금의 개념

1. 과징금의 의의

과징금의 일반적 의미는 행정청이 일정한 행정법상의 의무를 위반한 데 대한 제재로서 부과하는 금전적 부담을 말한다.

공정거래법상의 의미는 주로 경제법상 의무에 위반한 자가 당해 위반행위로 경제적 이익을 얻을 것이 예정되어 있는 경우 당해 위반행위로 인한 불법적인 이익을 박탈하기 위하여 그 이익액에 따라 과해지는 일종의 행정제재를 뜻한다.

과징금은 그 취지와 기능, 부과의 주체와 절차(형사소송절차에 따라 검사의 기소와 법원의 판결에 의하여 부과되는 형사처벌과 달리 과징금은 공정거래위원회라는 행정기관에 의하여 부과되고 이에 대한 불복은 행정쟁송절차에 따라 진행된다) 등을 종합할 때 부당내부거래 억지라는 행정목적을 실현하기 위하여 그 위반행위에 대하여 제재를 가하는 행정상의 제재금으로서의 기본적 성격에 부당이득환수적 요소도 부가되어 있는 것이라 할 것이고, 이를 두고 헌법 제13조 제1항에서 금지하는 국가형벌권 행사로서의 '처벌'에 해당한다고는 할 수 없으므로, 공정거래법에서 형사처벌과 아울러 과징금의 병과를 예정하고 있더라도 이중처벌금지원칙에 위반된다고 볼 수 없다. 또한 과징금은 형사처벌이 아닌 행정상의 제재이고, 행정소송에 관한 판결이 확정되기 전에 행정청의 처분에 대하여 공정력과 집행력을 인정하는 것은 이 사건 과징금에 국한되는 것이 아니라 우리 행정법체계에서 일반적으로 채택되고 있는 것이므로, 과징금 부과처분에 대하여 공정력과 집행력을 인정한다고 하여

이를 확정판결 전의 형벌집행과 같은 것으로 보아 무죄추정의 원칙에 위반된다고 할 수 없다.[245]

2. 과징금의 법적 성질

과징금의 법적 성질에 관해서는 ① 부당이득환수의 수단으로 보는 부당이득환수설, ② 행정법상의 의무이행확보를 위한 제재수단으로 보는 행정제재설, ③ 개개의 사안에 따라 개별적으로 파악하는 개별 파악설로 나뉜다.

과징금은 형벌과는 본질적 성격이 다르다. 부당지원행위에 대한 과징금은 행정상 제재금으로서의 기본적 성격에 부당이득환수적 요소도 부가되어 있는 것이다.[246] 과징금제도는 시정명령의 실효성의 한계를 극복하기 위한 독자적인 제도로서 과징금 납부명령은 이의신청이나 행정소송의 대상이 되는 처분이다.

과징금 부과는 원칙적으로 법위반행위에 의하여 얻은 불법적인 경제적 이익을 박탈하기 위하여 부과하는 것이고, 법 제55조의3 제1항에서도 과징금을 부과함에 있어서 위반행위의 내용과 정도, 기간과 횟수 외에 위반행위로 인하여 취득한 이익의 규모 등도 아울러 참작하도록 규정하고 있으므로, 입찰담합에 의한 부당한 공동행위에 대하여 부과되는 과징금의 액수는 당해 입찰담합의 구체적 태양 등에 기하여 판단되는 그 위법성의 정도나 기타 사정으로서 조사에의 협조 여부, 종전의 법위반 횟수뿐만 아니라 입찰담합으로 인한 이득액의 규모와도 상호 균형을 이룰 것이 요구되고, 이러한 균형을 상실할 경우에는 비례의 원칙에 위배되어 재량권의 일탈·남용에 해당할 수가 있다.[247]

Ⅱ. 과징금부과 및 징수

1. 과징금부과의 참작사유

공정거래위원회는 과징금을 부과함에 있어서 ① 위반행위의 내용 및 정도, ② 위반행위의 기간 및 횟수, ③ 위반행위로 인해 취득한 이익의 규모 등의 의무적으로 참작하여야 한다

245 헌법재판소 2003.7.24. 2001헌가25 전원재판부 결정.

246 대법원 2004.10.14. 선고 2001두2881 판결.

247 대법원 2004.10.27. 선고 2002두6842 판결.

(법 제55조의3 제1항). 과징금을 부과하고자 하는 때에는 그 위반행위의 종별과 당해과징금의 금액 등을 명시하여 이를 납부할 것을 서면으로 통지하여야 한다(령 제61조의2 제1항). 과징금 납부 통지를 받은 자는 통지가 있은 날부터 60일 이내에 과징금을 공정거래위원회가 정하는 수납기관에 납부하여야 한다. 다만, 천재·지변 기타 부득이한 사유로 인하여 그 기간 내에 과징금을 납부할 수 없는 때에는 그 사유가 없어진 날부터 30일 이내에 납부하여야 한다(령 제61조의2 제2항).

2. 과징금부과와 회사의 합병

공정거래위원회는 공정거래법의 규정을 위반한 회사인 사업자의 합병이 있는 경우에는 당해회사가 행한 위반행위는 합병 후 존속하거나 합병에 의해 설립된 회사가 행한 행위로 보아 과징금을 부과·징수할 수 있다(법 제55조의3 제2항). 합병 후 존속하거나 합병에 의해 설립된 회사에 대하여 시정조치를 할 수 있다고 본다.

3. 과징금 납부기간의 연장 및 분할납부

(1) 내용

공정거래위원회는 과징금의 금액이 매출액에 100분의 1을 곱한 금액 또는 10억원을 초과하는 경우로서 ① 재해 또는 도난 등으로 재산에 현저한 손실을 받는 경우, ② 사업여건의 악화로 사업이 중대한 위기에 처한 경우, ③ 과징금의 일시납부에 따라 자금사정에 현저한 어려움이 예상되는 경우, ④ 기타 ① 내지 ③에 준하는 사유가 있는 경우에 해당하는 사유로 인하여 과징금을 부과받은 자(과징금납부의무자)가 과징금의 전액을 일시에 납부하기가 어렵다고 인정되는 때에는 그 납부기한을 연장하거나 분할납부하게 할 수 있다. 이 경우 필요하다고 인정하는 때에는 담보를 제공하게 할 수 있다(법 제55조의4 제1항). 납부기한의 연장은 그 납부기한의 다음 날부터 2년을 초과할 수 없다(령 제62조 제2항). 분할납부를 하게 하는 경우에는 각 분할된 납부기한 간의 간격은 6월을 초과할 수 없으며, 분할 횟수는 6회를 초과할 수 없다(령 제62조 제3항).

(2) 신청기간

과징금납부의무자가 과징금 납부기한의 연장 또는 분할납부를 신청하고자 하는 경우에는 과징금 납부를 통지받은 날부터 30일 이내에 공정거래위원회가 정한 서식에 의하여 공정거래위원회에 신청하여야 한다(법 제55조의4 제2항).

(3) 과징금 납부기간의 연장 및 분할납부 결정의 취소

공정거래위원회는 납부기한이 연장되거나 분할납부가 허용된 과징금납부의무자가 ① 분할납부 결정된 과징금을 그 납부기한 내에 납부하지 아니한 때, ② 담보의 변경 기타 담보보전에 필요한 공정거래위원회의 명령을 이행하지 아니한 때, ③ 강제집행·경매의 개시·파산선고·법인의 해산·국세 또는 지방세의 납부처분을 받은 때 ④ 연장하거나 분할납부 사유가 해소되어 과징금을 일시에 납부할 수 있다고 인정되는 때 등 과징금의 전부 또는 잔여분을 징수할 수 없다고 인정되는 때에는 그 납부기한의 연장 또는 분할납부 결정을 취소하고 일시에 징수할 수 있다(법 제55조의4 제3항).

4. 과징금의 연대납부의무

과징금을 부과 받은 회사인 사업자가 분할 또는 분할합병되는 경우(부과일에 분할 또는 분할합병되는 경우를 포함한다) 그 과징금은 ① 분할되는 회사, ② 분할 또는 분할합병으로 인하여 설립되는 회사, ③ 분할되는 회사의 일부가 다른 회사와 합병하여 그 다른 회사가 존속하는 경우의 그 다른 회사가 연대하여 납부할 책임을 진다(법 제55조의5 제1항).

과징금을 부과 받은 회사인 사업자가 분할 또는 분할합병으로 인하여 해산되는 경우(부과일에 해산되는 경우를 포함한다) 그 과징금은 ① 분할 또는 분할합병으로 인하여 설립되는 회사, ② 분할되는 회사의 일부가 다른 회사와 합병하여 그 다른 회사가 존속하는 경우의 그 다른 회사가 연대하여 납부할 책임을 진다(법 제55조의5 제2항).

불공정거래행위를 한 사업자에 대하여 법 제24조의2 제1항의 규정에 의하여 부과되는 과징금은 행정법상의 의무를 위반한 자에 대하여 당해 위반행위로 얻게 된 경제적 이익을 박탈하기 위한 목적으로 부과하는 금전적인 제재로서, 법이 규정한 범위 내에서 그 부과처분 당시까지 부과관청이 확인한 사실을 기초로 일의적으로 확정되어야 할 것이고, 그렇지 아니하고 부과관청이 과징금을 부과하면서 추후에 부과금 산정 기준이 되는 새로운 자료가 나올 경우에는 과징금액이 변경될 수도 있다고 유보한다든지, 실제로 추후에 새로운 자료가 나왔다고 하여 새로운 부과처분을 할 수는 없다 할 것이다. 왜냐하면 과징금의 부과와 같이 재산권의 직접적인 침해를 가져오는 처분을 변경하려면 법령에 그 요건 및 절차가 명백히 규정되어 있어야 할 것인데, 위와 같은 변경처분에 대한 법령상의 근거

규정이 없고, 이를 인정하여야 할 합리적인 이유 또한 찾아 볼 수 없기 때문이다.[248]

4. 과징금의 징수 및 체납처분

(1) 가산금 징수

공정거래위원회는 과징금납부의무자가 납부기한 내에 과징금을 납부하지 아니한 경우에는 납부기한의 다음 날부터 납부한 날까지의 기간에 대하여 연 100분의 40의 범위 안에서 「은행법」 제2조의 규정에 의한 금융기관의 연체이자율을 참작하여 체납된 과징금에 연 1천분의 75를 곱하여 계산한 가산금을 징수한다(법 제55조의6 제1항).

(2) 국세체납처분에 따른 징수

공정거래위원회는 과징금납부의무자가 납부기한 내에 과징금을 납부하지 아니한 때에는 기간을 정하여 독촉을 하고, 그 지정한 기간 안에 과징금 및 가산금을 납부하지 아니한 때에는 국세체납처분의 예에 따라 이를 징수할 수 있다(법 제55조의6 제2항). 독촉은 납부기한 경과 후 15일 이내에 서면으로 하여야 한다(령 제64조의2 제1항). 독촉장을 발부하는 경우 체납된 과징금의 납부기한은 발부일부터 10일 이내로 한다(령 제64조의2 제2항).

(3) 업무위탁

공정거래위원회는 과징금 및 가산금의 징수 또는 체납처분에 관한 업무를 국세청장에게 위탁할 수 있다(법 제55조의6 제3항). 공정거래위원회는 체납처분에 관한 업무를 국세청장에게 위탁하는 때에는 ① 공정거래위원회의 의결서, ② 세입징수결의서 및 고지서, ③ 납부독촉장을 첨부한 서면으로 하여야 한다(령 제64조의3 제1항). 국세청장은 제1항의 규정에 의하여 체납처분 업무를 위탁받은 경우에는 그 사유가 발생한 날부터 30일 이내에 ① 체납처분에 관한 업무가 종료한 경우에는 그 업무종료의 일시 기타 필요한 사항, ② 공정거래위원회로부터 진행상황에 대한 통보요청이 있는 경우에는 그 진행상황을 공정거래위원회에 서면으로 통보하여야 한다(령 제64조의3 제2항).

(4) 국세청장에 대한 정보요청

공정거래위원회는 체납된 과징금의 징수를 위하여 필요하다고 인정되는 경우에는 국세청

248 대법원 1999.5.28. 선고 99두1571 판결.

장에 대하여 과징금을 체납한 자에 대한 국세과세에 관한 정보의 제공을 요청할 수 있다(법 제55조의6 제4항). 공정거래위원회가 국세청장에게 국세과세에 관한 정보의 제공을 요청하는 때에는 ① 공정거래위원회의 의결서, ② 세입징수결의서 및 고지서, ③ 납부독촉장을 첨부한 서면으로 이를 하여야 한다(령 제64조의3 제1항). 국세청장이 정보요청을 받은 때에는 특별한 사정이 없는 한 30일 이내에 서면으로 국세과세에 관한 정보를 제공하여야 한다(령 제64조의4).

(5) 서류의 열람·등사, 등본·초본의 교부청구

과징금 업무를 담당하는 공무원이 과징금의 징수를 위하여 필요한 때에는 등기소 기타 관계 행정기관의 장에게 무료로 필요한 서류의 열람이나 등사 또는 그 등본이나 초본의 교부를 청구할 수 있다(법 제55조의6 제5항).

5. 과징금 환급가산금

공정거래위원회가 이의신청의 재결 또는 법원의 판결 등의 사유로 과징금을 환급하는 경우에는 과징금을 납부한 날부터 환급한 날까지의 기간에 대하여 대통령령이 정하는 바에 따라 환급가산금을 지급하여야 한다(법 제55조의7). 환급가산금은 환급될 과징금에 대하여「국세기본법 시행령」제43조의3 제2항에 따른 이자율을 적용하여 계산한 금액으로 한다(령 제64조의5).

6. 결손처분

공정거래위원회는 과징금·과태료, 그 밖에 이 법에 따른 징수금(이하 "징수금등"이라 한다)의 납부의무자에게 다음 각호의 어느 하나에 해당하는 사유가 있는 경우에는 결손처분을 할 수 있다(법 제55조의8 제1항).

① 체납처분이 끝나고 체납액에 충당된 배분금액이 체납액에 못 미치는 경우.

② 징수금등의 징수권에 대한 소멸시효가 완성된 경우.

③ 체납자의 행방이 분명하지 아니하거나 재산이 없다는 것이 판명된 경우.

④ 체납처분의 목적물인 총재산의 추산가액이 체납처분비에 충당하고 남을 여지가 없음이 확인된 경우.

⑤ 체납처분의 목적물인 총재산이 징수금등보다 우선하는 국세, 지방세, 전세권·질권 또는

저당권에 의하여 담보된 채권 등의 변제에 충당하고 남을 여지가 없음이 확인된 경우.

⑥ 징수할 가망이 없는 경우로서 ㉠「채무자 회생 및 파산에 관한 법률」 제251조(회생채권 등의 면책 등)에 따라 면책된 경우, ㉡ 불가피한 사유로 환수가 불가능하다고 인정되는 경우로서 공정거래위원회가 정하여 고시한 경우에 해당되는 경우.

결손처분을 할 때에는 지방행정기관 등 관계 기관에 대하여 체납자의 행방 또는 재산의 유무를 조사하고 확인하여야 한다(법 제55조의8 제2항).

① 체납처분의 목적물인 총재산의 추산가액이 체납처분비에 충당하고 남을 여지가 없음이 확인된 경우와 ② 체납처분의 목적물인 총재산이 징수금등보다 우선하는 국세, 지방세, 전세권·질권 또는 저당권에 의하여 담보된 채권 등의 변제에 충당하고 남을 여지가 없음이 확인된 경우에 해당되어 결손처분을 할 때에는 체납처분을 중지하고 그 재산의 압류를 해제하여야 한다(법 제55조의8 제3항).

공정거래위원회는 결손처분을 한 후 압류할 수 있는 다른 재산을 발견한 때에는 지체 없이 결손처분을 취소하고 체납처분을 하여야 한다. 다만, 징수금등의 징수권에 대한 소멸시효가 완성된 경우에는 그러하지 아니하다(법 제55조의8 제4항).

제14장 손해배상

Ⅰ. 내용

사업자 또는 사업자단체는 공정거래법의 규정을 위반함으로써 피해를 입은 자가 있는 경우에는 당해피해자에 대하여 손해배상의 책임을 진다. 다만, 사업자 또는 사업자단체가 고의 또는 과실이 없음을 입증한 경우에는 그리하지 아니하다(법 제56조). 청구권자는 법위반사업자의 행위로 피해를 입은 자이고, 채무부담자는 법위반사업자 또는 사업자단체이다. 법위반행위와 손해사이에 상당한 인과관계가 있는 경우에 한하여 손해배상책임을 부담한다.

Ⅱ. 기록의 송부 등

손해배상청구의 소가 제기된 때에는 법원은 필요한 경우 공정거래위원회에 대하여 당해사건의 기록(사건관계인, 참고인 또는 감정인에 대한 심문조서 및 속기록 기타 재판상 증거가 되는 일체의 것을 포함한다)의 송부를 요구할 수 있다(법 제56조의2).

Ⅲ. 손해액의 인정

공정거래법의 규정을 위반한 행위로 인하여 손해가 발생된 것은 인정되나, 그 손해액을 입증하기 위하여 필요한 사실을 입증하는 것이 해당 사실의 성질상 극히 곤란한 경우 법원은 변론 전체의 취지와 증거조사의 결과에 기초하여 상당한 손해액을 인정할 수 있다(법 제57조).

제15장 보칙 및 벌칙

I. 보칙

1. 비밀준수의 의무

공정거래법에 의한 직무에 종사하거나 종사하였던 위원, 공무원 또는 협의회에서 분쟁조정업무를 담당하거나 담당하였던 자는 그 직무상 알게 된 사업자 또는 사업자단체의 비밀을 누설하거나 공정거래법의 시행을 위한 목적 외에 이를 이용해서는 아니 된다(법 제62조). 비밀준수의 의무에 위반한 자는 2년 이하 징역 또는 200만원 이하의 벌금에 처한다(법 제69조 제2항).

2. 경쟁제한적인 법령 제정의 협의 등

관계행정기관의 장은 사업자의 가격·거래조건의 결정, 시장진입 또는 사업활동의 제한, 부당한 공동행위 또는 사업자단체의 금지행위 등 경쟁제한사항을 내용으로 하는 법령을 제정 또는 개정하거나, 사업자 또는 사업자단체에 대하여 경쟁제한사항을 내용으로 하는 승인 기타의 처분을 하고자 하는 때에는 미리 공정거래위원회와 협의하여야 한다(법 제63조 제1항). 관계행정기관의 장은 경쟁제한사항을 내용으로 하는 승인 기타의 처분을 행한 경우에는 당해 승인 기타의 처분의 내용을 공정거래위원회에 통보하여야 한다(법 제63조 제3항).

관계행정기관의 장은 경쟁제한사항을 내용으로 하는 예규·고시 등을 제정 또는 개정하고자 하는 때에는 미리 공정거래위원회에 통보하여야 한다(법 제63조 제2항).

공정거래위원회는 통보를 받은 경우에 당해제정 또는 개정하고자 하는 예규·고시 등에 경쟁제한사항이 포함되어 있다고 인정되는 경우에는 관계행정기관의 장에게 당해 경쟁제한사항의 시정에 관한 의견을 제시할 수 있다. 협의 없이 제정 또는 개정된 법령과 통보 없이 제정 또는 개정된 예규·고시 등이나 통보 없이 행하여진 승인 기타의 처분에 관하여도 또한 같다(법 제63조 제4항).

3. 관계기관 등의 장의 협조

공정거래위원회는 공정거래법의 시행을 위하여 필요하다고 인정할 때에는 관계행정기관 기타 기관 또는 단체의 장의 의견을 들을 수 있다(법 제64조 제1항). 공정거래위원회는 공정거래법의 시행을 위하여 필요하다고 인정할 때에는 관계행정기관 기타 기관 또는 단체의 장에게 필요한 조사를 의뢰하거나 필요한 자료를 요청할 수 있다(법 제64조 제2항). 공정거래위원회는 공정거래법의 규정에 의한 시정조치의 이행을 확보하기 위하여 필요하다고 인정하는 경우에는 관계행정기관 기타 기관 또는 단체의 장에게 필요한 협조를 의뢰할 수 있다(법 제64조 제3항).

4. 포상금의 지급과 환수

공정거래위원회는 이 법의 위반행위를 신고 또는 제보하고 이를 입증할 수 있는 증거자료를 제출한 자에 대하여 예산의 범위 안에서 포상금을 지급할 수 있다(제64조의2 제1항). 포상금의 지급대상이 되는 이 법 위반행위 및 포상금 지급대상자의 범위, 포상금 지급의 기준·절차 등에 관하여 필요한 사항은 대통령령으로 정한다(제64조의2 제2항).

포상금을 지급한 후 부정한 방법으로 포상금을 지급받거나 착오 등의 사유로 잘못 지급받거나 동일한 원인으로 다른 법령에 따라 지급받은 사실이 발견된 경우에는 해당 포상금을 지급받은 자에게 반환할 금액을 통지하여야 하고, 해당 포상금을 지급받은 자는 그 통지를 받은 날부터 30일 이내에 이를 납부하여야 한다(법 제64조의3).

5. 권한의 위임·위탁

공정거래위원회는 공정거래법의 규정에 의한 그 권한의 일부를 대통령령이 정하는 바에 의하여 소속기관의 장이나, 특별시장·광역시장 또는 도지사에게 위임하거나, 다른 행정기관의 장에게 위탁할 수 있다(법 제65조).

6. 벌칙 적용에서의 공무원 의제

공정거래위원회의 위원 중 공무원이 아닌 위원은 「형법」이나 그 밖의 법률에 따른 벌칙의 적용에서는 공무원으로 본다(법 제65조의2 제1항).

제48조의3(공정거래분쟁조정협의회의 설치 및 구성)부터 제48조의9(협의회의 조직·운영 등)까지의 규정에 따른 분쟁의 조정업무를 담당하거나 담당하였던 자는 「형법」 제129조(수뢰, 사전수뢰)부터 제132조(알선수뢰)까지의 규정에 따른 벌칙의 적용에서는 공무원으로 본다(법 제65조의2 제2항).

Ⅱ. 벌칙

1. 개요

공정거래법 위반행위에 대해서는 형벌적 제재로서 행정형벌인 징역·벌금형과 행정질서벌인 과징금이 과해진다. 과징금의 부과주체는 공정거래위원회이고 불복 시 법원의 과태료의 재판을 받게 된다.

2. 형벌

(1) 3년 이하의 징역 또는 2억원 이하의 벌금

다음 각호의 어느 하나에 해당하는 자는 3년 이하의 징역 또는 2억원 이하의 벌금에 처한다(법 제66조 제1항).

1. 제3조의2(시장지배적 지위의 남용금지)의 규정에 위반하여 남용행위를 한 자.
2. 제7조(기업결합의 제한) 제1항 본문을 위반하여 기업결합을 한 자.
3. 제8조의2(지주회사 등의 행위제한 등) 제2항 내지 제5항을 위반한 자.
4. 제8조의3(상호출자제한기업집단의 지주회사 설립제한)의 규정에 위반하여 지주회사를 설립하거나 지주회사로 전환한 자.
5. 제9조(상호출자의 금지 등), 제9조의2(순환출자의 금지)를 위반하여 주식을 취득하거나 소유하고 있는 자.
6. 제10조의2(계열회사에 대한 채무보증의 금지)를 위반하여 채무보증을 하고 있는 자.
7. 제11조(금융회사 또는 보험회사의 의결권 제한) 또는 제18조(시정조치의 이행확보)의 규

정에 위반하여 의결권을 행사한 자.

8. 제15조(탈법행위의 금지)의 규정에 위반하여 탈법행위를 한 자.
9. 제19조(부당한 공동행위의 금지) 제1항의 규정을 위반하여 부당한 공동행위를 한 자 또는 이를 행하도록 한 자.

   9의2. 제23조(불공정거래행위의 금지)제1항제7호, 제23조의2(특수관계인에 대한 부당한 이익제공 등 금지)제1항 또는 제4항을 위반한 자.

   9의3. 제23조의3(보복조치의 금지)을 위반한 자.
10. 제26조(사업자단체의 금지행위) 제1항 제1호의 규정에 위반하여 사업자단체의 금지행위를 한 자.
11. 제50조제2항에 따른 조사 시 폭언·폭행, 고의적인 현장진입 저지·지연 등을 통하여 조사를 거부·방해 또는 기피한 자.

징역형과 벌금형은 이를 병과 할 수 있다(법 제66조 제2항).

(2) 2년 이하의 징역 또는 1억5천만원 이하의 벌금

다음 각호의 어느 하나에 해당하는 자는 2년 이하의 징역 또는 1억5천만원 이하의 벌금에 처한다(법 제67조).

1. 삭제 <1996.12.30.>
2. 제23조(불공정거래행위의 금지)제1항(제7호는 제외한다)의 규정에 위반하여 불공정거래행위를 한 자.
3. 제26조(事業者團體의 금지행위)제1항제2호 내지 제5호의 규정에 위반한 자.
4. 제29조(再販賣價格維持行爲의 제한)제1항의 규정에 위반하여 재판매가격유지행위를 한 자.
5. 삭제 <2016.3.29.>
6. 제5조(是正措置), 제16조(시정조치 등)제1항, 제21조(是正措置), 제24조(是正措置), 제27조(是正措置), 제30조(재판매가격유지계약의 수정) 또는 제31조(시정조치)에 따른 시정조치 또는 금지명령에 응하지 아니한 자.
7. 제14조제4항에 따른 자료요청에 대하여 정당한 이유 없이 자료 제출을 거부하거나 거짓의 자료를 제출한 자.

8. 제14조제5항을 위반하여 공인회계사의 회계감사를 받지 아니한 자.
9. 제50조제1항제3호 또는 같은 조 제3항에 따른 보고 또는 필요한 자료나 물건을 제출하지 아니하거나 거짓의 보고 또는 자료나 물건을 제출한 자.
10. 제50조제2항에 따른 조사 시 자료의 은닉·폐기, 접근거부 또는 위조·변조 등을 통하여 조사를 거부·방해 또는 기피한 자.

(3) 1억원 이하의 벌금

다음 각호의 어느 하나에 해당하는 자는 1억원 이하의 벌금에 처한다(법 제68조).

1. 제8조(持株會社 設立·轉換의 申告)의 규정에 위반하여 지주회사의 설립 또는 전환의 신고를 하지 아니하거나 허위의 신고를 한 자.
2. 제8조의2(지주회사 등의 행위제한 등)제7항을 위반하여 당해 지주회사 등의 사업내용에 관한 보고를 하지 아니하거나 허위의 보고를 한 자.
3. 제13조(株式所有現況 등의 申告)제1항 및 제2항의 규정에 위반하여 주식소유현황 또는 채무보증현황의 신고를 하지 아니하거나 허위의 신고를 한 자.
4. 삭제 <2017.4.18.>
5. 제50조(위반행위의 조사 등)제1항제2호의 규정에 위반하여 허위의 감정을 한 자.
6. 삭제 <2004.12.31.>
7. 삭제 <1994.12.22.>
8. 삭제 <1999.2.5.>

(4) 기타

제50조(위반행위의 조사 등) 제5항의 요건에 해당하지 아니함에도 불구하고 그 직권을 남용하여 금융기관의 특정점포의 장에게 금융거래정보의 제출을 요구한 자 또는 동조 제9항의 규정을 위반한 자는 5년 이하의 징역 또는 3천만원 이하의 벌금에 처한다(법 제69조 제1항).

비밀준수의 의무에 위반한 자는 2년 이하 징역 또는 200만원 이하의 벌금에 처한다(법 제69조 제2항).

3. 과태료(행정질서벌)

사업자 또는 사업자단체가 다음 각호의 어느 하나에 해당하는 경우에는 1억원 이하, 회사 또는 사업자단체의 임원 또는 종업원, 그 밖의 이해관계인이 다음 각호의 어느 하나에 해당하는 경우에는 1천만원 이하의 과태료를 부과한다(법 제69조의2 제1항).

1. 제11조의2(대규모내부거래의 이사회 의결 및 공시)부터 제11조의4(기업집단현황 등에 관한 공시)까지의 규정에 따른 공시를 하는 경우에 이사회의 의결을 거치지 아니하거나 공시를 하지 아니한 자 또는 주요내용을 누락하거나 허위로 공시한 자.
2. 제12조(企業結合의 申告)제1항 또는 제6항의 규정에 의한 기업결합의 신고를 하지 아니하거나 허위의 신고를 한 자 또는 같은 조 제8항을 위반한 자.
3. 제14조의2(系列會社의 編入 및 제외 등)제2항의 자료요청에 대하여 정당한 이유 없이 자료를 제출하지 아니하거나 허위의 자료를 제출한 자.
4. 삭제 <2009.3.25.>
5. 제50조(위반행위의 조사 등)제1항제1호의 규정에 위반하여 정당한 사유 없이 출석을 하지 아니한 자.
6. 삭제 <2017.4.18.>
7. 삭제 <2017.4.18.>

제43조의2(심판정의 질서유지)의 규정에 위반하여 질서유지의 명령을 따르지 아니한 자는 100만원 이하의 과태료에 처한다(법 제69조의2 제2항).

법 제69조의2 제1항 또는 제2항의 규정에 의한 과태료는 대통령령이 정하는 바에 의하여 공정거래위원회가 부과·징수한다(법 제69조의2 제3항).

4. 양벌규정

법인(법인격이 없는 단체를 포함한다. 이하 이 조에서 같다)의 대표자나 법인 또는 개인의 대리인, 사용인, 그 밖의 종업원이 그 법인 또는 개인의 업무에 관하여 제66조부터 제68조까지의 어느 하나에 해당하는 위반행위를 하면 그 행위자를 벌하는 외에 그 법인 또는 개인에게도 해당 조문의 벌금형을 과(科)한다. 다만, 법인 또는 개인이 그 위반행위를 방지하기 위하여 해당 업무에 관하여 상당한 주의와 감독을 게을리하지 아니한 경우에는 그러하지 아니하다(법 제70조). 실제행위자와 사업자(벌금형)가 처벌의 대상이 된다.

5. 전속고발제

(1) 존치이유

제66조(벌칙) 및 제67조(벌칙)의 죄는 공정거래위원회의 고발이 있어야 공소를 제기할 수 있다(법 제71조 제1항). 고발은 누구든지 할 수 있으나 검찰이 공소를 제기하기 위해서는 공정거래위원회의 고발이 필요하다는 의미이다.

이를 존치시키고 있는 이유는 고발권의 남발로 기업인의 경제활동을 위축시킬 수 있으므로 전문기관의 판단에 따라 법위반의 정도가 중대하고 명백한 경우를 가려 형사처벌 여부를 가리기 위함이다.

행정소송법상 항고소송의 대상이 되는 행정청의 처분이라 함은 행정청의 공법상의 행위로서 특정사항에 대하여 법규에 의한 권리의 설정 또는 의무의 부담을 명하거나 기타 법률상 효과를 발생하게 하는 등 국민의 권리의무에 직접 관계가 있는 행위를 말하는바(대법원 1993.9.24. 선고 93누11999판결 등 참조), 이른바 고발은 수사의 단서에 불과할 뿐 그 자체 국민의 권리의무에 어떤 영향을 미치는 것이 아니고, 특히 법 제71조는 공정거래위원회의 고발을 위 법률위반죄의 소추요건으로 규정하고 있어 공정거래위원회의 고발조치는 사직 당국에 대하여 형벌권 행사를 요구하는 행정기관 상호 간의 행위에 불과하여 항고소송의 대상이 되는 행정처분이라 할 수 없으며, 더욱이 원고들을 고발하기로 하는 피고의 의결은 행정청 내부의 의사결정에 불과할 뿐 최종적인 처분은 아닌 것이므로 이 역시 항고소송의 대상이 되는 행정처분이 되지 못한다.[249]

(2) 의무적 고발사유와 고발요청

일정한 경우에는 공정거래위원회의 고발을 의무화하였다. 즉 공정거래위원회는 제66조 및 제67조의 죄 중 그 위반의 정도가 객관적으로 명백하고 중대하여 경쟁질서를 현저히 저해한다고 인정하는 경우에는 검찰총장에게 고발하여야 한다(법 제71조 제2항).

공정거래위원회는 심사의 결과 인정되는 공정거래법위반행위에 대하여 고발을 할 것인가의 여부를 결정할 재량권을 갖는다고 보아야 할 것이나, 공정거래법이 추구하는 법목적에 비추어 행위의 위법성과 가벌성이 중대하고 피해의 정도가 현저하여 형벌을 적용하

249 대법원 1995.5.12. 선고 94누13794 판결.

지 아니하면 법목적의 실현이 불가능하다고 봄이 객관적으로 상당한 사안에 있어서는 공정거래위원회로서는 그에 대하여 당연히 고발을 하여야 할 의무가 있고 이러한 작위의무에 위반한 고발권의 불행사는 명백히 자의적인 것으로서 당해 위반행위로 인한 피해자의 평등권과 재판절차진술권을 침해하는 것이라고 보아야 한다.[250]

검찰총장은 제66조 및 제67조의 죄 중 그 위반의 정도가 객관적으로 명백하고 중대하여 경쟁질서를 현저히 저해한다고 인정하는 사실이 있음을 공정거래위원회에 통보하여 고발을 요청할 수 있다(법 제71조 제3항).

공정거래위원회가 제2항에 따른 고발요건에 해당하지 아니한다고 결정하더라도 감사원장, 중소벤처기업부장관, 조달청장은 사회적 파급효과, 국가재정에 끼친 영향, 중소기업에 미친 피해 정도 등 다른 사정을 이유로 공정거래위원회에 고발을 요청할 수 있다(법 제71조 제4항).

제3항 또는 제4항에 따른 고발요청이 있는 때에는 공정거래위원회 위원장은 검찰총장에게 고발하여야 한다(법 제71조 제5항).

(3) 공소 제기 후 고발취소 금지

공정거래위원회는 공소가 제기된 후에는 고발을 취소하지 못한다(법 제71조 제6항). 공소 제기 후 공정거래위원회가 임의로 고발을 취소하여 검찰의 기소를 막는 폐단을 방지하기 위한 것이다. 검찰의 공소 제기 전에는 고발을 취소할 수 있다.

(4) 전속고발제도의 위헌성

공정거래법 제71조는 공정거래법위반이라는 범죄행위에 대하여는 공정거래법의 집행기관인 공정거래위원회의 고발이 있어야 공소를 제기할 수 있다는 규정, 즉 공정거래법위반죄의 소추요건을 규정하고 있는 것에 불과하므로, 그 규정 자체만으로는 자유의 제한, 의무의 부과, 권리 또는 법적 지위의 박탈 등 기본권침해와 관련한 어떠한 내용도 이를 포함하고 있다고 볼 수 없는 것이다. 그러므로 공정거래위원회가 구체적인 공정거래법위반행위에 대하여 공정거래법 제71조에 근거하여 형사처벌을 위한 고발권을 현실적으로 행사하거나 행사하지 아니하였을 때, 그로 인하여 당해 공정거래법위반행위 관련자들의 기본

250 헌법재판소 1995.7.21. 94헌마136 전원재판부 결정.

권이 침해되었다고 볼 수 있을 것인가의 여부는 별론으로 하고, 위 조항 자체를 대상으로 하는 이 사건 헌법소원심판청구는 직접관련성이 결여된 부적법한 것이다.[251]

(5) 고발권불행사

공정거래위원회는 심사의 결과 인정되는 공정거래법위반행위에 대하여 고발을 할 것인가의 여부를 결정할 재량권을 갖는다고 보아야 할 것이나, 공정거래법이 추구하는 법목적에 비추어 행위의 위법성과 가벌성이 중대하고 피해의 정도가 현저하여 형벌을 적용하지 아니하면 법목적의 실현이 불가능하다고 봄이 객관적으로 상당한 사안에 있어서는 공정거래위원회로서는 그에 대하여 당연히 고발을 하여야 할 의무가 있고 이러한 작위의무에 위반한 고발권의 불행사는 명백히 자의적인 것으로서 당해 위반행위로 인한 피해자의 평등권과 재판절차진술권을 침해하는 것이라고 보아야 한다.

공정거래위원회가 불공정거래행위에 대하여 시정조치를 하는 것만으로도 법목적의 실현이 가능하다고 판단하여 형사처벌을 위한 고발권을 행사하지 아니하였다고 하더라도 이를 고발권의 남용이라거나 고발권을 행사하여야 할 작위의무의 위반으로서 명백히 자의적인 조치라고 단정할 수 없다고 판단되므로 이로써 청구인의 헌법상 보장된 기본권이 침해되었다고 볼 수 없다.[252]

251 헌법재판소 1995.7.21. 94헌마191 전원재판부 결정.

252 헌법재판소 1995.7.21. 94헌마136 전원재판부 결정.

부 록

참고문헌

권오승, 『경제법』, 법문사, 2005.

박경숙, 『2009년판 공정거래백서』, 공정거래위원회, 2009.

사법연수원, 『공정거래법』, 2008.

신현윤, 『경제법』, 법문사, 2006.

양명조, 『경제법강의』, 신조사, 2007.

이기수·유진희, 『경제법』, 박영사, 2004.

이남기·이승우, 『경제법』, 박영사, 2001.

이동규, 『독점규제및공정거래에관한법률 개론』, 행정경영자료사, 1999.

이호영, 『독점규제법』, 홍문사, 2005.

정호열, 『경제법(전정 제5판)』, 박영사, 2016.

권오승·서정, 『독점규제법 이론과 실무』, 법문사, 2016

金澤良雄, 『經濟法』, 有斐閣, 1980.

白石忠志, 『獨禁法講義』, 有斐閣, 2005.

松下滿雄, 『經濟法概說』, 東京大學出版會, 1987.

Areeda, *Fundamentals of Antitrust Law*, Aspen Law & Business, 2002.

Gellhorn·Kovacic·Calkins, *Antitrust Law & Economics*, Thomson West, 2004.

「기업결합의 신고요령」, 공정거래위원회 고시 제 2008-6호 2008.4.30.

「기업결합심사기준」, 공정거래위원회 고시 제2007-12호 2007.12.20. 개정.

「공동행위심사기준」, 공정거래위원회 예규 제57호 2009.4.9. 개정.

「부당한 공동행위 자진신고자등에 대한 시정조치등 감면제도」, 공정거래위원회 고시 제 2009-9호 2009.5.19. 개정.

「불공정거래행위 심사지침」, 공정거래위원회 예규 제72호 2009.8.12. 개정.

「부당한지원행위의 심사지침」, 공정거래위원회 예규 2009.8.12. 개정.

「사업자단체활동지침」, 공정거래위원회 고시 제2002-14호 2002.12.26. 개정.

찾아보기

독점규제·공정거래법 | 개정2판 |

초 판 1쇄 발행 • 2009년 12월 7일
개 정 판 1쇄 발행 • 2011년 2월 21일
개정2판 1쇄 발행 • 2018년 2월 28일

지은이 • 권기훈
펴낸이 • 이상경
부 장 • 박현곤
편집장 • 김종길
디자인 • people communication

펴낸곳 • 경상대학교출판부
주소 • 경남 진주시 진주대로 501
전화 • 055) 772-0801(편집), 0802(디자인), 0803(도서 주문)
팩스 • 055) 772-0809
전자우편 • gspress@gnu.ac.kr
홈페이지 • http://gspress.gnu.ac.kr
페이스북 • https://www.facebook.com/gnupub
블 로 그 • https://gnubooks.tistory.com
등록 • 1989년 1월 7일 제16호

이 도서의 국립중앙도서관 출판시도서목록(CIP)은 서지정보유통지원시스템 홈페이지(http://seoji.nl.go.kr) 와 국가자료공동목록시스템(http://www.nl.go.kr/kolisnet)에서 이용하실 수 있습니다.
(CIP제어번호: CIP2018006439)